反右運動夾邊溝慘案倖存者證言

趙旭・著

明水灘亂葬崗白骨森森

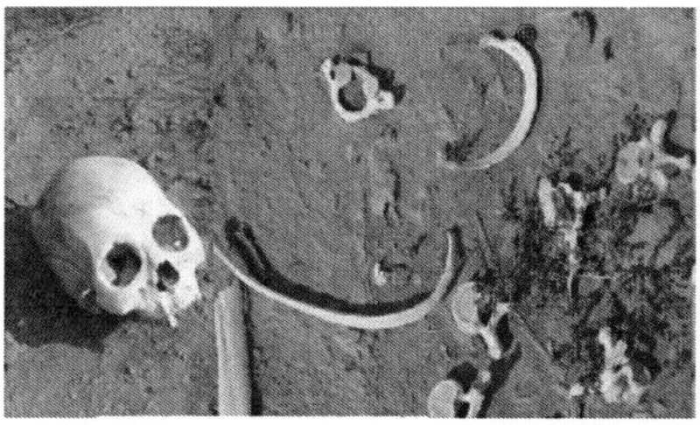

明水灘亂葬崗

夾邊溝勞教人員的食堂

夾邊溝右派們當年種的沙棗樹已長大成林

※所有夾邊溝的圖片均由作者到實地拍攝和提供。

毛家山風口

新添墩右派們挖的排鹹溝

新添墩右派們吃水的——澇壩

夾邊溝右派們用過的碾子

明水黃沙梁子。右派後期死後，就從此處被扔下去，軟弱無力的犯人用腳蹬沙，將死者掩埋。

明水灘亂葬崗

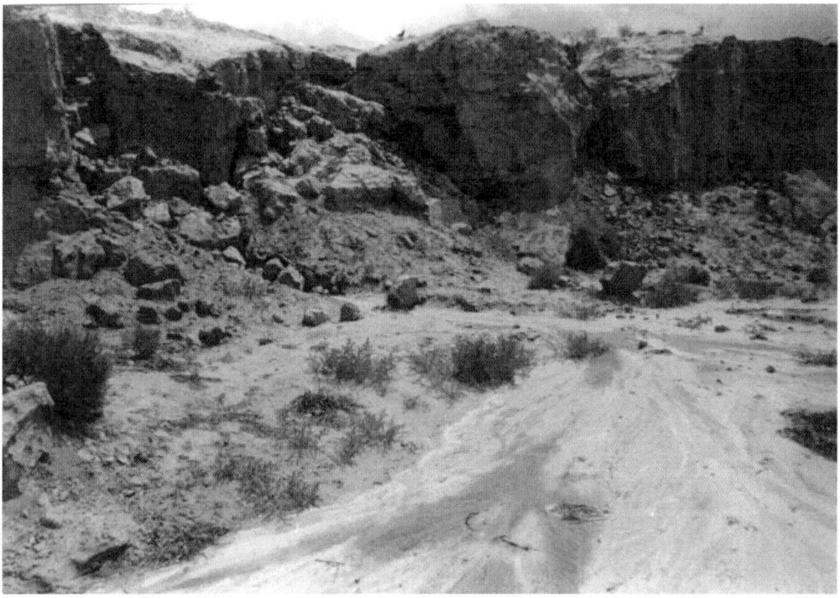

明水灘地窩子遺址

右派屍骨依然散佈荒野

明水灘山水溝西溝右派們住過的地窩子

明水灘山水溝東溝右派們住過的洞穴

洪水沖積後已乾枯的明水河

明水灘板坦井遺址

夾邊溝罹難者墓碑正面（張遂卿攝）

夾邊溝罹難者墓碑反面（張遂卿攝）

自序　歷史不會忘記

一九五七年，毛澤東動員民主黨派成員和各界人士大鳴大放，進行開門整風。「百花齊放，百家爭鳴」的動員，讓無數知識份子心情激蕩，對中國的前途充滿了憧憬和希望。當時，甘肅省和全國一樣，通過廣播、報紙、壁報等各種新聞媒體，大肆宣揚、積極動員人們大鳴、大放、大辯論，並反覆強調「知無不言，言無不盡；言者無罪，聞者足戒」，切切實實地幫助共產黨反對主觀主義、宗派主義和官僚主義，並召開座談會請來知識界、文化界、新聞界、教育界、宗教界各種人士暢所欲言。一九五七年四月二十四日《甘肅日報》登出社論《大膽地「放」，大膽地「鳴」》；而一九五七年五月二十一日的《甘肅日報》的頭版頭條還專門登了《鼓勵鳴放，支持鳴放——張仲良同志和工程師親切交談》的文章。可是，就在人們不知不覺進入大鳴大放圈套的時候，一九五七年六月八日，中共中央發出《關於組織力量準備反擊右派分子進攻的指示》。同日，《人民日報》發表《這是為什麼？》的社論，《甘肅日報》和全國各大報紙上也同日登出《這是為什麼？》。而就在反右號角吹響的這一天，《甘肅日報》上仍然登出《想什麼，說什麼，有什麼，談什麼》的文章，將省委統戰部繼續召開座談會的每個與會者的會議發言斷章取義截選登出。現在反觀當時的歷史，我們對當時的情況越來越有了清晰的認識。一九五五年毛澤東搞了反胡風運動和肅反運動，搞得國內政治環境緊張，冤假錯案輩出。一九五六年，赫魯雪夫在蘇共掀起了非史達林化運動，對堅持個人崇拜、個人迷信的毛澤東有了沉重的壓力。但是，毛澤東對肅反擴大化卻拒不認錯，只是採用在政治上稍作寬鬆的方式，提出了「百花齊放，百家爭鳴」的雙百方針來舒解矛盾。

於是，在一九五六年至一九五七年春天，在知識界形成了短暫的「春天氣候」。這時，毛澤東又提出了整風運動，號召人們給執政黨提意見，並發展成為「大鳴大放」的局面，但毛澤東始料不及的是知識份子對民主的渴望和對封建專制的抵制超過了他個人的預想，他被其後的「大鳴大放」嚇破了膽，於是來了個一百八十度的大轉彎，提出「事情正在起變化」，接著開始搞起了反右運動。在全國知識界中一口氣劃了五十五萬右派分子（一說三百一十七萬），造成了中共執政後第一個最大冤案。反右運動堪稱毛澤東的傑作，他讓整人者和被整者當時都認為整得非常及時，連送到夾邊溝的很多人，由於認為自己犯了錯誤而思想壓力相當沉重，臨死都不知道自己的行為是憲法賦予自己的權利，而違法的恰恰是那些紅口白牙的始作俑者。毛澤東對他的翻手為雲、覆手為雨的作法，自鳴得意地宣稱是「引蛇出洞」和「陽謀」。

我們翻開一九五七年九月由甘肅人民出版社印刷的《反擊資產階級右派分子彙編》，就可看到當年涉及批判所謂甘肅右派的文章，這些從《甘肅日報》等報刊選出來的批判楊子恒、王治歧、蔣雲臺、水梓、鄭立齋、朱鏡堂、李化方、陳時偉、左宗杞、唐得源、黃席群、趙煥之、馬馥庭、廖廷雄、「車轟社」（王烈駿、葉萌、朱金慶、李仰先等）、洛濱、楊紹謙、張瓚、江彥山、楊鶴齡、張雨沛、沈其東、滕鴻濤、於裡等的文章，今天看來被批判的觀點裡確實閃爍著知識精英們的思想火花，這些觀點是在兩千年的封建集權的統治下又一次民主和專制的較量，有很多真知灼見至今仍然有很高的借鑒價值，有些就是今天改革開放以後的所作所為。我想假若統治者當時採納了這些右派們的意見，我們的國家將會少走多少彎路，我們的民族將會少受多少災難。

可是，以毛澤東為首的極左勢力在沒有約束制衡的權利下一時得逞了。今天看來不論當時是一次有預謀、有計劃、有準備、有方略的圍剿民主黨派和知識份子大規模的政治運動，還是其後對知識份子的突然變臉，總之，它是違反憲法將新民主主義革命時期提出的民主自由主張徹底轉變為封建獨裁專制的倒行逆施，是幾千年來的文字獄變為文字和言論獄的進一步發展。這個事件已經過去半個世紀了，但反右運動給中國政治、經濟、文化、道德等各個方面所造成的負面影響是長久的，反右運動仍然讓當今的人們心有餘悸，不敢說實話，談右變色。

反右運動不僅給五十五萬知識份子戴了右派分子的帽子，讓其淪為奴隸，而且對說了實話的一般歷史問題的人也給戴上了反革命分子的帽子，並且將鳴放中說了真話的工人和解放軍戰士也統統給戴了反黨反社會主義壞分子的帽子，以至延續將一些對虛報浮誇進行抵制的幹部也被打成了反黨分子。另外，通過「拔白旗、插紅旗」運動，把一些堅持實事求是、反對浮誇的人，以及一些所謂具有資產階級學術觀點的人都作為「資產階級白旗」加以批判、鬥爭、處分。這裡有政治迫害、有公報私仇、有栽贓陷害、有落井下石，最可怕的是挑起右派分子對右派分子的告密和揭發、右派分子對右派分子的打罵和誣陷，人性的光輝和中華五千年的文明道德被階級與階級鬥爭的車輪戰徹底摧毀了。

總之，一九五七年至一九五八年，毛澤東清除了黨內黨外阻礙他實現瘋狂冒進的諸多絆腳石。可是，中國共產黨內始終有一些不畏強暴堅持真理的勇士，彭德懷廬山會議的萬言書為民請命，但是，由於我們體制上的弊病，軍隊和輿論工具都被毛澤東把持，已沒有任何力量能夠制衡毛澤東的專橫跋扈。如果說，一九五八年的大躍進是毛澤東的失誤，那麼一九五九年農民的兒子彭德懷看到農民挨餓受饑，上了萬言書以後毛澤東更加的瘋狂就是將億萬人民的生命看作兒戲，因為，反對右傾機會主義運動將挨餓受饑的中國人民完全推到了死亡的邊緣。那個時候，多少人在報紙廣播謊言、假話下，叫天天不應、呼地地不靈，就連跑出去要飯逃命都要被民兵抓回一無所有的茅屋裡。無怪乎，三年人禍天天形勢「一片大好」，「而且越來越好」，卻有我中華大地餓殍遍野、易子相食，使三千七百五十五萬八千餘同胞被活活餓死。再退一步，假若毛澤東對所謂彭德懷、黃克誠、張聞天、周小舟反黨集團和三百八十萬右傾機會主義分子的打擊還可以諒解，那麼，對實事求是、搶救人民、恢復生產、改善經濟，而且用「三分天災，七分人禍」評定歷史的劉少奇，最後被毛澤東用史無前例的文化大革命活活致於死地，以至牽連死了兩千萬整了一億人，那就是完全喪失了起碼的人性和無法無天的犯罪。

對於關押甘肅各界民主黨派和知識精英的甘肅酒泉夾邊溝農場，我曾於二〇〇二年七月在小說《風雪夾邊溝》中已有所反映，可是，我一直在想必須有一個由夾邊溝倖存者自己談、自己回憶的，比較全面、客觀、準確、真實地記錄這段歷史的一個文本，讓人們對這段歷史有更為清醒的認識，於是，我將一九八五年起準備揭露這段血腥歷史、瞭解採訪的夾邊溝倖存者訪談錄整理、補充出來，讓人們對這段歷史進行更深刻的瞭解。在我的採訪中，我經常與倖存者一起哭，我聽到他們給我講，早上有些人還在埋別人，下午另外的人又去埋這些人。因為那時的右派們已經都挖不動坑穴了，所以能夠動的人掙扎起來給自己挖好了坑穴，對一起的難友進行了囑託，自己死了希望他們能夠埋到自己挖好的坑穴裡。我本來想是不是各個倖存者的經歷都大同小異，可是，經過瞭解發現，每一個倖存者都有自己不同的辛酸故事。然而，夾邊溝慘案僅僅是整個反右運動的一個縮影，反右運動使知識份子遭受嚴酷整肅，使國家的科教文化事業蒙受沉重損失；反右運動使站起來了的中國人民又重新跪了下去，將一個偉大英雄的民族蹂躪成了只會對權勢者叩頭膜拜的奴才。反右鬥爭持續達二十年之久，後果嚴重，影響深遠。不僅秦始皇的焚書坑儒和滿清的文字獄遠較遜色，在中外人類歷史上也屬絕無僅有。而這一點從夾邊溝農場勞教人員奴隸般的經歷中就會有一個比較全面清醒的認識。

我經常想，是什麼讓夾邊溝農場的勞教人員遭受人類歷史上最為殘酷的折磨和死亡呢？主要的罪魁禍首應該是《這是為什麼？》，應該是《為什麼說資產階級右派是反動派》，應該是雪上加霜的廬山會議後的反右傾機會主義運動，應該是階級和階級鬥爭的學說，應該是沒有監督制衡的政治體制，是冰霜般的政治環境讓這些國家的棟樑妻離子散、家破人亡，被發配到甘肅河西走廊讓他們受盡打罵、凌辱、饑餓、寒冷，拋屍戈壁荒漠。現在看來二十世紀中國人民所遭受的一切災難，都是源於階級和階級鬥爭、無產階級專政的謬論邪說，這個謬論邪說給中國帶來了累累白骨，非正常死亡人數超過了歷朝歷代，使中華民族歷經了人類最黑暗的年代，並走到了經濟崩潰的邊緣。有人說，毛澤東文章和詩寫得好，是千古難得的偉人；我對此不願做進一步的評論。但我認為，好的體制，它可以使快速狂奔的列車在運行的軌道上高歌猛進；沒有監督約束的體制，則像沒有了方向盤和軌道的列車、如脫了韁的瘋馬，必然釀成無可挽回的慘劇。我在採訪中看到很多女性頂住別人的歧視和政治環境逼迫其離婚的壓力，奮不顧身去解救自己心愛的男人。這裡有周惠南的女人高桂芳，一個弱小的女人，從嘴裡節食拼死救了自己的丈夫和小叔子周指南；還有吳毓恭的女人王映蘭頂著讓她與丈夫離婚的壓力，辭職在家硬是把心愛的人從死亡線上拉了回來；還有王國森的女人張桂賢，一個身高不到一米六的女性將自己一米八五大個子的男人硬是從明水洞穴裡架出來，拉到幾里地外的明水火車站給救了出來；還有王志的女人王箴、孫紹斌的女人張瑞萍、李景沆的女人趙立珍、楊光荃的女人吳鑰英等等，她們都在精神和物質上給了自己心愛的人最大的幫助，她們寧可自己受盡各種侮辱、摧殘，也不放棄愛人的性命，正因為有這樣一些偉大的女性，才有了今天我採訪的這些倖存者，她們的行動為中華民族燦爛的愛情增添了可歌可泣的偉大篇章。正如夾邊溝倖存者王志所說，「她們就是『頑固不化』地不能和右派丈夫和右派兒子劃清界限，說怪也不怪，她們中的大多數，都是老百姓所謂的結髮夫妻，她們大多不諳鬥爭哲學，但部分朦朧地承襲了中華文明的某些優良道統，她們對恩愛直率的理解是最真誠，最純樸的。也是在最艱危之際越發堅貞不貳，絕不能隨便地恩斷義絕。」

夾邊溝是甘肅人民心中永遠的一個痛，時至今日農村裡有孩子哭啼，大人板起面孔嚇唬說，再別哭了，哭了送你去夾邊溝。孩子聽到此話，就似聽說有大灰狼來了般的害怕，馬上停了哭聲。倖存者高吉義在世時約我一同給夾邊溝和明水灘的亡靈們各立一塊墓碑，我們也商量好，上面要刻上「千古奇冤，曠世英魂」八個大字，讓人們永遠牢記在共和國的土地上曾經發生過的令人髮指的慘劇。然而，這件事情因為患了癌症的高吉義突然的去世還沒有完成，今日裡在夾邊溝倖存者以及這些罹難者家屬的支持下被張遂卿同志完成了，人們現在看到的除了悠閒宜人的夾邊溝旅遊度假村，而且夾邊溝「罹難者遺骨衣冠塚」的墓碑也已立了起來，這塊墓碑不僅是夾邊溝罹難者的寄託，也是中國大地千千萬萬被一九五七年反右運動摧殘折磨而死的知識份子的墓碑。

二〇〇五年十一月二十八日的《參考消息》的頭版頭條曾登出烏克蘭總統維克托·尤先科在紀念一九三二——一九三三年饑荒的燭光儀式上發表的講話：「三十年代的饑荒是反人類罪，是有兇手的，但從法律的角度看，還沒有找到任何罪犯。」他說：「人們可能找到謀殺一個人的兇手，但是對於數百萬人受害的事件，卻沒有人負責。這也許就是烏克蘭今天難以恢復法制、正義和社會公平的原因。」同樣，我們中華同胞由於三年人禍被活活餓死，夾邊溝農場發生了將知識精英被饑餓、強勞、打罵、捆綁摧殘而死亡近七分之六的慘案。時至今日關於滅絕人性的反右運動和其後由於瘋狂冒進大饑荒的事實，以及史無前例的文化大革命仍然不讓說、不讓寫，當然，更沒有人去追究那些置幾千萬人死亡人的責任了。所以，我們看到的歷史是任人捏造的歷史，就連被完全否定的文化大革命，也被我們的電視和報刊美化成了鶯歌燕舞的太平盛世。

中國人民前仆後繼為了民主自由交出的學費太昂貴了，可是我們並沒有對失敗和教訓認真加以總結，沒有在經濟體制改革的同時將政治體制改革放在議事日程上，更沒有讓防止悲劇重演的民主憲政在中國出現的跡象。文化大革命時，毛澤東、四人幫搞封建法西斯浩劫的時候，高喊的是「槍桿子，筆桿子，革命靠的是這兩杆子。」文革、反右、大躍進等一系列歷史的經驗告訴我們，那些假馬克思主義的騙子，都是以「革命」、「躍進」、「共產主義」這些紅色的外衣掩蓋他們封建專制的面孔來矇騙廣大人民的，正是他們掌握「槍桿子，筆桿子」，所以他們可以信口雌黃、造謠污蔑、顛倒是非、混淆黑白，讓我們的國家和民族遭受了血與火的洗禮；我在文中列出當年的批判文章，就是讓人們看看當年一面倒的輿論文章怎樣造謠誹謗來扼殺和禁錮思想的火花，怎樣成了法西斯的幫兇。經過文化大革命的人們都知道，劉少奇、鄧小平、彭德懷、賀龍、以及千千萬萬的幹部學者，怎樣被當時的廣播、報紙污蔑成臭不可聞的狗屎堆。槍桿子、筆桿子讓學生愛國民主運動在一九八九年的「六四」遭到血腥鎮壓；槍桿子、筆桿子讓一九五七年無數先賢生靈塗炭，至今還得不到徹底平反；正是這兩杆子讓一人一黨之私利，代替了民族和國家的大義。綜觀國際上，希特勒、墨索里尼、史達林、波爾布特和一切對國內人民殘酷鎮壓、對國外實行侵略擴張的封建法西斯，之所以他們為所欲為、猖狂一時，主要是因為他們掌握著槍桿子和筆桿子，所以他們的權力無限膨脹，沒有任何力量對其制衡。歷史經驗告訴我們，我們的國家多麼迫切需要思想、新聞的自由化、軍隊的國家化、司法的獨立化、文化的多元化，因為它是我們的民族走向民主、自由、富強、繁榮的關鍵，它是我們的國家防止貪污腐敗、獨裁專制最有效的良藥。夾邊溝農場後來的張場長對王志道說：「說句老實話，是死人救活了你們」。我想，能不能讓這些死難的英魂喚醒我麻木的國民，讓他們清楚只有結束一黨專政還政於民，給於人民選舉權和監督權，讓人民真正當家做主人才是中國的希望和明天！

在採訪夾邊溝倖存者的日子裡，我流過不知多少次的眼淚，我遭遇過不知多少人的誤解，也碰壁過倖存者家屬和子女們的阻攔；另外，在採訪了八十多個倖存者之後，很多人都不願也不敢寫上他們的名字，但我完全理解株連九族的政策讓右派們的親人再也不敢與我們接近，因為，過去的陰影還徘徊在他們生活的方方面面。可是，我還是得到了孫樞、朱照南、高學武、和鳳鳴、高吉義、水天長、王志、趙振芳、胡德海、張中式、凌文秀等前輩和朋友的大力支持，得到了廣大倖存者的積極配合，這讓我心裡無比寬慰，在此我對他們表示衷心的感謝和深深的敬意！一九九四年，《夾邊溝慘案訪談錄》被甘肅人民出版社給以回絕後，在中國大陸一直得不到出版，但經過補充修訂，今天在凌文秀、廖天琪、黃大奎老師的關心下，在臺灣秀威出版社積極努力下即將與讀者又要見面了，讓一個真實的歷史得以重現了，我在此對他們再一次表示衷心的感謝！

歷史將永遠銘記一九五七！歷史將永遠銘記夾邊溝！

趙旭

二〇一四年四月十六日，蘭州

目次

甘肅酒泉夾邊溝農場

甘肅酒泉夾邊溝農場解放初期為解放軍第三軍軍墾農場，由於土地貧瘠，鹽鹼太大，打的糧食不夠種籽。一九五二年，這裡曾建夾邊溝水庫，水庫樞紐由大壩和輸水建築物組成，大壩為均質砂壤土壩。水庫經多年運行，大壩出現了嚴重的工程隱患，壩坡滲流不穩定，後廢棄。一九五四年七月農場交地方改為一個國營夾邊溝新建勞改農場。一九五六年七月轉為就業農場，專門安置刑滿釋放的勞改就業人員。一九五七年反右運動後期改為勞教農場，但對外公章一直沿用國營夾邊溝新建勞改農場。先後出任農場場長的有趙乃章、張宏、劉振玉等。它的場部是在夾邊溝村龍王廟的原址上修建起來的，離夾邊溝村約有二里路程。在酒泉城東北約三十公里處，夾山之南，北城之北。它的東南面叫臨水，北面叫北灣，西北方叫新添墩。那座有烽火臺的沙石山被稱作毛家山。夾邊溝農場總場有一萬多畝地，新添墩作業站有四千多畝地，這些地大多數是些鹽鹼很大不長莊稼的鹽鹼地。新添墩作業站的土地是一九五六年年才開始耕作的。這裡土地貧瘠，多為戈壁荒漠，利用北大河水灌溉。由於清水河在這裡流淌，所以溝渠縱橫、田連阡陌。夾邊溝農場雖屬酒泉市管轄，但地理位置靠近金塔縣。這裡的土地大多是勞改犯們在荒灘上開墾出來的，也有用古代存留長城的土填埋出來的。一九五七年，反右派運動中，夾邊溝留下了一部分刑滿釋放的勞改刑事犯骨幹，大多被遷到馬鬃山勞改農場。一九五七年十一月初甘肅省酒泉運輸公司的四名勞教分子、勞改局的四名勞教分子，和十一月十六日張掖專區機關來的四十八名勞教分子為夾邊溝農場第一批勞教人員，其後，開始陸續往這裡押送思想政治犯。據甘肅省委甘發（六四）六〇號機密文件統計，原送夾邊溝農場的共兩千三百六十九人，有右派分子八百八十七人，反革命分子八百九十八人（這些反革命分子，都是肅反運動中不夠標準而在一九五七年大鳴大放中有右派言論且有一般歷史問題的），壞分子四百三十八人（壞分子比較複雜，工人中和軍隊戰士裡在反右運動裡有言論問題的被劃為壞分子；甘南剿匪時不打叛匪的解放軍戰士陝西戶縣人任群牛、王芝勤等，也被訂了反黨反社會主義的壞分子送到了夾邊溝），反黨、反社會主義分子六十八人（主要是在大躍進中實事求是而不進行虛報浮誇的黨政幹部），貪污、違法亂紀分子七十八人。

但據夾邊溝農場的倖存者臘靜華談，她在一九六〇年底中央工作組來後被抽到高臺農場成立的一個臨時辦公室統計夾邊溝農場總共送去的人數為三千多人，當時統計倖存的人數為五百多人。一九五八年最高峰時，夾邊溝農場向省勞改局彙報的犯人數為三千〇七十四人；一九五八年十一月，司繼才給勞教人員們發衣裳，據他日記上記載為三千一百三十六人，名單是刻印出來的。但一九五八年十一月時夾邊溝已自殺、病死了很多人，其後又不斷補充從別的農場來的不聽話的右派分子和拔了白旗的大學生、右傾機會主義分子。另外，有些與領導頂嘴不聽話被捆綁來而沒有檔案的，也有單位還沒有定性的，統統都沒有算到這個數字裡面。所以，實際來夾邊溝的勞教人員，要超過以上提供犯人數字，大約在三千五百人左右。所以說，甘肅省委檔案裡夾邊溝農場的人數，是原農場領導和原甘肅省委為了開脫罪責壓縮瞞報了的數字，他們少報送進夾邊溝的人數，擴大倖存者的人數。死亡人數只統計了夾邊溝農場場部和新添墩作業站，而將明水灘死亡人數沒有算進夾邊溝農場死亡人數裡面，湊了一個活回來百分之五十的比例。

蘭州軍區戰鬥文工團被打成右派分子的倖存者王志告訴我，一九六一年五月領導派他到夾邊溝農場取回蘭州軍區十多個勞教人員檔案時，他看見場裡專門留了一些人在死亡人員的表冊裡編造填理由，死亡原因一欄裡填的是什麼肺癌、肝硬化、心肺病、腎衰竭、心肌梗塞、自殺等等，幾乎將中華醫典上的疾病名稱全部用上了。那個年代這樣做假的事情多了，搶救人命後夾邊溝農場為了應付死亡勞教人員的家屬，甚至將修迎豐渠死亡的農民墳攢成堆，隨便在石頭上用油漆寫個名字來糊弄家屬。

另外，我在調查中發現，夾邊溝農場後來為了開脫罪責，向上面瞞報、縮小送來的勞教人員人數；他們擴大沒有單位認領、無家可歸的人數，編造很多人被送到了安西十工、安西四工、酒泉城郊、下河清、高臺、新華、五大坪、北灣等農場，從而擴大倖存者人數，來減少實際死亡勞教人員的人數。而且將送到高臺縣明水大河農場的勞教人員有意與夾邊溝農場脫開，這樣就將在明水灘死亡的將近兩千人沒有統計進去，這就是為什麼倖存者、原管教幹部說得總人數與死亡人員與甘肅省委公佈的數字有那麼大差距的原因。蘭州市公安局城關分局局長孫金鈴告訴我，他在一九七八年任酒泉市公安局政保股副股長時，當年開會筆記記錄上說，夾邊溝農場改造的勞教人員年齡一般在二十多歲到三十多歲之間，主要是甘肅省機關、企業和學校中的極右分子、右派分子和大鳴大放中被揪出來的歷史反革命分子，和有右派言論的壞分子。但也有很多從全國其他地方來的，例如，從南京送到安徽勞教又轉到甘肅來的朱家駒，但這些從外地來的勞教人員，由於沒有接濟，幾乎沒有活下來的。夾邊溝農場條件惡劣，勞動強度大，加之從上到下反對右傾機會主義浪潮高漲，管教幹部對犯人越來越嚴厲，所以，當時有些右派聽說要把他轉到夾邊溝農場，嚇得腿子直打哆嗦。

根據曾任甘肅省委書記的王秉祥《關於夾邊溝農場的問題向省委的彙報》：「一九五九年農場實有勞動力一千八百多人，耕種土地面積九千五百多畝；一九六〇年主管部下達一萬畝，張掖農墾局和酒泉市委增加到一萬八千畝，酒泉市委工作組又加到兩萬畝，比一九五九年增加了一倍多；按當時實有勞動力計算，每人平均負擔二十八畝半，比一九五九年增加了四倍多。農場為了完成任務，就拉長工作時間，加大勞動強度，每天勞動在十個小時以上，有時要幹到十四個小時。口糧的嚴重不足、勞動強度急增，使勞教人員疾病和死亡日趨嚴重。」實際上將連累帶餓身體已經垮了的兩千多名勞教人員送到零下二、三十度冰天雪地的明水灘這是死亡的大頭，因為到後來這裡僅剩了兩百多人。

夾邊溝農場勞教人員中有共產黨員，也有各民主黨派的人士。其中，一九五八年時女犯人曾達到三十二人。勞教犯們住的四合大院是原先勞改犯們住過的地方，周圍是高不可逾的大牆，只有一處大門，坐西向東，大牆角落有高高的崗樓。犯人們都住在可容百餘人的大監舍內。一九五八年五月份以前全場為一個大隊，十個小隊；六月份開始劃分農業隊、基建隊、副業隊；一九五八年六月也開始建新添墩作業站。農業隊下屬七個小隊，大隊長是梁進孝，小隊長都是勞教人員；其中，一小隊長韓志祥（原勞改分局幹部），種菜；二小隊大田作業；三小隊長宋遇恩（原勞改分局生產科長），大田作業；四小隊長姓張，大田作業；五小隊長姓白（原蘭州市商業局領導）；六小隊長周蘭亭（原酒泉運輸公司團委書記），澆水播種；七小隊長高學武，分管馬車組、大車組、積肥組、馬號、羊圈。基建隊下屬六個小隊，大隊長為白連奎和薛啟貴，小隊長為勞教人員；其中，一小隊長為馬保秀，二小隊長也姓馬，基建隊的任務是挖渠、挖排鹼溝。而副業隊則經常臨時抽調組合，大隊長為趙元惠。此時還有輕勞隊和病號隊。另有科研組、醫療組、工業組、木工組、鐵工組、磨麵組、養豬組、化工組、林業組等專業小組。夾邊溝農場剛開始為科級單位，一九五八年人數增到三千多人後，改為縣級單位。下設管教股（對外稱教育科，股長王自福）；財務股（對外稱財務科，股長姚文華，酒泉人）；生產股（對外稱生產科，股長郭巨英，山西人；股長羅增福）；秘書股（股長梁步雲）；指導員姓沈；醫務所長陳造堂；事務長朱照南。生產股份為場部直屬農業、基建、副業三個大隊。大隊長、教導員、中隊長、指導員由農場管教幹部擔任。農業隊大隊長為梁進孝，基建隊大隊長為白連奎，副業隊大隊長為趙元惠。新添墩作業站共轄五個小隊，農業小隊二個，基建小隊二個，副業小隊一個；站長為王德富，王德富調走後站長為康占川；新添墩分隊長為趙來苟（甘肅甘穀人）；新添墩農業隊隊長康占川，副業隊隊長白連奎、閆志昌（甘肅渭源人）。各大隊裡有若干小隊。大隊和中隊的文書、統計、管理員、糧秣、司務長、上士，小隊長、班長，從勞教人員中挑選充任。

還有一個直屬中隊，下設三個小隊，即服務隊、園林隊、蔬菜隊。服務隊包括馬號、豬圈、羊圈、磨坊，共四十人，下設四個班；園林隊、蔬菜隊各三十人，各設三個班；直屬中隊共一百人。一個中隊是一個伙食單位。基建隊有伙房一個，炊事員二十人；農業隊有伙房一個，炊事員十五人；新添墩作業站有伙房一個，炊事員十五人。場部幹部灶有炊事員三人。還有一個醫務所。場部設一個食堂。夾邊溝農場共有十八個小隊，每小隊一百五十多人，計二千八百人，加上五個組，三個伙房，合計三千多人。由於管教幹部不足，所以夾邊溝農場主要是勞教人員管勞教人員。勞教人員不能當中隊長，實際便沒有中隊幹部的中隊稱為小隊，小隊長由勞教人員充任。到了高臺縣明水灘後，增加了輕勞隊和病號隊。場內有供銷社、郵電代辦所、場部醫務室、伙房等等。夾邊溝農場還有一個煤炭生產隊（嘉峪關外，祁連山下，酒泉祁峰公社的石炭溝煤礦），專供夾邊溝農場用煤。場部共有管理幹部和警衛三、四十人，管理幹部都配有槍支。

夾邊溝剛開始為科級單位時，場長為劉振玉；第一副場長為王德富，第二副場長為姚世虎（這兩個副場長一九五九年調到了安西馬鬃山勞改農場）；教導員為申有義（一九五七年反右運動後期被劃為中右調到了新疆）。一九五八年升為縣級單位後，農場黨委書記兼場長為張宏，副書記為梁步雲，副場長為劉振玉（工資級別行政十六級）。原甘肅省金塔縣縣長張和祥本來要派到夾邊溝任場長，因被打成了地方主義反黨分子後沒有到任既被撤職，送夾邊溝農場勞動教養。農場黨委書記張宏被打成右傾機會主義分子後，夾邊溝農場主要由劉振玉領導管理，但因其黨籍一直沒有恢復，職務是副場長。夾邊溝農場附近駐紮著公安十四團二支隊三營，專管武裝警戒。當時，專管夾邊溝農場的是甘肅省公安廳酒泉勞改局，局長黃鉦，副局長屈克仁。一九五九年冬至一九六〇年增加了副局長王林續、李光耀。

一九五九年國慶日三千多人的夾邊溝農場只摘了三個人的帽子，一個是蘭州醫學院講師由天的兒子宋雅傑，這是一個由於踢球打碎玻璃和所謂寫反標，十四歲被打成壞分子隨右派壞分子母親一起到夾邊溝農場勞動教養的少年，摘帽時十六歲；再一個是原蘭州市西固熱電廠籌建處基建科副科長右派分子李振華；還有一個是商業系統的河南人歷史反革命分子王慶福。

一九六〇年六月，甘肅省委常委會根據國務院副總理譚震林的指示，決定成立甘肅省農墾委員會。當月，委員會在張掖召開河西農墾會議，明確提出在河西開荒四千萬畝，植棉一千萬畝，以糧食為主帥、棉花為副帥，實現農業水利化、機械化和電氣化，把河西建成糧棉基地，成為祖國的戰略後方。一九六〇年九月下旬，為了繼續高舉總路線、大躍進、人民公社三面紅旗的旗幟，張掖地委根據甘肅省委的指示提出開荒一百萬畝，再建國營農場十二處。由這個計畫，張掖地委決定加快迎豐渠的步伐，從黑河總口引水，把水引到甘肅省高臺縣明水灘，聯合酒泉地區的十一個農場，開辦一個五十萬畝的大農場，這就是明水大河農場。讓它成為共產主義的基地，成為甘肅的一個米糧倉，以便甘肅在糧食問題上完全自給自足。

明水灘因中間有一條季節性小河明水河而得名，東起臨澤縣的新華（威狄堡），西至高臺縣南華，北臨甘新公路，緊靠三清渠灌區，南至祁連山北麓，蘭新鐵路從中穿過，設有明水河火車站，因而明水這個地名才遠近流傳。明水灘東西長三十公里，南北十公里，面積約三百平方公里，是沖積扇地貌，土層厚，土質肥沃，在梨園河之西，屬梨園河灌區，因梨園河水量小，澆不到明水灘。但宏偉的計畫要讓迎豐渠灌溉明水灘這不能不說是一個壯舉。

一九六〇年九月初，省勞改局傳達甘肅省委的決定後，夾邊溝農場接到張掖地委的通知，除少數留守人員外，馬上決定提前把犯人拉到高臺縣明水灘，為明年的生產早做準備。於是，除去老弱病殘者外，夾邊溝農場能夠走動的將近二千餘人全部轉移到了高臺縣的明水大河農場，分為東站（原農業隊剩餘人員）、中站（原基建隊和場部剩餘人員）和西站（原新添墩作業站剩餘人員）。另外，到了明水以後，財產人員都成了大河農場，與夾邊溝農場分屬兩個單位，所以，其後夾邊溝農場的庫存糧食不能接濟明水大河農場的犯人，而且夾邊溝農場領導推卸責任時，曾說明水大河農場餓死的人不屬於他們夾邊溝農場。由於，甘肅河西走廊到了冬季，氣溫降到零下二、三十度，加之後來每人每月實際只有十二斤原糧可吃，大批勞教人員被活活餓死、凍死。

一九六〇年十一月上旬，錢瑛前來甘肅河西地區檢查工作，不知是偶然發現還是親自視察了被嚴格保密的夾邊溝和明水大河農場情況，這不但使夾邊溝農場活下來了一部分倖存者，而且為甘肅其他農場以至全國搶救勞教人員性命打開了活路。接著，中央派出以錢瑛（中央監察委員會副書記、國家監察部部長、黨組書記）為首的檢查團（以錢瑛為團長，公安部部長王昭為副團長，水利部部長傅作義等人參加）指示搶救甘肅及夾邊溝農場人命工作，可是下面各個地區、單位由於極左路線及保守勢力阻撓，搶救行動太遲緩。張掖地委當時派地委組織部副部長馬長義去調查研究夾邊溝、明水大河農場搶救人命，一直過了一個多月才開始搶救的工作，致使這一時期又有很多人大量死亡。一九六〇年十二月中旬農場執行上級指示，開始將明水灘山溝裡氣息奄奄重病號接到高臺縣鹹泉子高臺農場辦公室和學校騰出的房屋中進行搶救，夾邊溝農場也同時開始搶救人命，並開始分批審查陸續遣返勞教人員。

明水灘被搶救出來的只有二百多人。通過多年的實際採訪，夾邊溝農場情況比我原先想像的要慘得多，去了三千五百多人的夾邊溝農場最後活著的犯人分三批釋放了出來，夾邊溝、明水灘、石炭溝煤礦、還有逃跑出來的，倖存者只有五百多人，不超過六百人。

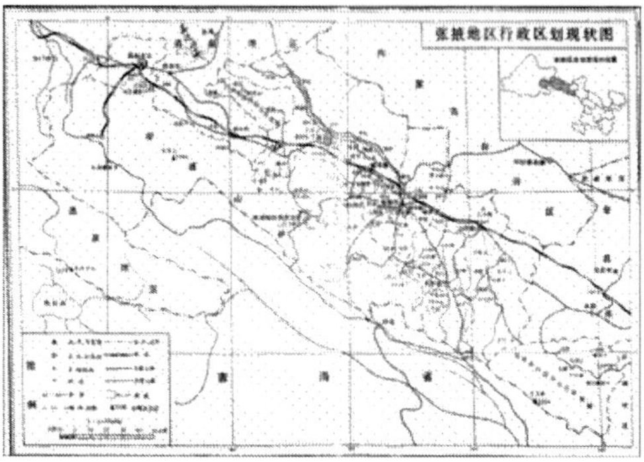

張掖地區行政區劃現狀圖

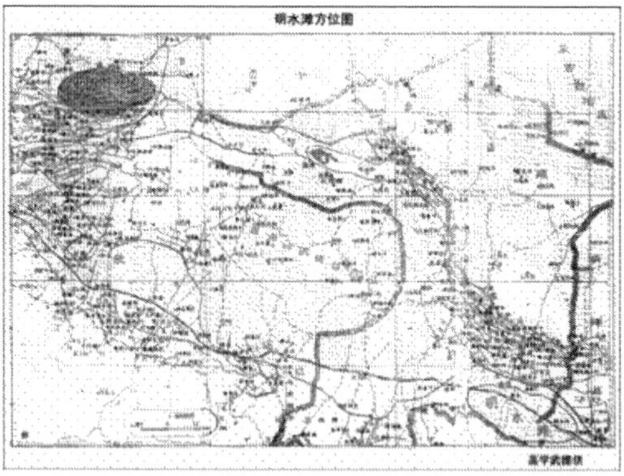

明水灘方位圖

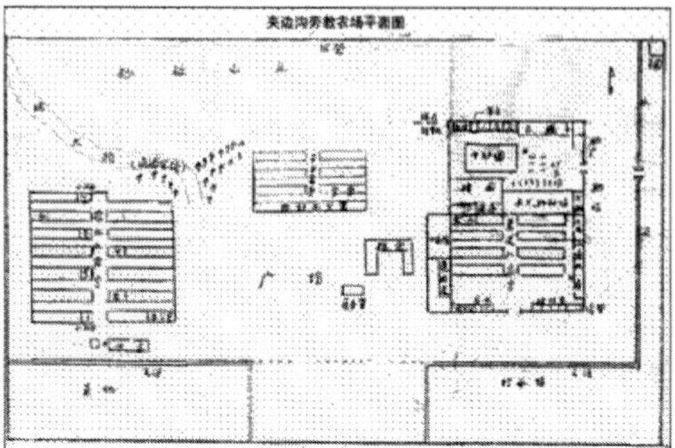

夾邊溝勞教農場平面圖

1959年場長劉振玉在夾邊溝農場瓜地裡

朱照南

朱照南是接受筆者採訪的第一位夾邊溝農場的管教幹部，他生於一九三〇年八月二十四日，是甘肅省天水市北道區石佛鄉中石村人。筆者一大早從天水市打了個計程車去到石佛鄉中石村拜訪這位老人。一路上汽車顛簸，塵土飛揚，可進了他家的小院，只見院中種著各種小花，金瓜秧子搭在屋簷上，七、八個瓜兒懸在窗前，讓人沉重的心情稍有舒緩。

我是一九五一年八月調甘肅勞改系統的。一九五六年元月去了夾邊溝農場，當時這裡還是一個勞改農場，我當時在場裡任秘書，工資級別為行政二十二級。劉振玉也是一九五六年去夾邊溝農場的，他去時已是一九五六年的後半年了。夾邊溝農場改為縣級後，劉振玉工資級別為行政十六級。

劉振玉是陝北志丹縣人，原是劉志丹手下一個正團級幹部。抗日戰爭時劉振玉是回漢支隊支隊長，梁大鈞當時是回漢支隊的政委。解放戰爭時在一次戰役中他頭部中彈負了傷，警衛員背他進了一個山洞，可是，警衛員下山

1960年朱照南在高台明水灘

找食物和水時被馬鴻魁的軍隊抓了去，出賣了他，但他被俘虜後一直沒有暴露他的身份，被關押在蘭州大沙坪監獄裡。蘭州臨近解放時，他被放了出來，可是，很多共產黨員在蘭州解放前夕被馬步芳秘密殺害了。解放後他找了當時任寧夏銀川地委書記的梁大鈞，但無法證明他出獄的真實過程，所以，他被降級使用在寧夏潮湖農場二分場任場長，共產黨籍一直沒有恢復。一九五六年年調夾邊溝農場任場長、副場長。

張宏是山西偏關人，一九五八年底才到夾邊溝農場的。張宏原先是甘肅省定西地區中級人民法院院長，非常喜愛下象棋。一九五一年鎮壓反革命運動時，審判員和書記員拿來一個人的宣判書讓他簽字，這個人本來是「判處死刑，緩期兩年執行，強迫勞動，以觀後效」。可是，他當時下棋正在緊張時，馬馬虎虎給簽了個「立即執行」。審判員和書記員準備解釋，他因為下棋一擺手讓兩人下去了。由於錯殺了人這件事情，一九五二年三反運動時，撤銷了張宏院長的職務。一九五七年才給他恢復工作，一九五八年調夾邊溝農場任書記兼場長。一九五九年底，由於張宏說「夾邊溝是個驢糞蛋蛋，外面光，裡面爛。」「夾邊溝兩頭大，風沙大，鹽鹼大，發展前途不大。」這些話讓他被打成了右傾機會主義分子，批判後在場裡趕了一個時期的馬車。

農場裡有幾件事讓我印象深刻：第一件事情是，生活最緊張時，場裡讓犯人們提合理化建議，一個犯人的建議是，讓場裡領導組織人在大便裡找糧食，大便裡的麥粒洗乾淨還可以吃，尤其在幹部們的大便裡找營養。我看後說這算什麼建議嘛，看後扔到了一邊。

第二件事情是，當時場裡餓死這麼多人，但誰也不敢將實情說出來。後來人死的太多，場裡也向上面進行了彙報，可是國家的糧食政策非常嚴，當時勞改、勞教人員每月就是供應十五斤原糧，誰也沒有辦法。夾邊溝農場當時糧食根本不能自給自足，由甘肅省酒泉市統一調撥，由臨水糧管所供應。那一年，甘肅省勞改局管教科長翟自修到明水來，他問我：「老朱，夾邊溝農場的死亡怎麼制止不了呢？」我說：「主要是溫飽問題。因為每個犯人每月供應原糧才十五斤，有些連麥草都沒有鋪的嘛。冬天氣溫低，鋪的只是些黃茅頭（戈壁灘上長的一種草的上半截），睡在露天底下，冷風一吹，直灌人的脊背哪裡有個爐子呀，怎麼不死人呢，死亡怎麼能夠制止呢。」我給省上領導說了這個話的第二天，酒泉勞改局的副局長王林續組織人要批判我，說這是右傾機會主義思想，對勞教人員喊冤叫屈。但是，這件事被劉振玉制止了，他說：「老朱說的是實話。」我總的印象是，劉振玉人穩重、正派，而張宏則顯得迂腐、呆板。劉振玉瞭解我，我們兩人經常打獵，他是槍林彈雨中過來的，手槍、步槍都是百發百中，我步槍打得好。劉振玉因為當年坐過老虎凳，所以腿子有些跛，不注意看不出來，我與劉振玉相處達五年之久。一九六二年五月我被下放回了老家。

第三件事情是，夾邊溝農場第一個吃死人的事是我發現的。這是一九五九年十一月半間，有一天晚上快近十一點的時候，管教幹事李水如對我說：「我發現了一件奇怪的事情，有個犯人用臉盆煮了一盆子肉。」我說：「我倆看看去。」我過去後，發現這人是勞教人員尤創吉。我說：「你煮什麼？」他說：「我放羊時拾來的一些肉。」我一看煮著一臉盆皮卷卷，這是人大腿上的肉，還有心、肝等人的內臟。因為這件事情影響大，場裡把案子報到了甘肅省張掖地委，於是尤創吉就被勞改判刑，是我把他送到甘肅省玉門飲馬二場勞改去的。這件事情發生後，場裡開始嚴加防範了。

第四件事情是，每次蒸饃饃，大鍋上落著十二扇大雙蒸籠，剛開始有一個叫王立志的犯人抬起十二扇大雙蒸籠，由於氣大、太重，王立志一下掉進了大鍋裡，全身燙傷，第二天晚上就死了。夾邊溝的伙房當時由我管理，這件事情發生後，饃饃熟後我就讓犯人用發明的滑輪來吊蒸籠。

就在這時伙房的人對我反映，經常有兩三個饃饃被人偷走。於是，我開始留心注意，過了三四個晚上，一天晚上蒸籠剛下來，籠蓋剛揭起，霧氣騰騰，此時早早藏在灶房門上的一個人「唰唰」兩下將饃饃紮上就跑了，動作非常麻利，簡直是神速。我喊道：「誰？」他說：「我是劉漢章。」我跑了過去，一看果然是蘭州鐵路局的劉漢章。此人黑臉、大個子，是陝西人，給王世泰當過警衛員，反右運動中被打成了右派分子。只見劉漢章拿著一根竹竿，前面削尖。我問他，他說他飯量大，餓得實在沒了辦法。他告訴我，原先他在副業隊時，還能夠找著喝點羊奶。有一次給場裡放牛，他把一頭場裡的牛殺後，用牛皮包了肉埋在沙漠裡，每日拿回來一些慢慢吃，可是，現在乾脆沒了一點辦法。他說時我們兩個都落了淚，我沒有將這件事情向上面彙報，他很感激，最後活了回來。一九六三年他還給我來過信，現在聽說住在西北師範大學家屬院裡。

一九五八年春上，梁步雲接了我的秘書工作，一九五八年底梁步雲升為農場副書記。夾邊溝農場一九五八年時，每人每月供應四十二斤糧，以後逐步遞減，到了一九六〇年十月時，犯人每月供應原糧十五斤，實際上吃到嘴裡的頂多只有十二斤原糧；幹部每人每月供應原糧二十四斤。此時，幹部也開始浮腫。夾邊溝農場是一九五九年春耕時開始死人的，一九六〇年十月以後達到了高峰。夾邊溝農場一共去了三千多人，活著出來的頂多只有二百多人（明水灘倖存人數），偷跑出去的人不多。死的都是男犯人，女犯人沒有死的，原因是女犯人都安排在豬圈和磨房裡，幹的活相對比較輕，吃的也稍微好些。我記得臘靜華、閔惠平字寫得好，被抽出來辦過壁報和勞改小報。還有小個子毛應星、李懷珠、趙徑中、何世珍、廖兆琳、蘇薇、李黎、張湘淑、張其賢、杜克、田農英、李培芳（田農英和李培芳是從上海送來的）也辦壁報、養豬。

死了這麼多人原因有兩點，一是吃不飽，二是穿不暖。在夾邊溝農場時，還有房子住，可是，到了明水後，零下二、三十度的季節裡，沒有任何取暖設施，喝著一些清水糊糊的犯人能不死嘛？到明水去時，我和劉振玉、梁進孝打前站，當時先帶了二百多個身體比較好的犯人，去後搭地窩子、挖洞，隨後才將場裡其他人陸續調了來。到了明水後，人都餓得皮包骨頭，死了的人我一個人輕輕地就可以提起來。剛開始還有人喊叫，到了後來人死時也不叫喚，燈一樣地自滅了。慘得不得了，人們吃沙棗樹葉、黃老鼠、螞蚱，抓住什麼吃什麼。到了後期，很多人不能動彈了，有了吃的也不能吃。有個甘肅省慶陽地區環縣人叫張和祥的，原是金塔縣的縣長，也死在了夾邊溝。我有一天晚上值班死了二十八個人。一般當天晚上死亡的，馬車套上埋掉。到了一九六〇年冬天時，埋不及，就在土坎下面埋了起來，足有一、兩百具屍體。搶救人命時，活下來的人先被轉到了鹼泉子高臺農場場部和鹼泉子高臺農場的東站，每天給輸葡萄糖液體，就在這個時候每天還死二、三十個人，人的身體已經完全垮了；這都是甘肅省委書記張仲良和甘肅張掖地委書記安振搞的。

吳毓恭

吳毓恭

吳毓恭這一批縣級幹部一九五八年就被打成地方主義反黨分子，而被送到夾邊溝。這件事情是全國當時發生三年大饑餓悲劇的一個預兆和縮影，它關係到中國為什麼會發生大躍進、虛報浮誇；為什麼會有以後的反右傾；為什麼這些瘋狂會演變成三年災害導致三千七百五十五萬八千名中國人被活活餓死的慘劇。這麼多人被餓死，而官方的報紙天天還在高喊形勢大好。農民饑餓難耐時，卻被民兵死守住不讓離開村莊到外面乞討要飯，給個生路。

吳毓恭，生於一九三二年十月，字子敬，號樂耕軒主人，甘肅省民樂縣人，大專文化。一九四九年九月參加工作，一九五〇年三月入黨，一九五七年畢業於中共中央第二中級黨校，一九八三年進修於北京林學院。他長期從事區、縣和地區部門的領導工作，曾任區委書記、民樂縣縣委副書記、雙樹寺水庫工程總指揮、張掖電廠革命委員會主任、高臺縣縣長、張掖地區農業處處長等職。

我去夾邊溝農場以前，在民樂縣任縣委副書記。當時，我在中央黨校進行了學習，黨校要留我，但地方上不放我。一九五七年八月份，民樂縣糧食總產量只有七千萬斤，但硬要說成兩億斤，畝產不到二百斤，但說到了四百多斤。這時候，由於把農民的糧食全收了去，農民此時已開始大量死亡。我當時只有二十四歲，對黨無限忠誠，我就給張掖地委寫了上報材料，向上面實事求是地彙報了下面的情況。地委收到我的上報材料後，地委書記安振馬上就追查這件事情。民樂縣縣長王東波和民樂縣委書記高文門原先是同意我的意見的，此時一追查就有點緊張，把責任全部推給了我。我想這是我親自調查的，是我自己寫的，我也就全部承擔了責任。這個時候我給省委和毛主席又寫了信，對我調查的情況如實進行了反映。但是，毛主席沒有收到我的信，省上收到信後也很不高興，讓下面對我嚴肅處理。

另外，這時候正在搞全民肅反運動（一九五七年十月至一九五八年），民樂縣念過書的人全成了反革命。我說，怎麼這麼多反革命呀，小小一個民樂縣竟然有十多萬反革命分子。這又成了我的一大罪狀。而這場全民肅反運動，到了一九五九年就不了了之了，說明中央已經覺察到了這個錯誤，及時制止了。接著，就批判我，讓我承認錯誤。說我只看到了民樂縣，而沒有看到全中國。把我打成了地方主義反黨分子。我是一九五八年十月去了夾邊溝的。

夾邊溝農場的基本情況是，黨委書記兼場長是張宏，副場長是劉振玉。張宏被打成右傾機會主義分子走後，劉振玉一直是掌握實權的副場長。據我瞭解，夾邊溝農場共去了三千多人，這裡不包括蘭州軍區去的幾百人。夾邊溝農場共有三個大隊，農業隊、基建隊、服務隊。副業隊是從農業隊和基建隊抽出來的，共有三百六十多人。

夾邊溝農場由三部分人組成：大多數是右派分子和既是右派又是歷史有問題的反革命分子，這一部分人基本上都是知識份子；第二部分是有名望的人，例如，蘭州大學副校長化學家陳時偉、著名傳染病專家劉逢舉，外語教授黃席群，還有千家駒的兄弟也去了夾邊溝農場；千家駒是中國著名經濟學家，生於一九〇九年，筆名錢磊，浙江武義人，一九三二年畢業於北京大學經濟系。第三部分人是地方主義反黨分子，有一百六十多人，基本上都是縣級、科級幹部。

先說張掖縣縣長李維先。他是個大學生，政治法律系畢業，原由張掖縣一個區長提拔為縣檢察長，後又提拔為副縣長、縣長。這個人和我的問題相同，也是說了些實話，說張掖縣已經開始餓死人了，要趕快搶救人命。於是，也被打成了地方主義反黨分子。他是一九五七年七、八月份送到夾邊溝的，到了夾邊溝，他的女人和他劃清界限離了婚，兩個孩子沒人養，一個男孩，一個女孩，都活活餓死了。李維先原先在農業隊，兩個娃娃死了，老婆又與他劃清界限離了婚，他在精神上壓力太大，又吃不上東西，自己也就死在了夾邊溝。我記得他有一次對我說，「你在副業隊，能不能給我弄點包穀麵菜葉的糊糊湯？」他對我說，「我恨，我恨，我恨自己為什麼要當這個縣長，使得自己家破人亡。」他還對我說，「我冤，我冤，別人能說假話，我為什麼不能說假話呢？」他怨恨自己當了官，怨恨自己沒有說假話。我後來給他弄了些包穀麵的糊糊湯，可是，當我從外面搞副業回來後，他卻永遠地離開了我。於是，我寫了一首詩，《書贈李維先》，一九六〇年九月：人生在世逃名易，年遇災荒吃飯難。但使黎民能飽暖，我甘捨命見羅閻。李維先讓我現在想起都心疼。

再說民勤縣縣委副書記王曰咸。這也是個大學生，原來是提拔地級幹部的對象。當時，民勤縣沒有正縣長。由於他們說了實話，民勤縣的副縣長、縣委副書記、縣組織部長、縣宣傳部長、縣辦公室主任、縣民政局長、縣財政局長、縣教育局長，全被打成了地方主義反黨分子，押送到了夾邊溝。民勤縣送去了五十三個人，死了四十三人。死了的有王曰咸，原民勤縣委副書記；王在昭，原民勤縣委組織部長；李洪國，原民勤縣委宣傳部長；王開福，原民勤縣民政局長；曹大財，原民勤縣劇團團長；劉汝霖，原民勤縣農業局幹部；周良厚，原民勤縣衛生局幹部；杜春茂，原民勤一中教師；李志賢，原民勤一中教師；劉發志，原民勤一中教師；曾善瑞，原民勤工大教師；趙佑文，原民勤縣教師；謝華同，原民勤縣教師；何保國，原民勤縣教師；陳口來，原民勤縣教師；吳昆德，原民勤一中總務幹事；李生秀，原民勤縣小壩水管所所長；常斌，原民勤縣東麻崗鹽池負責人；李順天，原民勤縣藥材公司經理等。

活著回來的有：何立森，原民勤縣人委會辦公室主任；詹有哲，原民勤縣三雷公社主任；楊益元，原民勤一中教師；李大棕，原民勤縣水利協會幹部；姜自明，原民勤縣農業局幹部；白映彥，原民勤二中教師；邱逢俊，原民勤縣某公社幹部；潘毅，原民勤四中教師；鄧智山，原民勤縣六壩公社教師；曾慶喜，原民勤縣雙茨科公社教師。

王曰咸到夾邊溝農場後，由於身體不好，一直在筐筐組編埋死人的席子。我到北大河去以前問他，怎麼樣？他說，還可以。但三個月後我回來，他已經死了。人們告訴我，他死的時候給孩子和家人立下三條遺言：第一，家中祖祖輩輩都不要念書、不要當官；第二，家中人不要參加任何黨派；第三，家中世代以農為本，只種地。王曰咸至死認為，他若不上大學、不當縣委書記，就不會有這件事情發生。

再說說金塔縣的縣長張和祥。這個張和祥被打成地方主義反黨分子，實際上他不是本地人，他是個老革命。張掖地委本來決定要把他調到夾邊溝農場去當場長，可那時消滅四害、消滅麻雀。金塔縣的縣長高錦光有一次在會上說，金塔縣的麻雀消滅光了，只有四個麻雀飛到酒泉去了。張和祥聽到這話氣憤地說，渾球的話！就因為這句話，他也被打成了地方主義反黨分子。

有一次他兒子去看他，沒有拿吃的，只拿了以前家裡的幾盒中華煙。他一看這個樣子，抓起香煙扔了過去，罵道，老子天天盼點吃的，你一些吃的不拿，拿這些做什麼？過了些日子，農場從張掖老寺廟要了些包心菜放在菜窖裡。有一天，他悄悄鑽進了菜窖，由於餓得慌，他抓住白菜瘋狂地吃，一下吃得白菜太多，讓白菜活活給脹死了！堂堂的一個縣長張和祥，沒有死在敵人的槍林彈雨裡，卻因為偷吃白菜給脹死了。

張掖地委書記安振的秘書陳學武是被打成右派分子送到夾邊溝的。他被打成右派的原因是，當時張掖地委分來了兩個大學生沒有房子住，陳學武說，後院不是有三間空房嗎？讓他們到那裡去住。人們說，這三間房子安振的妻子養雞著呢？就因為他堅持讓三個大學生住在那裡，於是被打成右派分子送到了夾邊溝。

我記得當時到夾邊溝農場的縣級幹部有：張掖縣原縣長李維先；民勤縣原縣委副書記王曰咸；民勤縣原副

縣長王克福；民樂縣原縣委副書記吳毓恭；武威縣原縣長高伯風；武威縣原副縣長趙長年；金塔縣原縣長張和祥等。還有武威縣原縣委辦公室主任丁佩珠。

我能夠從夾邊溝活著回來，有三個原因：一是我年輕力壯，才二十四歲，再加上自己是本地人，小的時候受過苦，比別人能適應當時的生活；二是我先被選著當了組長，後來當了小隊長，可以吃點東西或少幹點活；三是我老婆王映蘭對我好，前後到夾邊溝和明水去了七次，給我帶去了吃的。

我老婆原來是縣婦聯幹部，我被送到夾邊溝後，組織上讓她與我劃清界限，讓她與我離婚，她堅決不離。別人於是說她與我穿著一條褲子，坐著一條板凳。她對那些人說，我們還蓋著一條被子呢。於是，人們就鬥她批她，她就辭了職在家，想盡一切辦法救我。我當隊長領著人們搞副業，在清水鎮挖沙子半年，在嘉峪關架電線又是四個月，在外面比場裡條件相對好些。

在夾邊溝農場，有一次蘭大副校長陳時偉背著幾十斤蘆葦沒法走，在鹽鹼地裡往前爬著出不去，我將他扶了出來。他望著我說道，好人啊，好人啊。我後來給場長張宏說了一下，張宏將陳時偉、黃席群等人就調到了副業隊，勞動強度相對小了許多。

有一次，經濟學家千家駒的兄弟跑掉了，場裡讓我們去找。我寫了《北沙窩尋人未遇》，一九五九年十月：蘆草穿沙雪未消，朔風獵獵伴狼嚎。沙窩深處汗毛豎，恐恐慌慌過塌橋。哎——，我現在不願意提起這些事情，一說起往事，過去那些死了的人好似在我眼前徘徊，所以，我經常要給他們燒些紙錢，以安慰那些冤屈的靈魂。

夾邊溝勞動太苦，正常勞動一般都在十二個小時以上，但包乾以後勞動強度更大，打擂臺，互相競賽，把人就活活給掙死了。挖排鹹溝、運肥，完不成任務要扣飯，本來就喝著些菜湯湯，很多人扣了飯就活活餓死了。人們餓死時，和別的時候不一樣，看是好好一個人，還在說話，可一會兒人就死了。

再就是那時候人們的精神整個兒垮了。一九五九年反右傾機會主義分子以前，場裡給人們許願，說是好好表現給摘帽子，提前可以出去。可是，一個反右傾運動，讓人們徹底絕望了，在夾邊溝改造簡直是遙遙無期。

一九五九年四月，我們在北大河去割蘆葦，肚子餓得不行，這時一隻狼正好叼了一隻羊羔子在我們的前面用爪子扒了扒，於是，我們就喊，從這隻狼的嘴裡搶了死羊羔。我們將此羊羔燒熟吃，還救活了三個快餓死的人。到明水的時候，有一天一個老鄉趕著一頭母驢，這頭驢在路上下了一頭小驢死了，老鄉走後，我們把這頭小驢燒熟分著吃了，此驢當時也救了幾個生命垂危的人。

我是一九六〇年十二月二十六日離開夾邊溝農場被接到山丹縣委的，當時，山丹縣與民樂縣已經合併，這樣算起來我在夾邊溝整整待了兩年兩個月。回到家裡在家整整養了半年病，一九六二年四月才將我的問題給徹底平反了。

我現在唯一的希望是過去的歷史再不要重演！國家培養一個人很不容易，但葬送起來太容易了。中國人是一個以和為貴的民族，可是那個時候，與天奮鬥其樂無窮，與地奮鬥其樂無窮，與人奮鬥其樂無窮，我們一直在鬥、鬥、鬥，把一個好好的國家鬥成了什麼樣子。甘肅出了個張仲良，張掖出了個安振，所以張掖是個重災區。

權力是個雙刃劍，今後關鍵要解決好權力的制約，當幹部的要讀《資治通鑒》。我總覺得一個人的權力不能太大。人民要當家做主人，就要讓人民真正享有選舉權和監督權，這樣我們這個國家才有希望。

楊萬益

張掖市黨史辦公室的安永香替筆者聯繫楊萬益，然而他不願意接受任何人的採訪。但是，第二天早上七點鐘筆者還是到了楊萬益的家門口，敲門時他和他的老伴都在裡面，就是不開門。等了一個小時，再度敲門，最終還是走了進去，看到了這位身體硬朗大個子的老人。

我生於一九三一年十一月十五日，甘肅省民樂縣人。一九四七年考入酒泉國立肅州師範學校，一九四九年九月參加工作。一九五〇年三月三日參加中國共產黨。

事情的緣由應該從中國共產黨八屆三中全會說起。在這次會上，張掖地區地委書記安振在會上發言，張掖的糧食要增產百分之二十，也就是要達到二十三億斤，當時，毛主席插話問道，張掖能增產這麼多糧食嗎？安振說，能增產這麼多。所以，在中國共產黨甘肅省第二屆代表大會第二次會議後，安振提出，為了貫徹該會精神，張掖地區糧食產量要達到二十三億斤。我當

楊萬益

時在張掖地區計畫委員會擔任計畫委員會科長，地委副書記吳岳兼任計畫委員會主任。可是，我們計畫委員會調查各地區報上來的糧食總產量只有十九億斤，就是這十九億斤也有許多水分，而張掖地區有些縣已經在一九五八年出了糧食問題，農民已經開始挨餓了。然而，由於安振給毛主席吹了牛，他就無路可退了，他要無論如何將張掖的糧食產量湊夠二十三億斤，加上形勢也鼓動躍進虛報產量。當時，增產百分之五是躍進，增產百分之十是大躍進，而增產百分之二十就是特大躍進，我們張掖地區則成了特大躍進。

安振回來就抓落實，他要讓張掖地區計畫委員會將糧食產量變成二十三億斤。安振當時帶我一個縣一個縣地進行調查。武威縣縣委書記楊隆凱（以後改名為楊豐林）、民樂縣委書記王佳邦、金塔縣委書記陸維公、還有張掖縣委書記馮宗漢都不同意，說他們沒有增產。這樣幾個張掖地區的糧食產量大縣都不同意增產數字，安振的張掖地區總產量二十三億斤就無法落實。於是，安振又讓舉手表決同意二十三億斤。當時，永昌縣委書記王虎法、敦煌縣委書記黃仕福舉了手表示同意張掖地區的糧食總產量達到了二十三億斤，還有五個縣的人也舉了手，這樣同意的七個縣，不同意的也是七個縣。

然後，我將同意的縣報上來的糧食產量，和不同意的縣報上來的糧食產量再進行核算，這時已經達到了二十億斤，還差三億斤。

安振於是又提出，修了蘭新鐵路占了的地，農民蓋了房子占了的地，全部應該算到土地裡，然後，按平均畝產乘後加到總產量裡。我當時說，鐵路一般鋪在荒灘裡，那裡不長莊稼，農民修房子大多也建在老宅裡，並沒有收穫糧食。安振就讓計畫委員會再下去調查。我們下去調查後又如實地進行了彙報，安振這一次就罵我們「沒腦子」。因為，實事求是地調查根本調查不下去，下面就那麼多糧食，怎麼調查都是那麼多。再說我去了民勤縣和古浪縣，發現民勤縣已經出現了災荒，人們挨餓了。在民勤縣天斌鄉進行調查時，天斌鄉的農民吃也吃不上，喝也喝不上，我下去後都吃不上飯。可是，農民們好，他們給我吃山藥蛋。

我當時想，農村當時的情況不是增產的問題，而是農民沒有吃糧的問題。於是，我就打報告給天斌鄉要糧食五萬斤。當時，我們計畫委員會到下面一調查，知道當時的產量完全是虛報的，所以，不僅我不同意所謂的增產，計委的領導和計委主要的幹部都不同意所謂的增產。在貫徹甘肅省二屆二次黨代會上，我發了言，我不同意說糧食產量增產了這麼多，我說這個時候關鍵的問題是要救災。這個發言發壞了，說我與黨沒有保持一致。隨後就將我定為反黨分子，我們計畫委員會的骨幹都成了反黨分子。王國森、楊萬益、謝其雲、馬千里、張晉五個都是反黨集團的反黨分子。計委副主任王國森被開除黨籍、開除公職，送夾邊溝農場勞動教養。我被開除黨籍，保留公職，送夾邊溝農場勞動教養。謝其雲被開除黨籍，開除公職，送夾邊溝農場勞動教養（謝其雲一九六〇年七、八月間死在了夾邊溝）。馬千里被送到了安西十工農場勞動教養。

我是一九五九年八月十一日被押送到夾邊溝農場的。送我去夾邊溝以前，在張掖地委行署禮堂黨員幹部們對我進行了集中批判。當時批判不下去，因為我是實事求是的，於是把講師團的三十多個人加了進來，大家跟著安振定的調子批判了我。接著，地委組織部長王懷璋宣佈，經地委研究決定，將計畫委員會定為反黨集團，成員為：王國森、楊萬益、謝其雲、馬千里、張晉。

一九六〇年在明水時，每月給犯人供應十二斤原糧，人在這個時候大批地餓死、病死。三千多人，剩下了幾百人。原因是吃不上東西，水土不服，勞動強度太大。外地人吃了這裡含鹹大的水就拉肚子，一拉肚子就活不了了。我能活下來，主要是我的父親從親戚朋友處團上些炒麵、青稞的碎粒子，從那麼遠的路給我送來。當時，我的父親已經六十多歲了，他一個人背著六十斤的炒麵從酒泉下了火車，步行三十多裡路給我送來。每半年給我送一次，這樣我一個月就可以增加十斤糧，所以，我活了下來。

我們回來時，張掖進行救災，從新疆調糧，從河南調紅薯救農民。你說張掖地區的二十三億斤糧食在哪裡呢？農民大量餓死，人吃人，躺在炕上起不來。一九六二年才有了一些起色，一九六三年張掖地區才慢慢好了起來，農民才可以吃到一些東西了。

楊萬益近照

我從夾邊溝回來見了安振。安振說，你好吧？我說，安書記你好吧？此時的安振已經被撤了職，後來聽說他調到了武都縣農科所工作。安振臨近去世時給唐九夫說，你給老楊帶個話，當時把計畫委員會打成反黨集團，不是我的主意。

我在夾邊溝受了很大的摧殘和委屈，但在一九六二年就給計畫委員會徹底平了反，也恢復了工作和職務，黨依然重用我，也沒有歧視我。根據這件事情我認為，我們黨幹任何事情都要實事求是，不然就要栽跟頭。我們這個黨呀！有錯誤、犯錯誤不要緊，關鍵要改正錯誤。黨處理錯了我們，給我們平了反，認識了錯誤，說明我們這個黨是有希望的，是偉大、光榮、正確的黨。

楊光荃

在武威縣城幾經周折才見到楊光荃。

楊光荃

我生於一九一九年元月二十三日，甘肅省武威縣高壩鄉人。一九三五年上武威中學，一直上到了一九三七年。我在上學時組織了反馬團體，主要反對馬步芳這些當時西北的軍閥勢力。我當時聯繫了紅四方面軍的一個師長郭西山。由於反馬團體組織大了，影響也越來越廣泛，馬家軍開始抓我了。武威縣不能呆，就逃到了蘭州市。反馬團體是獨立的，我在蘭州繼續搞反馬活動，為了站住腳，我在國民黨的一個兵站找了一個科員工作。在這個時期，我與過去的同學和反馬團體的人逐漸又聯繫上了，我們反馬反蔣，於是聯繫的範圍就越來越廣泛了。

此時，有一個關鍵人物叫包世珩，我與他商量後認為，要真正的反蔣反馬必須要有兵權。於是，包世珩自動要求到了國民黨二十六師駐康樂的一個基層連隊擔任了連長，在團裡活動後，準備組織暴動。那是一九四七年元月，正月初二，包世珩提前拉出四個連六百多人進行了暴動，後來在徽縣打遊擊，被打散了。剩下的一百多人包世珩帶著，另外的四個連長拿著包世珩的信聯繫上了我，我經過接頭與共產黨的週邊組織——西北民主同盟取得了聯繫，決定在武威縣再成立一個遊擊支隊。於是，我帶此四人到了武威。這四個人發現武威人個性太軟弱，不想再在武威成立遊擊隊，我不同意，但他們帶上在我家寄存的手槍又去了隴南。

由於我在武威關係廣泛，繼續組織反馬反蔣活動。當時有個劉春元認識國民黨武威中署的一個保安司令部的參謀左子璵，左子璵這個人在新疆盛世才手下幹過，對蘇聯比較熟悉。我通過左子璵又聯繫了保安司令部的一個中校參謀。當時，司令部要組織一個保安大隊，下設四個中隊，六百多人。於是，就通過這兩個保安司令部的人安排劉春元當了中隊的頭頭。此時，我已經成了中國共產黨的正式成員，這是一九四九年三月。

當時，武威地區有個進步組織，這個組織以小學教師和中學同學為基礎（一九五三年——一九五六年年審幹時，參加這個組織和參加國民黨、三青團的都被開除黨籍，打成了反革命），剛開始徐萬夫為負責人，後來張永鍾為負責人。我們兩個組織當時聯合起來，共同反對國民黨的獨裁統治。

我們這兩個組織聯繫非常廣泛。一九四九年七月，馬步芳在各地組織反共救國軍，武威縣組織了一個反共自衛團，團長是大惡霸李子英，副團長是我中學的一個同學楊生盛。當聽到解放了，正團長李子英跑了，副團長說，誰有槍，誰有人，就武裝誰。我告訴他，我有人。於是，給我發了一把手槍，兩箱子彈，成立了自衛大隊，內部叫遊擊大隊，受武威共產黨支部領導，我是負責人。有一百五十多人，我又從永昌縣發展了三百多人，保安大隊六百多人，共有一千多人。武威解放後，這些人全部參加了解放軍，我任武威軍區獨立營的參謀，後來我調到武威縣武裝部任政治部長。一九五二年又任我為甘肅省武威縣縣委秘書。一九五七年我任武威縣接河壩鄉第一書記。

一九五七年下半年至一九五八年初，當時的甘肅省張掖地區地委書記安振說武威縣瞞報了產量，而武威縣縣委書記王世傑說沒有瞞報，實際產量就是這樣的，於是，就進行查產運動。當時，在武威縣開了三幹會，讓各鄉報實際產量，很多鄉不如我們接河壩鄉，但他們報得產量都比我們接河壩鄉高。縣上說，你們接河壩鄉條件那麼好，產量怎麼報得這麼低，但我仍然堅持實事求是。

一九五八年六月又查這個問題，甘肅省省委書記張仲良批評王世傑，說王世傑隱瞞產量七千萬斤。王世傑當場寫了檢討。

一九五八年武威縣黨代會上，給我列了三大罪狀：第一，說我壓產瞞產；第二，說我說給民勤縣放水，不如給民勤縣調糧（因這句話刺痛了當時的領導）；第三，因為武威縣副縣長趙長年入黨的兩個介紹人中的第二介紹人陶傑不承認曾經介紹，趙長年的黨籍被掛了起來。於是，我就給第一介紹人徐萬夫寫了信，說你們原先承認，怎麼今天又不承認了。徐萬夫是承認他是介紹人的，他把我的信給陶傑看，陶傑就將此信在武威縣黨代會上公佈了。就因為這三大罪狀，於是將我打成了地方主義反黨集團分子，

一九五八年六月我被送到了夾邊溝農場勞動教養。武威縣副縣長趙長年是主要地方主義反黨分子，也被開除黨籍，開除公職，定為地方主義反黨分子，送夾邊溝農場勞動教養。我是被武威縣民政局送到夾邊溝農場去的，我們這些所謂的地方主義反黨分子當時都是武威縣的精華。我剛到夾邊溝就被分到了新添墩作業站農業隊，一直待到了遣返回家。對於夾邊溝農場的實際情況一定要尊重事實，誇大和縮小都不合適。

我就從新添墩作業站挖垡子談起。所謂挖垡子，就是將乾了的水灘裡面的紫泥和草根切成塊挖出來，放到筐裡抬出來做肥料。我和另外一個人一起抬筐子，筐子裡的垡子高高摞起，還要競賽來抬。我去後正是一九五八年的六月到八月期間，抬垡子勞動強度太大，對我是最苦了，收工後兩條腿抬不起來，走不回來。因為這時的勞教人員都想爭取早日釋放回家，勞動的積極性很高。抬了一個多月垡子，我感覺這樣下去是回不去了。因為，我胃裡有些毛病，於是我就在勞改就業大夫段照熙的跟前誇大一些，段大夫將我的病情上報後，場裡就把我調到了筐筐組。筐筐組是些老弱病殘，專門進行編筐子、編席子，這些筐筐就用來抬垡子，後來就用它來裝死人。到了筐筐組活確實輕了許多。當時的筐筐組的組長是上官錦文，一個彝族中校軍官，老紅軍。官錦文八月底領著我們去挖排鹹溝，他對我說：「楊光荃，我們寧叫牛掙死，不要讓車翻過。」這時，我也到了挖排鹹溝的工地。挖排鹹

溝分為兩層，第一層先將泥沙扔到第二層，第二層的人再扔到上面。官錦文讓我修排鹹溝渠的坡，四十五度，我修得很好，所以受到領導的表揚。

九月份我又到了筐筐組。筐筐組後來進來了一些殘疾人。其中有個東北人，一米六七的個子，圓臉，走起路來拄著個拐子，這個人很樂觀。他說，他算了個卦，什麼什麼時候我們就可以出去了，可是，後來沒等他出去就死了。這時，我們將芨芨草編的筐子當棺材。後來就把死人用自己的被子裹住，頭、腰、腳用繩子一捆，埋到沙漠或戈壁灘。再後來由於羊把牌子吃了，或是牌子被大風吹移位了，於是，場裡就繪出地圖，標出某人某人埋到了哪裡，好給家屬一個交代。以後人死的多了，這件事再沒搞，也說不清楚了。

一九五八年冬季，武威縣地方主義反黨集團的一個反黨分子陳存周，他是原武威縣的文教局長，他的腿上長出來了一個不疼不癢的瘤子，劉逢舉當時看後說，這是個瘤子，這個人再不能勞動了，要送到醫院去。陳存周往醫院去以前要求我陪他半天，我就答應了他的要求。他將他的一雙氈靴送給了我。他走後聽說很快就去世了。

我們剛去時，場裡承諾會給我們儘快摘掉帽子，讓我們好好改造爭取早日回家，但廬山會議以後，一個勞教人員也不讓釋放了。

後來往高臺縣明水灘遣人，我也不編筐子了，身體好一些的都去了明水灘，夾邊溝新添墩留下了一百多人。

我一直在新添墩，沒有去明水，因為管教看我誠實、實在，不說假話，不做假事，信任我，放我當了個病號隊隊長，主管一個分隊，主要工作是給病號打飯，伺候他們的起居。病號隊天天死人，伙房這個時候也不清楚到底有多少人，我每次到伙房都要多打幾份飯，回來後給身體差點的人多吃些，我自己也可以多吃一些。這個時候我們的口糧名義上每月供應十四斤原糧，而實際只有十二斤原糧。而且，一個時期給我們供應的是沒有去皮的穀子，磨碎後直接讓勞教人員吃，犯人們吃後都屙不下來屎。

這個時候天天死人，我此時除了侍候病人外還要清理死人的財產。清理了遺物後，讓我簽名。清理當中有很多貴重的東西，有美元、金首飾、高級衣裳，華僑帶來的高級勞力士手錶也有。清理遺物時填寫一式兩份單子，一份交到場部，一份放在死人的行李包裹中。然後，把死人在腿上一捆，手上一紮，放到埋死人的皮車上去埋。

過了些日子，一天新添墩的一個隊長突然說我們清理財產不細，登記了以後，家屬來後沒有這些錶和東西。我當時心裡想，當時清理財產後，在場的三個人要同時簽名，怎麼能不清楚呢？這個隊長讓我們在倉庫裡把原來的登記作廢，重新清理，重新登記，這個工作我們整整做了三個月時間。我們重新清理時，有四、五個人，包裹打開後，原來的新手錶變成了壞手錶，有些包裹裡面美元和金首飾也沒有了。

夾邊溝人才濟濟，可他們就那麼一個一個無聲無息地走了。

民勤縣是個困難縣，整個縣委班子以從舊社會過來的地下黨為主體，由於堅持實事求是，整個縣委班子被打成了地方主義反黨集團。一九六〇年十月份，民勤縣的組織部副部長王在昭的妻子領著娃娃來看他，當時他病得很厲害，感覺自己活不了了，就把自己的一條新氈讓他老婆帶回去，說回去後可以用這條氈換些吃的，讓娃娃活下來。他的愛人拿上氈，走的時候兩人都在流淚，難捨難分，他把愛人送了很遠。此後不久，王在昭就去世了。其後大部分病人都轉到了夾邊溝場部醫院。

到了後期，人們感到問題越來越嚴重了，當時新添墩有一百多號人，但是，能夠到地裡收蘿蔔的也只有二十幾個人。我領著人們到胡蘿蔔和甜菜糖蘿蔔地裡，讓人們放開肚皮吃，可是人們連地裡的蘿蔔都已經拔不出來了。我們一邊收蘿蔔，一邊想辦法挖個坑了藏起來一些蘿蔔，等以後吃。因為，蘿蔔是不能帶回去的，可是後來藏的蘿蔔有些也找不到了。人們餓得挖不動蔓菁（一種根部比較大的疙瘩子菜），撅著屁股爬在地上用袖子擦了，像吃草的動物一樣爬在地上啃著吃。

人餓到這種情況，天天都有人死，誰也不能保證自己能活到什麼時候，於是，管教幹部對犯人們管得也鬆了，這說明他們還沒有完全喪失人性。場裡的領導此時也很著急，讓人們在麥衣子裡翻著找出來了十來八斤糧食，讓人們補貼、補貼。

也有些人偷些胡蘿蔔和糖蘿蔔回來煮著吃，用土塊撐起洗臉盆煮，上面扣上一個臉盆當鍋蓋。由於管教幹部後期睜一隻眼，閉一隻眼，夾邊溝的犯人沒有完全死完，活下來了一些人。

可是，犯人死了這麼多，管教幹部從來沒有聽說誰挨餓了，這說明給我們每月供應的十四斤原糧，很多被管教幹部和伙房裡的人給吃了，真正到犯人的嘴裡就少得可憐了。

一九六〇年十一月底，我和十幾個新添墩的人到了夾邊溝總場場部，這裡原先有二百多個人，加上我們就有二百多人。此時的我們都已經勞動不成了，場裡遵照上面的指示，開始搶救人命。

我住在一個大房子裡，十二月份中央工作組來後，場裡殺了羊，剁成碎塊，但吃的仍然是菜多面少的稀湯湯，給每人的飯盆裡舀一勺羊肉湯，湯裡有一些星星點點的碎羊肉。因為人們的口糧還是沒有增加。這個時候人們都吃成了大肚子，能喝一臉盆稀湯湯。

可是，人死得已經剎不住車了，每天還是大量死人。人死後往皮車上一扔，拉到毛家山梁上去埋。有一天，一個人沒有動彈，人們以為他死了，用繩子捆的時候，他突然說我還活著呢。每天拉出去埋的人都沒有做標記，後來很多家屬找自己的親人，根本找不著了。

一九六〇年十二月二十幾號，中央工作組來甄別審查後，第一批放的是我和武威縣縣長高伯峯、副縣長趙長年，還有一個民勤縣姓陳的。我們四個人是當時夾邊溝放的第一批人。

我能夠活著出來，主要是我的妻子吳鑰英。她原先在武威縣供銷社食品公司工作。在一九五九年時，給我寄了一箱子糕點，大約有二十斤；就在同一年又給我寄了兩罐子豬油。我到夾邊溝後，她們單位上逼著她與我離婚，她被逼得沒有了辦法，就到黃羊技校去上學，上了一年半，分配到了飲馬農場開拖拉機，成了一名拖拉機手。飲馬農場糧食相對多一些，她從自己嘴裡省出來，背著麵粉送給我。我的妻子到夾邊溝去了三次。我記得第一次她來時，領著我的女兒，女兒此時餓得很瘦，不活潑了，動不動將手放到嘴裡邊，當時我看到這種情景，心裡很難受，酸酸的。妻子為了救我，我的一個兩歲多的女兒被餓死了，她的母親、大哥、嫂子全都餓死了，因為

楊光荃在訪談中

她們家的成份是地主，貧下中農都在餓死，他們家就根本沒有活的路了，餓得家破人亡。

一九六〇年冬天，這是夾邊溝最困難的時候，夾邊溝開始大量死人，可就在這個時候，她用家裡節省的糧票買了麵粉，連續背著送來了兩次，每次有四十斤。就是這兩袋子面，它讓我出來時能夠扛著行李從夾邊溝走著出來。

回來時，我們三個武威幹部要求到張掖下車，張掖地委接待了我們，住在了招待所。招待所的大師傅對我們比較尊重，吃得比較好。因為高伯峯的胃口大，一大盤子饅頭一會兒就吃完了。到張掖地委報了到，回到武威後組織上讓我們先享受百分之八十的工資，甄別後再對我們做進一步的處理。這個時候，我才知道我們武威縣送到夾邊溝的反黨集團的十二個人，死了朱興業和陳中周。可是，武威縣民政局經過查詢，送去了一百一十多個中小學教師右派分子（大多是小學教師），只活回來了十幾個人，其他人全部死在了夾邊溝。

我後來一直想，為什麼我們反黨集團十二個人只死了兩個人，而那些中小學右派教師差不多死完了呢？關鍵是我們這些地方主義反黨分子大多數是解放前的地下黨員，有社會鬥爭經驗，生存能力強，他們經過血與火的考驗。而那些中小學教師都是些知識分子，生存能力太弱了。我知道那些小學教師右派，有些在鳴放中根本就沒有說話，有些不過平時開過一些玩笑，說過一些怪話，這些人反右運動中都成了右派分子，在夾邊溝都死得很慘。

地下黨員劉春元是我們反馬集團的發起人之一，他的妻子是個滿族人。當年我們反馬集團的發起人有劉春元（武威）、張彩堂、齊豐恒（武威）、馬相林（武威。國民黨中央大學畢業，曾在重慶大學任教授），等等。其中，張春元和我以後參加了共產黨地下組織。我當時聯繫的目標是西路軍的遺留人員。可是，反右運動時任天祝縣銀行行長的劉春元被活活餓死了，他死的時候身上還裝著五十元錢。

夾邊溝的新添墩作業站到底死了多少人我不清楚，但我在登記死亡人的行李時，那麼大的一個倉庫裡，碼得行李占了倉庫的三分之二。這都是我親身經歷看到的。

夾邊溝農場的犯人死得可憐呀！聽了現在的腐敗，我不願意聽。我們年輕時參加共產黨，全都是為了一種理想和信念，冒著生命危險提著腦袋幹革命，所以，聽到那些腐敗的事情我感到很辛酸。

馮志崗

我是甘肅省武威縣人，生於一九二八年四月。小時候上過兩年私塾，一九三八年進了武威城在萬壽宮小學學習，一九四二年小學畢業，考入了甘肅省武威中學，上了五年，由於參與鬧學潮被學校開除。於是，我到蘭州市去找蘭州志果中學的教務主任孫文山（四川大學畢業），讓他幫忙上了蘭州志果中學。後又轉到蘭州一中學習，待了半年後於一九四八年六月在武威中學高中畢業。等到武威解放，於一九四九年九月參加武威地區地方幹部學校第一期學習，三個月後被分配到武威縣縣委宣傳部工作，一直到一九五二年（在此期間參加了一九五〇年的反霸減租、一九五一年的土改）。一九五六年，我調到了武威城關區任區委書記。因為我們的同學在武威地區比較多，引起了武威縣縣委書記王懷章的注意。

一九五七年，在武威縣第二次黨代會上將我們幾十個武威縣的骨幹幹部打成了反黨集團，一九五七年底處理時將十六人

馮志崗在訪談中

打成了地方主義反黨分子，送到夾邊溝勞教農場的有：高伯峯（武威縣縣長）、趙長年（武威縣副縣長）、張銅（武威縣縣委秘書）、楊光荃（武威縣接任河壩公社書記）、張春元（武威縣統戰部長）、劉閣慶（武威縣二中教師）、張世昌（鄉長，黨外人士）、朱興業（武威縣豐樂區副區長）、丁佩柱（武威縣團工委少兒部部長）、陳中周（武威縣教育科科長）、陳開年（武威縣職工業餘學校校長）等。送到甘肅省安西十工農場的有：陶傑（永昌區區委書記）、王永（武威縣農業科科長）。在本地監督勞動改造的有兩個人：何智義（武威縣檢察室主任）、趙維洪（武威縣水利局局長）。這個所謂的反黨集團裡每個人都成了反黨反社會主義分子。由於我們這些地方幹部生活能力強、有家庭接濟、思想壓力相對小，所以我們大多數都活了下來，死在夾邊溝的只有陳中周和朱興業。不似那些武威縣被打成右派分子的中小學教師，基本上都死在了夾邊溝。

我的所謂罪名主要有兩條：一是上面領導讓武威縣給民勤縣放祁連山下來的水，一年要放兩次，當時的縣長高伯峯堅決反對，說武威縣的水自己都不夠；我也對此表示贊成。二是一九五八年已經開始缺糧，可張掖地委書記安振說，不是缺糧，而是武威縣把糧食隱藏了起來。另外一點就是我們這些同學經常互相來往，引起了一些人的注意。

到了夾邊溝我就被分配到了農場基建隊，一開始就是挖排鹹溝，整天泡在鹹水裡面往外挖泥沙，這個時候留下的病讓我痛苦了一生，一九六四年做了手術，至今我一直行動不便。一九五八年冬天又從我們基建隊抽出來了一百多人到高臺縣石膏鄉挖石膏，我又整整挖了一年多。一九五九年的冬天，由於石膏積壓太多，賣不出去，我們又撤回了場部。可是，這時候由於我們把身體累壞餓壞了，我也成了老弱病殘。因為我認識夾邊溝農場財務股的姚股長，這是我在武威社教時認識的，所以，姚股長就讓我到夾邊溝農場的小糖廠裡用糖蘿蔔熬了三個月的糖，我原先就會土法熬糖。後來，姚股長又讓我到磨房裡去磨麵，由於可以偷回些麵粉烙餅子，所以吃得還好。以後又調我到農場化肥廠砸化肥。這樣就減輕了我的體力勞動，增加了一些營養。我一直沒有到明水去，因為我是老弱病殘，一直在農場場部。

我印象最深的有三件事情，一是夾邊溝農場的管教幹部都是民警，所以很多管教幹部自己不勞動，專門保養了身體來對付我們。有一次，管教幹部組織我們開會，然後將一個姓劉的勞教人員捆起來吊到架馬上打，先是用皮帶打，然後又用棍子打，打得鮮血淋漓，將此人打昏了過去。當時，把我嚇壞了。他們是殺一儆百，讓大家都爬起來勞動。當時，我們全基建隊震驚了，對我們震動太大了，有些病了的人和餓著起不來的人，確實都掙扎著起來了。

第二件事情是管教民警偷東西的問題。場裡當時把勞教人員的貴重東西集體保管，我的瓦斯針表也被保管了。我已走不動路了，我要我的表，場裡說沒有了。民警中有一個武威人韓天壽，小幹事，我托他給我去要，他也沒有要來。我們的房子與保存東西的倉庫面對面，我們當時餓得睡不著覺，看得清清楚楚他們好幾個管教幹部晚上提著燈去偷死人的東西。武威二中有個姓鄒的教師，上海人，美國留學生，因為到了大西北吃得不習慣，當時思想有情緒，發了牢騷被打成了右派分子，送到了夾邊溝。到夾邊溝時帶了皮箱、衣服。我有一天看韓幹事穿著筆挺筆挺的褲子，我說你的褲子真好，他說，我五十元錢買的；可我見過這是那個鄒老師的褲子。

第三件事情是我在磨房時，一個磨房裡用柴油機皮帶帶動三盤磨。兩盤由男勞教人員負責，一盤由女勞教人員負責。有一天我們磨完了糧食，女犯人們的一盤磨還沒有停，這時女勞教人員何世珍的辮子被卷到了機器裡面，把頭皮都給揭掉了，流了很多血，白骨頭都露了出來。我們當時都給嚇壞了！

過去了的事情我不願提起，太慘了，太可怕了，我在夾邊溝待了僅短短兩年多的時間，可像過了一輩子。一九六一年元月二十一日武威縣委派人把我們接了出來，元月二十四日回到了武威縣，整整在家休養了半年多我才慢慢緩過勁來。

徐萬夫

在採訪徐萬夫前，就知道他的名氣。他一九八九年離休前為武威地區文聯副主席、《紅柳》雜誌主編、武威地區書法家協會主席，曾經發表古典詩詞四十餘首，書法作品多次參加省內外展覽，有些還被甘肅省文史館收藏。筆者到武威後首先去找了他。真是一見如故，他給筆者看了他的字畫，領略了他的詩詞。

我生於一九二六年七月，甘肅省武威縣人。小時候我的家裡很困難，武威中學上了半年後，就改上武威師範學校。這是個四二制的學校，上了兩年時間我就於一九四六年畢業。後到武威唐府街女子完全小學當教師，任教務主任。該校的校長叫陳秋菱，西北師範學院畢業的。

一九四七年，我們三十多個同學組織了一個聯繫會。由於蘭州「三二九學潮」影響了我們，所以，聯繫會與幾所學校一

作者與徐萬夫的合照

起在一九四八年鬧了「四二五學潮」。當時，武威師範學校、武威中學、青雲中學出動了一千多名學生。我們當時的口號是「反饑餓，反壓迫，反剝削」。鬧了學潮後，這些學生都先後參加了地下黨員。我也於一九四九年六月參加了中國共產黨。

一九四九年十一月，我被分配到了武威地區文工團。一九五四年至一九五七年，我任武威地區文工團團長。一九五五年我編了大型秦劇《梁紅玉》。此劇一九五五年在甘肅省首屆戲劇會演中獲劇本創作二等獎。但就在這一年肅反運動裡，甘肅省委黨員幹部管理處處長徐樹雲找我談話，談我們解放前組織同學聯繫會的問題，說我們這個小集團為「勵志社」，實際上我們當時的「勵志社」是與國民黨及地方勢力勵志鬥爭的，與國民黨的特務組織「勵志社」沒有任何關係。學潮以前我們為「武威人民教育社」，因為我們這些同學都是教師，後來又改為「武威農工社」。一九五七年，我從文工團調到了張掖地委，在地委宣傳部工作。反右運動時，張掖地委副書記趙雲山組織了一次座談會，讓大家大鳴大放，讓我進行記錄。趙雲山說，好的、壞的全記下，所以，我當時心有提防，沒敢說話。但是，接著還是把我們解放前夕三十多人的聯繫會定成了「反動政治小集團」的反革命組織，因為這些人中大多數出身地富家庭（直到一九七八年才給以平反）。我也被打成了歷史反革命分子，說我是反動集團頭子。一九五八年三月，宣佈開除我的黨籍，開除公職，送夾邊溝農場勞動教養。女校長陳秋菱也因此問題戴了歷史反革命帽子，開除公職，離了婚後一直帶著兩個孩子，以掃馬路為生。

一九五八年三月十二日，我與張掖肅反辦公室的趙健生（右派分子，死在了夾邊溝）一起由兩個公安警察押送到了夾邊溝農場。我被分配到了農業隊勞動。這時的農場的農田已有十分之三被黃沙掩埋，場裡讓我們用筐子抬黃沙來清理。剛去時大家體質都好，都想立功贖罪，很積極，喊著勞動號子勞動。這種號子喊上後，很有節奏，很有氣勢。晚上睡覺，一個一個地擠著睡，起夜時一定要盯好，否則回來就沒有了位子。睡到別的地方，要挨別人的罵。

官錦文是我們的隊長，每天勞動前都要給我們訓話，讓我們好好勞動。剛開始官錦文被優待在幹部灶上吃飯，他給我放了一個小組長，我是個老好人，官錦文認為我不稱職。後來，官錦文也到大灶和我們一起吃飯了。

一九五八年八月，我被調到了新添墩作業站的馬號。每天就是給馬鍘草，沒過兩天手上就打了泡。我鍘草時，給我入草的是一個勞改就業的農工，姓劉。這個姓劉的是個好人，他說你的手磨了泡，你就入草吧。另外他說，到了馬號裡再不要走，這裡活比較輕，還可在灶上多吃一些。這個人走後，我一直在馬號裡，還當了個小組長。後來因為我是個老好人，又被撤了職。姓劉的這個人走前對生活完全絕望了，他認為一輩子就在這裡了。這說明我們這個國家，人一旦犯了罪，終身就把人當罪人，你要想再回到人民的懷抱裡，人家不讓你回。

我在馬號裡的最後一年，牲口餓著經常臥倒起不來。因為這裡都是軍馬，原先每天要吃五斤糧食。可是，牲口現在吃的天天遞減，先是每天吃三斤糧食，到了後來每天就只讓吃些草。而這些牲口不吃糧食只吃草後肚子越來越大，站不起來了。而站不起來，牲口就吃不上草，會餓死。於是，我們就將站不起來的牲口抬起來。抬的時候，馬的前後面各穿一根繩子，四個人用力抬，抬起來後先讓喝水，再讓吃東西。到了晚上，就從梁上吊一根繩子，把牲口吊起來以後讓吃東西。因為，牲口們已經站不起來了，牲口們吃不上東西死了，我們負不起這個責任。

在馬號裡我待了一年半，這時有個飼養員把小籠頭誤當大籠頭戴到了一個騾子脖子上，將騾子脖子磨出了傷，隊裡認為是我在搞破壞，就將我放到了嚴管隊裡。嚴管隊嚴加管理，在這個小天地裡，人完全失去了自由，再加上此時口糧已經降到了每月二十四斤原糧，所以，我突然感到飢餓、勞累、恐怖和死亡威脅了我。

夏收割麥子時，為了刺激犯人們的積極性，場裡搞了個獎勵的辦法。麥子割回來後，地上放著一個大桌子，桌子上擺著各種饅頭。割兩畝地的獎勵一個三兩的饅頭；割一畝地的獎勵一個小饅頭；割的不上一畝地的不獎勵，只喝稀糊糊湯。此時正是躍進躍進再躍進，晚上割，沒有月亮，盯不住行子，地裡東一行西一行，天亮後看時亂七八糟。而大多數人沒有割麥子，在搓著吃生麥粒，有些人則割一割吃一吃。我們每次打飯，都往前面排，伙房裡是飯桶子，開始的人打一碗糊糊湯後，又繼續排到後面，運氣好時還可以刮著吃上桶子底。

一九六〇年九月我到了高臺縣明水灘。這是個洪水沖積成的地方，溝溝坎坎縱橫交錯，土層很厚。我們依地形開闢了很多地窩子。這些地窩子挖出一個道，然後上面遮上樹枝和草，還在溝坎邊掏了一些洞穴。這裡沒有火和取暖設備，地上鋪上自己的行李就在上面睡。

我們到明水後，農民們的秋糧還沒有收。明水這地方農民們種的都是撞田，在地裡撒上籽種再不管，靠天吃飯。我們這些大隊犯人走過糜子地，像蝗蟲飛過一樣糜子都沒有了頭。

這時候，一方面天一天天冷了，人們寒冷難擋，另一方面口糧下降到了每月十二斤原糧，沒有任何補充。於是，人開始大量死亡。死的人死了，而活的人則皮包骨頭，個個都是幾個月沒有刮過鬍子、理過髮，長期沒有洗過臉，有啥穿啥，為了禦寒西裝上套著一層一層的破衣裳，五顏六色看起來就像原始的野人，看起來非常凋零、淒慘。武威縣的小學教師張文輝有辦法。明水農民種的蔓菁在離我們二公里的地裡長著，蔓菁是一種塊根作物。張文輝在深更半夜裡到地邊上，避過守夜的農民爬到地裡，在衣服裡口袋裡裝滿蔓菁，然後拿回來吃。他說，如果有死人敲開腦殼也可以吃腦子。

有一次我碰見了一個犯人家屬來找他的丈夫。我看到這個女人就想到了我的前妻，我的前妻自從我到了夾邊溝後就與我離婚了。那個犯人家屬進了明水農場的醫院，這是個比較大一些的地窩子，沒有窗戶，有個門，門上掛著死人的被子，裡麵點著一個墨水瓶做的油燈。裡面有三十多個人，睡在土炕上。燈嘩嘩地閃著，能走動的人當看護。每個病人的頭頂上吊著一個罐頭盒子，自己尿尿，尿了後讓看護拿走。這個女人來後就睡在了她男人的腳下，她眼睜睜地看著自己的男人死在了她的眼皮底下。那個時候死人已經不足為奇了，有個馬車戶告訴我，他一車就拉了十二個死人。

我沒有死的原因是，因為到了明水後有五個牲口讓我餵，我有自由，我可以到高粱地裡蹲下搓著吃高粱，使我有了一些力氣。有個甘肅省民勤縣來的陳惠來，有一天我看他給自己抓蝨子，他連自己抓的蝨子都掐不死。我們身上的蝨子都很多，所以我們想出辦法，就是將衣褲脫下來放到野外凍，將蝨子凍死以後抖一抖然後再穿上。那時的人死了輕輕的，我一個人都可以提起來。

在明水的後期時我已經不行了，我碰上拳頭大的石頭都得彎著走，說話像舌頭動著發聲，每天身上都發著冷氣，我感覺我活不了了。這時候有個青島來的老工人來探親，我掏出身上僅有的一毛錢對他說，我有個電報請你幫我發一下，發給我永昌老家的兄弟家。這封電報救了我的命，母親收到我的電報後和我妹妹一起到了明水。她們是半夜到明水火車站的，下車後看見一個人在烤著火，一問這個人恰好是農場的一個車戶，母親說了我的名字，他讓母親和妹妹坐到了他的車上。半道上下來後，她們高一腳、低一腳地到了我的土窯子裡。母親在門上喊我，我的心裡很興奮，眼淚嘩嘩地流了出來。

此時，已到了搶救人命的時候，病人已經開始往高臺農場送去搶救，可是消息封鎖著。我見了母親後，出去碰見了兩個管教幹部。我說，能不能讓我與我的母親一同回去。過了一會兒一個幹部說道，你收拾行李。我當時聽後還以為要接我送到高臺農場去。這個趙隊長說，你跟你母親回去吧。

母親將外面的冰化了給我洗了臉和手上的污垢。下午來了個大轎子車，我已經沒有力氣上車了，母親和別的人將我抬上了汽車。這一天我終身難忘，我是一九六〇年十二月二十六日離開明水的，回到武威的家裡是一九六一年元月一日。

在家待了幾天，就將我們集中到了張掖黨校。一個月發二十五元的生活費，任務就是恢復體力。待了大半年，右派們都給分了工作，但只給我解除了勞教，沒有給我工作。讓我在武威縣醫院當臨時工，每個月發三十元錢。一直到一九六六年才給我摘了帽子，恢復了黨籍，恢復了工作。

文化大革命開始後，我又被關進了牛棚，整整關了我五年。這期間我畫了八個月的毛主席油畫像，早上在牆上畫，晚上再回牛棚。我的字和畫的水平就是從這個時候開始提高的，真是無心插柳柳成蔭，最後寫成了個書法家。從一九五六年年審查我的問題，至到一九七八年給以平反，整整二十二年。平反後任命我為武威市文聯副主席，一九八八年離休，享受副地級待遇。因為我的思想能解放，不僵化，所以，我的身體一直很好。

我不願想過去的事情，因為那是中國歷史上最黑暗的一頁。夾邊溝農場的幹部已經完全喪失了人性，他們好像管理的不是人，隨便打，隨便罵。而我們這些被管的人也沒有了自尊心，沒有了人格，認為自己就是罪人、異類。我記得那時夾邊溝農場場長罵我們「房東傢伙日下的，房東崽子。」哎，人類創造了文明、也創造了野蠻，人們也被野蠻加以改變。關鍵是體制問題，沒有人去制約毛澤東的權力，這就是中國人的悲哀！

高學武

高學武

和高學武已有多年的交往了，每次說到夾邊溝，他都侃侃而談。有一次，他將一份張中式寫的《夾邊溝事件始末》拿給筆者。

我一九三五年元月二十六日生於河南開封，祖籍安徽亳州。幼年顛沛流離，艱辛地生活。一九四八年在河南省豫皖蘇二分區參加革命，十三歲上就押運十輛大車參加淮海戰役。一九五一年春隨軍入朝參加抗美援朝戰爭，經歷了轟炸、炮襲、穴居、忍饑挨餓。一九五六年年轉業參加大西北建設，在甘肅省張掖地區水利局工程科任工程技術員。一九五七年十一月被水利局反右領導小組以攻擊社會主義、攻擊領導、污蔑黨的領導等罪名批判鬥爭兩次，一九五七年十二月六日被宣佈為極右分子，被開除公職，送酒泉夾邊溝農場勞動教養。

張掖公署水利局往夾邊溝送了七個右派分子：高學武、苗維榮、楊通達、張國維、邱福明、黃汝文、王兆祥。死了五個人，只活回來了我和苗維榮。

張中式

一九五七年九月中旬，我被借調到黑河疏浚工程隊。反右派運動一開始，陣勢很大，大家都驚呆了，誰也不敢說一句話。我也是個轉業軍人，十三歲參加革命，十六歲隨六十三軍入朝作戰，回國後轉業來到大西北。我和張中式一直住在一個宿舍裡，所以感情較好。在反右鬥爭中，我受到批判。在鳴放會上，我對秘書科長包雲天提了些意見，說他工作主觀，不善於接受群眾意見，獨斷專行，還舉了幾個例子。

一九五六年年十一月，專署召開支邊青年積極分子會議，聽張中式說，沒有經過共青團推選，包雲天就指定一名上海支青去了，結果這個上海支青開會回來剛三天，便跑回上海去了，共青團選舉不民主。提這種意見，在一般生活會上也是常有的事，這算什麼問題，只因包雲天是共產黨員，是支部委員，便把我的鳴放上綱上線，說我利用幫助共產黨整風之機，攻擊共產黨獨斷專行，這是反黨反社會主義，對我進行幾次大會批判。批判我上綱也罷，上線也罷，對楊通達、張國維的批判，就令人想不通了。他二人都是一般幹部，在鳴放會上發了些牢騷，發洩自己對沒有得到提拔的不滿，這也成了問題。我現在仍然記得包雲天科長宣佈水利局右派的情景，「經地委整風領導小組批准，楊通達、張國維、高學武、苗維榮、王兆祥、邱福明、黃汝文被定為反黨反社會主義的右派分子，開除公職，收容勞動教養。」包科長放下這份文件，又拿起一份文件，念道：「經機關黨委批准，開除右派分子王兆祥黨籍。」

宣佈為右派分子的這七個人，反黨反社會主義了嗎？在鳴放會上發了幾句牢騷，提了點工作上的意見，楊通達、張國維、高學武受到批判，苗維榮也被點過名，總算事出有因。那麼，邱福明和黃汝文呢？他二人在鳴放會上什麼也沒說，怎麼就成了右派呢？太可怕了！邱福明是一位天津青年，從風和日麗的海河之濱，來到大漠窮秋的塞外，滿腔熱血，一片忠心。邱福明訥于言談，為人忠厚，與同志們相處融洽。黃汝文是上帝的信徒，對一切寬容。這兩人怎麼就成了右派分子呢？真是閉門家中坐，禍從天上來！

張中式說過，他編《張掖市志》時，關於三年災害張掖縣餓死人的資料，主編劉文浩堅持用三萬七千二百人這個數，因為這個數是縣委文件上的數字，有根據。磨了三個月，才定下來，他說既然用縣委文件上的數字，那就把三個數字全寫上，即餓死三萬七千二百人，全家死絕九十八戶，人吃人的五十八戶，劉主任同意了。在《張掖市志》送審稿中，這三個數字都有，後兩個數字，甘肅人民出版社刪去了，這也是他們當時作出的讓步，是為了保留第一個數字。從這件事上，可以看到，披露也是很難的。張中式說，張掖地區實際上民勤縣餓死了十三萬人；張掖縣餓死了七、八萬人，全家死絕九十八戶，人吃人的五十八戶；高臺縣餓死了五萬多人；全河西十四個農業縣餓死超過四十萬人。一九五九年十月修迎豐渠時，一場大雪就凍死三千多人。

一九五七年十二月六日，灰濛濛的天上飄著星星點點的雪花，張掖地委將各單位劃定的右派共四十八人由各單位派人押送到張掖建設南路地委門前大道上，舊城牆上架有機槍，街道戒嚴，軍警林立，公安處門前停有兩輛搭了蓬布的卡車，駕駛室上站有持槍戰士。早晨九點，經公安處幹部點名，我們被押上汽車，經西門離站，一直往酒泉方向行駛。車開到酒泉鐘鼓樓南街勞改局時，此處已戒嚴，由押送幹部與勞改局交換手續後，算是正式進入勞動改造程式。

這時，雪越來越大，天越來越暗，我們心頭的烏雲也更加沉重，讓我們每個人此時都感到前途迷茫，命運未蔔。到了夾邊溝農場，車進入一個大院子裡，人們將行李拿下來，這時幾個大漢喝令大家解開行李。許多人還未明白過來，可我知道這是要對我們這些犯人進行檢查。我知趣地迅速將行李打開，以軍人的標準口語回答「行李已全部解開，請首長檢查」。其他人此時也明白了過來，紛紛解開行李。這些人把行李翻了個底朝天。檢查了兩個小時，才將我們分成兩組，每組二十四人。然後將先行來的酒泉運輸公司四人，勞改局四人加到兩個小組，使每個組的人數為二十八人，睡在兩個大房子裡。

正是由於檢查時我的表現，劉振玉場長十分欣賞，在後來編組時，我被編到十一隊（副業隊）任小隊長，主管牛圈、馬圈、羊圈、豬圈和伙房、磨房。積肥組當時約五十人，因為人員隨時補充，後來到了八十餘人。一九五八年五月，夾邊溝陸陸續續來的人越來越多，蘭州機電公司某科科長劉寶昌和一些人被編到了十小隊。一個房子睡七十人，每人一根筷子的位置，萬般無奈之下，六個積極分子就睡到了地下。可是，不上二十天，地下也全部睡滿了。我們隊就分來了八十二人，幾間房子都住滿了，應該說是塞滿了人，像沙丁魚罐頭一樣。場裡為了應付這個局面，將就業工人遷到了新添墩作業站，騰出了住房。一九五八年夏，人員猛增，場部將人員分成農業隊、基建隊。基建隊分為五個小隊。農業隊主管農業生產，基建隊管各種非農業生產的事情，我被分配到了農業隊。農業隊編了七個小隊，一隊管種菜，二至六隊管農業生產，七隊管各種牲畜、車輛等。我的十小隊變成了農業隊七小隊。我被任命為七小隊長，統計是姬冀昌（張掖百貨批發站會計科長）。七小隊分為膠車（皮車）班，七輛膠車，十四個人；大車班（大軲轆車）十一人；馬號飼養組六人；羊圈二人；積肥組二十人；鐵工組、木工組等，全小隊共七十一人。

由於自己十三歲就參軍訓練，後來又經過殘酷的戰爭，對七十多人的組織管理易如反掌。在一九五八年到一九五九年，我把七小隊管理得有條有理，深受當時場裡領導的重視。我每天按部隊要求，早起後刷牙洗臉，搞好室內衛生，疊好被褥，點名出發。大車班、牛車班從每個人起床刷牙到上工，放畜飲水，刷牲畜身體，溜一圈，套好車，然後一起報告套好了；裝好車，起車，一起吆車往地裡勞動拉貨。下班後，將各車靠齊，整齊回圈，再一起回到宿舍。我給《三大紀律，八項注意》歌曲填了新詞「右派分子個個要牢記，三大紀律八項要注

高學武

高學武1959年攝於明水灘馬號的地窩子

意。第一，服從領導守紀律，積極勞動改造自己。……」下工時，先回去一人，把水都打好了，洗臉、喝水，帶碗去吃飯，吃飯後回宿舍休息。看起來忙忙碌碌，但勞動有序、不累，有歇腳休息時間。

一九五九年下半年，我被調到基建隊當保管，管工具、管遺物、管逃犯等事。因為死的人越來越多，這些死了的人身後遺物很多，我管理得十分嚴格。死者遺物當時必須三人驗收（我，死者所在組的班長，大夫），驗收時登記入冊，寫三份。遺物上留一份，給家屬寄去一份，我保存一份。死者的貴重物品和現金，更是詳細地登記，並報告場部管理科。當時，有些場基建隊幹部見財起意，但無法從我手中套走。於是，他們就想辦法將我調了出去。我被調出後，隊裡的統計、新換的保管與管教幹部勾結起來，大肆洗掠財物，篡改清單，成為夾邊溝的一大醜聞。

反右運動是非常荒唐的，他讓一些品行惡劣的人得逞了。例如，民樂縣的荀副縣長，麻子，黃板大牙，他看上了一個天津女知青，女知青已有所愛，是一個來支援大西北的青年。荀副縣長強迫女青年，她仍不同意，於是，將她的男朋友打成右派分子，送往新疆勞動教養，又威脅女青年，以談話名義讓她喝了春藥不能自制，被其姦污。三個月後，這個女青年肚子大了，他威脅要將這個女子以流氓破鞋抓起來遊街，他也跟自己結髮妻子離婚，女子無奈之下最後與他結了婚。另外，有些夾邊溝的女犯人是受辱後送來的。有一次我和蘭大陳時偉校長在麥垛下閒聊，正好一個女勞教走了過來。陳校長問她，你小小年紀怎麼也到了這裡。她說，和你們一樣都是沒有崗哨把門，犯了錯。陳校長問，什麼意思？她說，你們是亂開口胡說話，犯了忌。我們女人是褲帶不自主，開了口，讓領導占了便宜，還落了個壞分子，冤不冤。

邱福明是我們單位第一個死在夾邊溝的，好像是一九五九年春上；他年方二十四歲，剛剛結婚一年，原是志願軍某部幹部，轉業下來的。他常常打開他的一個袖珍日記本，看看裡邊夾著他和愛人的結婚照。看後就長時間的沉思，眼角流下眼淚，他也不去抹，任它往下流淌，慢慢地閉起雙眼。有時他喜笑顏開，好像在陶醉當年的幸福時光；他就是這樣在痛苦和煎熬中死去的。

記得有一次伙房將谷糠、麥衣子和在一起碾碎、磨成粉，加上野菜、胡蘿蔔做成饊飯讓我們吃，大家吃上後都拉不下來屎，不能上工，又無法醫治，只有互相用手掏挖，將駱駝糞蛋一樣的團團摳出來，這成了夾邊溝的一大奇聞。

有些人餓急了，想用帶來的書在農民處換些吃的。農民說，你們讀書讀多了成了右派，我們要你那些書有什麼用處，我們還要保個平安呢。所以，那時候書只能燒火擦屁股，除此之外沒有任何用處。

夾邊溝沒有什麼同情心。同情就意味著不能與階級敵人劃清界限，同情就意味著在與破壞生產、跟抗拒改造的人同流合污。那些平時文質彬彬、從不說髒話的高級知識份子，在這裡要受到管教幹部的隨意謾罵。什麼「狗日的」「驢日的」「媽那個屄」「老子斃了你」「你們這些吃飯的牲口」「你們還想改造好，改造你媽個屄」「你們還想回去再工作，還能讓你們再工作嗎？那是白日做夢」「一輩子也改造不好」「這個世上要你們這些笨蛋、懶蛋，還想出夾邊溝回單位，瞎想！就在這裡一輩子吧」「捆死你狗日的」「打死你狗日的」「餓死你狗日的」「你們以為你們本事大，有能耐，就是孫悟空在世，也逃不了夾邊溝如來佛的手心，念一念緊箍咒就夠你們受幾天」等等。勞教人員除了隨便要受到謾罵以外，經常被管教幹部捆綁、吊打，他們打起人來，比地主、惡霸、流氓、土匪還要狠，大家都敢怒而不敢言，麻木了。捆人時，犯人們還要跟著吼，跟著罵，一些人跟著喊時，邊擦眼淚邊喊。而有些人則閉上眼睛，張大嘴巴，舉手遮臉，裝著一起喊口號。還有些則不聽那撕心裂肺的哭嚎與喊叫。

有一次，一個用鐵鍬砍傷了犯人積極分子又逃跑的犯人張雨沛被抓回來（原甘肅省檢察院的一個幹部），在新添墩公審後給槍斃了。管教幹部說，對你們這些反動派輕者要勞教，重者要勞改，再重者還要槍斃。你們不要以為你們是人民內部矛盾，一樣地勞改，一樣地槍斃。

有些人開始逃跑，可是屢逃屢敗，成功率只有百分之三十，但不逃就意味著餓死。可是，有些人逃跑成功了，成功的原因是裡應外合，外面兄弟、妻子等著，逃離農場後，趕快洗澡、更衣，然後繞過村莊，不走公路，不能搭車，然後逃出去。還有些裡面打掩護，瞅機會逃跑。

我一九六〇年七月底離開了基建隊，回到了農業隊，此時得知我們原先的難友裡馬車夫死了三人，積肥組死了二人，馬號裡也死了一人。這樣我就趕一輛馬車來保自己。人到底換了幾個，我也摸不清，不敢多問了。

一九六〇年九月，為了回應地區成立明水大河農場的計畫，夾邊溝農場將體力較好的勞教人員拉到了高臺縣明水灘，分為東站（原農業隊剩餘人員）、中站（原基建隊和場部剩餘人員）、西站（原新添墩作業站剩餘人員）。我被調回原農業隊趕膠車，我從夾邊溝趕著馬車沿大道行駛，從黃牛農場、駱駝城、城郊農場，南華到仁號拐至明水。

由夾邊溝遷到明水有二千多人，在既無房舍又無糧食饑寒交迫的環境中，勞教人員在冰天雪地裡苟延殘喘，遙遙無期的勞教，饑餓、疾病、苦役，他們逐步失望、悲觀、墮落。夾邊溝的勞教人員們衣衫破爛，五顏六色地套在一起，虛腫的臉上眼睛眯起一道縫來，頭高高的揚起。看起來人非人，鬼非鬼，戰士非戰士，幹部非幹部，農工非農工，這是一群什麼樣的行屍走肉。

一九六〇年十一月份，每天死亡十多人，到了十二月份連降大雪，天寒地凍，人們每天吃不到四兩原糧，而且沒有任何油水，被熬乾了的人開始大量死亡。死了的人只有二、三十斤，皮包骨頭。我趕馬車此時已沒有生產運輸任務，先是拉煤，後來就專門拉屍體掩埋。那時，明水灘的死人被埋到靠近蘭新公路沙棗林南邊的沙窩中。埋葬組埋屍體的人此時也骨瘦如柴，沒有力量深挖坑，多數是將屍體用本人被褥一裹，兩根草繩頭、腰、腿一捆，一車拉七、八具屍體，用車拉到沙窩中掩埋。埋時將屍體放入淺坑中，撮土為墳。後來無力挖坑，只有將屍體放在沙上，用鍬將四周沙土撮起來放在屍體上，堆成一個沙塚。每批死者都在一處，白天看時，一條一條能夠辨出來。東、西、中三個站埋死人的都給加些飯，每埋一次死人加一個糠窩頭和一大勺糊糊湯，所以才使得這些人得以苟延殘喘活了下來。到了十二月二十三、二十四、二十五日這幾天，三個站每天死亡都在四十多人以上。這時，埋人的活人已沒有力氣埋了，於是，各站組織大批人去埋死人，死亡籠罩在明水灘，人們徹底絕望了，都在等待最後時刻的到來。能走動的個別人開始逃亡，場裡管得也明顯鬆了。

這個時候人們已經認識到死亡是不可逆轉時，反倒一點也不害怕了，只是不知道什麼時候死。等待死亡也是苦悶的、麻木的、無情的，不管聽到誰走了，都不會引起大家的注意和驚奇。因為，他終於走了，下一個也要跟著走，這裡沒有生的前途，雖然大家都希望活下去，但沒有掙扎只有等待，人們不相信會碰到一根大海上救命的稻草。因為，明水想撈稻草救命根本不可能，所以就沒有任何希望。但也有些人去偷吃死人的內臟、割死人臀部的肉吃。他們約上兩三個人一起去，挖屍、剖腹、割肉，因為一個人害怕狼。有一個人就是因為單個去與狼爭食，差點被狼吃了。

死亡對於每個勞教人員來說都是平等的，不論戴的什麼帽子，人總是要死的。死亡也不管你過去從事什麼職業，幹部、教授、音樂家、技術員、醫生，都可能在死亡中離去；我們那時候開始互相交代，也有好些人自己挖好了掩埋自己的坑穴。說我死後你就將我埋到我挖好的坑穴裡，將牌子插好。而且，我們都寫好了遺囑，互相作了交代，我們做這一切的時候都是那麼坦然，並沒有絲毫的驚慌。十二月下旬，中央派人來將剩餘的人進行搶救、遣返，才使得我們僥倖活了下來。

回來後本應平反，因毛澤東又大反右傾翻案風，所以，給部分人摘掉右派分子帽子，解除教養，安排了工作。但這些活下來的倖存者又在另外一種折磨迫害中度日如年，特別是文化大革命使這些人又受到了難以形容的摧殘，至今剩餘的已不足百人。

我給你說幾件事情。一件事是民樂縣縣委副書記吳毓恭，他的妻子王映蘭由於受到他的株連被下放到農村，湊了些糧食去看他。她帶了炒麵到明水後，吳毓恭虛弱得連炒麵糊糊都喝不下去了，他妻子於是就將自己的乳頭放到他的嘴裡，讓他咂了三天奶他才慢慢有點力氣了，才可以吃炒麵糊糊了。所以，他妻子去世後，他非常傷心，披麻戴孝送走了他的愛妻。

再就是張掖地區計畫委員會裡的一個科長楊萬益。在夾邊溝最危難的時候，楊萬益的父親由於家中也沒了吃的，於是，跑到村裡各家各戶的門上跪下來乞求要糧，他喊道：「鄉親們，我兒子受難眼看要餓死了，來信叫我送去些吃的，我今天跪下求各位父老鄉親們了。兒子有朝一日出來，我一定雙倍奉還。」於是，這家給一把，那家給一碗，有不給的他也不怪。積攢了一些糧食後，他炒成炒麵馬上拖著六十之軀到明水灘去救他的兒子楊萬益。當楊萬益活著出來平反後，楊萬益將自己補發的工資拿出，和他的父親一戶一戶地還給了當年幫助過他們的那些父老鄉親。

還有張掖地區計畫委員會副主任王國森。張中式和韓守文按吳嶽（地委副書記、地委書記處書記兼計委主任、生產辦公室主任）的指示，在張掖地委黨校搶救人命時，給夾邊溝農場的倖存者右派分子們弄了五百公斤牛肉，張中式拿回來後交給了祁子川。這樣用粉條牛肉、兩個饃，讓被搶救的右派們吃了兩頓飽飯。第二天，有三個右派就轉到了張掖鼓樓西南角的醫藥公司。王國森的女人張桂賢是醫藥公司賣藥的，見了這三個人說，我的老頭子怎麼沒有回來？這三個人說，王國森起不來了，還在洞裡爬著呢。王國森的女人給他們的經理說後，經理給她了兩盒葡萄糖粉，她又炒了兩三斤麵，用大茶缸子帶了水，在明水火車站下了車，進了場部。兩個公安背著槍說，沒人了。她說，人們說，我的老頭子還在洞穴裡呢。他們說，那你自己去看。她於是進到各個洞穴查看。她進到一個洞穴，裡面又黑又臭，到處是破鞋爛襪子。她看見有一個人躺在麥草上。原來這個人當時活著，錯過了十點鐘拉死人的車。十一點我們接活人，他又沒有跟上拉活人的車。她正準備要走，忽然聽見洞裡面一個人哼了一聲。一看，是王國森躺在那裡。她就將葡萄糖水給他灌了幾口。這時，他睜開了眼睛，見了她說不出話來，眼淚流了出來。她將葡萄糖水與炒麵拌了後給王國森餵了進去。就是這個小個子女人，用拉煤的車將王國森弄到了明水火車站，坐上火車到張掖後，又在張掖雇了一個驢車將他拉到了家裡。

馮謙的女人到明水去看他，場部當時不讓看，因為馮謙已經三分像人，七分像鬼，不能讓她見了。

我是一個平凡的人，十三歲以前歷經戰亂逃難，十三歲以後參加革命，沒有機會念書，受盡了迫害打擊，在苦難中自學成才。但我堅信我是一個好人，一個正直的人，一個有才幹的人，一個有創新的人。在被壓迫的年代裡，我以平和的心情，同情支持過不少人，文革中救過五條人命。在夾邊溝被迫害了那麼多專家、學者、知識份子、革命幹部，他們浪費了青春、丟掉了性命，我與他們比起來是幸運的。我四十歲以後才活了過來，但是政治上的陰影始終在身上，不管怎樣努力，仍然是被歧視的，因為，我們這些右派分子已被固定在另類了。

這是一個什麼時代，是一個不讓人講真話的時代。這個錯誤一直延續了二十多年，給國家、給民族造成了無可彌補的損失和災難。在夾邊溝這樣的人間地獄裡，要活下去：一、屈服順從；二、反抗鬥爭；三、逃跑、求援；四、偷盜；五、食人肉。這些截然不同的生存手段，都是為了一個目的就是活下去。這些人能夠活著回去，爭取到生存的權利，現在看來沒有什麼不對的，當時的形勢迫使他們做出了各種抉擇，所以才倖存活下來了五百多人。假若都消極等待死亡，可能活下來的不足百人。

劉漢章

劉漢章的大名早就聽說，因為他原是曾任中共甘肅省委書記處書記王世泰的警衛員，所以我很想知道他怎麼也會被送到夾邊溝。然而，去年冬天與其家人聯繫，他正在病中。今年開春後，劉漢章讓他家人請筆者到他家裡，這樣，我們才在西北師範大學他家中見了面。劉漢章個子很高，穿著一身綠色呢子軍裝，身體極度虛弱。

我一九三一年農曆正月初四出生在一個農民家庭，山西省五臺縣茹村鄉北大賢村人。七歲時我在我們村上了小學，是兒童團團長，專門為八路軍搜集日本人的情報。一九四六年考入五臺縣第七高小學習，就在這一年我叔伯介紹我在晉察冀邊區參了軍，在晉察冀禁煙局擔任通訊員。所以，我現在按縣處（團）級待遇，是離休幹部。一九四八年至一九四九年，我在中國人民解放軍第一野戰軍第二兵團司令部擔任通訊員、警衛員。開始時我給第一野戰軍第二兵團後勤部政委王國瑞當警衛員，一九四九年我又給第一野戰軍第二兵團政委王世泰當警衛員，屬甘肅省政府辦公廳和甘肅省公安廳雙重領導。一九五〇年，我被調到甘肅省公安廳任警衛員。一九五〇年至一九五四年在西北鐵路幹線工程、公安處任保衛幹事、保衛班長、分隊長等職。一九五四年八月，我被保送進入蘭州工農速成中學讀書，一九五八年畢業。由於我上過小學有些文化底子，一九五八年我以高出工農速成錄取分數線七十分的優異成績被蘭州大學中文系錄取。可是，我不但沒有上了大學，還將我於一九五八年八月押送到了夾邊溝農場進行勞動教養。原因主要是為了一句話。一九五七年十月四日蘇聯的第一顆人造衛星上了天，我讀了報紙後說美國一九五八年元月也要準備發射人造衛星。本來我是通過對比說明我們社會主義陣營強大的，但那時只能說蘇聯好，不能說美國的。另外，說我同情右派老師。為了這句話學校先是給了我一個警告處分。後來對我進行批判鬥爭，我那時年輕氣盛就與批鬥我的人進行爭辯還打了一架，這下不得了給我訂了罪名，要送我到蘭州八裡窯勞改監獄去。甘肅省公安廳經過研究，說我的罪行到蘭州八裡窯勞改監獄不合適，就哄騙我，說到夾邊溝農場勞動鍛煉學習幾個月後就原回來學習工作。

我到夾邊溝主要得到了場長劉振玉的照顧。去了一個月，一九五八年九月就將我安排到了伙房裡。於是，我這樣一個飯量大的人就可以吃飽了。可是到了一九五九年，由於西藏、青海、甘肅、四川等地發生了藏民、回民的叛亂，場裡就讓我到隊上做秘密工作，搜集勞教人員的思想動態，預防勞教人員進行暴亂。這樣我就又回到了場部基建隊裡。當時基建隊長是白連奎，甘肅省臨洮縣人；基建隊還有一個幹事叫王治明，甘肅省武威縣人，這兩個人對我都好。到了基建隊伙房給我偷偷供應兩份飯，所以我能吃飽，身體比別人好。場裡挖排鹹溝放衛星時說我一個人頂兩個人，一天挖了十二方土，實際我只挖了九方，當時在夾邊溝成了新聞人物。那個時候都是吹牛皮，女右派犯人杜克長得很漂亮，那時拿著喇叭大聲對我進行宣傳，鼓動其他犯人向我學習，放衛星勞動。

一九六〇年生活緊張時，我又被抽回到了伙房裡。我在伙房裡，踩蹬用自行車腳踏做成的鼓風機，我騎在上面吹風。到了高臺縣明水灘時每人每月只供應十四斤原糧，我們在伙房裡也吃不飽，還是要偷著吃。我那時就在伙房裡偷著吃，沒辦法呀，不偷就要挨餓，不偷就要餓死。我每次在別人掀起鍋蓋時，迅速在桶裡挖上一勺子米飯，然後出去挑水時在路上吃。另外，我偷了發麵，找伙房裡燒火的讓他燒熟，我們一同吃。你想一想，那時我們炊事員都餓成了這個樣子，別的人沒有接濟能活下來嗎？我們伙房裡有一個炊事員，在高臺縣明水時被精減了下來，他餓得不成，就將死人的心肺掏出來煮著吃。

當時，人們已經餓得不成了，可是管教幹部動不動以扣飯懲罰犯人，拿扣飯整人、管人。另外，管教幹部騙我們說，你們好好勞動，年底就放你們出去。於是，很多右派就被掙累死了。場部生產股的閻股長（到隊上時人們稱為閻隊長）有一次扣了一個原先在酒泉勞改局黃鉦局長手下當過通訊員的勞教人員的飯，這個娃娃犯人餓得不行就一頭紮到井裡自殺了。還有管教股的袁幹事，動不動就打罵勞教人員，我們在夾邊溝的勞教人員受盡了這些人的挫磨。

到了明水後每個月給犯人供應十四斤原糧，於是大批大批地死人，這樣場裡就抽出我們炊事員去埋死人。那時被派去埋死人，打飯時可以吃死了的那個人的糊糊湯。我不知埋過多少死人，每天都要埋三、四個人。我當時和謝磊一起用驢車拉上死人去埋。我們挖了坑，放進死人，然後再挖第二個坑，用第二個坑裡的土去埋第一個坑裡的死人，這樣就節省了很多力氣。謝磊是西北師範大學畢業的，那是我們蘭州速成中學的教師。謝磊一九三四年元月二十四日出生的，山西省臨猗縣人，其父是國民黨高級將領，抗日戰爭時立過功，他就是因為替他父親辯護，說他為父翻案，當時被打成極右分子送到了夾邊溝，他現在是蘭州教育學院漢語教研室主任、教授。在夾邊溝的時候，我是小隊長，管著四個小組，謝磊是我手下的小組長。我在速成中學的班主任老師尤明哲是昆明大學畢業的，也被打成右派分子送到了夾邊溝，而且死到了那裡。我們蘭州速成中學的吳文斌老師也被打成右派分子送到了夾邊溝，這是一個當年曾經參加過「五四」運動的。蘭州鐵路局天水機務段的張文錄也被打成右派分子也送到了夾邊溝。

老毛那時瘋了，做事情太過火。共產黨說不冤枉一個好人，可是夾邊溝哪一個不是冤枉的，哪一個犯了死罪，要讓他們死在這裡。甘肅省主要責任在張仲良，張掖地區又遇了安振這麼個極左分子，他們讓甘肅省死了那麼多人，太慘！官錦文那時是唯一敢說實話和怪話的，他說共產黨我怎麼不知道呢，什麼「無雨不減產，大旱大豐收」，盡他媽吹牛皮。夾邊溝那個地方實際只能養活三百多人，可是，一下去了三千多人，沒有一些外面親友接濟的，沒有一點場裡領導照顧的，都餓死了。像那些大中小學的老師、高級知識份子，被打成右派分子到了這裡，除了像蘭州大學副校長陳時偉幾個被特殊保護的以外，都死完了。我記得夾邊溝最後只活了三百多人。好些後來統計活下來的人，關係在夾邊溝農場，實際上這些有特長、有技術的人都被調到了其他勞改和勞教農場，人不在夾邊溝。我是一九六〇年十二月底被釋放，是第三批從那裡出來的。

附文：

中共甘肅師範大學委員會（報告）
關於收回劉漢章同志安置工作的請示報告
師黨發（一九七九）十二號

省教育局：

劉漢章，男，現年四十九歲，漢族，家庭出身中農，本人成份革命軍人，山西省五臺縣人。原係蘭州工農速成中學五八級學生，現在原籍勞動。

該同志一九四六年參加革命，曾任通訊員、警衛員、保衛幹事、警衛隊長等職。一九五四年由鐵道部第一工程局保送到蘭州工農速成中學上學。一九五八年五月，因「入學以來一貫表現思想落後反動，品質惡劣，行為專橫，大力散佈反動言論，為右派分子辯護，污蔑反右派鬥爭是『狗和雞鬥』；說『美國人造衛星比蘇聯早』等，污蔑黨，破壞黨的政策，挑撥黨群、幹部、同學關係；破壞夫婦關係，侮辱婦女；不愛護公共財物」等錯誤，經原蘭州工農速成中學校務委員會討論通過報請原省教育廳批准，給予開除學籍的警告處分。又于同年七月以侵犯人權、違反憲法為由，送到酒泉夾邊溝農場勞動教養。一九六〇年底，由甘肅教育學院（蘭州工農速成中學合併後的單位）收回，並於一九六二年五月十四日對劉漢章同志的問題進行甄別，認為當時所列的問題「不是實事求是的，也是沒有根據的，送交勞動教養是錯誤的，應予平反。」「給予開除學籍的警告處分是錯誤的。」但由於當時正值精簡人員之際，未能安置，於一九六二年以退職處理「回鄉生產」。

現劉漢章同志對原以退職處理「回鄉生產」提出申訴，請求複職。

經我們研究認為：劉漢章同志的問題，原系甘肅教育學院已於一九六二年五月十四日甄別平反，再無需復查的必要。至於對其以退職處理「回鄉生產」的處理，應予以撤銷。並根據中華人民共和國教育部和中華人民共和國內務部（六三）教人學載字第三一號、（六三）內人幹一字第〇〇五號文件：《關於在精減中妥善地處理高等學校調幹（工人）退學學生、工農速成中學退學和畢業的學生問題的通知》第三項規定：「不能升學的工農速成中學畢業生」，「由學校介紹回原單位安置工作」。據此，對劉漢章同志一九五八年的處理已甄別平反，應該按蘭州工農速成中學五八級畢業生對待，予以收回，安置工作。

妥否，請批示。

中國共產黨甘肅師範大學委員會（蓋章）

一九七九年五月二十三日

楊榮英（女）

楊榮英是和鳳鳴的小學老師，和鳳鳴向筆者推薦了楊女士。楊榮英快人快語，十分坦然，不似很多被整怕了的倖存者。但同日早晨筆者去了倖存者郭玉山和柴慶玲那裡，他們已對政府不抱任何幻想，覺得萬一秋後算帳，家庭又會陷入災難之中，所以郭玉山雖然事先邀筆者到了他家裡，可是去後卻突然又拒絕採訪。

楊榮英

我是一九二〇年二月三日出生的，甘肅省臨洮縣人。我上學比較遲，一九三二年才上了臨洮從德小學（現在臨洮女師附小）。小學畢業後，又上了臨洮女子師範簡師，兩年後插入蘭州女子師範簡師二年級。一九四二年，在蘭州女子師範高師畢業。父親楊瑞五（楊世昌）是當地很有名望的人，他把畢生獻給了社會公益事業，在家鄉做過很多好事。我的三哥楊效時和我丈夫前妻兒子龍加銳都是中共地下黨員。

我到夾邊溝農場勞動教養，不是右派問題，而是歷史問題，因為我任過蘭州女師三青團的區隊長。一九三八年，我在臨洮女子師範時，就參加了三青團，一九四〇年到了蘭州女師時我就被同學們選為區隊長，因為當時我在班上、學校學習都比較優秀，那個時候選得區隊長都是學習比較好的學生。這個區隊長我當了一年多，一九四二年七月我畢業後就交給了別人。一九四二年至一九四四年，我留校在蘭州女師附小任教員。一九四四年，考入西北師範學院體育專修科，一九四六年畢業。後又回到蘭州女子師範學校任教員，一直到一九四九年十二月。

一九四九年十二月，我考入西北人民革命大學蘭州分校，一九五〇年七月畢業後被分配到了甘肅省交通廳秘書室工作，不久又調到了交通廳工程科。一九五八年二月我調到了交通廳下屬單位甘肅省測量設計隊，一直到同年十月主要在當時的引洮工程搞測量工作。我就是因為在蘭州女師當過一年多的三青團的區隊長，本來是一般歷史問題，可在反右運動中，我就成了歷史反革命。加上我家庭成份是地主，於是，我於一九五八年十月被開除公職，送夾邊溝農場勞動教養。

到了夾邊溝主要在磨房勞動，一天二十四小時三班倒，我是小組長。當時，有蘭州醫學院的講師由天，她帶著一個看起來只有十一二歲的兒子宋雅傑，這個實際十四歲的兒子被戴了壞分子的帽子與她一同到了夾邊溝農場來接受勞動教養，她的女兒留在蘭州女中上學。由天的胳膊底下經常夾著一本精裝英語書，在學習英語。她由於反右運動中受了刺激，神經有些問題，整天瘋瘋癲癲地亂跑胡說。飛機一過來，她馬上跑到院子裡拍著手說，「周總理接我來了，周總理接我來了。」所以，各個小組都不要她，就分到了我的組裡。組裡還有一個大個子，叫李繼蓮。再就是一個從北京送來的壞分子小姑娘牛文蘭。我們負責三個騾子、四頭驢，一共七盤石磨。三班倒，一班要磨四百斤糧食。我們每天除了這八個小時磨房裡的勞動以外，還有兩個小時的勞動服務工作。我就是在這勞動服務工作中認識了黃席群、李海雁（臨洮人，大個子，有一次放豬去，倒在了一個路邊的房子裡，被人晚上找了回來）、牛傑（臨洮人）的。我們小組四個人分別住在不同宿舍，所以每晚上班我得去叫她們，因為大家每天勞動太累了，都睡得很死。磨麵時騾子走得很快，要收麵，可是收不及，非常勞累辛苦。另外，由於吃不飽，腿子上沒勁，經常被絆倒。

有一次由天逃跑了，被管教幹部抓回來後給戴了手銬，關了禁閉。我們那個時候是不能說餓的，只能說自己病了。餓死了，也只能說病死了。我們晚上餓得不行，到食堂要點麵湯都不給，於是，我們就偷著吃些生麥子。但是，磨麵損耗是有規定的，所以，我們也不敢多偷著吃，我是組長就更不敢吃了。我們到外面挖些野菜來補充，我的胃病就是吃野菜吃下的。

我們交通廳到夾邊溝來的，我見過的有：交通廳財務組的蔣浩、北京大學畢業的巴多學、交通廳的秘書主任黃瑜崎（巴多學、黃瑜崎都死在了夾邊溝）。我還與我們臨洮縣農校校長白天宇（也稱白鴻鵬，打成了右派分子）和我同學的愛人甘肅省博物館館長陸長林有短暫的交往。蘭大校長陳時偉和我們也勞動過，但我們互相都不說話。

我們女犯人還有臘靜華、史立君、高佩卿、李懷珠（從蘭州農校送來夾邊溝時已懷孕，在夾邊溝生下了一個孩子）、張其賢（她父親張鴻儀原是一個律師，後來在解放前任過蘭州市參議會議長）、牛文蘭、趙經中、和世珍、閔惠平、李黎、蘇薇、杜克、廖兆琳、張湘淑、田農英、李培芳（田農英和李培芳是從上海送來的）、毛應星等等。我記得毛應星、李懷珠她們在養豬，閔惠平在農業上。

我們那個時候除了勞動，就是開鬥爭會和生活檢討會。生活檢討會主要檢討自己的錯誤，從思想深處挖自己的反革命思想。當然，也有表揚和獎勵，我就被獎勵過一雙襪子和一條毛巾。我們那個時候誰也不敢與人交談。餓了只有忍著，誰也不敢說。我從家裡帶去的一百二十斤糧票被白連奎隊長扣下後，我害怕一直不敢問，後來問他，他說，你有吃的要糧票幹啥？於是，我就再也沒有問過或要過這些糧票了。那個時候，人死了也就死了，我們誰也不敢問，誰也不敢去想。所以，在這種沉悶的環境裡，時間長了我們就徹底麻木和絕望了。

一九五九年三月，我和高佩卿、牛文蘭、臘靜華、毛應星等八個人被調往酒泉城郊農場去學習護士護理。兩個月後又不讓我們學了，又轉到了高臺農場。這個高臺農場是個勞改就業農場，裡面副業隊裡有糖廠、服裝廠、鞋廠等等。我被分到了鞋廠，整天就是搓繩子、納鞋底、打糨糊等等。後來又把我調到了統計室，我任會計工作；我的對面坐的是原酒泉教育局的一個局長，他任統計工作，他是勞改就業分到這裡的。我那時工餘時間就給勞改就業的工友們教中文拼音。

高臺農場也大量餓死了人，我看見我對面的這位統計就經常登記死了人的姓名。

我是一九六一年二月一日離開高臺農場的，先是給我們檢查身體，然後送上火車。我記得有個重病號因為要回家了，興奮地爬起來上了火車，沒想到半路上死了。於是，將他的屍體從火車窗戶裡扔了下去。回到交通廳後，十二月份給我摘了歷史反革命分子的帽子，原回到了測量隊，成了臨時工。

文化大革命時，又給我重新戴上了歷史反革命分子的帽子，並且將我開除公職，下放到臨洮縣新添鋪曹家屲生產隊監督勞動改造。這個時候我們一家四口人在四個地方。那些日子裡，我不知是怎麼活過來的，從夾邊溝到文化大革命我多少次想到了自殺，但我想我死了我的兩個兒子怎麼辦？我的子孫後代都要受到我這個自絕於人民反革命分子的牽連，我將會進一步影響我的孩子。所以，我一次次的打消了這個念頭苟活了下來。今天我們好起來了，我多麼希望我們的國家再也不要走過去的路了，那樣的悲劇再也不要在我們子孫後代身上發生了。

孫紹斌

到孫紹斌的家裡已是傍晚七點多鐘了，他的房屋很寬敞，家裡一切都是井然有序、一塵不染，可以看出他的妻子是很能幹很愛乾淨的人。

孫紹斌與妻子張瑞萍攝於1955

我生於一九三四年農曆三月十三，天津市寧河縣人。一九四八年我入北京頤和中學就讀，北京解放後，我又到燕京大學附中晨光中學部繼續上學。初二時北京軍管會招收學生，我於是一九四九年參加了西北財經幹部學校學習，此時我十五歲，後又轉到山西省解縣學習。在山西省解縣學習了三個月後，改到西安西北革命人民大學財經部學習。學完後西北軍政委員會分配我到甘肅省商業廳工作，後又分到了武威貿易分公司擔任公司團支部書記、武威地區團委委員，從事物價管理工作。一九五四年，調我到中共武威地委會財經研究室工作。此時，我與妻張瑞萍相識，一九五五年調張掖專區百貨二級批發站工作，是物價科的負責人。

一九五七年我在張掖專區百貨二級批發站工作時，開始大鳴大放開門整風。因我參加工作寫自傳時，談到了自己思想轉變的過程，我寫了蘇聯紅軍到東北來時調戲姦污中國婦女。於是反右運動中有人說我挑撥中蘇關係。另外，因我說我們單位的閻得實平時打妻子、母親，由於這個閻得實是個共產黨員，說我攻擊共產黨員打三代，說我沒有入了黨就攻擊共產黨。並且，我填表時曾經說過，我家是個破產地主，抗戰時從天津寧河縣農村逃到了東北。於是，說我是階級異己分子。

我是物價科負責人，與業務科科長姬冀昌住在一起，所以說我們是反黨聯盟，我們兩人都被打成了右派分子，都去了夾邊溝。我們單位有十個右派分子：周同（從天津來的）、董蘇（女）、熊學勝、曹樂亭（歷史反革命加右派）、廖世奇、姬冀昌、孫紹斌、魏烈清等。送到夾邊溝的有：廖世奇、姬冀昌、孫紹斌、周同、曹樂亭。廖世奇和曹樂亭死在了夾邊溝。

我是一九五七年十二月七日到了夾邊溝的。走以前將我們集中到公安處，說讓我們勞動鍛煉去。上了車後兩個武警押著我們，上廁所要喊報告。到了夾邊溝就將我們捆行李的繩子沒收了。剛開始我們每個月吃四十一斤糧，禮拜天還休息，有時星期六晚上還要搞個晚會。我和高學武一同抬筐子。但到了反右傾時將張宏場長打成了右傾機會主義分子，並且撤了他的職，讓他在灶上燒火、洗碗，後來形勢就一天比一天嚴峻，管教幹部對我們也越來越狠了。

我先是在夾邊溝總場農業隊勞動，後來又到了新添墩作業站農業隊三小隊，當過組長、小隊長。當時，新添墩作業站農業隊第一小隊隊長是李庭光，第二小隊隊長是胡家穎，胡家穎這個人厲害。

我在夾邊溝死過兩次，第一次我偷偷到倉庫裡去睡覺，可是醒不來了，是自己撥眼睛最後醒來的。第二次，我睡下後第二天早上醒不來了，和我一起的王福（武威地區合作辦事處主任）叫不醒我，就將大夫叫了來給我打了強心針，管教幹部趙來苟給我喝了紅糖水，才算活了過來。到了明水時，我去放羊，可是跟不上羊群，羊都跑進了舊羊圈。人們去找我，在雪地裡最後找到了我。

張掖縣原縣長李維先在張掖領導農業出了名，後來送到夾邊溝後在夾邊溝搞農具統計和保管。我記得有一個因為偷了書被打成壞分子送到夾邊溝勞教來的蘭州中學生，和李維先住在一起，這個娃娃在食堂偷了幾個胡蘿蔔燒熟後讓李維先吃，李維先不但沒吃還舉報了這個娃娃，於是，這個娃娃被送進了嚴管隊。最後，李維先也死在了夾邊溝。

到了明水後，我屬於強勞力。我擔任病號護理室的負責人，領著彭延武、張世昌兩個人專門護理病號。在食堂把糊糊湯抬來，打飯，叫大夫，埋死人。我也曾跟著拉死人的車去埋過死人。我愛人有一次來，大地窩子裡人快死完了，她和我住在一起。此時，吃沙棗樹葉、苦苦菜，穀殼子吃上拉不下來屎，互相掏，掏得個個的屁股血紅紅的。

我們埋死人時，將死了的人放到他自己的鋪蓋上，用繩子在前後一捆，在沙漠裡挖個坑。有些人還刻個磚，刻上名字，而大多數人則埋到地裡了事。有些從上海、黑龍江等地來看親人的人，我領他們到墳地裡去看。這些親人悲痛欲絕，哭得死去活來，恨不得將自己的男人從坑裡面拉出來，真是驚天地泣鬼神，淒慘悲涼。那些死人的親人，有時候將帶來的饃饃給我一個，讓我當時感激得不知說什麼好。

一九六一年元月三十一日，我愛人張瑞萍將我從明水火車站接了回去。當時，很多次火車不停，我們兩人凍得在那裡發抖。一下火車我買了三個甜菜糖蘿蔔吃了。一九六一年春節過後，送我們倖存回來的人到了張掖地委黨校，說是學習，實際是休養。那些日子裡，張掖地委黨校一個灶是右派們吃，一個灶是安振、劉逢豪這些左派們吃。左派們的飯好，可是他們思想負擔重吃不下去，我們吃完就去搶吃他們的。此時，大夫經常到我們宿舍來給我們看病，還發康復丸。一九六一年四月給我摘了右派分子的帽子，將我撥到了武威縣地區民政局等待分配工作，後來分到了武威地區商業局。可是，戴了帽子是戴帽右派，摘了帽子又成了摘帽右派。

我為什麼沒有死呢？一是我老婆張瑞萍（與我一九五五年結婚）不但不與我劃清界限離婚（當時很多人動員她與我離婚），還寫信讓我安心改造，不要悲觀失望。她在開始時給我寄墊肩、襪子，後來寄些罐頭和肉。一九六〇年五月一日，她請了假，帶了五斤點心、五斤麵包、一斤餅乾，一個人在酒泉火車站下車，又在酒泉買了兩斤饃饃，與吳毓恭的女人王映蘭一起哭著將吃的東西送了來。她在路上碰見了武威縣縣長高伯峯在夾邊溝放

孫紹斌與張瑞萍榮譽證書

羊。她看到高伯峯餓得皮包骨頭，她就給他了一個麵包。我愛人來時我病得很厲害，她看我戴著麻絨棉帽、厚厚的口罩、身穿勞教棉衣、棉鞋、面黃肌瘦，頓時放聲大哭。她在夾邊溝陪我住了五天才走了。她看到夾邊溝這種情況，於是她向她原先的戰友、她的母親處求援，還在農村借了糧，以後每個月給我寄來十多斤炒麵。在明水時，我愛人看過我三次，每次都給我帶來吃的。最後還是我愛人接我出去的。我愛人不但在精神上支持我，還在物質上全力支援，這是最關鍵的，因為很多人後牆起火，鬧離婚，精神垮了沒挺著過來，自殺的也有。

第二個原因是，我那時年齡小，沒有負擔，思想上開朗。第三個原因是，我喜歡鑽研農業技術，農業技術員對我比較信任，讓我刻蠟版。我幫技術員辦了學習班後，讓我當了小組長。那時，傅作恭就在我的小組裡，後來我被調去護理病號，再沒有見過他。第四個原因是，在明水大量死人時，西北局蘭州會議召開，搶救人命，我也被搶救了出來。

文化大革命時，又給我戴了右派分子的帽子，對我重新進行了專政，還用鋼絲鞭抽打，將我關到牛棚裡不讓回家。我愛人質問他們，為什麼給我男人戴帽子？他們說，他是沒有改造好的右派分子。

一九七八年中央五五號文件下來，恢復了我的團籍，恢復了我原來的工資，適當補助了我五百元錢。張掖專區百貨二級批發站人事科的陳發元將我的檔案讓我看，沒有落款，沒有公章，只是一張黃紙，好像一個批判稿。改正材料中，所有的問題都不是問題，有些話還是正確的。就是這麼一個荒唐的玩笑，讓我受了二十一年的磨難，毀了我的整個青春。真是欲加之罪，何患無辭。這個陳發元，一九五七年他到廁所裡說，右派帽子給孫紹斌這樣的人戴不合適，於是有人反映後，延了他的預備黨員。

我現在是離休幹部已經七十四歲了，和我愛人同歲，兩個兒子。我從夾邊溝出來後，我和愛人身體基本健康，沒有家破，也沒有人亡，二〇〇八年我家被甘肅省石油銷售公司命名為「和諧家庭，恩愛夫妻」光榮稱號。

馮謙

馮謙

我是張掖市人，生於一九三二年四月二十四日（農曆三月二十四）。西路紅軍到張掖後，由於父親保護了四個西路紅軍，將家裡吃的送給了紅軍，被人告密抓去打成重傷後去世，所以我七歲上就沒有了父親，由奶奶和寡母撫養成人。

我的小學是在張掖上的。一九四七年在張掖易堃小學畢業後，到蘭州市育才中學上了一學期，由於出了車禍，在張掖休息了一學期後，在張掖中學繼續學習後肄業。一九五七年反右運動以前，我在張掖紡織品二級批發站任財務科科長。

大鳴大放開門整風時，反覆動員我這個既是中層幹部又是共青團幹部的給黨提意見。我沒有控制住自己，給我們單位的書記兼經理陳鳳章提了意見，說他偏聽偏信、獨斷專行；另外，我在肅反運動時無意間發現了陳鳳章與梁君娥在一間空房間裡有曖昧關係，我將此事給上級領導談了後，被陳鳳章懷恨在心。

反右運動開始後，我就成了主要的鬥爭對象，說我「驕傲自大，目中無人」「以領導團支部組織反黨反社會主義的青年小集團」等等。接著，大會小會用車輪戰批判我。除了吃飯，輪番鬥爭我，我實在吃不消就承認了。承認後我就大病了一個多月。

一九五七年底陳鳳章找我談話，他說組織上給你戴了右派分子帽子，讓你到夾邊溝農場帶工資學習三到六個月，然後就回來，你把家中安排一下就走。

談了話的第二天，張掖專署公安處的李青年送我和張掖專署公安處的劉克武（此人是甘肅地下工委的，打入國民黨情報二處，為少校。一九四九年三月被叛徒出賣告密，臨近解放時和其他地下黨員一起被活埋，天亮後其他人被活埋了，他沒死，所以一直對他懷疑）、張慶林（張掖專署公安處的偵察員）、郭銳（張掖專署商業局一般幹部，有一點歷史問題）四個人去了夾邊溝農場勞動教養。劉克武和張慶林都是與領導有矛盾，被戴了右派分子的帽子；郭銳有歷史問題，再加上給領導提了意見，也給戴了右派分子的帽子。郭銳死在了夾邊溝。我們到夾邊溝農場的時間是一九五七年十二月三十一日。

剛到夾邊溝時，我在農業隊積肥，往地裡運肥。當時，農業隊的隊長是梁進孝。這個時候雖然勞動重一些，可是還可以吃飽。由於我的身體不好，將我分到了積肥組，墊豬圈、羊圈、廁所等等，用毛驢車拉肥。每個月給發三元錢，一直發到了一九六〇年九月，到了明水後再沒有發。我一直在農業隊積肥，農業隊逃跑的、違反紀律的，被捆綁、吊打是家常便飯。我在此期間除了在農業隊積肥外，還和武威縣的副縣長趙長年放過一個時期的羊。

一九五八年三、四月間，蘭州部隊從各個地方送到夾邊溝農場勞動教養的有八九百人，最小的是中尉，最大的是少校，都是軍隊裡的幹部，可是，一九六〇年三、四月間，這些人陸續都被接走了。這些人集體來集體去，以後統計時都沒有算到夾邊溝農場勞教人員當中。

一九五九年九月，公安武裝人員到夾邊溝來了二百多人，這些人來後對我們勞教人員壓力很大。場長劉振玉每次罵人都罵得很凶，他說，你們這些壞種，反動分子，共產黨對你們這樣寬大，你們這些人讓殺了也不過分。所以，我們這些勞教人員一方面是餓，另一方面主要是思想壓力太大，都不想活了。劉克武曾對我說，我們是讓共產黨哄著進來，要往死裡做呢。因為他是公安處的老資格，比較傲慢，領導上使用他，但不重用他。我親眼看見管教們將劉克武捆綁、吊打了一次。

一九六〇年十月人死得最多，每天被饑餓和寒冷奪去八十多條人命。我們張掖專署三個小專區：酒泉、武威、張掖共送到夾邊溝農場三百六十人，送去的都是幹部，大多數是右派分子，只活了八十人。張掖專署紡織品二級批發站的計畫統計科科長武毓湖，是個複轉軍人，死在了夾邊溝；張掖縣縣長李維先死在了夾邊溝；張掖專署合作辦事處科長關鍵（一九六〇年四月，關鍵在茶缸子裡煮老鼠吃，由於中了毒，頭和身體整個兒腫了，不幾天就去世了）死在了夾邊溝；張掖專署肅反辦公室主任趙健生（華北大學畢業，和我都在積肥組）死在了夾邊溝。趙健生主要是心理壓力太大，他的弟弟和妹妹給他寄的東西還比較多，但他認為自己影響了家庭，心理上垮了。他臨死的那天晚上還和我說了話，但其後他說，你睡吧，我困了，可隨後他就死了。趙健生死後，梁進孝將他身上的公債、手錶等遺物都拿了去。夾邊溝勞教農場的幹部都發了死人財，死難者的很多錢財被他們拿了去。

我在明水重病室住的時候，每一批十三個人在一起搶救，我共陪了四批重病人，但只活了我一個。

一九六〇年十二月錢瑛來後，到每一個洞裡去看我們，她說：「同志們，你們受委屈了。」我們聽到這句話都哭了起來，沒有人再叫過我們「同志」了，因為這個時候「右派就是反動派」。錢瑛的這句話在這個時候讓我的精神上有了重生的希望。

接著進行搶救人命，鹹泉子高臺農場的辦公室和學校都騰了出來，給犯人發康復丸、打葡萄糖，殺了羊和牲口煮了湯讓犯人們喝。我弟弟一九六〇年十二月在明水接我時，因為我被送到了鹹泉子高臺農場重病室裡所以沒有接上我。後來農場幹部給我發了兩個饃饃、幾塊錢，用拖拉機將我送到了火車站，可是我身上沒有力氣，上不去火車，火車開時我將胳膊套到火車門把上，上面的人喊車下有個人呢，列車員趕過來開了門將我拉上了火車，上車後我就暈了過去。

我能活著回來，主要是家裡給我送過幾次吃的東西。另外，也有一些管教幹部比較好。例如，有一次我昏暈了過去，被大夫和長嗚進行搶救，醒來後和大夫對我說我的命是管教朱振祿給救的，他拿來自己的半斤紅糖用開水化了救活了我。朱振祿是個小夥子，是農業技術員，兼任我們組的組長。

白育英

到白育英的家時，只有他的老伴，他出去鍛煉身體了。一會兒一個瘦弱精悍的老人出現了。他語言精練，思維敏捷。

我生於一九二八年六月，遼寧省北寧市人。一九四九年七月在華北大學政治學院畢業，先到西安，分配到西北局工作，同年十月十四日又到甘肅省酒泉市。在張掖地區黨校我被劃為右派分子。我當時任黨校副書記兼馬列主義教研室主任，從事教學工作。

一九五七年開門整風大鳴大放時，先在黨外、後來又在黨內鳴放。黨校的副校長與我閒談時說，東方的月亮與西方的月亮有什麼區別？我說，杜甫曾經在《月夜憶舍弟》裡寫道：戍鼓斷人行，秋邊一雁聲。露從今夜白，月是故鄉明。有弟皆分散，無家問死生。寄書長不達，況乃未休兵。可是，反右運動中批判我時，說我說西方的月亮比中國的月亮圓。

另外，上面有個領導傳達《十大關係》時說，酒泉有個教師把學生姦污了是人民內部矛盾，那麼「球也可搗成個人民內部矛盾。」我回來傳達時，

白育英

把此話也重複著說了，這就成了我的又一條罪狀。再就是張掖地委書記安振講《矛盾論》，我說這是教條主義。所以批判我時說，我反對領導就是反對黨。於是，將我打成了右派分子。

當時，不太聽領導話的，意見比較多的，都成了右派分子。安振說，怎麼樣，我就是河西的諸侯。但我認為，安振在反右時沒有直接責任。而張掖地委副書記賈悅西和張掖地區專員公署副專員兼組織部長毛迎時，這兩個人對張掖地區反右應負主要責任。

現在看來，延安時的一票否決制有問題。在人們對一些問題爭論不休時，以毛主席的意見為準。毛的路線錯了，但人們沒有對他產生過懷疑。五十年代那個路線，實際上從中央合作化時就發生了分歧，毛的路線那個時候就產生了偏差。

張掖地區處理右派分子有三種情況：一九五七年十一月逮捕法辦了一批有歷史問題的右派分子；接著送到夾邊溝農場進行勞教了一批右派分子；還有一些在其他農場或本單位勞動改造的右派分子。當時的右派分子分為極右分子、右派分子和中右分子。

將我劃成右派分子的結論沒有讓我看，我的材料裡斷章取義、造謠誣陷的事情多了。當時將我開除黨籍，劃成了極右分子。我就是第一批於一九五七年十二月送到夾邊溝勞教農場四十八人中的一員，張掖地區公安處治安科科長何治傑也是第一批送去的。我剛去時被分到了農業隊，當時農業隊編成了四個小組，都在搞農業。陳時偉、馬廷秀、黃席群都和我們在一起，我們經常在一起閒聊。

夾邊溝一九五八年就開始死人。我說，現在已經到了全國人民喝糊糊的時候了。當時，西北科學院有個人寫道，每月吃十五斤糧就可以保持健康的體魄、從事正常的體力勞動。我說，這個寫文章的是個混蛋。於是，場裡面開會，幹部們將我批判了一頓。酒泉勞改分局局長黃鉦到夾邊溝去過，他說你們好好改造，一年半載就將你們放出去。但是到了反右傾運動後，我們的釋放就乾脆沒有期限了。有個西北師範學院生物系的畢業生，他被打成右派分子後送到了夾邊溝，他在信裡悄悄寫了「一一五七」（遙遙無期）幾個阿拉伯數字。於是對他進行了批判鬥爭。這個小夥子的名字我忘了。批判人的人大多數是勞教人員，這些勞教人員有好人，也有壞人，但好人多，可是有些人和幹部們沆瀣一氣。

政法學院有個叫陳星的，一九五八年從夾邊溝逃跑到了緬甸邊界雲南西疇縣，這是他的老家，後來從他老家把他抓回了夾邊溝。夾邊溝農場到了一九六〇年就難以維持下去了，一九六〇年九月卻又將勞教人員轉到了高臺縣明水灘。犯人們到明水灘時分成了幾個作業站。我在第一作業站身體比較好，修過幾次水渠。第一作業站號稱四百人，但經過沒有兩個月時間就死得只剩下一百多人。夾邊溝死這麼多人與農場的管教幹部有直接關係。從原則上講，這些人的素質和結構很差，他們的水平低，品質也不好，包括劉振玉在內，都認為夾邊溝的勞教人員是共產黨為了達到目的，而採用的另外一種消滅的辦法。

我沒有死，主要是家裡給經常送來吃的，我還偷吃一些糜穀。那時候，勞教人員有時將老鄉的豬打死，就地燒著吃。宰殺牛的情況也有。還有在明水火車站偷調運來的麵粉。

一九六〇年中央工作組來搶救人命，可是，行動太遲緩。張掖地委當時派地委組織部副部長馬長義去調查研究搶救人命，可是，一直過了一個多月才開始搶救的工作。

一九五七年的事情我不願意提，我是不願意把這些事情向外說的，把它忘記算了。我的想法是傷痕就傷痕吧，就讓它過去吧。

馬桂林

馬桂林與妻子安興珍和領養女兒
馬海琴（跟兄）

馬桂林是一九二六年正月初一生於原籍甘肅省民樂縣東樂城一個比較富裕家庭的。家裡有商鋪，土地多，羊群大，父親馬全瑞和母親徐秀善都是鄉間勤苦耐勞的本分人，這個家族就是靠著勤儉持家才漸漸地富起來的。馬桂林小時生得濃眉大眼，白亮的皮膚，聰明可愛，所以他爺爺奶奶對其百般疼愛，取名春娃子。他從小就幫家裡經營商鋪，稍長讀書、識字，後來以優異的成績考取了張掖師專。

一九四四年，十八歲時家中給他取了一位和他同歲且賢慧的女子安興珍為妻。然而，過早的包辦婚姻，對於一個有知識、有思想、有抱負的年輕人來說是不大願意的，但父母之命無法違抗。他張掖師專四年畢業後，就背著家裡人又考取了黃埔軍校西安分校的軍官專業。

當時本縣同年考取黃埔軍校的只有兩名，他爺爺看到寶貝長孫要去遙遠的地方上軍校，家裡人都不同意，不給他路費，想以此逼迫他讓其回心轉意。可他念書的決心已定，乾脆不要學費跑了。爺爺看阻攔不了這個孫子，於是只好又包著銀子送到了縣城。馬桂林去上學後，好多年沒給家裡回音信，爺爺每天站到大門口向東盼望，望眼欲穿。原來他黃埔軍校畢業後因文章寫得好，字也寫得非常俊秀，擔任了國民黨一一九軍副官，去過青海、蘭州。

解放前夕，馬桂林所在部隊起義了。一九五一年，馬桂林到了張掖大麥堡子參加了志願軍，那時他已經有了一個小妹妹。父母親領著小妹妹去見了他，小妹妹記得他當時穿著軍裝，帶著大紅花，威武帥氣。直到一九五三年他都在天水中國人民解放軍初級步校當教官。

抗美援朝後他又回到了山丹縣。先在山丹縣當財政局主教，為山丹縣培訓會計。他雙手打算盤打得非常好，山丹縣鋼筆書法他排在第一，而且他還會裁縫，會織毛衣、毛襪。他當時要求弟弟、妹妹都去上學，特別是對唯一的小妹妹疼愛有加，常給她買好吃的，五十年代當地很少有桔子，他把稀有的桔子買給小妹妹吃，小妹當時不會叫桔子，叫它蒜瓣子。

一九五五年五月，他的第一個兒子降生了，這時他與安興珍領養的女兒小名叫跟兄的馬海琴也已六歲，他非常高興，風風雨雨奔波多少年，已經快三十歲了總算盼來了自己的兒子，他心裡非常高興。這兒子說起來真是來之不易，他在馬營教學時，為了能生下這個兒子，他二弟用牛車把大嫂送到了大哥身邊，生下兒子後又用牛車接回了嫂子。兒子小名叫雙營。有了自己的兒子馬桂林心裡踏實多了，便精心料理起自己的小家庭，幫助妻子照料爺爺留下的商鋪。有了疼愛的兒子，他工作更加努力，愛他的學生就像愛他自己的孩子一樣，每天騎著自行車給學生們教書，從來不知道疲倦。他是一個全才，能文能理，除了寫著一手漂亮的好字，他文章寫得很棒，數學教得也很好。

一九五六年他到馬營中學教學，後又調到東樂十裡鋪小學當校長，接著他又去東樂五墩小學當老師。可是，剛剛平穩了兩年，一九五七年他在東樂五墩小學當老師時，被打成了反黨反社會主義的右派分子。

甘肅省山丹縣的反右是從一九五七年七、八月份開始的，重點是整知識份子，馬桂林也在其中。山丹縣縣委書記劉逢浩當時是張仲良最寵信的一位縣委書記，反右運動中的急先鋒，大躍進中山丹縣被評為「紅旗縣」，反右傾中一大批幹部被整得家破人亡。縣委書記劉逢浩在反右運動時在縣委大院內舉辦了「三幹會」，上午讓馬桂林他們這些被揪出的右派分子開會寫交代材料，下午就對他們懲罰勞動。這時與馬桂林一起教學的同村的馬如旗也是三青團員，也曾在國民黨政府中幹過事，這個人為了保全自己給馬桂林提了很多意見。馬如旗平時就嫉妒馬桂林，小時候家境不如他、才學也不如他，但是文章寫得好，狀子寫得更好，這時就給馬桂林編造了好多故事，把自己保全了。還有一些平時嫉妒他的人，也給他提了一些意見。

一九五七年九月，馬桂林在東樂戲臺上被逮捕了，十歲的女兒親眼看到父親被繩子捆成了一個疙瘩，她當時哭成了淚人兒。馬桂林被逮捕後，先被押往山丹縣看守所。因為他太正直太老實，坦白從寬交代的問題太多、太清楚，這就給他埋下了禍患。他當時估計自己要蹲監獄的，便囑咐他五弟每天去看他，如果一旦判刑，就將行李給他送往公安局，他已做好了坐牢的準備。此時，他妹妹也被弄到了山丹縣城鋤草，而他上中學的五弟也沒有心思學習，每天奔波於父母和他三人之間傳遞信息。他每天都寫交代材料，但不讓他五弟看他寫的材料，五弟想知道大哥到底犯了什麼罪，便在一天他不在時偷看了他的交代材料，才知道他的學名叫馬峰山，從黃埔軍校畢業後不久任命為二十七軍軍官，但還有很多五弟沒敢看完。一直到了一九五七年十二月，馬桂林被宣佈押送夾邊溝農場勞動教養。他當時給家裡人說去了改造好後很快就會回來，這樣他五弟才放下心來，開始發憤學習。這時他的許多同學已是校長、教務主任、老師，這些同學在他走後對其五弟照顧有加，所以他五弟學習成績一直名列前茅。

馬桂林臨走時急急忙忙收拾了東西，妻子安興珍特地給他縫了一床粉紅色繡花緞面被子，上面繡有鳥和花草。他給妻子做了安排，讓她養好兒女，更要照顧好自己。妻子兒女聽到他的這些話哭成了一堆。他抱著兩歲多的兒子親了又親，真想把他也抱走。他安撫好了妻兒，又回到了村上五墩去看母親。因為土改後在鄉上街道的店鋪分給了別人一些，留下了兩間一直由他妻子經營，所以他妻子就歸到了城東大隊，而他父母和其他兄弟都回到了種莊稼的莊子上，歸到了五墩大隊。他說他要去夾邊溝農場勞動教養，他給小妹買了花裙子。小妹高興極了！這是一件上身粉紅色，下擺是白色，上下都有樹葉小花的背帶裙，這也是小妹一生中唯一的裙子。他母親告訴他向西走比家裡更冷，就把父親黑色的皮大衣給了馬桂林。馬桂林對十歲的小妹和母親說「桂桂你和媽好好蹲著，實在過不去，安興珍那裡有錢向她要，我去到農場如果那裡好，我就來接你們，這裡不是我們待的地方。」說完他穿著他父親的皮大衣就走了，小妹看著大哥馬桂林的背影，他是那麼高大，步伐是那麼的遲疑，逐漸地走向了遠方。然而她哪裡知道這便是與大哥生離死別的最後一面。

馬桂林的妻子安興珍在馬桂林走後不久，生下了腹中的孩子，這是個女兒，她大大的眼睛，很像馬桂林，但沒有馬桂林皮膚白，取名維新，然而幾個月後就在大躍進中病死了，於是他妻子為此也大病一場。這時馬桂林小腳的母親和他二弟媳在鋼鐵廠煉鋼鐵，他二弟馬槐林在農村勞動，三弟馬棟林、四弟馬棕林被派到煤礦挖煤，十歲上小學四年級的嬌小妹和十二歲上五年級的六弟馬樹林吃了上頓沒下頓，今天住到這，明天又不知住在哪，成了流浪兒，於是他母親就賣掉了家中的三十六根椽子共三十六元錢來補濟家庭的生活。

馬桂林走後，這個右派家屬、地主狗崽子的家庭遭到了難以言說的困境，食堂一天只給他們吃一頓糊糊飯，而且有了上頓沒有下頓。實際上早在馬桂林被打成右派後，他的弟妹們就裝得稀裡糊塗，不敢提起大哥，一直讓他們在同學面前驕傲的大哥，不知為什麼突然之間成了惡魔，讓他們在人們面前抬不起頭來。小妹最初在東樂鄉學校上學和馬桂林的妻子一起住，後來他妻子和孩子都吃不上飯了，他妹妹於是便不去大嫂家了。馬桂林的弟妹雖說是在上學，但這時成天為吃住奔波。馬桂林的母親白天在鋼鐵廠勞動，晚上還經常挨批鬥，戴著高帽子，低著頭嚇得發抖，食堂給他母親一天只吃一頓飯，體弱多病的六弟餓成了皮包骨頭，頭髮都掉光了，眼看都快餓死了。於是小妹就去地裡撿麥穗、麥粒。每次小妹為要母親和小哥本應該食堂給他們的那份稀湯，她乞求著、哭鬧著跟管理員吵架，管理員看到瘦弱的女孩可憐，也就給了吃的。小妹很像大哥的性格，倔強、厲害，要不到吃的她是不甘休的。她只有一個念頭，拼命也不能把媽媽和小哥餓死，她每天為飯不屈不撓地鬥爭著，由於她的努力終於保住了媽媽和小哥的命，但是給她幼小的心靈卻刻下了一道深深的傷痕。現在馬桂林小妹一直珍藏兩樣東西：一樣是大哥的照片，另一樣是大哥臨走時送給她的花裙子，雖然她一直沒有穿過，因為當地的學校裡沒人穿裙子，她也就不好意思穿出來，但她一直帶在身邊，出嫁時把這兩樣東西也帶到了了婆家。他五弟為了不把母親和弟妹餓死，在學校放假時到火車站幹活，掙點錢在火車站買些青稞榛子回來填補家用。

二十世紀九十年代，馬桂林兒子見了他的姑媽的女兒，也就是他的表妹，倆人說起了他父親馬桂林。關於他父親馬桂林的事，姑媽的女兒說她母親曾說過，他父親是在農場餓死的，但他父親其他的事情她全然不知，她不知為什麼母親不給她講呢？馬桂林的兒子聽了表妹的講述整整哭了一夜，可他始終抱著一種幻想：父親沒有死，他跑到了很遙遠的地方，終究會回來，他等著父親回來，他要好好孝敬父親的。

馬桂林的二弟馬懷林是個老實人，小時候一次患病落下了耳背的殘疾，是個莊稼好手，當年為了讓大哥馬桂林上學他上了兩年學便成了父親的幫手。家裡當時地多，羊群大，商鋪大，還有店鋪，三弟、四弟剛會幹活就給爺爺幫忙了。他二弟一九六〇年時自己已經有了三個孩子，為了給孩子省著吃，自己吃的少、幹的多，由於饑餓和強體力勞動，春天他浮腫了，在春耕的一天他栽倒在了農耕的地上，再也沒有醒來。

馬桂林到了夾邊溝農場，被分配到了新添墩的基建隊，這是一個嚴管隊，勞動強度大，條件極差，裡面都是從各處來的問題比較嚴重的勞教人員。後來他又被調到了水隊，專門挖渠澆水。一九六〇年九月，他和夾邊溝農場大多數人一起到了明水灘，同年十月連餓帶凍死在了甘肅省高臺縣明水灘，終年三十四歲。一九七八年，他的右派問題在山丹縣得到了改正，為錯劃右派。

可是，馬桂林家裡人自他走後聽到當地人有多種說法。有些人說，他在勞教農場後因挨餓跑了。也有人說他逃出去跑的太快，別人追不上，只好用槍將他打死了。還傳說他的皮大衣和被子送了回來，他父母弟妹都不知道。當地一些人故意問馬桂林的小妹，你大哥呢？小妹便說去了安西農場，因為小妹一直等著大哥從安西回來給她買好吃的和漂亮衣服，接她去那遙遠的地方，走的遠遠的，別人就不會欺負他們了。他們可以在大哥的教導下，認真讀書學習。因為馬桂林的五弟、六弟、小妹都很聰明，在學校成績都名列前茅，可自從馬桂林走後，村裡的幹部百般阻撓不讓他們上學。他六弟和小妹每天早上上學時都有人在門口堵截，不讓他們去上課。那些人說貧下中農不會再養活你們這些狗崽子，你們必須自己去勞動養活自己和你們的母親。可是馬桂林機靈的小妹拉著他弟弟一溜煙跑到了學校。他五弟是一九六〇年中學畢業的，畢業後以優異的成績被山丹一中保送到了張掖農專，但是村幹部不給他開證明，不讓他們上學，讓他們回生產隊勞動。馬桂林在教育界的同學在他走後還給他五弟想了很多的辦法，但都沒有辦成，貧下中農硬是沒讓他這個地主家庭右派分子的弟弟上成學。在以後的運動中，馬桂林的五弟便成了批鬥對象，有時還被吊起來打，性格倔強的五弟從此變得少言寡語了。他六弟、小妹也都上到初中後在村幹部的干涉和家裡無力支持下輟學了，所以他這個右派的弟妹被迫都沒讀成書。

馬桂林去勞教農場後，有一天當地兩位村民吵架說：「吃的飯沒有了，難道是讓馬桂林吃了？」這話讓馬桂林的母親聽見了，她想大兒子可能死了，別人不敢讓她知道，她便坐下長哭不起，哭了三天三夜，「我的大兒、我的心肝寶貝，你不是還要來接我嘛，老媽還等著你來接呢，你怎麼就不管了呢。」於是全家人整個兒哭成了一團。此後誰要在他小妹面前提起馬桂林，他小妹就哭；但她絕不相信他大哥會死。

馬桂林的父親這時也被關進了監獄，他是一位硬漢子，咽下了淚水，只是怨恨自己管不了聰明有本事的大兒子。因為這個兒子太非凡、性情太剛烈，認準的事非幹不可，誰都阻擋不了。當年跑了去上黃埔軍校他管不了，這次去了農場，讓他好好改造，他怎麼又跑了還把命送了呢？老實的地主只能怨恨自己的兒子應該好好改造，他不安分送了命，沒有怨恨其他人。他怨恨自己慣壞了這個寶貝大兒子，小的時候，飯不合口味就不吃，沒有肉也不愛吃飯，奶奶經常為大孫兒另鍋做小灶，還怨恨自己沒有福氣壓不住初一生的大兒子。但他沒有見到兒子的屍骨，他想兒子有可能跑到一個別人找不到的地方去了。從此以後馬桂林的父親很少提及大兒，把揪心的痛苦深深地埋到了心底。

關於馬桂林的傳說很多，但大多數人這麼多年一直認為馬桂林是跑了，看守的人沒追上，在他們眼裡馬桂林是不會死的，他精明、強幹、英俊瀟灑，孝順父母，疼愛兄妹，這麼好的人是絕對不會死的。他十幾歲時就穿著西裝，帶著手錶在東樂城牆上面騎自行車。如果弟妹們沒鞋子穿，只要母親把鞋底做好，他一晚上就會勾出四、五雙鞋，第二天弟妹們腳上都有新鞋了。馬桂林的母親連生了六個男孩，他作為長子，看到母親很辛苦便成了母親的幫手，縫衣、縫褲、織毛衣，給弟弟們織毛衣時，天上飛過飛機他看一眼飛機圖案便織在了弟弟的毛衣上。在弟妹們的眼裡大哥無所不能，他怎麼會死了呢？他們小時候大哥就象父親一樣照顧他們，教他們讀書寫字。他不會死，他是軍人出身，是極聰明的人，怎能躲不過槍子呢？到了一九六〇年秋天，馬桂林的父親坐完三年牢回來了，他幸虧去了監獄，不然早被鬥死、餓死了。他父親能幹、老實，還能寫會算，在監獄裡種瓜種菜樣樣能行，還當了一年的工人才沒挨餓，算是保了一條命。但回來後仍經常被批鬥，有時還被吊起來毒打。

馬桂林的母親後來知道了大兒子不在世的消息以後，經常哭泣，時間不長便中風躺在了炕上，不會說話了，一躺就是五年，一個小腳老太太怎麼能承受得起在很短時間內連死兩個兒子和一個孫女的打擊呢？她最後帶著盼望和期待兒子音訊的遺憾死去了。死後當地村民無人去埋葬這位右派的母親和地主分子，她自己的娘家胞弟流著淚跪下捧著沙土一把一把地才埋葬了自己姐姐，按當地的風俗是不可以這樣做的。老伴死去後時間不長，馬桂林的父親就不會說話了，但是他常常喃喃地吐出三個字「春娃子」。噢，他還在想著他出色的大兒子，盼他回來孝順他，為他養老送終呢。

五十多年來，馬桂林的弟妹們逐漸長大，結婚、生子、抱孫子。但對他們大哥馬桂林的思念從未間斷過。他們私下四處在打聽他的下落，一直期盼著他有一天突然回來。現在他們老了，唯一的希望就是有一天能找回大哥馬桂林的屍骨回家，可這個願望可能永遠無法實現了。

慕名去找陳學武，因他曾是安振的秘書，筆者想知道安振這個當年說一不二的人物怎麼也將自己的秘書打成了右派分子？

陳學武耳朵有些背，精神不是很好。他讓筆者看他年輕時的一張照片，那時候陳學武英俊瀟灑。他說照片洗好後會給筆者郵來。可是以後，音訊全無。打電話給他，他的口氣變了。筆者托張掖黨史辦的安永香給他做工作。陳學武告訴安永香，一個人受點坎坷沒有什麼，說他得到過保護，在夾邊溝時間也不長。另外，安振也給他道了歉。他說，自己和其他右派不一樣，很快回到了原單位，而且最後還任張掖市人大副主任。

陳學武

我一九三二年九月十五日出生，寧夏平羅縣人。我七歲時上了平羅完小，考了平羅中學、惠農中學，最後上了國立綏寧師範學校。三年師範畢業後，在上高師的時候解放了。一九四九年九月，我參加考試，十一月錄取上了寧夏自治區幹部學校。李子奇當時是寧夏自治區團委書記，派我上了西北團校。其後，我任賀蘭區團委書記，後又調到中衛縣任團縣委書記。在中衛縣任團縣委書記時，把起草的文件念給中衛縣縣委書記鄭治華時，鄭治華看上了我的文采，要讓我到縣委工作。當團委和縣委發生爭論後，一九五二年把我報到了西北局。我不願到西安去，自己要求回了家鄉，於是，把我調到了甘肅省委研究室工作。後來甘肅省委研究室改為農村工作部，安振任第一副部長，張建綱為第二副部長，部長是副省長兼農村工作部部長的李培福。

一九五五年十一月，甘肅省委決定把武威、張掖、酒泉合併為張掖地區，安振為張掖地區第一書記。安振給我談了五次話，讓我跟他去，我沒有答應。於是，他讓我跟他去下鄉，到河西後就這樣留了下來。

一九五七年反右運動時，安振讓當時張掖地區副書記的賈悅西任反右領導小組的組長。我就是被賈悅西打成右派分子的。

我被打成右派分子的原因是：當時張掖地委住宿比較緊張，而地委書記、部長們則都住著大房子，可外單位調來的人都沒有房子住。我說，部長宿舍可以住十幾家人，實際上部長們住在辦公室或一間房子裡就可以了。就因為這句話我被打成了右派分子。賈悅西當時的目的非常清楚，他是將安振的秘書打成右派分子，然後要把安振拉下馬。安振後來將賈悅西的副書記罷免，讓他到民勤縣去當縣委書記。賈悅西在民勤縣任書記時，由於男女關係暴露自殺了。所以說，我是個政治的犧牲品，成了安振的替罪羊。

我是一九五七年大年三十被送到夾邊溝的。到夾邊溝的時候正是吃晚飯的時候，拿來蘿蔔、洋芋讓我們吃，氣氛很是淒涼，很多人都流下了眼淚。我記得當時金塔縣政府的全班人馬去了夾邊溝。我的同學焦佩蘭的哥哥焦述祖也被送到了夾邊溝，而且死在了那裡。

剛去夾邊溝農場時還比較民主，我們選了官錦文給我們當隊長。張掖縣縣長李維先是我們的組長。

那是一九五八年七、八月份，我們被限了定額挖排鹹溝，要求我們每人每天挖六立方米排鹹溝的沙，完不成任務就懲罰扣飯。此時，場裡鼓動人們好好改造，爭取早日摘帽，回原單位去。所以，勞動強度大得嚇人，而這時已經吃不飽肚子了。

有一天，場部派人叫我去。我說，我的任務還沒有完成呢。叫我的人說，來了個大卡車。我於是跟著那個人到了教育科，人們告訴我，黃專員（黃鉦是管政法的副專員）要見我。黃鉦說：「小夥子，社會上已經開始餓死人了，我給你找個吃飯的地方。」

於是，我被調到了馬鬃山煤礦，這是個勞改農場。永昌縣醫院的院長被打成右派後也在這裡。我被安排做統計記錄。那時候從甘南等地陸續送來叛亂的藏民，讓這些藏民到煤道子去背煤，我主要做背煤的記錄。煤礦裡的人每次吃飯時讓我遲點去，別人吃完飯了我才去打，所以每次我可以多打些飯，於是，我活了下來。

我知道當時夾邊溝搶救人命，主要由錢瑛和當時的公安部長王昭來督促處理的。

祁錄基

祁錄基

到嘉峪關專門去拜訪祁錄基，雖然沒有見過面，可我們已經在電話中交談過了。下了火車找到他的診所，那天他沒有上班。他從診所對面家裡出來，熱情地將筆者領進了他的家門。

我是學哲學的，中醫是在夾邊溝買了中醫書自學的。

我生於一九三三年十月，甘肅省敦煌縣人。一九四九年九月，就從敦煌縣中學報名考入酒泉地方幹部學校，畢業後分配到臨澤縣板橋區政府做青年工作。一九五二年夏天調到臨澤縣沙河鄉政府為團區工委書記，秋後又到地區青年幹部學校學習，學完後調金塔縣團縣委任組織部長，後改任為團縣委宣傳部長。時間不長又提升為團縣委副書記。一九五三年到甘肅省委黨校學習了一年，回來後又到西北團校學習了半年，一九五五年回來後，任酒泉地區講師團教員，在金塔縣負責機關、學校教師的理論學習工作。

一九五七年春天，任命我為金塔縣副縣長，文件下達到縣上時我正在基層下鄉工作。我們這裡比內地的大鳴大放整風運動搞得遲，一九五七年七月通知我們機關幹部參加整風運動。在整風運動會上，多次動員我們給黨提意見。本來我是不打算說什麼的，可是，我對甘肅省委秘書長陸為公很崇敬，他此時正兼任金塔縣縣委書記。因為，我在省委黨校學習時，他任黨校校長，將我的一篇稿件推薦到《甘肅日報》上給發表了。所以，陸為公的動員我相信了。他說，作為一個共產黨員要有黨性，要幫助共產黨進行整風。他的口才很好，有很強的感染力。於是，我說話了，我在會上發了言（因為我經常下鄉，對下面的情況很瞭解），給當時的縣委書記高錦光和副書記提了幾條意見。第一條，金塔縣在山邊上栽樹，春天栽樹，冬天又把栽的樹燒了柴，沒有維護好，是勞民傷財。另外，在田地邊上打井，打上三、四米深，再從百里以外的地方採集、拉來石塊箍井，但這些井都是沒有水的幹井，根本沒有利用價值。下面基層不打井是沒有完成任務，但完成了縣裡下的這些硬任務以後也是勞民傷財，反而影響了農業生產。第二條，我們名義上施行統購統銷，但實際上是只統不銷。農村的糧食每年給農民留下一些口糧後，其餘國家全部收走了，說是農民需要時再賣給農民。但是，只統不銷後，農民沒了吃的沒有辦法解決，現在有些農民已經斷糧挨餓了，有的農民已有很長時間在挖一些野菜吃。我給縣委書記高錦光和副書記一共提了七條意見後，又再提了建議：第一條，要在縣委徹底反對官僚主義、宗派主義和主觀主義。第二條，整頓司法工作。第三條，對黨的組織工作要進行整頓。因為，很多黨員不交納黨費，不參加活動，實際上已經自動脫了黨。第九條，應該加強統一戰線工作，把有威望的知識份子團結起來。第十條，加強黨的集體領導工作。這樣一提後，我又將書面材料交到了縣委。半個月後，鳴放結束，反右開始，說我提了十條毒箭，要進行大辯論。

開辯論會時，我們那個文教組有二百多人。他們一邊喊著口號，一邊用拳頭搗我。我說，這是什麼辯論會，辯論會怎麼動手動腳打我呢？縣委書記高錦光說，好，好，好，叫他也說，不要動手動腳。我說，我說的都是實話，沒有錯。高錦光說，攻擊我就是反黨，反黨就是反社會主義。

把我整整批判了七十三天，剛開始時白天八個小時批判鬥爭，後來白天晚上進行車輪戰。在這段時間裡，全縣召開批判會三次，文教小組批判會七十多次。每天都要我寫交代材料，白天一直鬥到晚上十二點。總之，不讓你休息，讓你從身體和精神上徹底崩潰。然而，採取了這些辦法，我還是沒有交代出反革命的事實。於是，他們又讓縣武裝部一個科長在私下給我做工作，讓我承認錯誤。我說，我沒有錯誤，七條意見是不是事實？十條建議到底對不對呢？武裝部這位科長說，說的都是事實，但你的心裡想的是反動的。我說，豈有此理，郭科長你心裡想殺人，給你定個殺人罪行不行？當時我只有二十三歲，正是血氣方剛的年齡，對他們的威脅毫無畏懼。

七十三天以後，他們認為我再也交代不出什麼了，於是將我隔離起來，不讓我與家人接觸。一九五八年元月，貼出佈告，公佈我為極右分子。過了幾天，召開全縣的職工大會，逮捕了十多個右派分子，這裡有：高俊榮（金塔縣銀行的一個二十一歲的年輕黨員）、井永清（金塔縣銀行的幹部）、殷柏山（金塔縣教育局長）、劉金遠（大學生，縣委學生部部長）和我。我們都被送到了金塔縣看守所，給我砸了十八斤的腳鐐，戴了手銬。

在公安局預審的這八天裡，預審員問我，按這麼說你就沒有罪了？我說，我就是沒有罪。《人民日報》登出的《這是為什麼？》說得很清楚。我十六歲參加革命，家庭是中農成份，我家五代都是農民，為什麼定我為右派分子？另外，上面政策說得很清楚，對右派不施行極端政策，現在將我抓起來算什麼政策？

在看守所裡將我關了九十天後法院開始對我公開審判。審判時我還戴著腳鐐手銬，讓我坐在火爐邊上。正式開庭時又讓我坐在法庭中間。

「你叫什麼名字？」我說，我叫什麼名字你們不知道？審判庭上的人都笑了起來，把嚴肅的氣氛沖淡了許多。接著，讓我交代反黨罪行。提一個問題，我回答一個問題，整整審判了一個小時五十分鐘。審判長說，難道你就沒有罪？我說，當然我沒有罪。十天以後將我們押到了一個群眾廣場，可是這裡一個群眾也沒有，我們站在臺子前邊。審判長宣佈判決書，根據刑字五八一一八判決書，判處祁錄基六年有期徒刑。回到牢房，書記員俞登壽問我，你上訴不上訴？我說，我當然要上訴，給我紙和筆。

晚飯喝了糊糊湯後，號子裡的四個人，一個給我拿著煤油燈，我將枕頭墊在腿上，寫了三頁上訴書，又抄了一份。第二天早上將兩份上訴書一同交了上去。不久，就將我們送到了玉門飲馬三場（勞改農場）。勞改了十三天後，金塔法院院長突然把我叫到隊部宣佈：我給你宣佈你的上訴結果，你曾經說過共產黨不如國民黨，但本著寬大與甄別相結合的精神，將你予以釋放，撤銷五八一一八刑事判決書。

宣佈過後，我問法院院長，我什麼時候說過共產黨不如國民黨了？另外，上訴時我不是寫了嗎，逮捕我時說我是右派分子，怎麼又成了反革命分子。他說，算了吧，總得給人家個臺階下吧，在法律上已經沒什麼問題了。

回到金塔以後，我成了一個三不管的自由人（單位不管，行政不管，法律上不管）。可是，過了一個月後就將我和金塔縣稅務局長魏德榮、金塔縣公安局長趙德幫（被打成了地方民族主義反黨分子），由縣政府一個姓王的通訊員押送我們到了夾邊溝農場進行勞動教養，我記得這是一九五八年四月。後來，高典傑（金塔縣團委書記）、魏科幫（金塔縣宣傳部幹部）、吳培周（金塔縣宣傳部部長）、王耀武（部隊轉業的一個連長，在金塔縣農機站工作）、王海山（金塔縣民政局的主辦科員）、盛大文（金塔縣縣政府工作）、吳建岳（金塔縣小學教導主任），這些被打成右派分子的人都送到了夾邊溝。

我們在臨水橋肖家屯莊下車後，通訊員找馬車去了，我們三個人在一個背彎子裡歇蔭涼。趙德幫對我說，逮捕你的事，你不要埋怨我。因為此時我們都成了階下囚，所以我說，你是公安局長，怎麼不怨你呢？他說，「當時你質問的問題提出以後，高錦光給我打來電話說，祁錄基拿下來了沒有？我說，沒有，還是那個樣。高錦光說，再砸給一副腳鐐。我說，高書記，不能砸。高說，怎麼不能砸？我說，死刑犯都不能砸雙重腳鐐，這是違法的。高說，什麼違法不違法，給砸。我於是立即召開公安局五人小組會議，商量怎麼辦？不砸嘛，高書記要讓砸，砸嘛，這又是違法的。於是，議定了一個折中辦法，給你又戴了一個背銬。趙德幫接著說，從頭到尾法院的發言稿都是縣委送來的。所以，這不怨我，你不要記我的仇。

到夾邊溝後，此時開始從四面八方大量往夾邊溝農場送來勞教人員，場裡於是讓自願報名，招收到食堂做飯的大師傅。因為我在監獄裡時已經挨餓，到了夾邊溝已經聽到高臺縣已開始餓死人，所以我堅決要求到食堂去。我舉了手說道，我去。

倖存的祁錄基在接受作者的採訪。

剛開始我在食堂剝蔥，後來我學會了炒菜、做整個食堂飯的手藝，後來又當了炊事班的班長。這樣，我就一直在食堂裡，這是我能夠幸運活下來的主要原因。

遷到明水時，我印象最深的就是人人都在等待死亡。我當時在基建隊的食堂。一九六〇年十月，勞教人員們的伙食降到了每月十二斤的原糧，這時大量開始死人。剛開始每天死一個兩個，後來每天死十個八個，再到後面每天死三、四十個。初時人們恐慌萬分，到了後來，也就無所謂了。金塔縣死在夾邊溝的有：張和祥（金塔縣的縣長，地方主義反黨分子）、王耀武、王海山、盛大文等，死了十多個。劉金元死在了看守所，這是縣委學生部長，大學生。

吳培周是我救下的。他比我大兩歲，他到夾邊溝和高臺縣明水時都和我住在一起。在明水時我們都住在小土洞穴裡，我一個人住一個洞穴，吳培周的哥哥來後，我的第一句話是，你拿了些什麼吃的東西？他說，人已經不行了，連人都認不出來了。我說，你趕快把他接回去。我馬上找了劉振玉，問能不能讓吳培周的哥哥將吳培周接回去。劉振玉答應了。我就從馬槽里拉了一頭驢，讓吳的哥哥找來魏科幫，兩人拉著驢，他們扶著吳培周，走了五華里上了火車，將其救了出來。

我的妻子董桂萍是天津人，一九五七年反右時與我結婚才兩年，由於受我的影響，被發配到金塔縣最偏遠的一個雙城中心小學當教員。本來我妻子工作很優秀，但被評成了三等教員。一九五八年放暑假的教師學習會上，讓她交代與我的關係，說她還保存著我的照片，還給我寄包裹，沒有與右派分子的丈夫徹底劃清界限。她哭著說，我們是夫妻，我不離婚，你們看怎麼才能劃清界限。當時，周圍的鄰居都不敢與我們一家人接觸，罵我一歲多的姑娘為「小壞蛋，小右派。」那個時候這種株連九族的政策不得了，由於我的影響，她們能夠活過來也太不容易了。

我是一九六一年元月六日最後一批離開明水灘的。當時，蘭州的都接完了，酒泉有個姓牛的來接我們的人沒有找到車，這樣就耽誤了三天，就是這三天讓我們金塔縣的張和祥縣長沒有活著出來。

吳培周

到金塔縣準備採訪從蘭州西固區送到夾邊溝的俞兆遠，但他到鄉下去了。於是，又去找趙德幫，與其兒子聯繫後，他兒子和媳婦都不同意接受我的採訪。因此，在金塔縣只見到了吳培周。

吳培周

我生於一九三一年十二月二十八日，甘肅省金塔縣人。一九四五年我在金塔縣南關小學畢業，然後考入酒泉師範學校，一九四八年簡師畢業，接著又上了中師，一直到解放。解放前我害怕抓兵，不敢回家。此時，解放軍二軍政治部駐在酒泉師範學校，部隊裡有個王主任對我們幾個學生說道：「你們當兵不當？」我說：「我當。」王主任說：「當兵好啊，我們馬上要進新疆了，到了新疆我們要辦財經學院，以後你們這些學生可以上這個學院。」我們聽後都很高興，就去告訴家人，但我的母親堅決反對。我在家待了幾天，金塔縣的縣委副書記高文門就到了我們家。他說：「你現在幹什麼呢？」我說：「我參了軍，家中不讓去。」高文門說：「我介紹你去上西北人民革命大學蘭州分校。」於是，隨手給我寫了一個紙條，讓我拿上紙條去。這樣我和曹光國、徐德福就到了酒泉縣教育處，領了介紹信。我們坐了一個私人的商業車，但在烏鞘嶺時車壞了，司機也暈倒了，於是，我們又回到了酒泉。但我們最終還是到西北人民革命大學蘭州分校學習了八個月。學習完後，我和曹光國被分配到了金塔縣教育科，徐德福被分到了工商科。我在教育科經常下鄉，雖然名字在教育科，但工作在宣傳科，宣傳抗美援朝，給縣委書記高文鬥寫講稿。

一九五〇年三月，由於原金塔縣文化館長段文清與一貫道首朱幸仁的女兒談戀愛，組織上不同意，就將段文清調到中學去教書，任命我為金塔縣文化館館長。這時，縣長和縣委書記馬能元都找我談話。縣長讓我去搞文化，教婦女識字班。縣委書記馬能元讓我去搞文藝宣傳。

當時，我才二十歲，搞識字班參加的人很多，我給他們教樂理、教唱歌，又給識字班的學生教舞蹈。

一九五一年冬天，縣委任命我為縣委宣傳部副部長，第一屆縣委黨代會還選我為代表，並選為縣委委員。此時，時思明是縣委書記。一九五四年的黨代會上又選我為金塔縣宣傳部長。總之，從一九五四年到一九五六年年我在金塔縣是相當紅的。

金塔縣審幹的時候說柴繼武是個漢奸，實際上這個柴繼武當時只是個十八歲的小夥子。那個時候若是得罪某個領導，什麼帽子都可以扣到你的頭上。我知道這個審幹的趙崇法思想意識不太好，主要是為了排擠別人。組織部長楊得清是華北大學畢業的，因為小時候參加過閻錫山的童子軍，也說他歷史不清。

一九五六年年，高錦光任縣委書記。由於高錦光否定前任縣委書記時思明的工作，我們認為時思明曾經做過大量的工作，這樣做不太公平，所以，高錦光與我有了矛盾。另外，高錦光排擠當年時思明用過的人。

我的姐姐曾經改嫁玉門油礦酒泉辦事處的工作人員胡肖瑗，這是個浙江人。我的這個姐夫抗戰勝利後回家超了假，單位批評他，他不接受，辭職不幹到河西中學教書去了，後來又到了東北鞍山鋼鐵公司工作，解放前夕他到了臺灣。我填表時填了我的這個姐夫，於是，我就有了臺港關係，就有了歷史問題。而且，因為高錦光作風不好，嫖女人，一九五六年，縣委第一書記陸為公批評了高錦光的胡作非為，我們這些人對此非常反感，我罵他是

「老驢」。後來，高錦光把陸為公整了下去，就開始整我們了。由於我同情時思明、我有臺港關係、而且我罵了高錦光，且我性格耿直，有話當面說，尤其遇到不合理的事情會直接說，所以，惹了一些人。在一九五七年就被打成了右派分子。

我是一九五八年四月十四日被送到夾邊溝的。金塔縣和我一起到夾邊溝的有二十多個右派分子。這裡有金塔縣縣委組織部長楊得清，金塔縣青年團書記高殿傑，公安局副局長趙德邦等。金塔縣的縣長張和祥也被打成了地方主義反黨分子，被高錦光送到了夾邊溝。

我在夾邊溝待了三、四天就到了新添墩基建隊挖排鹹溝，一直挖到了一九五八年秋季，然後又到北大河去挖石頭。由於高強度的體力勞動，將我的身體整個兒搞垮了。於是，場裡就讓我去放羊。

一九六〇年九月，大卡車拉我們到了高臺縣的明水灘。這時，我們已不能勞動，每天在外面去挖草根，吃不上東西，住在洪水溝裡的洞穴裡。因為，我每天喝些糊糊湯，挖些野菜吃，不知吃了什麼拉開了肚子，這是非常危險的，很多人就是這樣死去的。我被送進了病房。

魏科邦和趙德邦都在農業隊，所以，活輕一些，而且可以吃點地裡的菜蔬，因而活了下來。魏科邦看到我病了，他認識一個大夫，給我找了藥，治好了我的肚子。這個時候已經開始搶救人命，場裡每天給人一些羊肉湯。有個原先當過金塔縣檢察長的人我認識，此時也到明水來進行視察，他給了我一些糖果，因為他的到來，灶上給我的羊肉湯也多了些。

這個期間，魏科邦的兄弟對我哥哥說了我的情況。我哥哥沒在單位請假，直接去了明水，拿了些炒麵來看我。我哥哥來時我已經不能說話了，他將我接回家去。這是一九六〇年十二月。回到家裡待了兩天就去了醫院，在醫院我整整住了半年多，才慢慢緩了過來。現在想來反右運動簡直是一場夢，太可怕了，也太荒唐了，我不知道當時為什麼要將右派分子送到夾邊溝，也不明白為什麼要將這些民族的精華一個個讓他們死去。

孫樞

到孫樞家裡去，正趕上西安最熱的時候。那天雖然早已約好，可是要到他家去還是費了一凡周折。孫樞已年過七旬，可他精神矍鑠，有西北人待人的熱誠和豪爽，初次見面他比我想像的要年輕。

我是一九三六年七月二十一日生的，陝西省西安市人。本人成分學生，家庭成分職員。一九五六年年經全國統考錄入西北畜牧獸醫學院（現甘肅農業大學）獸醫系（五年制本科），分到了醫二丙班，當時我對分到這個專業不太滿意，心中多少有點情緒。

一九五七年上半年開始大鳴大放，當時，學院開大會領導號召動員全校師生幫助共產黨開門整風。我們班上當時選舉我當了「鳴放委員」。當時，我們西北畜牧獸醫學院要往甘肅武威黃羊鎮遷，因為那裡生活學習很不方便，所以，學院和省委召開座談會讓各班鳴放委員收集同學們的意見，暢談有關遷校黃羊鎮等事宜。我記得那時甘肅省委提出：文化西移，因材施教，面向牧區。我在遷校會上發言時就對此進行了駁斥，我說按照這個提法，林業學院應該到大興安嶺去，航空學院就應到天上去，海洋學院就應該到海洋裡去辦了。那為什麼北京林業學院在北京呢？北京航空學院怎麼也在北京呢？

另外一件事是，我在壁報上鳴放了兩篇文章。一篇是《工作組尊貴的老爺》，還有一篇是《異乎尋常的鎮靜》。《異乎尋常的鎮靜》是針對班三角（班委、黨支部、團支部）的人寫的，鳴放時他們只動員別人去鳴放，

作者（右）與孫樞（左）在訪談

但他們班三角的人卻不鳴不放。我當時發現了這種反常現象。為什麼平時黨員帶頭，而這次他們總是動員別人去鳴放，而自己不帶頭呢？這後來就成了我的一個罪證。

學校開門整風時在獸醫系辦了一個自由論壇，在這個論壇上誰都可以自由鳴放發言。化學教研室高級講師趙煥之在肅反時被整過，他有一次在論壇上發表了講話，正在講時馬列教研室的蔣桐式老師將趙煥之的發言打斷了，看到這種情況，當時的同學們都很氣憤。在自由論壇這裡誰都可以自由發表自己的觀點嘛，為什麼要把別人的話打斷呢？會後同學們又去看望了趙煥之老師。後來同學們將蔣桐式請來，一百多個同學與其坐著辯論。自由論壇可以自由講嘛。後來給我的罪名裡就多了一條，煽動學生毆打蔣桐式，當然這是完全的捏造。以後強加給我的右派罪名是：反對遷校黃羊鎮；主張黨委領導下的校務委員會治校；同情右派分子趙煥之；再就是我父親是國民黨黨員，系國立中央政治學院畢業的，曾任中央財政部西安稅務局外勤室主任，解放後歷任科長主任等職；我舅舅解放前去了臺灣（現定居美國），我家庭有海外關係。我們班有學生五十人，就有九個學生被劃成了右派分子。而我們宿舍七個人中，六個陝西人，就出了四個右派分子。

你可以看看《甘肅日報》一九五七年八月二十九日第三版的《西北畜牧獸醫學院學生揭露——胡偉傑是右派分子加流氓》這篇文章。我與胡偉傑同學同一個宿舍，也是同一個案件。當時，批判我們學生的右派言論有：要民主，不要獨裁；要專家治校，教授治校。鼓吹外行不能領導內行，妄圖取消黨對學校的領導。

我是我們班第四個被揪出的學生右派。當時，給右派戴高帽子，桌子一個摞一個地讓我們站在上面。在反右運動中人性中最醜惡的東西都暴露了出來。人海戰術，無中生有；斷章取義，加油添醋；互相攻訐，落井下石。那時也有推搡、車輪戰，打人偶有發生。但一般都是發言批判。對我前後鬥爭了將近有一個多月，而我始終認為我沒有反黨，但我百思不得其解的是，毛主席黨中央號召我們大家幫助共產黨整風，叫我們「知無不言，言無不盡；言者無罪，聞者足戒」，我們當時出於對毛主席的熱愛、對共產黨的信任、對工作的負責，說了真話，結果卻成了反黨反社會主義反人民的右派分子。難道毛主席、黨中央說的話不算數了？我們究竟錯在哪裡？我想不通！有種被欺騙的感覺。

一九五八年六月學生科的胡明珍老師找我談話。她說，學校已經批下來了，給予你開除學籍處分，你有何打算？我當即提出，處分太重，能否改為留校察看，繼續學習。她說，不可能。我又說，如果實在不行，請學校給我寫個肄業證明，我回西安老家，自謀生路。學生科的老師們勸我說，由於你們過去沒有聽黨的話，才犯了這麼個錯誤，現在，黨為了挽救你們，再次給你一個機會，把你們這些人集中起來學習、勞動、改造思想。每天讓你們半天勞動，半天學習，當然，學習是主要的，勞動是次要的。通過學習、思想改造一年半載後，你就可以重新回到學校來了。你還年輕，要聽黨的話。談完話後讓我考慮一下。雖然我相信自己主觀上是沒有反黨的，沒有大錯，但轉念一想，自己可能思想認識跟不上形勢，不自覺地給黨的事業造成了傷害。出於對黨的盲目熱愛，對毛主席的崇拜，想到一旦脫離組織，今後的路還很長，該怎麼辦？所以，我同意了到夾邊溝農場去學習。但他們並沒有明確告訴我，我是去勞動教養的。

於是，我信了，我們那一代人對組織、對黨都是百分之百相信的。一九五八年六月中旬，學校派呂應琪和孫玉送王霽光（畜牧系高級講師）、王晉（曾名王積善，外語講師）、肖德武（畜牧系三年級學生）和我一同去了夾邊溝農場。當時，我們根本不知道是勞動教養，都是高高興興去的。後來我們學校又往夾邊溝農場送去了黃席群（外語教授）、黃自修、杜中樞（校醫）、覃永秀（壯族，廣西人，獸醫系大三學生）。

我們坐上火車到了酒泉火車站，住了一個晚上。第二天早上，呂應琪和孫玉領我們帶著行李投檔案去，這個時候我們還被蒙在鼓裡。走到甘肅省公安廳勞改管理局酒泉分局門口，我一看牌子大吃一驚。我想，不是說好集中起來學習改造思想嗎？怎麼會是來勞改局報到呢？進了門，夾邊溝農場接收我們來的是基建隊隊長白連奎和韓幹事（武威人）。這位白隊長，三十歲左右，話不多，人還平和，他喊我們：「汽車來了，趕快拿行李上車。」我們坐著夾邊溝農場的「噶司五一」卡車，開車司機也是勞教人員。汽車出了酒泉城後，沿著公路走了一段，轉往北繼續前進。到了一處水草濕地，我看到了一叢叢開著紫色花的野花，非常漂亮。我問白隊長，這是什麼花？他說，這是馬蘭花。車又走了約二、三公里，轉過一個沙丘，遠遠地我們就看到一處房屋零落地散佈在田地和荒漠中。原來這就是夾邊溝農場。汽車開進了一個大院落，下車後，白隊長喊來一個戴近視眼鏡的中年勞教人員王鵬義，讓他檢查我們的行李。他讓我們將被褥、挎包全部打開，把身上所有的現金、票證、工作證、小刀、小剪子、鑰匙、手錶、校徽全部上繳。凡是能證明身份的，如畢業證、學生證、軍人徽章等統統放在地上。然後一一造冊，但不給開收據。被褥裡子都要摸一摸、抖一抖，看有沒有其他東西，最後就連捆行李的繩子也被收掉。我的英納格手錶也被沒收了去。隨後，向我們宣佈紀律，不准到其他宿舍串號，不准交談，寫信不能超過二百字，寫好交到帶工小隊長處，由場部統一發出。晚上，不准出大院，否則按逃跑論處。因為我們學院的四個人都沒有經歷過這種場面，心想，怎麼把我們像犯人一樣對待？大家面面相覷、一臉茫然。

此時，各隊勞教人員陸續收工回來了，然後讓我們排隊打飯。伙房給我們每人一個大饅頭，一勺野菜。打了飯，我們看到犯人們以癡呆的眼睛望著我們，個個低著頭不敢說話，有一種肅殺之氣。我們四個人心情沉重，誰也吃不下去。饅頭和菜都擺在院子的地上，心裡此時不知有多少冤屈和心酸。稍後有個別大膽的難友悄悄問我們，「你們從哪個單位來？是什麼問題？」我們一一給了回答。他們說：「你們吃不吃？」我們那天就把飯菜給了周圍的難友。通過和他們短暫的交談，我們才知道夾邊溝農場是個勞教農場，我們被勞教了。看著這些早來的同類破爛的衣衫，迎著他們癡呆的目光和眼神，望著他們恐懼的表情，我的心幾乎要碎了！難道這就是我們的未來？我後悔啊！我有一種被欺騙、被愚弄的感覺。王霽光和王晉兩位老師留在了農業隊，我和肖德武被分到了基建隊。

那天晚上給我們每人發了一柄短把子鐵鍁，鍁頭有十五釐米寬，三十釐米長，較重。第二天早上我們排著隊去上工，我看見趙隊長、白隊長戴著駁殼槍，韓幹事拿著中正式步槍。我們剛去時勞動管理和刑事犯人完全一樣。直到一九五八年下半年，勞動時管教再沒有用槍來押著我們。我記得一九五八年國慶日前後夾邊溝農場派了一個騎兵排的武裝警察，藍衣服，大蓋帽，褲子上有一道紅線。這是專門來管夾邊溝農場犯人的，每天在農業隊和基建隊的空地上訓練展示威懾力量。

我到了夾邊溝農場後，由於挖排鹹溝整天將腿子泡在鹹水裡，得了一種怪病。一是這裡的水含鹹很大，喝了後個個都拉肚子；二是我和一些人一樣，腿子上半截有勁，而下半截無力，走路像抽風，走不成路，幹活時有力使不上。於是，我被調到了老弱病殘隊，這個小隊的隊長是趙長年、吳毓恭，他們兩人都是縣級幹部。趙長年是由於對河西走廊種棉花有不同意見，而被打成地方主義反黨分子送到這裡來的。剛開始我們這個隊是四個組，後來劃為五個組。

這時候我與蘭州大學的副校長、化學家陳時偉在一起拔麥子。陳時偉後來調到了副業隊。他穿著嗶嘰布的風衣，不愛說話，也不會勞動，所以，當時大會小會都要對他進行批判，說他「拔的麥子不夠自己吃的」。

當時，夾邊溝農場衛生所的陳所長什麼也不懂，他根本無法治療我的病，於是，我就給父親寫了信，要了點藥。經我再三懇求陳所長才給我批了個條，讓伙房每天給我多打一瓜瓢水。我把水拿回來再加熱，用熱水燙我的兩個腳和膝蓋，可是，我這樣燙了整整七八個月，走起路來仍然像得了抽風病一樣，下半截腿依然無力。

我的心裡急呀，因為夾邊溝農場完不成任務要扣飯、扣饃，我一個年輕人不願意天天落在別人後面。那時候經常有自殺的，不讓說。有一個犯人晚上上廁所就吊死在樹上了。那時候人們都願意到外面去搞副業，因為外面可以呼吸到一點自由的空氣。我那時在隊上當生活委員，給犯人們取信、取包裹。一九五九年四月五日，基建隊到甘肅省酒泉清水鎮挖沙子搞副業，這是為了修導彈、原子彈基地用的。我們當時使用的是部隊代號，中國人民解放軍五五九一部隊工程指揮部。由於那一天坐汽車我來遲了，別人一催，我急急忙忙跑開了，突然發覺我的腿好了！我當時那個興奮呀，我現在也不知道我的腿子怎麼就突然好了，回想起來可能是產生了「應激反應」。

那時候對我們這些所謂的右派分子是一罪數罰，開除公職後又要勞動教養。而我們這些勞教人員的待遇比刑事犯人要差得多。為什麼我說這個話呢？在清水鎮挖沙子的時候，我們看到勞改犯們住在戈壁灘的地窩子裡，門是用鐵路的枕木做的，晚上鎖上門後誰也跑不了。他們太陽上來上工，太陽還沒落山時就休息。可是，我們沒白天沒黑夜地幹，有時晚上兩三點鐘才裝完火車，早上七點又要上工。河西走廊的戈壁灘說下雨就下雨，我們一年四季棉衣不離身。一九五九年國慶日宣佈給三個犯人摘了帽子，我記得一個王慶福摘了歷史反革命的帽子，還有兩個人記不起姓名了。他們於是變成了一級勞教，而我們是二級勞教，飯也不與我們一起吃了。

一九五九年國慶日剛過，我們打完葦子的時候從狼口奪了一個小羊羔，這是當地老鄉的羊。我們十幾個犯人轟狼，把這個羊羔奪了下來。那天我們用蘆葦燒了個半生不熟地吃了。吃了後就來了沙塵暴，但不到下工時間不能收工，早回來怕扣飯，只有抱著頭在原地躲避。下工回來的路上發現一個難友穿著米色夾克，白襯衣，由於晚上逃跑，化裝後穿得太單薄，在這裡連餓帶凍死去了。我們向小隊長吳毓恭彙報後，吳隊長派我掩埋了這個難友，這是我到夾邊溝農場後埋的第一個死人。那時經常死人，到了甘肅省嘉峪關北大河車站採石死亡的第一個犯人叫姚天錫，上海人，支邊幹部，一九五七年被打成右派分子送到了夾邊溝農場。此人死亡時間就在一九五九年冬季，死後就地用木柴火化，骨灰由家屬帶了回去。

接著我們到討賴河（黑河）管理局修討賴河堤壩，沒有修成又到嘉峪關給甘肅送變電二〇二工地挖坑栽電線杆，當時我們就住在白楊河，每天在玉門東站、嘉峪關外的沿線來回跑。有一天晚上，一個叫劉志青的難友，他是陝西藍田人，搞水利的，煤氣中了毒，送到了杜中樞跟前進行了搶救，活了過來。

當時，在夾邊溝當醫生的還有一個原甘肅省祁連山地質隊的醫生宮琳，他是由海軍部隊轉業的，東北人，一九五七年被打成右派分子送到了夾邊溝，他在文革中又被武威地區法院以現行反革命罪判了重刑收監。當時夾邊溝農場也有少數壞分子，他們原先是中國人民解放軍戰士，因為甘南剿匪時他們不打叛匪，被打成反黨反社會主義的壞分子。那時候，我們挖坑、排杆、立杆、拉線，當時由甘肅送變電二〇二工地給我們吃的，全讓隊長和管理人員貪污吃了。我由於吃不飽，出工時就趁機跑到玉門北坪想買點吃的，但是什麼也沒有買到。

一九五九年冬至一九六〇年一月，我們又到嘉峪關火車站挖石頭、裝火車，每天勞動量很大。一九六〇年的春上，我們又回到場裡進行春播運肥。當時，天不亮就起床，風雪無阻，打擂臺將七八個筐子摞起來，有四、五百斤重。我與蘭州鐵路局貨運裝卸隊組長焦雲龍兩人一起抬。我們每兩人抬三五十米放下，然後將下一組的空筐跑步傳回來，再將上一組的滿筐抬過去。哪一組若慢了，筐子就會聚集起來，下工後就要扣飯挨批評。那時風裹著雪「嗚嗚嗚」地叫，沒有燈看不清路，我們摸著黑，大汗淋漓，直到東方泛白才收工吃早飯，然後繼續出工幹活。

開荒的時候，白沙窩裡長著蘿蔔麻（紅杆柳），我們就將這些蘿蔔麻和甘草連根挖出，還砍沙漠裡的蘆葦。我們自己在幹破壞脆弱生態環境的事。然後還要報每天完成的假數字，有的說砍了一千斤，有的報八百斤，實事求是報了完不成任務就要扣飯。

一九六〇年四月至六月，我們將沼澤地裡的部分水排掉，挖出泥炭燒土塊（草木灰）當肥料。我們把它叫做挖垈子。也是讓犯人們打擂臺來比、學、趕、幫。我們這些犯人就是讓管教幹部哄騙著拼命勞動，而我們也由希望到失望，然後逐步地變成了徹底的絕望。有一個廣東人叫溫清海，原先在銀行系統工作，給家裡寫信，字裡行間加入一一五七（遙遙無期）幾個阿拉伯數字，發現後將他拉出來狠狠批鬥。

一九六〇年的九月，我們先去修迎豐渠，國慶日時我到了明水河這個地方。當時，零下幾十度的地方，我們先住在了農民原先挖的坑裡，頂上遮點樹枝、芨芨草，根本擋不住雨雪，晚上能看見天上的星星。後來，我們住在了洪水沖刷成溝的洞穴裡，洞穴裡有我和周根祿、提錘政。因為我是學獸醫的，白連奎隊長通知我去打針、護理病號。這個時候，明水的老百姓跑光了，麥子只有十釐米長，我在地裡揀點麥粒煮了吃。附近還有個小澇壩，我有時就到澇壩裡找些小魚吃。有一天，通知我到高臺農場護理病人去，去後我才知道，由於夾邊溝農場人死的太多，剩下的也大都營養不良，患有浮腫病，而明水這地方條件太差，根本無法安置重病號，所以夾邊溝的病號全部轉到了高臺農場。因此，高臺農場把重刑犯集中到農場中央，週邊住的是我們勞教人員和農場就業人員家屬。我每天除了護理病人，就是埋死人。和我們一起護理病人的還有一些從上海送來的所謂女阿飛、流氓，實際這些人很多是出生在資本家家庭的小姐，聽說這些人要許配給留場的勞改釋放犯人。我們白天兩個人，晚上兩個人，倒班進行護理病人。

有一個姓王的資本家的女兒，中等個頭，穿一身藍布中式褂子，和我每天一起看護病人。有一天晚上，我們在一起，她淒涼地問我：「你們是幹什麼的？」我說，我們是大學生右派分子。她說：「你們好呀！聽說你們快要出去了，我們還不知何年何月才能夠回家。」她說，她是上海一個很有名氣的中等資本家的女兒，她希望我和她做個朋友，出去後一定讓我給她寫個信。當時已經風聞可能要將我們送回單位了。我聽了她的話心裡很難受，答應了她。可是，出來後由於地址不詳，我再也沒有跟她聯繫過，這件事讓我心裡一直很愧疚，因為自己當時是答應了她的。

我記得有一個叫邢樹義的山西芮城人，用白布自己做了個帽子，他快死時我去給他打針。有一天，我把他搶救了好幾次，我將他抱在懷裡，他的頭枕在我的腿上。他說，他的家屬快來了，可是他等不到了。果然，第二天他老婆和哥哥一起來了。他老婆見到他哭得死去活來。她將炒麵糊糊灌到他的嘴裡，三四天後她將他帶回了山西。當時，聽說西蘭會議已經開過了。還有一個叫路長勝的，原來是上海百樂門舞廳的架子鼓手。他是個手和腿都有殘疾的殘疾人，支援大西北來到了蘭州，這人也死在夾邊溝農場。

有一天我去買一塊錢一個的穀糠餅子，回來後別人說，白隊長和趙隊長叫你去呢，又通知我：「把行李收拾一下，轉移。」當天晚上沒走。忽然朱幹事讓我把組裡的人叫上去埋死人。我說，幹不動，我不去。他說，給你們加飯吃。於是，我們五六個人跟著兩輛馬車，提著燈，去埋死人，鹽鹼地裡有二十多個死人，都是用自己的被子裹了，然後用草繩一捆，扔到坑裡。我對錢永來和趙永良說：「夥計們，埋深一點吧，積點陰德，說不定咱們哪一天死了還要別人埋深一點呢。」我在夾邊溝農場高臺明水時埋的死人約有二百多人。

第二天，也就是一九六〇年十二月三十日下午，我們總共一百多人由四平牌紅轎車拉了兩趟，車上有醫務人員和農場護送的人，我們是第一批釋放的人員。鐵路局給撥了一輛火車送我們回蘭州。我被派到行李車廂去押行李，聽說途中人還在繼續死亡。

一九六〇年十二月三十一日我們到了蘭州。下車後，我們每人手裡提著一個袋子，排著隊，勾著頭，像一夥叫花子一樣腿子慢慢移動到了省民政局招待所。第二天一大早，一九六一年元月一日，我給家裡發了信，說我已經平安到了蘭州。現在看來，夾邊溝農場死了差不多有二千九百人，活著出來了不到三百人，活下來的不足十分之一。我沒有死的原因主要家裡人經常給我寄食物，再加之年輕身體好，否則我也活不出來的。

一九七八年底中央下發了五十五號文件，要為我們這些「五七」右派落實政策，這是我一直期盼的，歷史終於要給我們一個公道宣告我們無罪了。有一天，我所在西安市電爐廠主管落實政策的革委會副主任張彩霞忽然叫我到她辦公室談話。她問我的第一句話：「老孫，五七年你們學校給你定了個啥罪名？」我回答說：「右派嘛！」又問：「當時是怎麼樣給你定的？你把這個過程詳細談一下。」我說：「先發動積極分子貼大字報，揭發我們所謂的反黨言行，然後再組織批判會、鬥爭會，讓我進行交代。我沒有反黨，當然交代不出什麼問題，這樣批判會就升級為鬥爭會，說我們不老實，讓我們每個人進行交代、檢討、認罪。因為許多檢舉揭發材料都是掐頭去尾、捕風捉影、無限上綱等不實之詞，所以我只有實事求是加以說明。例如，我同意別人提出的：『黨委領導下的校務委員會治校』，就說我要取消黨對高等學校的領導權。說我反對阻撓遷校黃羊鎮。我說，做為班級鳴放委員，我收集了同學對遷校的看法態度，省委工作組在學校召開的徵求意見會上我的意見，實際上是代表同學們的意見，這有什麼錯？怎麼是反黨？給黨員提意見是幫助黨整風，是毛主席號召的，是院黨委李書記在全院師生員工大會號召宣傳的，我又錯在哪裡？我說，黨員個人並不能等同黨組織，說我反對黨員就是反黨，你們把我的發言和歷來私下同學們說過的話斷章取義、移花接木、甚至捏造誣陷來整我，是別有用心。我根本就沒有反過黨。於是整整把我批鬥了四十五天，說我氣焰囂張，問題嚴重，態度惡劣，最終給我『開除學籍，勞動教養』。我是被騙到夾邊溝農場去的。」

張彩霞又問我：「最後對你的結論處分，你簽字了沒有？開除你時開會宣佈了沒有？有沒有貼佈告公示？」我說：「結論處分我沒有見過，更沒有簽字，沒有開會宣佈，也沒有貼過佈告。」我說完張彩霞副主任「哦」了一聲。我卻對這一聲「哦」非常敏感。回到技術科我坐下後仔細地回味了一下剛才的談話，總覺得有些蹊蹺，他們好像有什麼瞞著我。一種不祥的念頭一閃而過，我越想越覺得不對勁，難道有假？我趕快去問張彩霞副主任，她說：「你的檔案袋裡裝得全是你兩次參加工作時填寫的履歷表和你招工轉正的審批表，根本就沒有你五七年劃右派的材料。我估計你的正檔應該還在甘肅農業大學保存著。因為沒有原始材料咱們就沒法給你落實政策改正。」此時，我一臉茫然、無奈、不安。天呀！事情怎麼會是這樣？二十二年苦苦磨難竟然是這麼個結局？啥也沒有？啥也沒定？二十二年的奴隸生涯讓這幫王八蛋平白無故欺壓了！我的心裡真像打翻了五味瓶，酸甜苦辣一股腦兒全湧了出來。說不上是苦是悲，但更多的是不安和擔心。如果我沒有被定為右派，那麼我就趕不上這趟為右派改正的車，就會成為一個個案，今後得要自己走上申訴上訪之路。而我面對的又是強大的國家專政機器，我一介草民只有忍受、沉默，二十多年來我遭受的屈辱太多太多，我的精神、肉體、人格承受著三重摧殘，還要連累家人、親友，難道這血淚的二十二年換來的就是一場空？啥也沒有？

在五十五號文件補充材料下發後我趕快到了甘肅農業大學落實政策辦公室，當時任副主任的魏忠義隨手遞給我一冊已經翻開的資料說：「你先看看文件。」我接過文件後，先大致瀏覽了一遍，文件是用藍色複寫紙經打字機列印而成，共兩頁。文件無標題、無帽子，其內容分為：一、本人簡介；二、家庭概況；三、主要右派言行；四、處理意見。共四頁。這個文件無落款、未具銜、沒有加蓋任何印章，也沒有年月日時間。此文件顯然是一紙不具備任何法律效力的白條，也可說是一個沒有寫完全的黑材料。雖然我離西安前已經稍知我的材料右派沒有定性、沒有結論，我有精神準備，但我面對這樣一份所謂的文件時，完全出乎我的意料，我很震驚！我細想，我遭到了陷害！撇開「主要右派言行」罪不談，就這樣一份白條黑狀就斷送了我的一生，差點讓我命喪夾邊溝。為了弄清事情的真相，我強忍著胸中的怒火，把材料從頭到尾又仔細看了一遍，在所謂的右派言行一欄中，東拉西扯、捕風捉影、上綱上線、牽強附會地硬往反黨言論上套，目的就是要把我搞臭，孤立我，以此殺殺我所謂的右派囂張氣焰，其手法卑鄙兇狠世所罕見。

西元一九七九年三月二十八日，毛澤東套在我脖子上二十二年的那條無形的、但足以使我致命的絞索終於去掉了。我深深地呼吸了幾口氣，我拜訪了畜牧系幾位早已拿到改正結論的難友。我在勞改局見了一位陝西渭南的老鄉，他問我西安近況，又問我什麼時間在什麼地方勞教的。我說，一九五八年七月去了夾邊溝農場，一九六〇年底回了蘭州。他意味深長地說，小夥子，你能從夾邊溝回來，你的命真大呀！

孫樞統計的西北畜牧獸醫學院（現甘肅農業大學）的右派分子名單

一、**教職員（二十六人）：**

朱宣人、廖延雄、黃席群、許聖宗、田九疇、孫克顯、張冀煥、肖篤堪、李綏章、郭明琛、謝念難（女）、顧恩祥、宗恩澤、範庚銓（女）、馬忠玉、王晉、夏雨疏、徐保世、黃自修、薛亦鳳（女）、劉懋恭、周延文、王學義、杜中樞、王霽光、趙煥之

二、**學生（共四十五人）：**

畜牧系（二十四人）：

楊茂生、沈慰民、李海潮、閆幼先、葉樟、仇錦蓀（女）、羅萬華（女）、楊鐵軍、火平智、徐桂林、郭文坤、肖德武、翟玉林、竇耀宗、張清心、戴俊傑、孫明經、劉天慶、王尚義、楊儀仁、崔治安、馬建培、劉文波、劉禮義

獸醫系（二十一人）：

石育淵、楊照塘、袁漢洲、宋積珪、靳德騂、郭正己、覃永秀、楊天信、宛禮春、牛宗文、管平、李慧生、郭有才、胡偉傑、孫樞、張秦義、王福山、敬天烈、賈毓桐、李宗岱、魏明理

注：據不完全統計，一九五七年反右運動時，西北畜牧獸醫學院當時在校生約六百一十人（不含短訓班及進修生），教職員工約一百六十人，以上兩者合計尚不足八百人（據一九四九年—一九九六年，甘肅農業大學校友錄有關資料統計）。而當時全院錯劃右派七十一人（不含中右及檔案中有黑內容而列為內控的），約占全校總人數的百分之九點二二。其中：判刑三人：趙煥之、夏玉疏、劉禮義（趙煥之死在監獄裡）。夾邊溝農場勞教八人：王霽光、王晉、黃席群、黃自修、杜中樞、孫樞、肖德武、覃永秀（王霽光、肖德武、覃永秀死在了夾邊溝農場）。送花海子農場監督勞動改造十三人：馬忠玉、孫克顯、劉懋恭、楊茂生、沈慰民、李海潮、葉樟、胡偉傑、李慧生、竇耀宗、戴俊傑、王尚義、仇錦蓀（女）。開除回農村一人：馬建培。逼迫逃亡者三人：李宗岱、魏明理、戴俊傑。上述人員中死亡的五人：趙煥之、王霽光、覃永秀、肖德武、李慧生。

附錄一：西北畜牧獸醫學院學生揭露胡偉傑是右派分子加流氓

西北畜牧獸醫學院學生揭露胡偉傑是右派分子加流氓

《甘肅日報》一九五七年八月二十九日

【本報訊】西北畜牧獸醫學院獸醫系一年級丙班學生胡偉傑，是一個反共、反社會主義的右派分子和卑鄙下流的流氓。

與其他右派分子互相勾結，向黨猖狂進攻

黨的整風運動開始以後，胡偉傑便和學校的某些右派分子勾結，向黨和人民宣戰。當儲安平的「黨天下」的謬論發表後，和胡偉傑有牽連的右派分子郭友才，歪曲事實說：目前農村是「以黨代政」。又說：「應該給民主黨派劃一個地方，實行分權領導，和共產黨比較領導能力。」還誣衊共產黨說：「順黨者昌、逆黨者亡。」對這些反黨謬論，胡偉傑不僅雙手擁護，並且進一步反對黨對學校的領導。當右派分子朱宣人的反共言論在《光明日報》發表後，他同情地說：「就是這樣：由於黨委的粗暴干涉，扼殺了科學研究和學術空氣。」「應當讓各單位、學生和工人代表組成的校務委員會治校。」他還費盡心思地為校務委員會和黨委會劃分了職權範圍：「校務委員會有決定全校一切重大問題的權利」，而「黨委只能向校務委員會提出工作建議，主要是做一般的思想教育工作」。其實胡偉傑連黨做「思想教育工作」也是反對的。他和他的同夥們就不止一次地對黨所指派的獸醫系政治輔導員胡景仁進行惡毒的攻擊，說：「胡景仁學淺才低，不能領導我」，謾罵班幹部是「蝸牛」、「政客」、

「傀儡」等。因此，他在向黨進攻的同時，就和右派分子孫樞（學生）同謀，擬定了新的班幹部名單，企圖首先篡奪班的領導權。

為了煽動群眾向黨開火，胡偉傑和右派分子郭友才又舉辦了反共刊物「爭鳴論壇」，大肆誣衊黨團員，說：「入團是為了『戴皇冠』、『當官』，黨員是『皇帝』、團員是『皇太子』，子不言父過，所以，團員不給黨員提意見。」他們還千方百計地誣衊我們的選舉制度，說：事先由共產黨提名的，是「假民主」。並誹謗馬列主義基礎課程為「教條」。主張選修馬列主義課程，說：「馬列主義和唯心主義都是百家中之一家，應一視同仁」。想盡一切辦法替唯心主義爭地盤。

胡偉傑煽動群眾、散佈反動言論的目的，是為了和其他右派分子扭在一起，在學校中掀起反共、反社會主義的逆流，從而篡奪黨在學校的領導權。

千方百計破壞反右派鬥爭

反右派鬥爭開展以後，胡偉傑和他的同夥，就用各種手法抗拒和破壞，竭力為他們開脫罪責。在一次班幹部會上，郭友才公然反對停課反擊右派，說：「停課是以政治代替業務」。還把反擊右派分子的大字報說成是「公式化」、「清一色」和「老一套」。右派分子孫樞更是借題發揮，造謠惑眾，說什麼：「整風以後又來了個肅反」。胡偉傑表示也有同感，企圖動搖群眾反右派的情緒，並且明目張膽地喊叫：「誰要動著我，我就把他絞成一團」。以威脅群眾向他妥協。正當全校師生集中火力批判右派分子趙煥之、廖延雄的時候，以胡偉傑為首的小集團的成員們，就到處散佈袒護右派分子的言論，說什麼：「批判趙煥之不人道」、「批判廖延雄是不尊重科學家」，以及「在家靠父母、在校靠老師」等謬論，以軟化群眾。胡偉傑還公然表示要為右派分子趙煥之負責到底！在反右派鬥爭之初，群眾一致要求把右派分子廖延雄從北京調來批判。胡偉傑就心懷不滿地說：「調來怎麼樣？能把人家槍斃嗎？」與此同時，胡偉傑還和他的同夥們，出大字報要黨委制止對廖延雄等的聲討。並說：反右派反得「過火」了、「缺乏說理精神」。胡偉傑還狂妄地說：「誰要給朱宣人、廖延雄提意見，我就要把他恨死」！可見胡偉傑是如何為右派分子撐腰了。

披著大學生外衣的流氓

在反右派鬥爭中，群眾以極其憤怒的心情，揭露了胡偉傑的真實面目，原來他是一個披著大學生外衣的流氓。胡偉傑到西北畜牧獸醫學院以後，就和孫樞以「九號宿舍」為名，拉攏落後同學，組織了與學校鬧對立、攻擊黨團員、欺壓弱小同學和侮辱女生等為目的的流氓集團。

他們在發展組織時，一般成員必須經過一段時間的「考驗」。這種所謂考驗，是指發展對象要遵守舍規、保守秘密，並為他們打水、掃地、領取講義，包庇他們辱罵領導、攻擊黨團員、欺壓小同學、侮辱女生等卑鄙行為，經過「考驗」被他們認為條件成熟者，才能取得所謂「後補舍員」的資格。

以胡偉傑為核心的這股落後勢力逐步形成後，他們小集團的骨幹分子孫樞、馬恒順認為手中有了「資本」，便在校內興風作浪，胡作妄為。經常給別人起綽號，還卑鄙的根據女同學的面容打分數。最令人憤恨的是他和他的幫兇把一個名叫王永安的小同學叫去，堵塞了王永安的口，脫了褲子，用墨水染陰莖，藉以取樂，事後，王永安在憤怒之下，將這事告訴班長，當晚王永安又被罰染了一次。就這樣，一些小同學在胡偉傑、孫樞等蠻橫壓迫之下，只好忍氣吞聲。正如王永安在這次反右派鬥爭中說的：「我進到九號宿舍好似入了地獄，一出九號宿舍猶如上了天堂。」從這些事情上可以看出，在胡偉傑身上已經嗅不到一個大學生的氣味了。

經過數日的說理鬥爭，胡偉傑在無可抵賴的事實面前，初步承認了反共、反社會主義的言論和卑鄙無恥的流氓行為，表示願向人民低頭認罪。

黃席群

沒見西北師範大學外語系黃席群教授以前，黃席群三個字早已如雷貫耳，主要是黃老的英語在蘭州以至西北地方是無人能比的。另外，黃老還是家父的校友，更使筆者對他有一種特別的崇敬之情。見到了這位百歲老人，他仍然思維敏捷、口齒清晰。

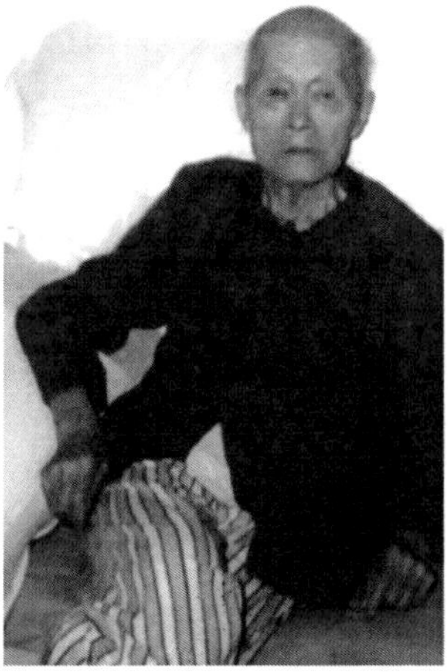

黃席群

我生於一九〇九年四月十九日（農曆二月二十九），是江西省九江人，出自於一個書香門第家庭。父親是民國初年和梁啟超、章太炎齊名的輿論界領袖黃遠生，家父所寫的專欄「遠生通訊」在當時政界具有極大的影響，被稱為「中國第一個真正意義上的記者」。我自幼堪稱聰慧，六歲開始認字，一下子就認了一百多個字，我過目成誦，老師感到驚奇，說這個孩子是個神童。先上了幾個私塾，十歲時請遠方的叔祖來教，開始學英語。十三歲上開始學習數學，一年中學了四年的課程。

一九二二年，快十四歲時考入江西省同文中學學習，這是個教會學校，方志敏、饒漱石都在這兒上過學。由於我英語、數學、國文都很好，所以一下考進了四年制的二年級。一九二六年，以八個學期第一名的優異成績高中畢業。本來想學習化學，由於身體太差，所以，一九二六年保送到南京金陵大學歷史系學習，主修歷史，輔修文學。一九三一年二月畢業。畢業後先後在九江儒勵女子中學和南京金陵大學從事教學工作。一九三七年抗戰爆發後，南京金陵大學全體師生遷往成都。隨著戰爭的深入持久，學校的經濟狀況越來越困難，教師的工資自然都打了折扣，當時每月工資不到一百元，加之父親黃遠生在美國遇害。對於一個大家庭，我一個人的工資是遠遠不夠的。幸好當時德國的海通社需要一個懂英漢翻譯的人，將譯稿拿到中央通訊社發表。我因精通英漢雙語，順利得到了這份工作，大大緩解了家庭的困境。但好景不長，一九四一年中德斷交，海通社撤走，一家只能靠朋友和同學接濟勉強度日。直到一九四二年我進入中央通訊社做記者，生活才有所改善。一九四二年至一九四六年為中央通訊社編譯部副主任，一九四六年升為主任。因為英文好，一九四九年國民黨在北平與共產黨和談時，我擔任國民黨和談代表團的秘書，團長為張治中。一九四九年解放前夕，中央通訊社撤到臺灣，我就又回到儒勵女子中學教書。一九五一年，我從九江儒勵女子中學輾轉來到蘭州，落戶西北畜牧獸醫學院（現甘肅農業大學）教授英語兼院長辦公室秘書。

一九五七年開門整風時，我成了鳴放委員會的委員，學校專門給了我一個專欄。剛開始我心有餘悸，因為我是國民黨的特別黨員。所謂特別黨員，就是我的中國國民黨黨員是由馮玉祥和李烈鈞這兩個國民黨的中央委員介紹的，此二人為兒女親家。因為我是副教授，後來學校黨委書記親自動員我給黨提意見。於是，我就寫了大字報。主要有兩條意見：一是毛澤東說要又紅又專，可是學院人事處有一個女黨員，業務不行。我說，學院人事處是閻王店，用人不是德才兼備。二是西北畜牧獸醫學院是外行領導內行。我的大字報寫得很尖銳。於是，我很快被打成了右派分子。而且，一九五七年八月十一日和八月十三日《甘肅日報》上分別登了《西北畜牧獸醫學院反黨逆流的組織者與指揮者——黃席群》和《黃席群供認有組織有計劃有步驟向黨進攻》的文章。

一九五八年八月十日，是我一生中最黑暗的日子，我被劃為極右分子，被強制送到了酒泉夾邊溝農場。到了夾邊溝農場，因為我勞動非常差，剛去時既不會割，又不會捆，所以每次都是黑旗，吃的飯也就最少。當時，農場將勞動好壞分為五個等級：紅旗、紫旗、黃旗、白旗、黑旗，吃飯多少也要根據勞動等級來給打飯。紅旗吃得最多，黑旗吃得最少。紅旗一個月名義上可以拿兩元錢。黑旗一個月名義上要給五角錢，但我一分錢也沒拿過。場長有一天對我們說，你們勞動一年，種的糧食不夠你們自己吃一個月的。不過我確實勞動很差，別人每天挖九十斤野菜，我每天最多只能挖九斤。

我在夾邊溝曾經有過三次生命危險。第一次是我到夾邊溝農場的第二天，場裡的汽車掉進了河裡，我和難友們一同去拉汽車，汽車拉上來，回來的路上天黑了。我初來乍到對路一點也不熟悉，走著走著突然腳下踏空，掉進了一個土井裡。我那時已經五十歲的人了，四周沒有人，我只有憑藉自己的力量才能出來。於是，我用手攀著土井邊上的石頭，慢慢爬了上來。後來想起這件事還真有點後怕。第二件事是，有一次翻地，我跟前有個年輕人餓得慌，我就將我的半個饃饃讓他吃了。那天我只翻了半溜子地，回來的路上又餓又累，眼前一黑暈了過去。幸好那天我的後面還有人，將我抬了回來。第三件事是，有一次我背著一個門板要過一個獨木橋，而橋下水流湍急，掉進去就會被水沖走。我從小到大從來沒有經歷過這種事情，膽戰心驚不敢過。後來大家都過去了，我只有硬著頭皮往過走，不知為什麼那天竟然走過去了。過去後，我一下暈倒在河邊了。

我在夾邊溝也埋過死人。當時我的難友裡有個人，他是發電報的，他是由於發電報時將「毛主席」發成了「毛主任」而被打成右派分子送到了夾邊溝的。有一個工人是由於打了單位黨支部書記一個耳光，而被打成壞分子送到了夾邊溝的。還有一個大學生喜歡音樂，不願意到農村去，不服從分配而被打成右派分子送到了夾邊溝農場進行勞動教養。

有一次我在戈壁灘上挖野菜，晚上回來時迷路了，我就糊裡糊塗到處走，後來發現了燈光，我就順著燈亮的地方走，走到跟前原來是一所學校，這時天已經快亮了。這個時候我已經浮腫了，而且由於這裡的水含鹹大，我經常拉肚子，已經有些虛脫了。我們住的是通鋪，十一個人，後來得知活下來的就我一個。

我到夾邊溝能活著出來，有這樣幾個原因：一是夾邊溝農場買了個拖拉機，我和一個年輕人一起翻譯出了拖拉機的說明書。我還經常給幹部教代數。所以，場裡領導感覺我還是個對他們有用的人才。二是一九五九年七月三十一日搶救高級知識份子時，把我（副教授）和陳時偉（蘭州大學副校長、美國留學的化學博士）、謝再善（蒙文專家）調到了甘肅省酒泉新生機械廠，這是一個勞改工廠。在這裡明顯地待遇得到了改善，可以在幹部灶吃飯。我在這裡主要翻譯英文手冊，後來辦簡報、壁報、寫總結。謝再善在這裡專門繪圖紙。陳時偉給大煉鋼鐵搞化驗。一九六〇年評工資，當時技術工人八級最高。陳時偉被評了三級工人，我和謝再善被評為一級工人。於是，我在這個時候每月可以領到三十二元錢了。

在勞改工廠我一直待了差不多兩年半，一九六一年初夏我又回到了蘭州，進了甘肅農業大學繼續被監督勞動改造。一九六三年夏天正式調入甘肅師範大學（現西北師範大學）。

※黃席群教授於二〇〇九年四月二十二日二十點十五分在蘭州市安寧區蘭空醫院逝世，享年一百〇一歲。

附文：

黃公席群百歲壽辰祝辭

胡雲安（二〇〇八年二月十二日）

尊敬的黃老先生、各位親朋好友

尊敬的西北師大各位領導、各位嘉賓：

今天，在這一元更始、「鼠咬天開」、吉慶祥瑞、萬物復蘇的春季，四方嘉賓、親朋好友，歡聚一堂，隆重慶賀黃席群老先生百歲壽誕，作為黃老先生曾經執教和工作過的昔日的西北畜牧獸醫學院、如今的甘肅農業大學的代表，我們能參加世上難逢之盛典，倍感喜悅和榮幸。對老先生歷經百年磨難、生命之樹常綠的奇跡表示由衷的敬意。在這裡，我謹代表甘肅農業大學廣大師生向這位期頤老人表示最誠摯、最衷心的祝福，給在座各位拜個晚年。

歷經清末、民國，到新中國，先生走過了一條從閃光的童年、多彩的青年、苦難的中年到幸福的晚年的漫漫長路。出身名門望族，書香世家，承家傳之遺風，沐潯陽之氤氳，先生自小聰慧過人，記憶超凡。十幾歲時即飽讀詩書，打下深厚的國學功底。負笈金陵大學，成為碩學之士。進入社會，供職報社，無論中文編輯、英文編輯，皆得心應手，出類拔萃，才華橫溢，深得上司的信賴和厚愛，曾被選作國共談判隨員。解放前夕，先生嚮往光明，拒遷臺灣，堅守正義。

一九五一年，先生挈婦將雛十口之家，執教西北畜牧獸醫學院，雖說是「饑來驅我去，欲為稻粱謀，」然金城卻平添學界奇才，學院有幸增名師大家。被聘為英文副教授，兼任院長秘書，無論授國文、教英語、辦文案，均揮灑自如。先生之于教，設計合理，井然有序，語言優美，語音流暢，輔之於漂亮的板書，後學推崇備至，有口皆碑；先生之于學，孜孜不倦，觸類旁通，眾人突擊俄語，獨先生三月即了然於胸，猶如當年「神童」再現。先生之為人，對上以敬，對下以慈，更對人以友善；先生之工作，以認真稱，以執著稱，更以盡職盡責稱。學院本為人才濟濟之地，先生的加盟，更如鮮花著錦，盛極一時。

惜乎才不為世用，道不為世行。無奈好景不長，命途多舛，先生因不公正處理，自此遠離講壇，打入「另冊」。更兼勞動教養，遣送夾邊溝。在這甘肅人談之色變之地，多少人有去無回，先生仿佛三尺之上有神明，曆九死而一生。三年苦難，終得返校，安排文印室，刻蠟版，抄講義，時人為之扼腕太息。然先生為嗷嗷待哺之口，以莫須「帶罪」之身，勤奮於事，泰然處之，企盼命運轉機。且幸冰融雪霽，古稀之年逢盛世，壽登耄耋譜華章，以深厚之學養，再為社會盡力。

先生百年坎坷，波瀾起伏。其志如石，石可破然不可摧其堅；其色如丹，丹可磨而不可奪其赤。苦難磨練了外表淡定內心剛毅的意志，鑄就了百折不餒自強不息的精神，賦予了樸素善良慈愛有加的品格。先生當年的遭遇，同是學校的傷痛；先生的高風亮節，亦是學校的財富；先生含辛茹苦撫育八個子女個個學業、事業有成，子孫滿堂，家庭幸福，「晚景尤濃」，更是學校的慰藉。當年，先生著詩「又是一年春草綠，力爭百歲夕陽紅」，如今「人生不滿先生滿，世上難逢我盡逢」。我們祝願黃老先生健如青松翠柏，再期茶壽之年。為祝盛典，特敬獻一聯：

閱盡百年滄海桑田，飽嘗人生酸辣苦甜，心靜如水天賜期頤稱國瑞。

領略世紀風雲激蕩，歷經命運沉浮榮辱，志凌青雲人間壽域歌百歲。

再獻嵌名聯：

壽人壽世居尊席

立德立言卓不群

祝各位來賓身體健康，萬事如意，借先生期頤之歲禧，共享福壽，同沾瑞氣！

謝謝大家！

※胡雲安為甘肅農業大學黨委副書記、紀委書記、研究員

附錄二：西北畜牧獸醫學院反黨逆流的組織者與指揮者——黃席群

西北畜牧獸醫學院反黨逆流的組織者與指揮者——黃席群

《甘肅日報》一九五七年八月十一日第三版

【本報記者報導】據西北畜牧獸醫學院師生員工揭發的材料證實：右派分子、副教授黃席群是該院反黨逆流的組織者與指揮者，在黨的整風運動中，曾經奔走全院，到處煽動和組織反黨力量，並公開發號施令，指揮一小撮右派分子向黨猖狂進攻，妄想在這次進攻中推翻學校黨委的領導。

他提出「有冤伸冤，有苦訴苦」的口號，到處點火組織反黨力量

一向以患神經衰弱症而「深居簡出」的黃席群，在黨的整風運動開始後突然活躍起來。他和受他指派的他的太太、女兒，上至院長室、各教研組，下至圖書館、教職員工家屬宿舍，幾乎全跑遍了。「時機到了，有啥說啥，不要顧慮。」這便是黃席群到處點火的口號，對於那些一貫對黨不滿的人和已經明目張膽向黨放出毒箭的右派分子，黃席群更是個個都不放過。他找到這個說：「你不是在肅反中也有問題嗎？為什麼不多鳴些呢？」尋到那個又說：「你有苦衷全部說出來，只要同意，我替你出大字報。不要怕，群眾已經起來了。」他登門拜會了漢奸、右派分子趙煥之，要趙煥之和他同聲共「鳴」，並說：「你要不鳴，真是個大傻瓜，那我也再不和你交朋友了。」黃席群就這樣以煽、挑、捧、詐串連了十七個右派分子、兩個肅反重點分子、兩個對黨不滿和四個有右派思想的人。此外，他還利用種種機會和其他右派分子呼應。如有些右派分子污蔑說：「黨在學校只作了政治思想

工作。」「但政治思想工作還是空白點。」及「學校黨委只在運動中起作用，運動過了就看不到黨委的作用。」黃席群便馬上出大字報大力稱讚說：「這是一針見血的話！」解剖教研組的人出了一張惡意攻擊黨的大字報，黃席群便找到他們說：「你們的大字報好，有骨、有肉、還有血，是在解剖政治，真不愧為學解剖的。」同時，黃席群為了「壯大力量，集中智囊」向黨進攻，還以「領導人」的身份，帶著他們把持了的外語教研組的人到解剖教研組，提出兩組合並，並親自動手，草擬了「兩組合並」的聲明。

黃席群把外語教研組作為組織右派向黨進攻的大本營。在這裡，他曾和某些右派分子互相勾結，派他們「採訪」向黨進攻的材料，自任「總編輯」，出了二十多張挑撥、破壞黨群關係、直接煽動群眾向黨進攻的大字報。污蔑說盟員入黨是「忘本」，「黨員享樂在先，吃苦在後，是特權階級」，煽動群眾，從各方面向黨「圍攻」。不僅如此，黃席群還以替所謂「受屈人」撐腰的面目出現，大聲嘶叫要那些別有用心的右派分子「有冤伸冤，有苦訴苦」。

黃席群在教職員工中猖狂進行煽動活動的同時，他的太太和女兒受命到教職工家屬宿舍，挑撥家屬向黨員教職工家屬開火。這項破壞活動受到了阻止，黃席群又在煽動教職員工對黨員圍攻的大字報說：不讓其他家屬鬥爭黨員家屬，這是「黨員一人成仙，全家登天。」

他污蔑各項社會改革，反對抗美援朝，罵「共產黨是千瘡百孔」、「正在蛻化中」，黨員是「特權階級」，馬列主義是「教條」

在煽動群眾、組織反黨力量的同時，黃席群向黨放射出毒箭。他施展其造謠、污蔑的伎倆，出了大字報，污蔑各項社會改革運動，並一口否定了它們的成績。說：「每次運動之後，落後者仍然落後，甚至落後者越來越多」，又說：「歷次運動中在思想方法上所犯的錯誤，我認為就是有些硬套公式，例如，在三反時的公式是『有錢的地方就有老虎』；肅反中只記得「大膽懷疑」，卻忘了「小心求證」。他說思想改造運動使他「卸下了歷史包袱，背上了思想包袱。」對於全國人民所全力支持的抗美援朝運動，他也以「惹火燒身」為理由表示反對。

黃席群還以「馬上得天下，不能馬上治天下」的大字報向黨直接挑戰。在這張大字報中，他惡毒地攻擊了黨的幹部，說他們「有德無才」、「不學無術」。在「特權階級」的大字報中，黃席群又對黨中央和許多黨員進行了攻擊。他造謠說：「在福利補助和學校經費上，共產黨員都是『享有特權者』。」由此，他得出結論說：「黨員享樂在先，吃苦在後，是特權階級。」他竟然以此來質問黨委，又「向黨中央呼籲：我們不需要這樣的共產黨員。」

黃席群對共產黨員是如此仇恨，還對人說，他原來就認為「共產黨員好的少，一代不如一代，共產黨在蛻化中」，而在整風運動中，他更認為「共產黨員是千瘡百孔」。他把黨的整風運動，說成是為了「收買人心」，才「下了罪己之詔」。

黃席群除了攻擊黨員和黨的領導之外，還把人事處當作主要的進攻目標。他極盡污蔑之能事，把人事處稱之為「閻王殿」，並搜盡枯腸寫出「閻羅王考」的大字報，把人事處的工作形容為「對某些人是陰森森」，是「治罪的法庭」，因而得出結論說：被人事處傳呼的是「罪人」、「嫌疑犯」和「屈死鬼」，並污蔑黨的領導機關是「玉皇大帝」，人事處長是「閻羅王」，人事處其他幹部是「僚屬」、「十五王或十八王」。在其他右派分子向黨攻擊最猖獗時，黃席群甚至吼叫著：「要改組人事處！」

黃席群也向馬列主義挑戰，他在「馬列主義教研組為何沉默不言？」的大字報中，污蔑這個教研組的教師們「真是教條主義的宣傳者」，還說這些教師們不與他同流合污向黨進攻是「嫌教條主義不夠，還要加上一些宗派主義。」黃席群甚至野蠻到抓住某些黨員的生理缺陷，進行惡毒的謾罵和攻擊。

他制定戰略策略，向黨展開進攻，策動黨員叛黨

黃席群以為自己的詭計已經得逞，便公然叫罵：「黨委已經不行了，應當由民主黨派領導鳴放。」他並且籌畫出一套向黨進攻的惡毒狡猾的策略，公開以右派頭目出面，向右派分子發號施令，指揮他們「集中火力」向黨

「圍攻」。他在作為第一道進攻號令的大字報上寫道：「經過幾天的偵察（揭發），我們已經初步掌握了三害的大本營。但有些同志卻不抓緊時機，集中主要火力向三害堡壘（如人事處、院長辦公室）進攻，反而分散兵力，去攻佔一些次要目標。」黃席群公開宣佈了他的戰略是要與一切右派分子、他所謂的「同盟者」聯合。他說：「向同盟者（例如朱院長）（編者按：即右派分子朱宣人）也開火，這在戰略上對我們來說是不對的。因此我希望我們能同心協力，緊密配合，猛擊三害大本營。只要能攻下三害的神經中樞，一切問題即可迎刃而解。」

黃席群還妄想從黨內來瓦解黨組織。當黨的叛徒、右派分子王學義污蔑黨「不民主、不自由、不平等」後，黃席群趁機接連出了「對黨員的忠告」、「協同作戰吧，黨員們！」等大字報，對這個叛徒予以鼓勵，並要其他黨員叛黨。他在大字報上寫道：「黨員王學義已匹馬單槍沖出陣地，向三害放了第一炮」，「我們深知堡壘是容易從內部攻破的。黨員們深知三害大本營的一些情況，只要我們協同作戰，內外夾攻，三害的堡壘是一定可以攻克的。」

在群眾以「真理」為名揭發了公開謾罵黨並叫喊要為反革命分子伸冤的右派分子趙煥之的漢奸醜史後，黃席群看出自己的「同盟者」失利，便立即把矛頭指向「真理」，攻擊「真理」阻止了他們的所謂「鳴」、「放」，說：「真理」的大字報「無疑於法院的一份判決書，不過只短了『依法判刑若干年』或「驗明正身、綁赴刑場、執行槍決』的字樣」。他並就此向右派分子發出新的號令，指示他們堅持戰鬥，「決不收兵」。

策訂攻守同盟，抗拒和破壞反右派鬥爭，把反擊右派稱為「頹風」，叫嚷什麼「春過百花殘」。

反右派鬥爭開始後，學校裡的右派分子紛紛縮回尾巴，黃席群卻一馬當先，出面抗拒和破壞。他出了「春過百花殘」的大字報，鼓動右派分子東山再起，又出了「不能硬套公式」的大字報，污蔑學校反右派鬥爭是在「硬套公式」。他把群眾對右派分子的反擊稱為「頹風」，並要脅黨委整風辦公室以及學校鳴放委員會對這種所謂的「頹風」要予以「糾正」，最後還挑釁說：「否則不如改為收兵委員會。」

黃席群把自己反黨、反人民的言行粉飾為「幼稚病」，並對學生們說：「我和你們一樣也有些幼稚病。」，他還對提出停止考試集中全力反擊右派的學生說：「你們提出不考試，是不是站在社會主義立場。」，企圖削弱和阻礙學生對右派分子的反擊。

當有些右派分子在群眾圍攻下開始交代他們的罪惡活動時，黃席群看出形勢不利，立即部署其他右派分子有計劃地退卻。他指示趙煥之裝神經病，又通知這個右派分子：「先寫份檢討材料讓我看一下。」他召集和他有牽連的右派分子，開秘密會議，佈置假檢討，訂立攻守同盟。當一個右派分子表示要交代和他的關係時，黃席群立即阻止說：「這個最好不說，因為一說還叫人家說我們有什麼組織。」甚至還威脅說：「要這樣我也可以提你了。」黃席群對反右派鬥爭仇恨到了極點。他叫囂著：「反右派鬥爭使右派分子和黨的『舊恨未除，新仇又結』」。

他原是國民黨的「特別黨員」、偽中央社的英文編輯主任，對革命的勝利仇恨入骨。

「舊恨未除，新仇又結」，這可說是黃席群在得意忘形中吐露出的真言。的確，他和黨及全國人民是有「舊恨」和「新仇」的。他十數年來一貫忠於國民黨反動統治者，他對人民革命的勝利極端仇恨。

一九三七年，黃席群便投靠了國民黨，成了它的「特別黨員」。一九三九年，黃席群以國民黨「特別黨員」的身份出任了設立在重慶的法西斯德國海通社的編譯，大量翻譯希特勒匪徒們的反動言論，為他的主子蔣介石反蘇、反共和實行法西斯統治製造輿論。緊接著海通社的編譯，從一九四一年七月到一九四九年一月，黃席群又進入以反共、反人民為本行的國民黨中央社做英文編輯主任。這其間，黃席群除了為蔣介石提供反共、反人民的所謂「敵情」參考外，還和他的嘍囉們在蔣介石的指示下，翻譯了大量的反蘇、反共、反人民的反動言論，其中有反蘇、反共的蒲立特的《如此世界》和貝爾納斯的《美蘇外交秘史》。作為中央社國民黨區分部後補委員和編輯主任的黃席群，對於為全國人民所唾棄的蔣介石忠誠備至。他說過在中央社處理譯稿時，是以「渲染、刪節、壓制和譯名」等手法去討蔣介石的歡喜的。他說：「凡是經過我手的稿件，哪些是對蔣介石好的，哪些是對蔣介石不利的，我的識別程度靈敏到如蒼蠅飛過就能辨出它的雌雄。」這樣，他便可以決定把那些「對蔣介石好的」譯稿傳播出去，而把那些「對蔣介石不利的」譯稿壓了下來。一九四四年，在美帝國主義干涉我國內政並聲言只和國民黨合作，不和共產黨合作時，黃席群認定這又是為蔣介石效忠的時機，於是便以中央社編輯主任身份，兼任了設在重慶的美帝國主義新聞處編譯，散佈美帝國主義援蔣反共的反動言論。不僅如此，在中央社的任期內，黃席群還為蔣介石訓練了二十多名像他一樣的敗類，一九四九年一月，在解放戰爭勝利前夕，處於慘敗中的蔣介石，為了贏得喘息機會以撲滅革命力量，提出「和平談判」，黃席群便以「忠實於國民黨」和「懂得新聞，又能動筆」的角色被蔣介石提為「和談代表團」的「秘書」。當黨和全國人民揭穿了國民黨反動派的陰謀並取得了全國勝利以後，儘管黨給了黃席群工作的機會，但是他依然堅持反動立場，一直對黨和人民仇恨入骨。他仇恨滿懷地說：「黨在每次運動中都不肯放過他」，使他「受閒氣」，「受辱」，因而他高叫著：「士可殺不可辱！」

陰謀失敗之後，依然負隅頑抗，妄圖以假檢討蒙混過關。

黃席群圖謀報「仇」雪「恨」的惡毒妄想並不是始於黨的整風運動。他是帶著對黨和全國人民的「舊恨」來到人民的新中國。他把解放後的歷次社會改革運動看作是「新仇」，並且一直把這個「仇」雪「恨」的妄想寄託在蔣介石反動政權的捲土重來上。他極端仇恨人民的勝利，說是「勝者王侯敗者賊」。在一九五〇年美帝國主義發動了侵朝戰爭後，黃席群說：「美國會把蔣介石送上大陸復辟。」以後他又通過蔣介石的私人廚師去信和臺灣的「友人」聯繫。黃席群還曾對人說過：「如果國民黨回來的話，我要以國民黨員的身份，把共產黨的一切辦法告訴國民黨，叫它照著做。」向國民黨提供情報資料。

整風運動開始了，黃席群妄想利用這個大鳴大放的絕好時機，製造天下大亂的局面，為他一貫妄想著的蔣介石捲土重來開闢道路。然而妄想終於破產了。在事實面前，黃席群不得不承認他是站在反動立場上製造黨和群眾的分裂、煽動右派分子和欺騙群眾向黨進攻。但是，黃席群始終卻沒有交代他猖狂向黨進攻的總計畫。只是有一次在群眾的追問下，他才吞吞吐吐地說，他所以煽動群眾向黨進攻，是「覺得我所習慣的文化教育、法律、新聞等方面的舊制度頗有恢復的必要。因此我就認為共產黨想要把事情辦好，應多採納一些反面意見，也就是讓一些舊制度復活，或者說舊制度——資本主義制度——有一些還是好好的，至少可以和社會主義平分秋色。」黃席群不僅不好好交代，而且在所謂「檢討」中，還繼續誣衊黨，說什麼「我只知給黨員提意見，不知面一廣就成了反黨、反社會主義。」

黃席群還企圖以假檢討蒙混過關。他說：「我在舊社會的醜惡歷史很長，思想改造中檢討四次就過關了，這次檢討了五次，我認為也可以過關了。」當群眾擊破了他的假檢討並要他真誠低頭認罪時，他甚至耍起無賴手段，說「我檢討五十次、六十次也是這樣。」他的頑抗態度激起了全院師生員工的更大的憤恨。

黃自修1954年西北師範學院畢業照

黃自修

我字為勵齋，一九二三年出身在一個知識份子家庭，寧夏海原人，父親是私塾和小學教師。小時候我上學是在家鄉上的，後來考入蘭州師範學校，初師、中師都是在這裡學習的。一九四七年，我在蘭州師範學校畢業後分到了寧夏海原中學教書，一直在這裡幹了三年。一九五〇年暑假我考入了西北師範學院教育系，一九五四年本科畢業後我被保送到了西北大學馬列主義研究班，兩年研究生畢業後被分配到了西北畜牧獸醫學院（今甘肅農業大學）專教馬列主義、《聯共（布）黨史簡明教程》。

一九五七年開門整風和反右運動中因我出生於地主家庭，且是學習馬列的，所以我什麼意見也沒有提，但是那時在高等學校分配有右派名額，於是我被頂了數；我是一個不說話的右派分子。

一九五八年八月我被押送到了夾邊溝農場勞動教養。我一去就被分到了農業隊，大隊長是梁進孝，我先在那裡趕馬車，一直趕到了一九五九年。民革成員朱勵齋就和我住在一起。我們西北師範學院的同學也有到這裡的，但我們都不敢互相說話來往。在此期間我曾被抽到了勞動突擊隊挖排鹹溝，但是因我身體太差幹了兩天就吃不消了，於是我原回到了農業隊。一九五九年我又被分到了農業隊積肥組，我是組長，管著十個人，這十個人先後都去世了，就活著出來了我這個組長。我們積肥組主要工作是清理馬號裡的圈糞，然後打掃乾淨。清理圈糞夏天還可以，到了冬天河西走廊的寒冷將糞便凍了一尺多厚，刨在上面迸出冰花。我們那時吃的是沙棗樹葉焙乾然後磨成粉裡面撒些麵粉的糊糊。我一直在夾邊溝，沒有去高臺縣明水，明水去的都是身體相對好些的，但大多數都死在了那裡。夾邊溝那時白天主要是勞動，會都在晚上開。開會主要是揭發問題、批判鬥爭。我家裡那時給我曾經寄來了一些炒麵，但後期寄的大多都沒有收到，全都丟失了。有一次某部隊經過夾邊溝，我偷了這個部隊牲口的一點麩料在缸子裡煮著吃，但吃下去就拉肚子，差點要了我的命。我記得那時馬號飼養圈裡有一個組長，不知是從河西哪個銀行系統來的，這個組長因偷吃了馬的飼料被活活打死了，是場裡的管教幹部將其打死的。一九六〇年後期，我有幾次餓昏了過去，場裡就將我們集中在一個大房子裡。我記得每天都從我們房子裡要拉出去三、四個死人，死人的事太隨便了，所以我們都麻木了、不害怕了，誰知道下一個死的人又是誰呢？

一九六〇年十二月開始救人，場裡殺了羊熬成湯給我們喝，每人每天晚上一碗羊肉湯，這些湯還真救了不少人。我們西北畜牧獸醫學院的校醫杜中樞在夾邊溝農場當大夫，他當時偷偷每天給我一個康復丸，這樣就延續了我的性命，然後又將我這個奄奄一息的病人送到了酒泉醫院。酒泉醫院裡的護士都是勞教人員，她們給我打了一針葡萄糖才使我活了過來，在這裡住了一個星期後我就被送回了黃羊鎮的甘肅農業大學。我記得很清楚這是一九六〇年十二月三十日。

回來以後我的臉浮腫得厲害，人們見了我都不認識了，於是我就又被送進了醫院。可是一九六二年精簡下放人時我又被甘肅農業大學下放到了蘭州，因為我家在蘭州。我的妻子郭秀蘭是蘭州木器廠的小學教師，她是甘肅師專中文系畢業的。可是到了蘭州我的戶口報不上，我就去找甘肅省委統戰部，因為我是中國民主同盟盟員。統戰部的人告訴我，按照中央精神解放以後畢業的大學生不能精簡，統戰部也很快將我的情況與甘肅農業大學進行了聯繫。甘肅農業大學讓我回去，但我沒有去，因為我再不願意看見那些人的臉了。現在看來沒有去是對的，文化大革命時農大有很多右派被打死了、自殺了，誰知回去後我還能活過來嗎？

但是，不回農大就意味著我沒有了單位、職業，於是在一九六二年至一九八〇年這十八年裡我主要搞小工。我在蘭州木材公司抬過木頭，我在修建蘭州南濱河路時修過河堤、鋪過柏油路，我自學過木匠，我自學過裁縫，我家裡這張桌子就是我自己做的。我自己當了八年的裁縫，我做得衣服是很有名的，它為我的生計和家中糊口起了很大作用。

文化大革命有一段時間我被遣送到了寧夏海原老家，在這裡我被批鬥、打罵，我的腿子就是這時被打斷的，從此我就成了一個殘疾人。我記得打我的是我所在生產大隊大隊長何占林，這個人打傷殘了很多人。但我卻因為成了殘廢人在蘭州報上了戶口，這真可以說禍福相依。一九八〇年改正右派問題、落實政策時，我要求到甘肅省民盟去，經上面研究我於十二月份到了這裡工作，而且讓我當了甘肅省民主同盟宣傳部長，一九八七年才正式離休。我現在是「世界教科文衛組織專家成員」、中國國際書畫研究會會員、中國老年書畫研究會會員、北京九州書畫院特聘終身院士、教授和國家一級書畫師、《中國老年書畫藝術》特聘編輯部理事等，虛名不少，但我主要在做自己喜歡幹的事，這就是不斷地追求書畫的精益求精。

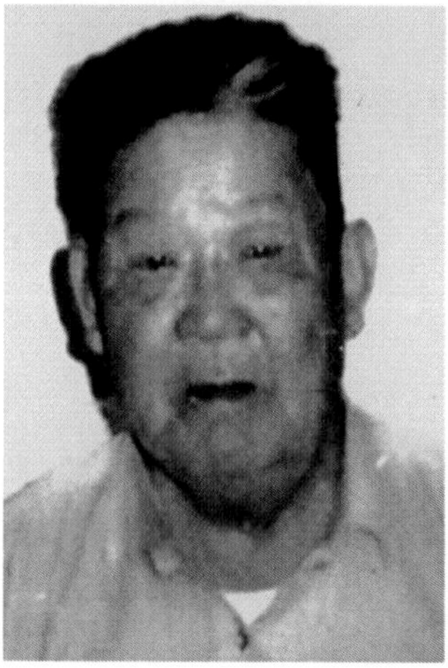
郁萬夫

郁萬夫

我是一九三二年七月十五日生的，永登縣龍泉鎮水槽溝人。一九五二年考入蘭州師範中師，一九五五年畢業。後分到蘭州市小西湖回民小學任教，一九五六年年八月調入蘭州市七裡河區文教局，為人事幹事。一九五六年年底，又讓我到西北師範學院辦的「甘肅省教育行政幹部培訓班」學習了十個月。一九五七年回到蘭州市七裡河區文教局任主辦科員兼人事幹事。在大鳴大放的整風運動中，我寫大字報說當時的科長魏羽不稱職，所以，在其後的反右派運動裡說我攻擊領導就是攻擊黨。這時，有人給我寫大字報，懷疑我在生活作風上有問題，於是，在沒有任何證據的情況下，將我按違法亂紀分子處理。當時領導跟我談話，到夾邊溝農場勞動三個月，然後繼續回來工作，回來後原職原薪。我們那一代人對組織百分之百的相信，於是，我於一九五八年八月到了夾邊溝農場。

初到夾邊溝農場時我在總場農業隊種地勞動，挖排鹹溝、給麥子施肥、灌水，收麥子。那時，場裡領導說，勞動好了可以提前出來，但過了一段時間發現根本不是那麼一回事，全是騙人，哄著讓人幹活。一九五八年十二月我到甘肅省臨澤縣板橋鄉去挖石膏，住在社員家裡。那時，每人每天挖一噸石膏的任務，雖然勞動強度大，可這時能夠吃飽肚子。

一九五九年春上，我原回到了總場農業隊種地，這時候已經吃不飽了。陳時偉的女人對他接濟很大，陳時偉那個時候用羊糞做菌肥。一九五九年冬天到嘉峪關給火車裝沙子的時候，活很重，十五個人裝一個車皮，只吃著些糜穀面，已經開始餓著肚子幹活了，住的是帳篷。我當時擔任小隊長，有時在跟前車站買上一些吃的，然後趕快回來。

一九六〇年春上，我被分到新添墩作業站的農業隊。這個時候每天喝著些糊糊，吃的是底下中間都是空的包穀麵、糜麵的窩窩頭，吃飯時我們將挖的野菜和捋的樹葉摻到裡面。場裡此時天天死人，每天都要死七八個、十個人。

食堂的炊事員裡有一個從甘肅省天祝縣去的，他姓楊，他讓我和龍庚祖每次打飯來遲一些，然後給我們多打半勺子糊糊。雖然多打了半勺子糊糊，可我們還是餓得受不了。管我們的隊長姓白，我向白隊長談了我餓肚子的事後，他將我調到磨房裡，讓我負責五個磨的磨麵工作。五個驢拉著五個磨，由於有了這個工作，所以，我能吃飽了。

一九六〇年十月份，我到了高臺縣的明水灘，住在洞穴裡。這時的人們整個兒餓垮了，每人每月十二斤原糧。每日裡我們什麼活也不幹，天天太陽出來後就從洞裡爬出來曬太陽。我父親在這個階段，親自到明水來了五趟，每次來都帶來五、六十斤炒麵，還給我經常寄來炒麵。可是，以後寄來吃的就收不到了，被取的人給吃了。

有一次，場裡派我們到溝裡去找柴，我看見各種形狀的死人在一個坑裡橫七豎八地扔著，有二、三百具屍體。每天十二點以後，就讓我們這些年輕點的在各個洞裡和地窩子裡收屍。三匹馬拉的車，高高裝滿了就去埋。埋死人的回來後可以飽飽地喝一頓糊糊。那個時候死的人多了，我隨便給你說幾個：蘭州女中的教務主任許植本，永登縣紅城子鎮人，由於是國民黨中央政治大學畢業，曾任《西北日報》的編輯，一九五七年被打成右派分子，死在了這裡。永登二中的校長劉志明，甘肅省榆中縣人，也死在這裡。還有蘭州市七裡河區民政局幹部王克洵，原是個抗美援朝的志願軍也被打成右派分子，死在這兒。蘭州市七裡河區梁家莊小學的校長梁才，被打成右派分子，也死了。還有一個叫馬如生的回民，甘肅省臨夏人，地裡澆水的時候逃跑給抓了回來，打得起不來，最後也死在了夾邊溝農場。

我們那時經常聽年輕的一些難友說誰和誰晚上去剮肉，就是去割死人的肉。我小時候聽老人說，吃了死人要死的，可這些人吃了死人的肉好好的。我當時還想這些人怎麼沒有死呢？以後經常看到一些埋了死人的人，回來後將茶缸子塞到灶房的火洞裡，煮了後去吃。當時，狼也吃死人，狼和人爭著吃死人。

一九六〇年年底，將我們用公共汽車直接拉到高臺縣火車站，上了火車。我記得公共汽車上死了的人就從窗戶裡扔了出去。

趙廷祺攝於1956年

趙廷祺

趙廷祺是筆者的尕爺，尕爺就是爺爺的弟弟。太爺一生娶過兩個女人，尕爺是太爺在涼州（甘肅省武威縣）當縣長時娶得涼州女人的兒子。尕爺字為太然，生於一九二二年，甘肅省積石山縣人。涼州女人尕太太在太爺去世後，以一個女人的堅強，把她的全部希望寄託在兒子的身上，辛辛苦苦和家人在甘肅省永登縣秦王川廖家槽，務勞著十幾畝沙田把尕爺撫養大，並送進蘭州師範簡易師範學習並畢業。因為尕爺從小學習優秀，而且對知識有一種特別的渴求，一九四四年由甘肅省教育廳保送國立社會教育學院教育系。尕太太當時雖然寡居在家也給尕爺早早娶了妻子，但為了滿足他上大學的心願又將他送到大學進行深造。一九四七年下半年尕爺在臺灣臺中中學實習教語文，並兼指導圖書館工作，一九四八年回江蘇母校寫成論文，獲教育系學士。

尕爺雖然是筆者父親的叔叔，但比父親的年齡還小兩歲。父親和他小時候一同拾糞，一同上學，一同玩耍，親密無間沒有叔侄間的心理隔閡。母親提起尕爺就淚流滿面，她說，當筆者滿月的時候，尕爺來家看望，筆者見到他後放聲大哭。以後母親經常說，娃娃們見了來人哭嚎，這個人以後肯定是有大難的。果然，尕爺在一九五七年被打成右派分子，其原因主要是他一九四七年到臺灣某大學圖書館實習了半年。當時那些左派們說他到臺灣是進行特務訓練，還給他編了很多莫須有的罪名，並對其推搡打罵，不讓其睡覺，逼他招認，尕爺很傷心。他本來是可以不到夾邊溝去，可以在原單位監督勞動改造，可是他自己要求到勞教農場去，他是不願意再見到那些紅口白牙的人了。

和尕爺一同到夾邊溝去的永登縣右派王永興說，尕爺是永登縣一中最優秀最有名望的教師和教務主任，是一位難得的優秀人才。他有學識，口才好，為人直爽，很受學生和學校教師們的敬重。一九六〇年，筆者父母親給尕爺寄去一包炒麵，他收到後掛在宿舍牆壁上，還未來得及吃一口，上了個廁所，就被人將食物和大衣一併偷了去。後來他與夾邊溝的右派們一同去了明水，路上又被人偷了行李，連喝菜糊糊的小瓷盆子也被偷走了。當時他饑餓懊惱，人已骨瘦如柴，是王永興又給了他一個大瓷缸子和兩張郵票，讓他趕快給家人寫信求救的。

父親和母親當時連續給尕爺寄了幾次炒麵和糧票，但大多數都沒有到他手裡，有些被管教和拐棍克扣，有些被運送寄物的人半路偷吃。尕爺當時給永登老家和我父母親發了求救信，信上讓父母親給他聯繫永登老家的生產隊，說他什麼都不要了，只要能當個農民就行。父親那時被單位監督勞動改造，沒有行動自由，但他和母親仍然設法給尕爺寄吃的。另外，母親抓緊給他聯繫永登縣秦王川廖家槽生產隊。可是那裡的生產隊不願意接受一個右派分子。尕爺聽到這個消息後，在饑寒交迫的景況下，徹底絕望，於一九六〇年十一月死於明水。尕爺死後，尕奶奶悲痛欲絕，說是讀書害了尕爺，她將家中的書統統燒掉，並發誓讓她的孩子們再也不要念書，並囑咐女兒們，以後要找就找個莊稼人，千萬不要嫁念書人了！

劉協

劉協

劉協，字潤和，號伯成。一九一三年農曆三月二十五日生於甘肅省靖遠縣平灘堡西街一個書香之家。私塾啟蒙，就讀小學，聰穎好學，畢業後考入蘭州師範，名列前茅。一九三四年畢業先後任北灣小學、靖遠西關小學教師。一九四〇年以優異成績考入甘肅學院（蘭州大學前身）教育系，一九四四年畢業。是時靖遠縣中學新創，師資奇缺，校長蘇振甲慧眼識才，即被聘用任教，並擔任訓育主任。一九四七年九月一日，劉協被甘肅省政府任命為靖遠中學校長。時值國家困難，人民困厄，百事待舉，舉步維艱，然而他與校內同仁融洽凝聚，共同奮鬥，教學質量逐步提高，人才輩出，一九四八年首屆高中畢業生都考入全國不同的高等學府。

一九四九年中華人民共和國成立後，靖遠縣人民政府委任劉協為靖遠縣中學校長，在其精心的管理下，學校教學秩序井然。一九五〇年辭職回家，一九五二年他又被聘為靖遠中學教師。中學裡當時所開設的課程：語文、數學、物理、化學、英語、生物等他無所不通，尤其劉協特長音樂和樂器。他講課精煉，思維敏捷，有良好的口才，深受學生的歡迎。一九五五年肅反後劉協調往甘肅省榆中縣夏官營中學任教。一九五七年調甘肅省定西地委幹校任教。此時正值反右運動，由於其性格耿直遭誣陷被劃為右派分子，一九五八年即被遣送夾邊溝農場勞動教養。於是，這樣一位秉性剛強，博學多才，與人為善，尊師重教的優秀教育家一九六〇年在高臺縣明水灘被饑餓、寒冷、打罵折磨而死。

一九六〇年劉協的兒子劉家駿、劉家騏到了高臺縣明水灘，這裡不知有多少冤魂在這裡埋著，有個人過來說「劉協是靖遠人，是我埋的，我知道地方。」並自告奮勇領他們弟兄到了荒灘挖屍。這個人指了劉協被埋的地方後，劉家駿給了這個人一塊饃饃。他們弟兄兩人挖了不到一尺就將屍體挖了出來，他們是用手將父親的屍體扒出來的。和其父親一塊埋的有三個人，他父親在中間。他們吹去父親臉上的土，但他們看到眼前的這個人的面貌與他們的父親一點也不像，這樣他們只有從衣服扣子、鑰匙、被子、襪子、襯褲上確認了他們父親的遺體。並用火烤化後將人體疊成一堆，用床單被子包裹起來後，打成行李捲後連夜將其屍體搬運回家來的。可是，劉家駿無意中將他搬運回父親屍體的事情告知同事後，文化大革命時他這個右派「狗崽子」被揪了出來，對其無休無止地批判鬥爭、書寫檢查，造反派們捏造罪名非要將其置於死地而後快。在那個黑白不分、是非顛倒的年代裡，他們全家受盡了各種各樣的苦難，可他們心裡卻有莫大的欣慰，因為他們盡了兒子的孝道將父親的遺骨從那個戈壁荒漠中運回來了，並且掩埋在了家鄉金園烽火臺山麓。

龍庚祖

筆者坐車來到甘肅省永登縣的紅城子。見了龍庚祖，看到那張飽經風霜的臉，心裡突然有一種淒涼。

我生於一九二九年十月，永登縣紅城子鎮人。一九五〇年考入蘭州師範中師科，一九五二年六月肄業。一九五八年被人誣陷與天祝縣文教局會計魏仁山一起參加反共救國軍，七月在原工作單位甘肅省天祝縣西溝口完校被打成現行反革命分子，與魏仁山一起被押送夾邊溝農場勞動教養。

我去後被分在夾邊溝農場總場農業隊勞動，一九五九年底又到了嘉峪關卸火車貨物搞副業。那個時候，喝的湯能照見自己的影子，我經常能看到你尕爺趙廷祺。我們當時很羨慕蘭州大學的副校長化學家陳時偉，他老婆左宗杞經常給他送來用盒子裝的行軍麵條，一月送兩次。還有一個原甘肅省文教廳的中教科科長汪彥山，甘肅省民勤縣人，他餓得不行後，就說他父母病了，請了假回家去，待上三、四十

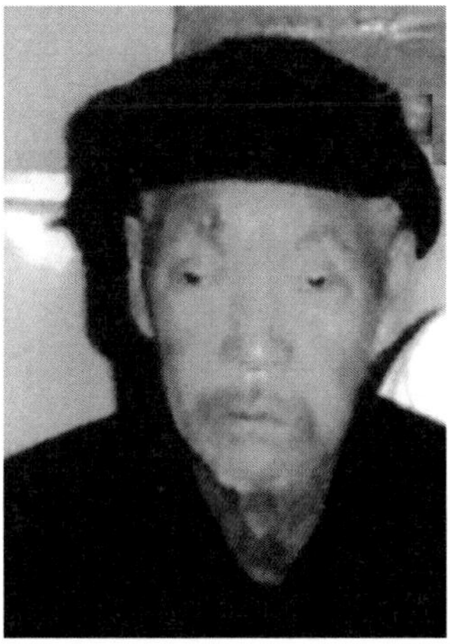

龍庚祖

天，回來時再背些吃的回來。

我們是一九六〇年九月到明水的，住在地窩子裡，睡在裡面可以看見天上的星星。那個階段，人死得最凶，身體好一點的人就被抽出來埋死人，可以加吃一勺糊糊。如果死了的人尻子上有肉，埋死人的人就從死人的尻子上割回來一些肉，回來在缸子裡煮著吃。

那些日子裡，過上幾天，哨子一吹，我們就在洞門口排成隊，管教幹部就對我們訓一陣話。天氣越冷，死的人越多，埋不及了，就先在溝坎下面碼起來，隨後用牛、馬車把死人拉出去整個兒掩埋。我們永登縣紅城子鎮在夾邊溝死的人可多呀！有滿昆山（永登縣紅城子人，在紅城子當過鎮長）、巴多學（永登縣紅城子人，北大畢業）、許植本（永登縣紅城子人，中央政治大學畢業）、韻和聲（永登縣紅城子人，紅城子小學教師，與楊靜仁是同班同學，朱紹良當年抓楊靜仁時曾保護過楊靜仁）。夾邊溝農場最後活下來的不足四百人。

王永興攝於1999年

王永興

這是一個清瘦的老人，留著八字鬍，穿著整潔樸素。他與當地農民的區別就是頭腦敏銳，談吐文雅。他聽趙廷祺是筆者的尕爺後，含著眼淚說：「你尕爺是個好人，是我們永登最好最好的老師呀。」王永興先生於兩千年元月二十三日去世。他送了筆者一本小冊子《二十年右派生活經見》，在此一併整理。

我的字為子讓，齋號樂餘軒，一九二一年二月二十七日（農曆正月二十）生於永登縣大同鄉王家坪村。一九五七年反右運動前在永登縣秦川五道峴完小任教。一九五七年開門整風運動中，由於永登一中校長李某不認前妻和孩子，我出於義憤，寫了大字報《今日陳世美》，從而招來大禍。被揪出來後，左派們不讓睡覺，對我輪番鬥爭，並用拳頭打，巴掌扇，逼我交代反黨反社會主義的言行，於是在無法忍受的情況下，為了儘快過關，避免再受皮肉之苦，冥思苦想編造對中國共產黨在土改、鎮反、三反五反、統購統銷、合作化等運動各項政策的不滿言論，並且自編了一些故事，把自己刻畫成一個十惡不赦的階級敵人，於是其後被戴上了右派分子帽子。

附文：

二十年右派生活經見（節選）

一九五八年六月二十九日，永登縣委宣佈我和教師吳建賢，縣政府的滿昆山、徐傑如，郵電局的宮文澂，縣合作社的張克仁等右派分子到酒泉夾邊溝農場勞動教養。

我剛來夾邊溝的時候，和其他右派分子一樣，都有一種烏鴉站到豬身上一般黑的感覺。因為這裡有那麼多大能人，而且，不是反革命就是右派分子，所以，我突然有了一種平等的感覺，不似在單位裡自己畢竟是少數，而這裡除了管教幹部，其他人都和我一樣黑。夾邊溝不管是反革命還是右派分子，都是了不起的人才，有參加過長征的幹部官錦文，有打過日本鬼子的八路軍劉志強、李寶琇等，有參加過抗美援朝的戰鬥英雄，有留學國外的專家、學者陳時偉、章仲子、王愓夫，有傅作義的弟弟林業專家傅作恭，有蘭州醫學院教授劉逢舉（全國有名的傳染病專家）及戲劇導演、演員和書畫家，也有各種技術工人和中小學教師。由於有這麼多國家棟樑也在這裡勞動改造，我的心裡平衡了很多。什麼反革命呀，集體參加國民黨呀，別人把你的名字寫上了，若不是來了運動從檔案裡翻出來，自己都不知道。

但是，這種感覺很快過去了，自從一九五八年國慶日以後，犯人們已吃不飽飯了，但是，農場鼓動人們在勞動中脫胎換骨，爭取摘掉右派分子的帽子。人們翻地時，每人按量分給一鐵鍁把子寬的一綹地，那個時候右派們個個爭先恐後往前多翻，打擂臺競賽；挖排鹹溝更是拼命爭取多挖。農場還組織勞動競賽，將長城的土填埋沙地。每一百米兩個人組成一個小組，一個組將滿土筐抬來，另一組馬上接上抬一百米送到下一組。然後，再將空筐返回傳到始點，再抬上滿筐跑步送到終點。如果哪一組稍微慢一點下一組就得等著，所以，互相督促逼迫，不敢有絲毫懈怠。這種打擂臺不得了，有些人活活被折騰得大口大口地吐血。

由於這種外部大躍進形勢的逼迫，內部鼓動摘帽的誘惑，瘋狂的勞動漸漸將犯人們的身體嚴重透支，人們身體累垮了。一九五九年春耕以後，口糧降到每人每月二十四斤，一天只能吃十六兩秤的十三兩時，農場就開始死人了。但此時的右派們仍然希望在國慶日那天摘掉右派分子的帽子。可是，農場黨委上報了摘掉五百名右派分子的帽子後，只批了三個人給摘帽，這就讓人們沒有了信心。

一九五九年國慶日那天，陽光明媚，紅旗招展，犯人們興沖沖地參加大會等待宣佈自己被摘帽。會議由副場長劉振玉主持，先講話談生產，然後，張宏書記宣佈摘掉三個右派分子的帽子，這無疑於晴天霹靂，把三千犯人轟懵了，我們的精神一下整個兒垮了。

一九五九年的後半年，農場的糧食一天天短缺，犯人們喝的糊糊也越來越清，可是，仍然要挖排鹼溝和在大田勞動。由於水土不服，人們普遍開始拉肚子，幹不動活，時不時地躺在沙灘上喘氣。那一年到了秋天，塞外的霜凍來得格外早，把犯人們種的正將結果實的番茄給霜殺蔫了。大灶上把未成熟的青綠番茄加進了糊糊，結果吃的人都中了毒，噁心嘔吐，眩暈不支，腹痛拉稀，還死了人。後來是一個醫生用土方子（麥麩皮炒熟加上大蒜糊，拌勻）治療好了患者。

十一月的一天，夾邊溝新添墩作業站朔風凜冽，我和兩個同伴冒著雪花到食堂去打糊糊。因還沒有做好，我們三人便轉到灶房後生火除灰門的地方，邊烤火邊吃飯。過了一會，突然一聲巨響，帶有菜葉、米粒的糊糊，從灶齒縫裡湧出了灰門，漫滿了灰渣窩，又流到沙子地上的低窪處。原來是做飯的鍋底破了，我們眼看著流出的飯糊糊沒法舀到瓷盆裡，急得沒辦法，就爬在地上伸嘴吮吸灰窩和沙窩裡的糊糊。一口氣喝脹了肚子。事後我們都感到很幸運，這是我們吃得最飽的一次。

到了一九六〇年，場裡犯人們的生活進入嚴峻的境地，被強體力勞動累垮的人，死亡的速度開始加快。此時，場裡健壯一點的人，都去挖沙子、背礦石，大煉鋼鐵，剩下的一些老弱有病的人搞生產。那時糧食短缺，場裡的糊糊也越來越清，實在難以喝下去了。當時我種菜，也吃不飽，肚子餓得慌，就偷偷把地裡的南瓜偷回去，生生地切成碎片，放在菜糊糊裡填肚子。有時，在收工回來的路上，把水渠邊和田壟上成熟的灰條籽邊走邊捋，裝進衣袋裡，吃飯時，拌到糊糊裡充饑。生菜、草籽吃的日子長了，腸胃也適應了，從來沒有壞過肚子，麥子成熟了就揪麥穗，搓出籽兒生嚼，有的人，還揉搓一些，偷偷在田埂上挖坑埋下，用以吊命。

夾邊溝剛成立時，是科級單位，劉振玉是場長，一九五八年達到三千多人時，改為縣級單位。此時，派張宏任黨委書記，金塔縣的縣長張和祥為場長，劉振玉為副場長。可是，張和祥還沒有到任，又被打成了地方主義反黨分子，送到夾邊溝農場勞動教養。因為張和祥認為金塔縣不要說每畝地打萬斤千斤，戈壁沙漠上平均連三百斤糧食都打不上，所以，金塔縣整個縣委、縣政府主要領導全部被當時的張掖地委書記安振給打成了地方主義反黨分子，一鍋端到了夾邊溝。共產黨的官不是像國外選出來的，都是領導任命的。這些人不聽當時張掖地委安振的話，性情太直爽，要講實話哩。那時候說實話遭殃，講假話升天。毛主席他一個農民家裡出生的人就不知道一畝地能打多少糧食？他就是愛聽好話，好大喜功，個人哄個人，老天爺不懲罰、不遭難才怪呢。

這個時候從上到下抓右傾機會主義分子，上面的政策越來越左，提出持續大躍進的口號，要求大煉鋼鐵繼續進行，水利工程全面堅持。一天下午，場裡突然召開全場大會，傳達上級指示，除少數留守人員外，全部要遷到高臺明水農場，場黨委書記張宏由於不同意把生命垂危的犯人們送到明水灘，被打成了右傾機會主義分子，在場裡趕起了馬車，後來送回蘭州，由省勞改總局處理。我們到了明水灘是一九六〇年九月底，看到滿目荒涼的景象，心裡涼了半截。夾邊溝再不好，還有住的房子，還有些菜蔬填補，可是明水灘光禿禿的，什麼也沒有。場裡讓犯人們在東西兩條溝挖洞穴。有些洞穴，一個坡道二孔洞，每孔洞住二到三個人，有活動空間，這些都是管教幹部們居住的。大多數洞穴是湊合著溝的崖坎挖的，一般住一個人，少數住二個人，沒有一點取暖設備。所有洞穴的門上都掛有草簾子，是場部統一發的。

我們剛去的時候，還可以忍受，過了國慶日，河西走廊風雪嚴寒，整天刮著刀子風，餓得不行了的人們怎麼能受得了這種寒冷呢？天天死人，人死了，人們就將死人的被子掛到門上繼續擋風。

一九六〇年十月間，由於我得了肝炎起不來了，場長讓人把我從高臺縣明水灘又拉回到夾邊溝醫院過冬。住院的病號合睡在三間大的土炕上，土炕用草和麥衣煨熱，室內有兩個泥爐子生了火，又派兩個人輪流晝夜看護我們。那個時候我實際患的是腸胃病，經常想著吃飽肚子就行了。那時我已渾身浮腫，腹水嚴重，上廁所蹲下去就無力掙扎起來。有一天，我提著籃子到打穀場上要煨炕的麥衣，只見場邊拋著一具驢頭上剝下來的皮，兩隻耳朵毛茸茸的直翹著，於是想起舅父滿廷文講過的話。那是民國十七年（一九二八年），古浪縣裴家營塘坊村遭荒旱災時，人們竟將農具上拴的皮條和破鞋上的皮掌子全都煮著吃了，所以我看見驢皮頭就如獲至寶，連忙裝進籃子，上面蓋了些麥草拿回醫院，偷偷燙洗了毛垢，用罐頭盒在爐子上燉爛，加了些鹽末，一次吃一點，捨不得一頓吃完。可是，有一天我將最後剩下的小半罐又添了水，燉在爐子上，便去上廁所。便後回來，爐子上的罐頭盒不翼而飛，四壁張望尋找，只見同室住的王彥（甘肅省榆中縣某中學的教師）正端在手裡津津有味地大嚼。我喊了聲：「你這是幹什麼？」他不在乎，邊嚼邊答道：「我也要活下去，要保住生命，難道就不應當吃些嗎？誰都有生的權利啊，況且你已經吃了幾頓了！」我沒作聲，默默地躺在炕上，閉目想那慘白苦笑的臉。

一九六〇年冬天，嚴寒已經凍結了大地，渠首的一段水溝冬灌時被沖壞了，場裡抽調一百多人去維修。當時我們都因極度饑餓，浮腫得胖乎乎的，工地離場區有十多裡，我們這夥人住在當地社員的兩個通間的草房裡，就地鋪上麥草擠得嚴嚴實實的，晚上去解便只得踩著人才能出得門去。弄得叫喊聲加上咒罵聲，此起彼伏。一天，我們喝了能照見人影的菜糊糊，到工地刨撬岩石般的凍土，工作效率談不上，但只要搖晃著就不錯了。我和一個同伴用芨芨草編的筐子抬運土，那時候，人們實在幹不動了，只有藉口去大便，才能獲得片刻的喘氣和休息。到了下午，晴空中白日無光，飛舞著晶瑩的冰屑，寒風吹得人出不來氣，我實在幹不動了，也借大便之名想休息片刻。我落下褲子蹲了一會兒，打算起身返回。可是，站不起來，拼死掙扎，雖然最後起來了，誰知又提不上褲子，腿站不穩，頭暈眼發黑。我意識到死神已拉住了我的手，在那地方要做長期的休息了。這個時候，一起出工的同伴發現我長時間不回，便前來察看。見我如此情狀，幫我摟上褲子，又叫來一個人一左一右，挾我回到住處，躺了一夜。第二天，給灶上送菜的老何（河南人）把我用馬車拉回了夾邊溝新添墩作業站。在夾邊溝一直待到了一九六一年元月下旬，場部用調來的汽車和場部裡的拖拉機將我們一批批地拉到酒泉火車站作了遣返。

說到這裡我總結我能夠活下來有三個原因：一是生病倒成了好事，借住醫院離開明水灘到了夾邊溝保住了性命；二是改變「偷」的觀念和內涵，竊取菜葉根煮食吊命，為了活命想盡一切辦法生存；三是親人們先後三次送來食物，下決心「細水長流」，以保生命火花不熄。

夾邊溝農場裡的犯人，四十歲以上的幾乎全死了，二十歲左右的小夥子飯量大些的也死了，活下來的只是稍有接濟或身體素質稍好一點的人。我們甘肅省永登縣與我一同送去餓死的有你爺永登一中的教導主任趙廷祺、教師巴多學（巴多學是永登縣紅城子人，北京大學畢業，永登一中的教師），還有永登西關完校校長張永煒，石玉瑚等等。可惜，都是人才呀！剛解放人才這麼匱乏，一個反右運動把中國的精英一網打盡。這個反右運動太可怕，也太卑鄙了，讓人們再也不相信上面的話了。人們剛戴上帽子的時候，沒有想到後果如此嚴重，誰也沒有想到一戴就是二十年，讓多少人家破人亡，妻離子散，它改變了幾代人的命運。

畢可在中央戲劇學院

畢可

畢可，原名畢遠來，男，生於一九三二年，山東省榮成人，家庭中農成分，學生出身，共青團員。一九四六年十四歲時參加革命工作，是新四軍的「紅小鬼」，為膠東文工團美術組成員。中華人民共和國成立後，考入瀋陽魯迅美術學院繪畫專業，後又轉入中央戲劇學院舞臺美術設計專業學習。一九五六年十月由中央戲劇學院調入敦煌文物研究所，任實習研究員。經過一九五七年的反右派鬥爭，到一九五八年六月二十日，由敦煌縣委研究，認定畢可為「右派分子」送酒泉夾邊溝農場勞動教養。畢可的右派分子報告上報甘肅省文化廳後，文化廳認為其言論尚達不到反黨反社會主義的性質，故不能定為右派分子。將「右派」改批為「壞分子」，指示繼續留在原單位邊工作邊接受批評教育。批文到達所裡時，因畢可已送夾邊溝農場勞動教養，敦煌文物研究所的負責人常書鴻卻置上級批示於不顧，將定性檔偷偷藏至櫃底，致使畢可冤死荒漠戈壁。

王志告訴我，有一位來自敦煌研究院的美術工作者，他名叫畢可，圓臉上一雙有神的大眼睛，一口帶著山東鄉音的普通話。他是很早參加革命的紅小鬼。他向我說過他曾在魯藝學習過。此人性格開朗，待人誠懇。在開挖排堿溝時我們被編一組，住一個土屋鄰鋪。我們彼此都喜歡對方的性格，因此比較投緣。農場規定除身邊日用小件外，其他東西都要寄存場部，但他卻費盡口舌把一個麻袋留在身邊，睡覺時放在土臺上，出工時壓在被底，絕不厭其煩。有時外出勞動竟然也背著它，我問他什麼寶貝如此珍貴不能須臾離身？他從麻袋裡取出一本厚厚的巨型畫冊，裝幀極精緻。現在我不記那畫的正式名稱，總之裡面全是世界名畫，也有人體素描……說它是世界名畫集錦，大致不差。掂掂分量不輕，估計有十冊之多，他說他有生以來別無長物，唯此畫冊視同生命，我不禁對他肅然起敬，即此可見他的敬業精神，對知識孜孜以求之摯者，以後我們分編各組，我去石膏山勞動，從此再未見過面。

遷高臺後有一天剛剛天黑，我看見幹部那間惟一的土房中有火光。因為這裡不久前窯洞失火燒死過人，所以我急忙去看。推開門，屋內沒點燈，只有火光閃爍。原來是兩位幹部在圍著一個火盆烤火，並不停向盆內添加紙張等物助燃。我沒有看清幹部是誰退出屋外，但聽到清脆的高檔紙被連連撕碎的聲音。忽然一個響亮的聲音傳出屋外：「這些資產階級知識份子，打巴斯胡求搞。他的寶貝全是些光屁股女人！」接著撕紙的節奏更加快，火勢也更旺。我知道這個說「打巴斯」的幹事是四川人，小個頭，不留發，但仍看出兩鬢已白，估計年近五十。無疑他們在把人類文化珍品毀於一旦，把畢可視為生命的畫冊化為灰燼了，這使我頓起疑心，這些畫冊是它的主人須臾不離的，難道畢可他已……

一九八二年夏我去莫高窟藏書館查閱資料，不期此行證實了我久存心底的疑惑。從研究員史葦湘同志那裡得知畢可同志確已逝世，不久前敦煌院為他舉行了隆重的追悼會。史葦湘同志並為他撰寫了一幀極好的文情並茂的挽聯（我曾保存，因年老健忘，不知置於何處，遍尋無著，實在遺憾），一九七九年為他改正時，在他的檔案裡驚人的發現他根本不是右派。後來，前某領導常書鴻塵封已久的辦公桌裡翻出了當年張掖地委的批復。可是這個院的常書鴻就可以把他以右派分子送夾邊溝勞教致死。事後得知原情，更使人憤慨不已，原來有一天為一件瑣事，畢可和領導常書鴻發生爭執，他年輕氣盛，情緒失控，說了一句「我當年參加革命時還不知你在幹什麼呢！」對領導不尊，對長者失敬的過頭活，按理批評教育可也，然而誰也不會想到一句之誤，竟會付出如此慘重的代價。這種法外施法的行為，實在太可怕了。臨別前我找到了畢可同志的衣冠塚。它枕三危山，腳向人間文化的瑰寶，他曾為之不懈奉獻的莫高窟。我采了幾株鮮花獻於墳前，默默地鞠躬致敬，那關外吹來的清風，為這座孤塚永遠不停地奏著哀樂，可以瞑目於地下了。

畢可究竟是什麼樣的「壞分子」？現在所能看到的只是中共敦煌縣委反右領導小組在一九六三年九月十日撰寫的《關於畢可的清理結論》。該結論說畢可在瀋陽魯迅藝術學院和中央戲劇學院為沒能評上調幹助學金發牢騷，鬧個人主義，看到反動標語也不彙報。對畢可到敦煌文物研究所後的表現，該結論中有畢可的言論「文物研究所是個研究機構，敦煌縣委根本不能領導。」縣委書記叫他去，他說「我對這種人根本不感興趣。」對工資制度，他說：「千年的媳婦熬成婆，萬年的大道走成河。」一次與所長常書鴻吵架時，畢可說：「說老實話，我幹革命的時候，你還跟國民黨跑著呢！不過是吃了幾年外國飯。」畢可曾說：「有人說我所黨團組織有宗派，其實不用怕，實際我們就是個宗派。」一九五八年十月八日經張掖專署批准開除畢可公職並勞動教養，送酒泉夾邊溝執行。畢可年輕體壯，但他沒有熬過夾邊溝鹽鹼灘上繁重體力勞動的折磨和饑餓。一九六〇年九月，夾邊溝農場把餓得骨瘦如柴但還能走動的兩千多名右派分子、反革命分子、壞分子和地方主義反黨分子驅趕到高臺縣明水灘開荒、挖渠、挖地窩子、蓋房子，另建明水大河農場。根據中共敦煌縣委整風領導小組于一九六三年九月十日下發的「關於畢可的清理結論」文件，畢可「因病於一九六〇年十二月十八日死亡」。一九六三年十二月三十日，中共酒泉地委以地委發（六三）五七四號紅頭文件下達《關於勞教人員畢可清理結論的批復》中說：「敦煌縣委：報來夾邊溝農場勞教人員的清理結論，經地委一九六三年十一月十八日常委會議對其復查的情況，討論同意你縣對畢可不定壞分子、不開除公職、不勞動教養，應恢復名譽、恢復團籍。但對畢可的錯誤言論應指出，給予批評教育。」酒泉地委，一九六三年十二月三十日（公章）。

陳時偉和左宗杞

陳時偉（一九〇七—一九七三），男，教授。安徽省英山縣亭子嶺人。一九〇七年出生在安徽省英山縣亭子嶺。一九一三年二月至一九一九年一月，在英山縣亭子嶺私塾學習。一九一九年二月至一九二二年七月，在英山縣縣立高等小學學習。一九二二年八月至一九二六年七月，在安慶安徽省立一中學習。一九二六年八月至一九二七年二月，在南京河海工科大學學習。

一九二七年三月至一九二七年七月，在英山縣亭子嶺任代理教員。一九二七年八月至一九三一年一月，在南京國立中央大學化學系畢業，獲學士學位。一九三一年二月至一九四一年七月，在南京和成都中央陸軍軍官學校任化學教員。一九四一年八月至一九四五年九月，在三臺東北大學任化學教授。一九四五年九月至一九四九年二月，在美國伊利諾伊大學化學系研究物理化學；並於一九四七年八月至一九四九年二月兼任物理化學研究員。

一九四九年三月至一九五一年三月，同顧頡剛、水天同等專家學者被辛安亭校長聘請到蘭州大學任化學教授，兼理學院院長。一九五一年四月至一九五七年十二月，為蘭州大學化學系教授、蘭州大學副校長，兼蘭州大學理學院院長和中國教育工會蘭大委員會副主席，並任中蘇友協蘭大支會副總幹事；中華全國科學聯合會蘭州分會籌委會主任委員；中國化學會理事；九三學社中央委員，九三學社蘭州分社主委。並且曾任過甘肅省科聯分會主任；西北科學院副主委；甘肅省人民代表，甘肅省政協委員。他是全國十五個有機化學二級教授之一，對蘭州大學的發展與各類人才的引進做出過傑出的貢獻。一九五七年十二月，陳時偉在蘭州大學被當時的甘肅省委批准劃為極右分子，並于一九五八年八月被押送夾邊溝農場勞動教養。一九五九年七月三十一日，陳時偉和黃席群、謝再善以照顧高級知識份子名義從夾邊溝農場調到了甘肅省酒泉新生機械廠。轉到這個勞改工廠改造後，至到一九六一年三月才返回蘭州大學進行監督勞動改造。一九六二年六月二十五日陳時偉被解除勞動教養。

陳時偉和左宗杞的寶貝女兒陳緒明，一九五八年高中畢業後，連續三年高考成績在蘭州市名列前茅，因父母為右派分子而進不了一所大學。一九六二年，甘肅省政府研究同意她被蘭州大學物理系錄取。一九六七年她畢業前夕，蘭州大學「六七事件」後的兩三天的一個風雨交加的夜晚，陳緒明被揪鬥後失蹤了，至今沒有任何下落。陳時偉與左宗杞還有一個兒子叫陳緒光，一九五七年在北京大學物理系三年級時也被打成右派分子。

陳時偉一家四口人劃了陳時偉、左宗杞、陳緒光三個右派分子，女兒陳緒明又在文化大革命前期突然失蹤。由於陳時偉多年遭受精神和肉體的殘酷折磨，不幸於一九七三年五月去世。

一九八〇年七月二十二日，蘭州大學黨委常委會經過復查認定其為錯劃右派分子，並將其加以改正，恢復名譽。左宗杞（一九〇八－一九八九），女，教授。湖南長沙人。一九三一年畢業於中央大學化學系。一九四六年至一九四九年在美國伊利諾伊大學進修。中華人民共和國成立後，歷任蘭州大學教授，化學系主任。九三學社社員。曾參加蘭州大學化學系的創建。她專於化學分析和電化學分析，較早在我國開展庫侖分析的研究。合譯《化學試劑》《物理化學分析法》。一九五七年反右派運動中，被打成右派分子，與其夫陳時偉長期遭到政治迫害。

蘭州大學反右運動簡介：

《蘭州大學校史》（一九〇九年—一九八九年）一九三頁至一九五頁記載：「不幸的是有極少數的資產階級右派分子乘機利用校內、外各種鳴放座談會的機會，利用廣播、報刊發表文章和言論的機會，向黨大肆攻擊，發表了大量的反動言論。這些言論歸納為：

一、**高等學校應在黨委指導下實行校務委員會領導下的校（院）長負責制，校務委員會應成為學校的最高權力機構，黨員負責同志都是「外行」、「不學無術」、是「牛倌」、「羊倌」、「土改幹部」、「肅反幹部」。因此「黨不能領導高等學校」，黨委應當退出學校。**

二、**污蔑社會主義制度和無產階級專政**。說什麼「在我們這個社會裡，是沒有真理和正義的」，「科學文化是得不到發展的」，「宗派主義是無產階級專政的產物」，「中國到處是黑暗」，「選拔留學生，注重政治條件是最落後的唯成份論和宗派主義的具體表現」，「反對畢業生分配工作中的政治排隊」等等，所有這些論調都是對社會主義和無產階級專政的肆意攻擊。

三、**製造蘭大落後論，組織學生代表團赴京請願，給國家高教部施加壓力**。說學校領導「不要好教授，排擠好教授」，「不少好老師都想離開蘭州」，以蒙蔽和鼓動不明真相的少數學生。認為蘭大目前的情況，非中央出面是解決不了的。於是鳴放委員會組織代表赴京請願，事前學校黨委、甘肅省委負責同志一再勸說不必派代表團前往北京，同時高等教育部聞訊也電令不必派代表團到京，並派該部副部長到西安聽取大家的意見，所有這些工作均未生效，造成全國高校第一所派代表團到京請願的事實。

一九五七年六月初，黨委在整風運動第一階段總結時所提醒全校師生注意的錯誤言論，不僅沒有停止，而是變本加厲，短短幾天，極少數右派分子，又發表大量錯誤言論，這些錯誤言論不斷蒙蔽著一些不明真相的師生。但是，廣大師生早就對這些錯誤言論表示極大的不滿。一九五七年六月八日，《人民日報》發表《這是為什麼？》的社論，學校即根據中央和省委的有關指示，開展了反右派運動。六月二十四日吳文遴部長與校黨委書記分別向全校師生進行動員，號召大家繼續大鳴大放，同時向右派展開鬥爭，以保衛社會主義建設的勝利。於是一場大規模的反右鬥爭在蘭州大學開始，在當時的形勢下，對某些暴露出來嚴重違反社會主義制度的錯誤言論進行批評，對少數右派分子猖狂進攻予以回擊，在全校師生中進行堅持社會主義道路的教育，是完全必要的。但是，在「左」的思想指導下，當時把這一鬥爭嚴重擴大化了，具體表現在以下幾個方面：

一、把許多正常的批評和人民內部的矛盾當作敵我矛盾，混淆了兩類不同性質的矛盾，擴大了鬥爭面。鳴放時間不到一個月，而反右鬥爭從六月二十四日起到九月八日止，共進行了兩個月；並成立了四個戰鬥小組，採取了「分片包幹」的辦法進行批鬥；有的批鬥對象開鬥爭會多達數十次之多。當時正值暑假，許多師生不能休息，日夜奮戰。

二、經過兩個多月的鬥爭，共確定右派分子一百七十四人（占參加運動人數的百分之八點〇一），其中教授、副教授十七人，講師四人（占教授、副教授、講師的百分之十六點五四），助教十七人（占助教的百分之十點八三），行政幹部九人（占百分之四點二八），學生一百二十七人（占學生總數的百分之七點〇一）。這樣使我校一些著名專家、教授、大批青年學生和幹部被錯劃為右派分子，造成了不可彌補的損失。

三、右派分子人數隨著運動深入而不斷增加，到一九五八年五月間處理右派分子時，全校共有右派分子一百九十五人，其中教授、副教授十八人。講師九人，助教十九人，行政幹部六人，學生一百四十三人。這批人的處理，經群眾討論，學校領導反覆研究報上級批准，於一九五八年五月六日下午向全校宣佈：五十二名教職員中法辦和待法辦者各一人，開除公職勞動教養者四人，保留公職勞動教養者四人，撤銷一切職務監督勞動者九人，撤銷一切職務留用察看者八人，撤銷一切職務分配待遇較低工作者十八人，撤銷一切職務實行降職降薪者三人，免予處分者三人，另有一人待批。學生一百四十三名右派中，法辦三人，開除學籍八人，保留學籍勞動考察者三十四人，留校察看者八十七人，免予處分十一人，由此可知當時「左」的思想的嚴重程度。

在這裡面副校長陳時偉首當其衝，是全校頭號右派分子。第一級共七人，其中開除公職勞動教養四人為：陳時偉、劉文興、段重希等；只勞動教養者四人為：徐長昆、田春如、曹文正、周志中。第二級，撤銷原職監督勞動者九人為：管照微、胡曉愚、任國鈞、黃培柱、黃堯蓀、鄧志民、李思聯、詹宗傑、徐修梅。第三級撤銷原職留用察看者八人為：左宗杞、段子美、李劍夫、曹覺民、吳文翰、王景尊、周慕溪、陳佩芳。第四級撤銷原職降級使用者十八人為：李學禧、匡扶、谷揚、張照珂、李延濤、李珍熙、王培桐、王德基、周瑛、吳南儒、楊素空、王廷湘、劉昶丁、陳湘淩、劉阿麗、王戢武、吳宗汾、李氏忠。第五級撤銷一部分或大部分職務降職降級降薪三人為：叢林玉、陳耀祖（講師降助教）、方孝博（副教授降講師）。第六級免於處分者三人：張孟倫、孫藝秋、張忡。

附錄三：蘭大陳記反共集團的幕中人揭露陳時偉反黨據點遍設各系

蘭大陳記反共集團的幕中人揭露陳時偉反黨據點遍設各系

《甘肅日報》一九五七年八月二十二日

【本報訊】八月二十日、二十一日，陳時偉反共集團的「大將」劉古傑，在蘭大師生跟蹤追擊之下，承認陳時偉反共集團是有領導、有組織、有計劃的進行反共活動的。

劉古傑在交代這個集團的內幕時招認：「陳時偉在各系建立據點，核心分子有化學系的左宗杞、數學系的我和王培桐，歷史系的李學禧，經濟系的管照微，地理系的王德基，中文系的匡扶等。這些核心分子上與陳時偉直接掛鈎，下在各系分別指揮系內小嘍囉進行反黨活動。」劉古傑還供認：「陳時偉是我們集團的首腦，左宗杞是策謀定計的「軍師」，我是集團的大將，坐鎮數學系。」陳時偉在各系建立據點的惡毒陰謀，是企圖從基層來瓦解黨的領導。劉古傑還具體的揭露：「陳時偉通過各系的據點，有計劃的拉攏一部分，打擊一部分人。如打擊中文系的舒連景、劉讓言，化學系的劉有成、劉嘉增，經濟系的駱秀峰，地理系的馮繩武，生物系的張鵬雲，數學系的趙繼游等黨員教師和靠近黨的進步教師，進而攻擊陸潤林副教務長和林迪生校長等學校黨員領導同志。其手段是利用個別擊破，集中打擊。」

劉古傑還說：「陳時偉、左宗杞和我，想在蘭州大學造成一種氣氛，即：蘭大不重視教師，不信任教師，蘭大黨委、林校長和教師處不好，只有陳時偉和教師『處得好』。」，如陳說：「蘭大向高教部彙報時，把教師都說得很壞；我們這樣做的目的，是要反對黨，破壞黨的威信，以達到陳時偉篡奪黨在蘭大的領導權。」

劉古傑還表示，要繼續揭發陳時偉反共集團的內幕。（海濤、徐欣、建中）

附錄四：不准打人兇手繼續逍遙法外破壞反右派鬥爭蘭大師生員工集會憤怒聲討陳時偉大會請求蘭州市人民檢察法院依法提起公訴

不准打人兇手繼續逍遙法外破壞反右派鬥爭蘭大師生員工集會憤怒聲討陳時偉大會請求蘭州市人民檢察法院依法提起公訴

《甘肅日報》一九五七年八月二十三日

【本報訊】昨日（二十二日）上午，蘭州大學的一千餘留校師生員工，在校本部昆侖堂集會，聲討右派野心家、打人兇手陳時偉，大會並向蘭州市人民檢察院控訴，請求檢察院依法提起公訴。

上午九時，被野心家陳時偉的行兇打人、破壞反右派鬥爭的罪行所激怒的蘭大師生員工，紛紛密集在昆侖堂中。昆侖堂的四壁，貼滿了「依法嚴懲陳時偉！」「保衛共產黨，保衛社會主義事業，徹底粉碎陳記反共集團！」等標語和充滿義憤的大字報。當右派野心家陳時偉進入這座莊嚴的會場時，從會場的各個角落裡，發出了無比憤怒的口號聲，異口同聲地要求懲凶，嚴肅國家法紀，保障人權。

受害人馮敏同志首先對陳時偉行兇打人、破壞反右派鬥爭的罪行，作了義正詞嚴的控訴。他說：「我們為了保衛黨，捍衛社會主義事業，和右派分子展開說理鬥爭。然而與人民為敵到底的陳記反共集團的頭子陳時偉，竟敢在本月十七日下午一時，公然辱罵我們『都是混蛋』，並舉拳打我。我要控告野心家陳時偉，要求人民法院依法懲凶。」這時厚顏無恥的陳時偉，在會上公開狡賴，企圖蒙蔽群眾，掩蓋行兇打人的罪行。當即受到了與會者一致憤怒的斥責。商信、竇克廉代表那天陳時偉行兇時在場的五位教師，李書文代表在場的二十名同學，證明了陳時偉辱罵群眾，行兇打人的事實。

聲討大會一直在莊嚴激烈的氣氛中進行。校內群眾團體、民主黨派、各系學生及學校行政單位等二十二位代表發言，他們一致支持馮敏同志正義的控訴，聲斥陳時偉行兇打人，破壞反右派鬥爭的罪行。中文系副教授劉讓言發言說：「陳時偉對待說理鬥爭抗拒抵賴，甚至發展到猖狂的地步，行兇打人，破壞反右派鬥爭。我們正告你陳時偉，你敢和我們狡辯一月，我們準備和你鬥爭十年！打不垮陳記反共集團，決不收兵。」

經濟系副教授趙從顯、孫得中在會上還揭發了陳時偉自反右派鬥爭以來拒不交待，玩弄手法對抗反右派鬥爭的種種活動。九三學社蘭大支社的代表吳文翰發言說：「我們支社的全體社員對陳時偉行兇打人，破壞反右派鬥爭的罪行，表示無比的憤怒。」接著他從法律的觀點分析了陳時偉打人的性質：「陳時偉行兇打人，不僅是侵犯人權，要負刑事法律的責任。更重要的是他破壞反右派鬥爭。被打的人，是我們社會主義事業的保護者。」會議進行時，主席團還接到經濟系教授李葉乾的書面發言。他代表老年教師說：「主席團，請接受我們老年教師的要求，為保衛共產黨，保衛社會主義，法辦行兇打人的野心家陳時偉。」這個正義的要求，引起了全場經久不息的掌聲。

蘭大教師、學生反右派鬥爭委員會當場接受了群眾的要求，草擬控訴狀，代表蘭州大學的二千五百名師生員工，向蘭州市人民檢察院提起控訴，要求法辦行兇打人，破壞反右派鬥爭的陳時偉。

在聲討大會結束時，中共蘭州大學委員會書記、蘭大副校長劉海聲同志，代表蘭大黨委和學校行政講話說：我們支持馮敏同志的控訴。右派分子陳時偉一貫反黨、反人民。在反右派鬥爭開始後，我們告戒陳時偉：只要你聽共產黨的話，老老實實交代反共、反人民的罪行，共產黨和人民才會給你出路。然而陳時偉堅決與人民為敵到底，自取絕路。現在我們再次的警告陳時偉：只要你現在還能誠心向人民低頭請罪，老老實實地交代問題，還會有一線的出路，否則將自絕於人民。（道護、建中）

馬廷秀

馬廷秀（回族）

馬廷秀是筆者外祖父鄧春膏的好友，所以筆者一直很關注他到夾邊溝農場經歷的風風雨雨，幾經波折，在夾邊溝農場的倖存者李寶琇和他兒子馬孚雄處瞭解到了他的坎坷經歷。

馬廷秀於一九〇〇年三月二十一日（農曆二月二十一日）春分節這一天，生在蘭州市一個貧困小商販家庭。祖籍臨夏回族自治州康樂縣。清同治年變亂之際，其祖父移居蘭州市南灘街，為回族。他八歲時在左宗棠為回民所辦井兒街的一所義學接受啟蒙教育，學習四書五經。一九一三年考入高等清真小學。一九一四年考入蘭州第一中學。一九二〇年底，向馬福祥申請資助後到北京考入國立法政大學，一年預科後入法律系學習，一九二四年底本科畢業。

一九二五年被馬福祥叫到綏遠，進入綏遠都統府當了一名書記官，開始其仕途生涯。其後分別任甘肅省古浪縣代理縣長、蘭州回教促進會會長、甘肅省會寧縣縣長、甘肅省民政廳第三科科長、甘肅省西和縣縣長、甘肅省成縣縣長。一九四二年到寧夏省建設廳任農林處副處長。一九三六年三月又任寧夏省政府秘書長。一九四九年寧夏省解放前夕，以寧夏黨、政、軍和談代表之一，與解放軍十九兵團簽署和平協定；將馬鴻逵交其保管的剩餘兩千銀元和原寧夏省政府的文書檔案全部完整交給了解放軍。解放後在楊得志的關照下，馬廷秀回到蘭州參加甘肅省政協工作，並經彭德懷指示，由張宗遜副司令員設宴款待接風。

一九五七年六月十五日，甘肅省委統戰部通知各民主黨派在蘭州飯店開兩天大會，內容是讓大家提意見，幫助共產黨整風。當時報紙上也是號召黨外人士大膽地給共產黨提意見，「有啥說啥，想啥說啥」，《光明日報》上登出了儲安平「黨天下」之類的發言。當時，他想自己作為民革成員，不積極回應共產黨的號召是不對的，應該大膽提意見。由於他是學政法的，便選定在法制方面提些意見，事先寫了發言稿，惟恐其中有錯誤不妥之處，還請甘肅省政協副秘書長聶振軒看了。聶振軒認為有些是報紙上的話，不會有大錯。在會上，最後發言的是聶振軒和他。聶振軒在發言中說，「對民主黨派捏得太死，不能發展。」他當時認為聶振軒的發言，尖銳程度超過了他寫的稿子，便毫無顧忌地照稿子發言，其中主要是說黨對法制不夠重視，人民沒有養成守法的習慣。有時沒按法律辦事，有同罪異罰的現象。還提出有些人原來是軍人，應該放在參事室，卻安排到了文史館，致使學非所用。最後引了儲安平的話：「天下無不是的父母，無不是的黨員」。

不料，這篇發言招來了嚴重後果；並且把他在解放初期，根據組織要求，給去臺灣的同事、親友寫信動員他們回來的事情相聯繫，說他通敵。接著讓他白天黑夜不斷地寫交代材料。交代材料每次送上去都認為寫得不深刻，打下來，再寫，交上去又被打下來，然後再寫。這樣一直拖到了一九五八年五月才將其問題處理下來，劃為極右分子，開除公職，勞動教養。他當時對極右分子不瞭解，李翰園從北京開會回來說，極右分子就是「永不錄用」。他想，這下子就把政治生命斷絕了。但又想，林則徐當年革職充軍，最後不是回來了嗎？經過改造，還是有前途的。所以，思想負擔並不重。

他說，後來甘肅省政協一位領導要他去酒泉夾邊溝農場，並且說：「你們去主要是思想改造。夾邊溝是國營農場，生活設施齊備方便，有圖書館，有醫院。」這樣，他很快於一九五八年五月到了夾邊溝農場。去的時候還有蘭州生物製品所的韓繼志。

關於馬廷秀到夾邊溝的情況，據其兒子馬孚雄說，一九五八年年底，馬廷秀的四兒子馬孚寧突然去世，家人一直瞞著馬廷秀。馬孚雄說，二哥馬孚遠在黃羊鎮農場工作，工資五十二元，可是他每個月給家裡寄四十元，一家人當時主要靠了他。那個時候，他母親為了供馬孚中、馬孚雄上學，把家裡的東西都變賣了。他們那時每個月將口糧省了，自己餓著肚子，把麵炒成麵豆子和炒麵給他們的父親寄去。每次都是馬孚雄和母親一同寄出，因為他母親不識字，需要他在包裹上寫上地址和姓名。郵局每次只允許寄五公斤，他們經常寄，另外，場裡對他父親也適當給以照顧，他父親在食堂幫廚，有時候還可以吃到籠裡的饃渣，就是這樣才維持了他父親的生命。

馬孚雄說，三哥馬孚中在父親剛去夾邊溝時去過一次。後來，一九五九年暑假馬孚中、馬孚雄和他母親一同去了夾邊溝農場。他們在酒泉遇見了一個去看兒子的老太太，老人白髮蒼蒼，流著眼淚，情景非常淒涼。馬孚雄說，他們去後，蘭州大學副校長陳時偉和他的父親關在一起。在夾邊溝他見了一個西北師範學院的姓李的學生，他與這個學生說了很多話。他母親說這個學生的面相很不好，後來父親出來後，果然得知這個學生慘死在了夾邊溝。

馬孚雄將他父親寫的《百年見聞錄》拿出來，他說父親後來把關於夾邊溝的那一段做了大量的刪削。他說，不僅是他父親，從那個年代過來的人，對那一段歷史還是不敢說，因為，一個人上來一個樣，江澤民時代能說的話，到了胡錦濤年代不一定不追究。

《百年見聞錄》中寫道：夾邊溝農場在一九五七年就來了許多勞教人員，其中有弟兄，有夫婦，也有父子，還有些專家學者。我一到場，便下決心改造自己，堅信終有一天我會回到蘭州，總有撥雲見天之時，所以很有信心，盡所有力量把給我的任務完成好。開始編組時，我便遇上了好領導。我們的組長叫周蘭亭，河南人鄭州市人，原是酒泉運輸公司的團委書記，被打成右派後，一九五七年十一月第一批被送到這裡來。周組長人年輕，很能幹。我懷著惴惴不安的心情，在他指揮下勞動。不久，我發現他對我很注意。比如一出工，他便招呼我把棉衣帶上；還說：「你是回民，喝水不方便，把暖壺也帶上。」勞動居然能帶水壺，這是我在場裡沒見過，也是不敢想的。而且一出場門，他不是把我的棉衣接過去，便是把暖壺接過去，替我拿到地裡。開荒勞動中，每天都是每人劃出一定面積包乾完成。我由於從小沒有幹過農活，加上年紀大了，總是落於人後。但周蘭亭常常是在我沒完成任務時，便喊上我去另外的地方，幫他丈量劃分新的地塊；我剩下的任務，便由別人代做了。所有這些行動，大多是在默默不言中，但確是不宣而心照，我心中暗暗地感激他。

農場副書記梁步雲，場長劉振玉對我也很留心。一天，梁書記問我會做啥，我說我是書生，啥也不會。他遲疑半晌，說：「那你就量力而行吧。」過了幾天，通知我到病號灶上吃飯。乍一聽，我不免有些惶惑不解：「我又沒病，為什麼讓我去病號灶？」但到了病號灶，我明白了：這裡是吃三頓飯，而且糊糊湯裡菜也多些。是對我的照顧哇！後來又調我去了化肥廠。在這裡，我得到了「地利」，又得到了「人和」。這是個製造化肥的小廠子，離場部較遠，是個獨立單位。人少、清靜，而且單獨生火，有水桶有鍋灶，盆碗齊全。這是「地利」。所謂「人和」，是我所遇到的這裡來的人，都待我很好。比如食堂裡有位河南籍的炊事員，不知為什麼總是照顧我，打菜時，勺子舀得滿些。蒸饅頭的籠布上所沾的饃饃渣子，他每天都鏟下來蓋在一邊，等我去打飯，便悄悄地給了我，使我得到定量以外的「收穫」。

有幾個小夥子，常常偷些包穀等糧食，拿到我這裡來，放在壺裡煮著吃，而不敢公然用鍋來煮。他們煮熟後，總是分給我一些，我的義務就是沉默不語。由於各方面的照顧，我的身體狀況要比其他人好些。我剛去夾邊溝農場時還不算年齡最大的，後來年紀大的都死了，我便成了年齡最大的人了。雖然我的勞動能力不強，但是盡全力幹，這一點，頗得上下左右的諒解，而且還多次受到領導的表揚。我到場的第二年，有一位被劃成右派的化學教授也來了。他來後提出與我同住。後來他發現此地有磷礦，未經仔細勘察，就逕自向科學院寫了報告，科學院就此事轉到省上，結果驚動酒泉地委來了不少領導，組成七八個人的勘察組，進行勘察，結果發現都是雞窩礦，並無開採價值。於是開會批判他，說他欺騙領導，不老實勞動。拿我跟他作對比，說我的勞動好。總之，我在這個勞動改造的環境中遇到的都是好心人，對我的誠實勞動是理解的，所以處處照顧我，並沒有落井下石。在農場勞動期間，省委統戰部、省政協還派專人來看望我們，給了我很大的鼓勵。

光陰匆匆，我在夾邊溝農場不覺已是三年了。一天，場裡的梁步雲書記把我叫去說：「老漢，我們決定叫你回去。」我因毫無回去的思想準備，感到驚訝，脫口提問：「全場都回去嗎？」，「不，就你一個回去。」我冷靜一想，覺得自己一個人回不去，便提出等家裡來人接，得到了允許。過了幾天，有位好心的同伴對我說：「你還是快點離開好，恐怕夜長夢多。」但從農場到酒泉還有八十華里，需搭順便的郵政車才能走。他便給我找了一輛獸力車，陪上我一同到公路旁一個農民家中住下等汽車，但等了幾天也不見汽車的蹤影，只好又返回農場。梁書記批評我說：「你信不過我們，偷偷走掉。既然決定了的事，不會變的。安心在場裡等汽車吧。」後來，汽車來了，場裡給我發了路費、還帶了路上吃的乾糧，梁書記親自招呼我上汽車。臨行時，我對梁書記說：「馬精若（原寧夏部隊總部秘書處長，解放後為甘肅省政府參事室參事）有病，住在醫院裡，我在化肥廠每天給他送一壺開水招呼他。我一走，沒人招呼他，他很危險。」梁書記聽了這話，說：「你先等一等，讓我們商量一下。」一會兒，他來對我說：「好了，他可以和你一同走。」於是，馬精若和我便一同搭汽車到了酒泉。但他的病又重了，不能上路。在酒泉停了幾天，錢和糧票都快用完，加上火車擁擠，我們根本擠不上去。我又找到站長室，對站長說明了我們的困難處境，站長當晚便親自把我們領上了火車，我們才回到了蘭州，時間在一九六一年元月。

如上所述，我在夾邊溝農場以至路上，碰到了許多好心人，使我少受了許多苦，也給了我很大的鼓舞。省上的領導待我也是很好的，當中共甘肅省委統戰部部長蒙定軍聽到我要回來的消息時，曾給省政協副秘書長聶振軒打電話，讓把我招待一下。後來聶振軒對我訴苦說，招待一下是應該的，但苦於沒有糧票，只好作罷。領導有這番心意，在我就足夠了，我從內心感激。我回到省政協後，由於右派帽子沒有摘，便在文史資料辦公室工作，每月給我發生活費十三元，以後增加到三十元。同一辦公室的另外兩個同事是甄載民和袁第銳。當時工作不多，但我們必須自覺地勞動，如掃院子、生爐子、佈置會場、清理垃圾，每天都是必修課。我們的身份跟一般人也不相同。例如有個通訊員，原是我的一個兒子的同學，開始稱呼我「馬老伯」，後來稱「老馬」，再後直呼我名，到「文化大革命」開始後，呼喊我時，則在我的名字前邊冠以「右派分子」的頭銜。

文化大革命開始之際，本來還風平浪靜。一天，來了一班子武漢的紅衛兵，一把火把運動點起來了，於是鬥爭會、打砸搶抄如暴風雨一樣鋪天蓋地而來。我雖然不理解，還強作鎮靜。老伴提出把一些東西悄悄轉移到附近親戚家裡去，我制止說：「那是在反『四舊』，我們沒有那些東西，用不著轉移。」誰知擔心的事果真來了。

一天，我正在省政協上班，同院有個地主成份的鄰居，被蘭州二中的紅衛兵抄了家。抄過之後，又問我家是什麼人？得知我的情況後，便一擁而入，要大煙、要槍，我老伴說沒有，紅衛兵們便動手搜查，翻箱倒櫃，頂棚全部搗下來，地上也要挖一挖。最後搜得十幾個白洋、一張存有二十元的存摺。將六個皮箱的衣物，集中在四個皮箱中，全部拿走。搜出了一把保安腰刀，便用以亂割亂砍，所有皮鞋，都將鞋尖剁掉。有幾個座鐘和許多瓷器，包括乾隆年代的瓷器，全部一一砸個粉碎。家中有兩袋麵粉，冠以「套購」的罪名予以沒收，拿去做貼大字報的糨糊。最可惜的，是我幾十年收集珍藏數千冊古書和數十幅字畫，包括宋明版本古籍和名貴字畫，有的拿走，有的則堆在院子裡付之一炬，火焰直沖房檐，險些釀成火災。

之後，又幾次「復查」，一次比一次徹底。經過浩劫，衣物一空，家徒四壁。幸賴親戚偷偷送來幾件衣物和一些麵粉，才免凍餒之厄。所以，在「文革」中，我是個「重災戶」。對此，我只有逆來順受，不敢有任何不滿的表示。後來城市疏散人口，給我家貼大字報，「限期滾出蘭州」，我只好離開，到青海民和縣親戚家住了兩年。到形勢有所緩和時，我才回來。黨的十一屆三中全會以後，黨實行撥亂反正，平反以往的冤假錯案，我的問題也逐步得到了解決。

馬廷秀的兒子馬孚雄說，他父親所寫《百年見聞錄》中關於夾邊溝的一段經歷，他父親做了多次刪節改動，幾十萬字的草稿改得只剩下短短的一點了，已經沒了骨頭。

※馬廷秀先生於一九九四年十二月十二日無疾而終。

馬廷秀九十大壽沙發上坐右第二人，蘇薇後排右第二人

李寶琇

1942年抗日戰爭時太行山遊擊隊漳東支隊李寶琇（右一）。

我是山西沁縣人，一九二八年七月出生。我沒有上過學，一是地理條件，我們所在四窯灣村一共四戶人家，祖父以前沒有讀書人，父親只上了小學；二是家庭貧寒；三是抗日戰爭時，我們那裡是淪陷區，沒有上學的條件。一九四二年八月，十四歲時我參加了八路軍十二區遊擊隊，也稱為漳東支隊。日本人投降後，解放戰爭上黨戰役時我參加打了週邊。接著，整編到晉冀魯豫通訊學校學習。一九五〇年元月一日由太原軍區集體轉業到山西運城組建電信局。一九五三年調甘肅省郵電管理局，任幹訓班副主任。

一九五四年調蘭州電信局任秘書。因為，我對某些領導思想意識、工作作風看不慣，就在黨支部支委會上提了意見。我也是支委委員。一九五五年調到酒泉郵電局任支部書記兼副局長。一九五六年，又調回蘭州電信局電報室任代理主任，相當於十七級。一九五七年大鳴大放整風運動開始後，我任整風領導小組副組長。我沒有寫過一張大字報，只是按照黨的政策動員群眾幫助共產黨整風。

一九五七年，我被打成了右派分子。當時，給我整理出了十條右派言行：一、辱罵黨的領導人，曾說：「黨的政策是正確的，但執行是有錯誤的。毛主席的經是好的，都叫騷和尚念歪了。」二、捏造事實，攻擊黨的組織，誹謗黨的領導人；三、顛倒黑白歪曲事實，反對肅反運動；四、攻擊黨的德才兼備的幹部政策；五、到處煽風點火，向黨進攻；六、支持右派言論，給右派分子撐腰打氣；七、修改鳴放記錄，企圖逃避責任；八、壓制批評，打擊報復；九、堅持錯誤，拒絕黨的教育；十、否認黨的領導，不執行黨的決議。

一九五七年十一月二十八日，在蘭州電信局大禮堂裡，市電信局、市郵電局、省郵電管理局三個局的科級以上中層幹部會議上，對我進行了批判。我在批鬥會上說，有人說我反黨，其實沒有共產黨就沒有我李寶琇的今天，其他任何政黨上去我李寶琇是殺頭的第一個；歷史是鐵面無私的法官，終究它會有個公斷；另外，我願意冷靜地聽大家的意見，這樣也許對我有好處。這以後再沒有批判過我。

一九五八年三月三日，黨委會討論通過對我的處理決定：開除黨籍，建議行政撤銷職務，監督勞動。一九五八年四月七日，人事科幹事徐本眾（山東人）說，你或是到夾邊溝農場勞動教養，或是自謀生路。我說：「你們開除我的黨籍，我對黨的義務你們剝奪不了，我的黨費以後會一次交清（中共蘭州市電信局黨組一九七九年黨費收繳情況公佈表中注出：李寶琇同志補交一九五八年三月至一九七九年五月黨費三十二點七四元）。「接著，財務科長羅仁智給我結算了工資。羅仁智時間不長也被打成了右派分子。蘭州電信局當時有二、三十人被打成了右派分子。

一九五八年四月八日，我被抓了起來，由警衛陸水源押送我去了夾邊溝農場（其叔父陸長林是地下黨員、解放後甘肅省榆中縣第一任縣長，由省博物館副館長打成右派分子也送到了夾邊溝勞教農場），和我一同去的還有李克政。我們蘭州電信局到夾邊溝勞教農場的有張祖尹（歷史反革命加右派分子）、劉茂光（歷史反革命加右派分子）、秦德裕（一九五八年八月被打成了壞分子送到了夾邊溝，一九六〇年下半年逃跑出去）、李克政（右派分子）等十多人，活著回來的只有我、秦德裕和李克政。

1948年李寶琇（後排右一）在國內戰爭中太嶽軍區

四月十日下午五點我到了夾邊溝。當時，將我們二、三十人集中到場部倉庫裡，然後將手錶、錢、糧票、刀具等放到一起，沒收簽字。接著，將我帶去的行李除了枕頭、被褥以外，全部收了起來。這些做完後將我們分配下去，我被分配到了三分隊。

記得很清楚，第一天的晚上房子裡住得滿滿的，一個挨著一個躺在地下，插不進去一個人。我們就在房子頭上一個尿桶邊待了一個晚上。第二天，我們端著碗，炊事員給我們每人碗裡一馬勺菜糊糊，給了我們一個饅頭。我打上飯，剛把饅頭放到窗臺上，饅頭就被人偷走了。吃完飯，又催促我們去種樹。

來的第一天我就沒有吃上飯，第二天饅頭又被人偷走了。那一天又累又餓，渾身無力。

因為我一九五六年年在酒泉郵電局當局長時，曾經安排了一個黨員紀連富在夾邊溝郵電所當了個主任。我到夾邊溝後，紀連富發現了我。有一天七點多鍾，紀連富來找我（他當時也是夾邊溝的黨支部委員），他說：「你怎麼來了。」我說：「我怎麼不能來呢？」他悄悄對我說道：「你到我房裡來找我。」我到他那裡後，紀連富告訴我，夾邊溝只是個執行單位。所以，不能喊冤，不要有不滿情緒，否則，不但解決不了問題，反而將會遭到不測。你以後只說「是」或「不是」，其他什麼也不要說。果然日後的日子裡我發現，這些過去管慣刑事犯的管教幹部，現在管我們這些勞教人員和管勞改犯人完全一樣。

因為我身體弱，後來分配勞動時哪個地方都沒有分我，讓我整天領著十一個老漢去幹活，左雨晨、馬廷秀、陳時偉都在裡面。任務是掃院子、挖野菜、拾柴禾。此時的我們都是一般黑的，不管過去在共產黨裡幹過，或是在國民黨處做過事，到了這裡我們都是難友，大家共同在度著難關。

一九五八年十一月，我們還從嘉峪關到玉門拉過十一萬伏高壓線。我們挖溝埋地線，每個鐵塔下面三十米。我也在改變著我的性格和生活方式，不再那麼直了，但我堅信我沒有錯。以後我管的人越來越多，七、八十個老弱病殘在一起，陪了一個女護士，還有一個大夫和長鳴。到明水後，我住在洞穴裡。剛開始我們那個洞穴有五六個人，不幾天就剩下我一個人了。這些死了的人從洞門上拉出去，放在門口，等待大軲轆車拉走。我沒有死主要是我身體瘦弱，飯量小。我鬧了一輩子胃病，所以，一直不胡吃，沒有像很多人餓急了亂吃，拉肚子死掉。另外，我為了保持能量，主要是不動。

有一個天水郵電局姓姚的，有一天對我說，我實在走不動路了，你去給我打一下飯。我說，我送你一同去。他說，老李，我信得過你。在明水的那些日子裡，我們在飯盆裡將尿接下，嘴渴時用肚子上的熱氣將冰焐消了，然後再喝下去。

馬廷秀是回族中第一個大學生，一九五八年五月到了夾邊溝農場。他六十歲生日時，約我與他一起過生日。他在捋了的苜蓿裡撒了些白糖，用他們家帶來的一隻燒雞過了生日。

我剛到夾邊溝時與陳時偉在一起，他比我遲來一兩個月。陳時偉說：「鴛鴦池水庫靠左手的山上石頭裡面含磷礦。」於是，場裡讓我領著這些老弱病殘的人去背石頭。我給隊長說：「再不能這樣背了，再要背我們就活不過去了。」程思賢有一次挖了兩個洋芋，交到我的隊裡。我當時給了他一個番茄，他將一個番茄用腳一搓，我說他吐血了，於是，將他安排到了老弱病殘隊。

在夾邊溝有這麼幾個比較壞的管教幹部：一個是犯人們在後面叫「催命」的，他的姓名是崔岷，不管什麼場合都要收拾人，對我們這些勞教右派隨便拳打腳踢。還有一個就是梁進孝，他把原西固蘭化公司黨委宣傳部部長王笑良（陝北人，妻子也因其問題被開除了黨籍）報復用鐵鍬打了一頓。再就是當時夾邊溝農場醫務所所長陳造堂，這是個河北人，抗美援朝回來的，狗屁都不懂。那時候每天人們勞動回來八點了才去看病，但陳造堂給人看病前都要先訓話，不管你的病有多重都是這樣。他說「我先給你們看個政治病，你們的病是吃勞動人民血汗而得的病。」罵上兩個多小時後，才給人胡亂看一下。我是病號隊的隊長，我很多時候寧可病死，也不願意到他那裡看病。所以說，夾邊溝死這麼多人，與這個陳造堂所長關係很大。

一九五九年國慶日三千多人的夾邊溝只摘了三個人的帽子，一個是蘭州醫學院講師由天的兒子宋雅傑，這是一個十四歲時隨母親一起到夾邊溝農場勞動教養來的一個壞分子，摘帽時十六歲；再一個是原蘭州市西固熱電廠技術科科長的右派分子李振華；還有一個是歷史反革命分子王慶福。

能從夾邊溝回來，關鍵是我有活著出去的堅強信念，這是最根本的一條。在抗日戰爭期間，一九四二年九月的一個晚上，我請假回了家，發現敵人時，日本人已經將我們包圍了。我父親給日本人扔了一顆手榴彈掩護我跑了。我當時別著一把日本牛頭匣子槍，在一個土坎邊上，一個偽軍追了上來，一把拽走了我的衣裳，但沒有抓住我，讓我跳下土坎跑了。當時，我的槍裡有三發子彈，是我回家時遊擊隊長讓我防身的。上黨戰役時，閻錫山的軍隊和我們各在一個山頭上對打，把我跟前的一個戰友打死，但我活了下來。

再就是我妻子不論什麼時候都陪著我，給我精神上很大的支持。剛開始我不讓老伴到夾邊溝來，到了明水後，我給家裡寫了一封信，說：「千方百計救一救我這條不值錢的命呀！」時間不長，山西老家的三弟給我送來了二十多斤炒麵。我在夾邊溝關了兩年九個月，除了這次我再沒有求過家人。

一九六一年元月一日，我離開了高臺縣明水灘，從地獄裡活了回來。當時來了一輛轎子車，坐了有二、三十個基建隊的人員，把我們拉到了高臺縣火車站。又從新添敦、農業隊拉來了四十多人，總共有六十多人。朱照南幹事給了我兩口袋燒餅，讓我每天給每人發兩個。到了烏鞘嶺死了一個人，烏鞘嶺的下面大柴溝又死了一個，死人都是從火車窗戶裡扔出去的。到了蘭州閔家橋民政廳招待所又死了四個人，真是走一路死一路。我們基建隊到了明水灘的有三百多人，活下來的只有五十多人，我陪著看護病人，每天都要死四、五個人。

我們這些右派分子苦啊！文化大革命時又來了第二次劫難。一九六六年八月二十四日，對我進行車輪戰，將我右胸第三條肋骨打斷，內臟出血；一九六八年五月的一個晚上，將我打得遍體鱗傷，肺部及腎臟受到創傷；一九六八年七月七日十六點三十分左右，造反派們將我帶進一個單人間房，勒令我爬在一個鐵床上用鋼絲鞭對我進行毒打。被毒打後的第三天，由於我的胃不好，在按摩時，一個造反派將我的被子一腳踢開，跳到床上在我的肚子上猛踏兩腳，並說，我是專會治胃病的。這兩腳後患無窮，使我內臟出血，到年底差點斷送了我的性命，從此，我的大小便失禁。所以說，反右運動給我們這些右派以及家庭的創傷真是一言難盡。

秦德裕

我是父伯三人的獨生子，從小受到家人疼愛。抗日戰爭時期，國民黨的政策規定，電信技工免服兵役，所以我從蘭州市志果中學高中畢業後，父伯們促使我考入當時第八戰區西北訓練團報務人員訓練班。畢業後分配到蘭州電信局任有線報務員。一九四九年八月二十六日蘭州解放後被留用，幾年來一貫努力工作。一九五七年底至五八年春，本單位反右運動後期，領導動員一般員工向黨交心，我積極回應號召，誠實地把自己非無產階級思想及所謂靈魂深處的資產階級意識毫無保留地全盤交待。向黨交心後一直未受到批判教育，組織也未提出任何問題。直到一九五八年八月二十四日，局黨委領導找我談話，不提交心的事，只講要我去農場參加勞動鍛煉、講明最多六個月便可回局工作。我高興地表態願意前往。

我的愛人張九蘭當時在蘭州紅旗機械廠當會計，對工作認真負責，政治上積極進步，已由七里河區委批准入黨。她勉勵我好好勞動，爭取良好成績。八月二十六日清早，我興奮地告別父母，依依不捨地離開妻兒，扛著行李到了單位。黨委派勞資人事科一位幹部領我出發，因為心裡很踏實所以不問去哪裡，只是跟著走。上了火車後這位幹部才講：農場在酒泉夾邊溝，到那裡要認真改造思想，爭取好成績以利今後工作。我仍無拘無束，很是樂觀，大談前途輝煌。到了高臺縣西梧桐泉火車站下了車。這位幹部很熟悉這裡情況，他押送右派已有幾次經過此處。當時夾邊溝農場的汽車已在等候我們，聽司機講是我們單位打長途電話聯繫好的。幹部鑽進駕駛室，我爬進大車廂，汽車向北飛馳而去。眼前一望無際的沙漠荒灘，不見一點綠色。車後揚起的沙塵撲面而來。閉上眼睛聽著呼呼風聲。偶而嚅動口舌，竟有沙子磣牙。心想詩人王昌齡的詩句，「大漠風塵月色昏」，真是精煉濃縮的眼前戈壁風貌。

押解幹部向農場管教股辦完交人手續後板著面孔回去了，農場幹部冷冰冰地說：「這裡是勞教農場，你單位既然給了你最重的行政處分，就一定要遵守各項規章制度，安心勞動改造。」這幾句話好像涼水澆向頭頂，我爭辯說，臨來時單位領導明確講鍛煉六個月，沒有宣佈給什麼處分。工作人員說：這情況我們不知道，只依據單位送達的勞教公文執行勞教任務，有意見可詢問本單位。他一再強調只有老實改造才是唯一出路。這時，我才恍然大悟，本單位以勞動鍛煉美名騙我來農場成為勞教分子。我比別的勞教人員遲來三、四個月，很顯然是本單位拿來湊數目完成任務指標的。我陷入了痛苦的深淵。更令人傷心的是株連家屬，愛人批准入黨的事未經宣佈而告吹，小兒子初中成績名列前茅而不得入高中，年逾六旬的父母在居民中受批鬥，全家人被遣送農村備受苦難。

我被勞教至解教一直糊裡糊塗，始終未見有關勞教的書面依據，也未向群眾宣佈我有什麼問題。個人及家屬遭受二十來年的痛苦歧視總得問明原因。從農場回來後誠懇請求組織予以說明，領導讓看檔案中送勞動教養的頭條罪狀是「思想極端反動，經過動員不申請入黨」。這真是天大的冤枉，我領到入黨申請表後準備填寫，這能說是極端反動嗎？

幸運的是全局去夾邊溝農場勞教的十多人中，只有我和一姓李的活著回來了。一九六〇年大饑荒時期，農場餓死大量勞教人員，在社會上造成惡劣影響，有不少書刊報導，現將我的勞教經歷陳述於後，以補充同類書刊內容。

夾邊溝勞教農場位於酒泉縣東北的長城鄉地段，西與清水鄉毗鄰，北與鴛鴦池水庫相望，東為高臺縣巴丹吉林沙漠邊緣。這裡原為新華勞改農場分場，有現成耕地百餘畝，歸張掖地區勞改分局領導。一九五八年初大批勞教人員到來後，在荒灘上開墾耕地二千餘畝，分為幾十大塊條田，每塊七、八十畝，這裡的土壤為祁連山雪水沖積扇綠洲間的洪漫灘沙土地，含沙量很大。因位於黑河與北大河水系之間，地下水儲量非常豐富，下挖不到二米即可見水，但因是鹽鹼苦水，人畜不能飲用，也不利於農作物生長，所以每大塊耕地兩邊必須深挖排鹼溝，工程浩大艱巨。這裡的灌溉系統有東西走向的一條幹渠，每塊耕地間有支渠相通，開挖水渠及打地埂是浩大的工程。食用水取自水渠，味道純正無污染。

農場對外交通不暢，沒有正規道路。不定期有農場的汽車、牛馬車往來於酒泉火車站拉運物資接送人員。這個小車站與農場間有專線電話聯繫，擔負著為無產階級專政服務的的重任。勞教人員的家屬們探視犯人，下火車後沒有交通工具可乘，只有在沙漠荒灘上艱難地步行幾十里。嚴冬時節冒著面如刀割的風沙飛雪，凍得瑟縮發抖，舉步艱難。酷暑天得踩踏燙如火烤的沙礫，令人窒息的滾滾熱氣，口乾舌燥，揮汗如雨。人們在熾熱驕陽的淫威下，誰能不仰天長嘘，感受那馬致遠的元曲小令名句「斷腸人在天涯」的哀愁。更有甚者，還得提防不時出現的沙塵暴與惡狼的襲擊。但惦記著自己親人的安危，這一切艱難險阻擋不了白髮蒼蒼的老人與身心交瘁的少婦們冒死前往農場。

農場在黨委領導下有正副場長。下設行政、管理、教育、生產四股，還有醫務所。正式幹部只有二十幾人，管理近三千勞教人員的勞動生產、思想教育及生活雜務，人力嚴重不足，於是起用勞教人員中被認為可靠的縣處級幹部擔任小隊長等職，採用以勞教管勞教的權宜辦法。有些人在這裡掌權後，忘記自己的勞教身份，濫用權力，產生嚴重惡果，從本文中所述事實便可一目了然。

所有勞教人員分編為農業基建隊與農副業隊兩大組織。前者從事挖排鹹溝、修水渠、平整土地等重體力勞動，所以都是中青年人。農副業隊從事輕勞動，如春播、秋收後的田間管理、灌溉放水、種植甜菜、紅蘿蔔、蔥蒜、甜瓜、飼養家禽家畜、牧羊、修鞋、縫紉等。因為活兒輕，全為年老體弱及婦女們分工負責。基建隊分若干小隊，小隊長領導六七十人，負責生活管理與生產學習，權力集於一身。農副業隊按工種分為小組，小組長大都是勞改期滿但還須監管，不讓回家的留場就業人員。他們都有一技之長，通曉所幹工作知識。他們因為經過長期勞改，性格溫順，待人有禮，不輕易流露情緒，對組裡勞教人員很少責難，多以規勸方式解決問題。

如修鞋組工長索榮便是勞改後留場就業人員，對同組的勞教人員陳丕德尊重關心，共同努力搞好工作。有了這個好組長，陳逃脫了餓死的命運。基建隊小隊長在本隊內有獨斷專行大權，如實施扣飯、捆綁、關禁閉等。農場正式幹部很少過問小隊長濫施刑罰的行為，怕的是自己承擔右傾罪名。有的小隊長按政策辦事，所管人員則少受煎熬痛苦，如趙長年便是一位值得人們稱道的好隊長。他曾是河西地下黨的負責人之一，解放後擔任過武威縣委書記兼副縣長，此人性格溫和，平易近人，修養好，有同情心。在繁重勞動中一聲不響地帶頭苦幹，從不指手劃腳當監工。體弱有病的人完不成任務時他幫著幹，從不呵斥責難，或像其他小隊長動輒罰禁吃飯。由於他良好德行的感染，全隊人無不努力自動完成工作任務，舒心地搞好生產。有的小隊長在口糧緊缺時把舔飯桶的好事交給善於阿諛奉承的人享受，而趙長年則把舔飯桶的好事總是交給身體弱者。人格不受侮辱，因此死人的悲劇比其他隊少發生。這種良好的管理分工受到惡人嫉妒，屢向農場領導反映誣陷，多次受到批評，被指責為右傾軟弱，但他堅持原則。如果像他那樣執行政策，全場肯定會拯救不少人的性命，只可惜這樣的小隊長太少。

順便介紹一位與趙言行相反的小隊長。此人在反右開始時氣焰十分囂張，以萬言書怒罵領導是蠢物，唯我是才，便被定為極右分子。到了夾邊溝農場後，因為勞改分局有熟人，便當上基建小隊長。這個職務雖小卻滿足了他當官的欲望，也給了他發揮暴虐性格濫施淫威的機會。他對小隊內人員開口就罵，動手就打，向人臉上吐唾沫的惡行屢見不鮮。當有人在工地上因饑餓暈倒，他不去扶一把，反而罵娘或用腳狠勁踩踏。有個人因小聲罵他野蠻，便以「攻擊領導」罪捆綁關禁閉一天。因饑餓體力差完不成生產任務時，他以扣飯一頓方式進行處罰，那真是雪上加霜的苦難。這種倒行逆施的管理，正式幹部不聞不問，怕的是自己會受到有右傾思想的責難與政治風險。

有的書刊講到勞教人員住地窩子的情況，那是高臺縣境內明水農場的事，夾邊溝農場的辦公室及宿舍全是土坯平房。農副業人員因分散勞動，以小組為單位分散住在小房內。基建隊人員集體勞動，以小隊為單位住在較大工棚式平房內。幾十人睡地鋪，墊著厚厚的柴草。房子正中砌有一長形土臺，兩邊砌有坐人土墩，供人們寫家信或寫檢討及交待材料之便。房中還有泥火爐，燒著酒泉出產的優質煤炭，火力很旺，使人們免受寒冷之苦，還可煮食野菜雜物，堪稱農場一大德政。房門掛著透風的草簾，屋頂到處通氣，所以沒有煤氣中毒之險。

幹部房中有桌椅有木床，勞教人員中也有享受這種特殊待遇的高級統戰人士。蘭州大學副校長教授陳時偉、省博物館館長陸長林、蘭州醫學院細菌學家劉逢舉、省民族事務委員會秘書長馬廷秀、西北師範學院心理學老教授章仲子等十多人編為一個小組，由場部直接領導。他們不上大田勞動，幹些輕鬆的雜活。每年天暖時由幹部帶著去農場周邊戈壁灘上，挖來二米多長的陳年梭梭草，胳膊一般粗的陳年甘草根，還有草帽般大的陳年蒲公英頭，在地邊堆起來燒成灰，美其名曰土化肥。這些如此巨大植物根莖不知生長了多少年，起到了固定沙礫的良好作用，把它們毫不可惜地挖掉實在可悲可歎！陳時偉曾提出重視生態問題，被幹部批評為保守思想，他只好噤若寒蟬。十幾位特殊人物不僅受到農場善待，家屬們也頻繁前來探視，如陳時偉的夫人左宗杞每月坐著小車看望兩次，每回都帶來不少食品，同組人沾光不少，其他人則望而興歎。

基建隊人員有時還出外幹其他活兒。一九五八年大煉鋼鐵時派幾百人去鴛鴦池水庫附近礦山上往回背錳礦石。凌晨三點出發，伸手不見五指，大隊人員由勞改後就業人員帶路。沒有現成道路，在戈壁灘上看準大方向摸索前行，跌跌撞撞走得很慢。有的人被梭梭草絆倒，緊跟者便有人摔倒在他身上，喊聲笑聲叫罵聲響成一片。有的人被石頭碰了腳，疼得直喊「媽呀！」。遇到沙窩子兩腿邁不開步，累得汗流浹背，寸步難行。看見遠處閃閃爍爍的綠色光點，便在沙堆裡連滾帶爬爭著向前，怕落後了餵狼。說不上走了多少冤枉路。上午十時許大隊人員陸續到齊。急匆匆狼吞虎嚥地吃完自帶飯食，按規定背四十公斤礦石往回趕路。那時伙食好體力足，人們積極性也高，所以誰也不會比規定重量少背。沒有工具便各自想辦法，有人用繩子捆一塊，有人用上衣包一塊，還有人用兩雙褲管裝些碎石。一齊上肩，浩浩蕩蕩，壯觀無比。只聽見大夥喘著粗氣，腳下沙沙作響。時間長了會有人累得輕聲喊：「我的媽呀！」

太陽西斜時領路人忽然喊叫：「大風來了，趕快離開沙包到平坦處。背朝大風面朝地臥倒。把頭臉保護好，千萬不要亂跑！」這時望見西邊天空一片昏暗，透過陽光閃現橙紅色。不多時風沙襲來，天昏地暗。臥倒在地也躲不過飛來的小石子打得頭臉發痛，風沙吹進耳鼻口，呼吸窒息不暢，只好手捂鼻孔以降低風力對呼吸的阻礙。風沙肆虐真有天塌地陷之感。氣象資料記載此地最大風力可達十一級，不知這次狂風為幾級，幸虧刮不多時漸漸停息，但天空仍然灰濛濛地看不見遠方的祁連山。人身上蒙著厚厚一層沙土，只有頭臉在地上晃動著抖掉沙塵，然後站起來一邊抖動全身，一邊挖耳朵、擤鼻子、吐唾沫。抬頭一看身邊地形地貌大變，沙包不見了，低地填平了。領路人高興地說：「沒有死一個人，也沒丟掉一個人，真是幸運，趕快回吧。」眼看農場不遠，不禁喜上心頭。有的人實在扛不動了，便在硬地上拖著走，衣褲磨成破布片也在所不惜。

我不是最後一個，但掉在大隊後面，認為快到農場了不妨喘息片刻，便把礦石放在土坎上，背靠土坎休息。猛一抬頭見到三隻惡狼慢跑著向我奔來。我急忙解下礦石上繩子，背部貼緊土坎。狼見到我不停地掄摔繩子，便在前左右形成三面包圍。它們前腿直立，屁股著地，目不轉睛地放射凶光，在旋轉的繩子前不敢靠近。這種防狼辦法是農場附近牧羊人傳授的，究竟靈不靈此刻心裡很不踏實。反正使出渾身力量掄繩子，加之心裡緊張渾身虛汗直流。聽見不遠處傳來掉隊難友們的談話聲給我壯了膽。中間那只老狼悻悻地離開，其餘二隻也跟著走開，在不遠處老狼還不甘心地回頭張望。我出口長氣叫聲媽，迅速抱起礦石跟同伴一起走。腳不痛了，困乏的感覺也沒有了。這次驗證了掄繩子防狼的辦法是有效的，不過如果沒有難友到來、那後果又該如何呢？一日之內兩次歷險，驚心動魄餘悸猶存。

酒泉地區霜凍來臨時間為九月二十四日至二十七日。一九五九年九月十七日農場組織幾個小組搶收糖蘿蔔，我參加的小組共計七人。那天正值中秋節、大灶改善伙食，我們提前吃午飯，還領到晚飯，準備晚上在月光下搶收。一大田距住地較遠，所以帶了過夜的棉衣。由於這裡土壤宜種植糖蘿蔔，所以生長的塊莖大多在十斤上下，碩大喜人。由於個頭大必須小心挖掘以免損傷。晚飯後明月當空，七個人喜氣洋洋地幹活。突然間濃雲密佈，田野一片漆黑伸手不見五指。因為無法繼續幹活，大家只好鑽進地頭現有的地窖裡。這地窖在地下三米處，有兩人並肩進出的通道，窖內寬敞可住十多人，冬暖夏涼適宜過夜。我們緊閉木門後倒頭便睡，由於疲勞過度立即鼾聲大作，酣睡一夜毫無動靜。早晨有人看看手錶說天已大亮為何門縫不見亮光？大家聞聲詫異。合力向外推搡，用盡力氣而門板紋絲不動，眾人面面相覷不知所措。有人說肯定是通道塌垮掩埋了窖門，只好從天窗出去了。大家輪流踩上人梯，用鐵銑掏挖狹小的通氣天窗，費很大勁兒爬上窖頂。放眼四望，大地銀白一片，通道內填了雪，大田裡雪堆一個個相連綿延不斷。雪堆是大風的傑作，也是邊塞特有的風光。這場大雪來得這麼早真是出人意外，收挖蘿蔔只好等待積雪融解後再幹。

前面講到背礦石時伙食好，那時全省大辦食堂，敞開肚皮吃飯，夾邊溝農場也是飯菜能滿足勞動者的需求，基建隊的伙房是工棚式土坯平房，吃飽肚子的時期，農場領導也重視活躍文化生活舉辦過幾次文藝晚會。眾多有專長的人登臺獻藝，可謂群星璀璨。秦腔鍘美案中飾演包公的演員功架穩重，神情肅穆、道白鏗鏘清晰，唱腔雄渾激越，把不畏權勢嚴懲邪惡的包拯演得惟妙惟肖。京劇段子也是雅趣盎然，都博得熱烈掌聲。戲迷們不僅過了癮，還如春風吹拂心靈，個個歡欣鼓舞。尤其令人難以忘懷的高雅節目還有西北師院的一個音樂教授的男高音獨唱及蘭州市文化局幹部傅軍的快板書。

這個教授的歌聲雄壯嘹亮，音域寬廣，音色優美動聽。他演唱的《祖國頌》臺下人深受感染低聲應和，有的人因自己政治上不幸的遭遇而暗自垂淚。這位音樂教育家也在基建隊勞動、閒聊中知道他是山東人，三十年代初畢業於上海音華藝術專科學校。三十年代中期張學良將軍在西安為東北軍子弟辦「東望中學」，派專人去上海請他來校任音樂教師。他曾為師生們演唱「流亡三部曲」，勾起張將軍等眾人的思鄉情懷，有人失聲啜泣，將軍亦拭淚水。當年張學良年富力強，虛心好學，曾跟學生學唱義勇軍進行曲及遊擊隊之歌等歌曲，聲音宏亮悅耳。他還愛唱京劇段子《斬馬謖》等，唱得有板有眼，表現出多才多藝的儒將風範。張曾經邀其赴家宴，該校教職員多為中共地下黨員，他的思想深受影響。「雙十二事變」後「東望中學」日漸衰落，他離開該校到了天水縣城北郊玉泉觀國立五中任音樂教師，還義務為天水幾所中學教唱抗戰歌曲，為當地火熱的抗日宣傳活動做出了一定的貢獻。國立五中雲集淪陷區來的優秀教師，教學質量高，為國家培養了大批棟樑之才，如當今文學泰斗霍松林即是其中之一。近年出版的國立五中同學錄散佈海內外，蘭州教育界對他的音樂教學成就有口皆碑。

談到傅軍的快板書其情趣之高雅，內涵之深刻，情節之豐富多彩亦為罕見，迥異日常所演快板中插科打渾之庸俗。聽他的快板書無異接受歷史、文學及思想品德教育。整段快板書分四次晚會演唱完畢，真是長得出奇。開頭一段講蘭州的水車、讚頌明朝蘭州人段續借鑒雲南筒車創制了黃河上悠悠旋轉提水的木結構水車，三百多年造福黃河兩岸人民、還讚揚了一九〇六至一九〇八年間大膽利用外國先進技術，在蘭州修建黃河上第一座鐵橋的壯舉。第二段快板說驪山，讚揚「雙十二」兵諫抗日。還引用杜牧詩句「一騎紅塵妃子笑，無人知是荔枝來」，揭示封建時代統治者的奢侈。第三段快板講洞庭湖的壯麗景觀，以岳陽樓記中名言「不以物喜，不以己悲」，表達個人情懷。第四段講成都杜甫草堂，借用「安得廣廈千萬間，大庇天下寒士俱歡顏」的詩句抒發建設新社會的豪情壯志。總之，教授與傅軍演唱的節目是有很高水準的。晚會後人們對琅琅上口的七言快板議論紛紛，無不讚歎其文學造詣之深湛，語言藝術之精當。

一九五八年夾邊溝農場勞教的右派們擺脫了本單位批鬥誣衊凌辱的痛苦，在這兒吃得飽，還享受文藝演出的歡樂，勞動後在工棚裡找熟人聊天，在陽光下看微風中搖曳的禾苗，或觀對奕、打撲克、側耳傾聽秦腔吼聲，玩味悠揚的胡琴演奏。遠離了喧囂煩人的市聲，生活得別有一番情趣。休息時還信步去小賣部選購自已喜歡的糕點、糖果、罐頭、煙酒及日用品，或去郵電代辦所看看有無親人來信。寬鬆的環境裡大家樂以忘憂，人人盼望著好好勞動換來解除勞教，重回正常生活。

但天有不測風雲，在三面紅旗飄揚的日子裡，在彭德懷元帥被打成右傾的政治風暴來臨後，人們的美好希望化成泡影，在極左路線影響下農場情況日趨惡化。因為物資緊缺，小賣部悄無聲息地消失了。勞教人員發信必須開口交管理幹部檢查後代發，究竟發不發誰也不知道。家中來信也是檢查後交收信人。沒有通信自由與親人間難講真話，加重了雙方精神痛苦。家中彙來的錢本人不能保存，全由幹部代管，不能自由取用，徒增望錢興歎之苦。為防階級敵人破壞，農場進駐了解放軍，在農場周圍加強了警戒。各小隊加強了生活管制，在工棚內不得喧嘩，休息時不能竄隊找熟人聊天，在工地上解手必須先喊報告，得到小隊長許可後方可行事。有些小隊長特別苛刻，限制大便時間，因腸胃不適排便困難超過時限的人必遭辱罵，有次還把一個不順眼的病人踹倒坐在屎堆上。工間休息時規定要待在自己狹小的工作面上，不得越雷池一步，實行了古代劃地為牢的刑罰。據在勞改隊服刑過的人講，在勞改隊也從未見過如此對犯人濫施淫威的酷吏。

一九五九年底口糧每月十八斤時，工地上出現了暈倒人的現象，人們對勞動心有餘而力不足，完不成任務成了普遍現象。苦難日甚一日，暈倒休克抬去醫務所搶救，不見回來者屢見不鮮。

一九六〇年口糧減為每月八斤。其中有帶殼小米、黑豆、紅薯乾，各占一定比例。代食品是苦苦菜、蒲公英、沙棗葉。經過水煮浸泡去怪味後，沙棗葉仍然難以下嚥。頓頓一鍋清湯，有幾天鹽也沒有。終日饑腸轆轆，腸胃發脹拉稀、病號灶早已取消，清真灶無形中消失。自一九五八年以來農場年年收成不錯，那麼多小麥、瓜菜、蘿蔔為什麼在一九六〇年不見供應呢？右派們只有心中想一想，天天為自己面臨的生存危機發愁而已。

白酒加紅糖燒熱後服下是治療拉肚子的單方。小賣部取消前我買得瓶裝白酒一斤珍藏，以備不時之需。我吃了代食品拉稀難受，便從箱子取出白酒偷偷地喝了一口，哪知酒香飄散，引來眾目睽睽，有人還投以乞求目光。我緊握酒瓶沉思片刻後橫下一條心宣告我請客，同房難友每人各飲一小口。死氣沈沈的工棚內立時蕩起許久未曾聽見過的低沉歡笑聲。蒙頭大睡的人從被窩裡探出頭來朝我張望，有一位還在地上手舞足蹈而跌倒。當秩序井然地傳送酒瓶小飲時不爭不搶，也未見貪婪多喝的人，這證明了大家文化修養水平之高。待到瓶底朝天時每人還鼻子對著空瓶口狠狠地吸氣聞聞酒香，啊地出口長氣。最後往瓶裡灌滿水，幾個爭著喝完。但歡樂只是曇花一現，喝完酒後工棚裡重歸死一般寂靜。

每個人饑腸轆轆，無不愁雲滿面，為求生存各自想盡一切辦法。如有人被派隨牛車外出公幹或被派去農村拾糞，便有人拿出衣服、金筆、手錶、金戒指、託付換取食物。一省防疫站姓馬的醫師請難友幫助忍著疼撬下金牙，換來一小塊烙餅。我去長城鄉積肥，用自己珍貴的狐皮大衣向一位村幹部換得八斤大米。給同房難友各贈一小湯匙後，把七斤多鎖在木箱內，每天取出一點和進清湯煮著喝。把一點大米鎖起來並非我太小氣，在那人人掙扎在死亡線上時，被逼偷吃食物是合乎情理的。

把正常人逼向偷竊真是莫大悲哀！當無物可換時只有求助於家人的一條生路。可是有的人家在農村，困難得自顧不暇，哪有食物接濟，有的人家在城市，但迫於劃清思想界限的壓力而不敢接濟。有的人因離婚而無人接濟。能衝破阻力大膽接濟的為數不多，我的母親不顧居民委員會反對，由我幼小兒子陪同，手扶拐杖，冒著戈壁風沙嚴寒蹣跚到了農場。在工棚內相見時她二人滿臉塵土，聲音嘶啞，老娘兩腿一軟癱坐在地上，我兒子使勁扶不起來，我們三人立時抱頭哭作一團。過了好一會有位難友勸說道，見面就該高興，還哭什麼啊！母親止住哭聲，顫巍巍地從提兜裡取出炒麵布袋。她說全家人勒緊腰帶節約了一些，還從一位炊事員手中高價買了幾斤。不等她說完我便急切地抓一把炒麵吃起來，看見小兒子嚅動嘴咽唾液，我顧不上去理會，又抓一把吃完後，才叫聲媽，說您倆也吃！她和孩子各吃一把後再也不吃了。老娘有點不高興地說我：只顧自己不顧孩子。這話使我感到愧疚，同時也覺得委屈。原本只想到她兩人在火車上可吃到供應的一次飯，而沒想到經過長途跋涉後的饑餓。

這件事在多年後老人臨終時還對病床前的我講……那次不顧孩子，只顧自己是不對的啊！我妹妹也曾說我不對，唉！她們怎會知道我在鬼門關前思維混亂神志不清的苦衷。當慈母與兒子流著淚臨離開農場時，我抖動著手把背礦石時從礦山揀來的形象酷似小狗的小石頭送給小兒子，他破涕為笑雙手捧起。我送出工棚後二人走遠了還頻頻回首，我目送二人背影直至眼淚模糊不清，閉目立良久，默默祝福她倆一路平安。後來知道小兒子把石頭小狗愛不釋手，鄰居孩子們爭相把玩。居委會知道小狗來歷後開兩次批判會，要我父母交代去農場探視經過及不劃清思想界限的罪行，惡語相加極盡誣衊，七嘴八舌地辱罵，父母含淚低頭。老娘精疲力竭而跌倒，招來一陣狂吼亂叫。一位積極分子說石頭小狗是國家文物，右派孩子無權保存，她理直氣壯地從我家中順手牽羊。我的兒子嚎啕大哭，我的白髮雙親默默垂淚。

勞教人員喝清湯時，原先身體魁梧精力充沛的山東大漢、音樂教育家變得瘦弱嶙峋，形容枯槁，佝僂著腰，前後判若兩人。有次見面向他問好，他有氣無力地回答：「好啊！好啊！真是脫胎換骨了！」我不禁心酸地想，這是思想改造還是剝奪生存權利。他原本有個煮食雜物和昆蟲蛆蛹的鐵皮罐頭盒，被小隊長發現沒收時，他死死抱住哀求著不鬆手，但終因體力太弱，被身強力壯的隊長奪去，擲在地上狠狠踩了一腳。隊長得意地揚長而去，他哭喪著臉拾起爛盒子，費很大功夫也未能復原，這就斷了他的生路。人們常說饑不擇食，在求生欲望的驅使下他偷偷地溜到墓地上，從淺層沙土中新死難友屍體上割下大腿肉條，在無人處用野草燒乾血水，切成小塊囫圇吞下。不幾天他通身腫脹，皮膚變色，上吐下瀉，奄奄一息時向難友吐露了偷吃人肉的真情。他喃喃地說，「我違背了天理良心，我對不起難友啊！」當時同類相食的悲劇時有發生，開始時其他人對這種醜事無不氣憤鄙視，到這位音樂家幹出這種見不得人的蠢事時，大夥已見怪不怪，竟有人同情地原諒說：唉！怎能責怪他啊！這位享譽秦隴大地的音樂教育家在臨終時聲音微弱地說：「我不甘心不明不白的死！」他在下午死後無人運走屍體，直到第二天才由多吃一個饅頭的送屍體人用架子車裝載幾具屍體拉向沙灘掩埋。

說快板書的傅軍很聰明，珍藏著一個方形鐵皮午餐肉罐頭盒。拴著一段鐵絲系在褲腰帶上，藏在衣襟下，以防被盜或被隊長沒收踩壞。他睡覺時抱在懷裡、上廁所也不忘帶。當捉捕到蛆蛹、螞蚱……便和著野菜煮成清湯，閉上眼睛含淚往下嚥。沒有力量蹲下大便，只得扶牆站著撅起屁股，任黑水順著腿淌下。有次撿到一塊爬滿蒼蠅的爛瓜皮，煮沸殺菌後喝下，他舔舔嘴皮說還有甜味哩。但不多時便大瀉不止。他意志堅強，在死亡線上拼命掙扎，不停地尋找充饑食物。耕地裡沙灘上蜥蜴蟾蜍不少，傅軍有次捉到一隻碩大蟾蜍，正在開膛清洗時有人勸告說：「這東西有劇毒，七里河的一位小學教師前幾天吃這中毒死了。」傅說：「多煮一會毒在水裡，肉是可以吃的。」他幾口吃完，剎那間頭臉腫大呼吸急促，昏暈眼花。他知識豐富，立即明白中毒嚴重。他悲憤地說：「我的生命快結束了，唉！講真話有罪，忠誠被戲弄。求生不得，死有何憾。可悲啊！」一位才華橫溢的青年人竟被饑餓奪走了生命。他死後兩眼圓睜，死不瞑目，一位難友用手合攏了他的雙眼。天天死人，人人自危在劫難逃，對於難友的死神經麻木到無動於衷。

一九六〇年底我昏昏沉沉地躺著，一邊是死去的電信局同事郭希英報務員，一邊是死去的空軍地勤人員劉懋光技師，陪伴兩個死人整整一周後他倆才被運屍人員拉走。這不怪運屍人工作懈怠，而是忙不過來。一九六一年元月開始搶救人命，最先由蘭州財貿系統接回的有陳丕德、劉天錫、白征、楊法時等一大批人。有的單位沒有來接，我們電信局便是其中之一。天天死人，農場負責人慌了手腳，天天宰羊，頓頓有羊肉白饃，從死神手中奪回了少數人的性命。有位名叫袁廷棟的幹部，為救人命忙個不停，他總是關照病人們吃好以後他才就餐、表現出仁愛心腸。我離開農場時已無力走動．是袁先生抬我上了牛車去火車站的。當時勞教人員沒有一個正常的，勞改隊調來不少人支援農場，急急忙忙抬人上畜力車或汽車。在去火車站或在火車上又死去一些人，我終於熬到了蘭州車站，由省委統戰部用大轎子車接到省人民醫院療養。

經過短時間的醫療與補充營養，我沒有大的健康問題，便出院去市電信局報到，誰知局領導自食其言，不提他講的「勞動六個月後回局工作」，而是說要我每個月拿二十四元生活費當勤雜工。這麼一點待遇怎能養活父母兒女，所以我拒絕上班。拉了一輛破架子車走街串巷攬貨拉運，自食其力苦中有甜。我愛人單位紅旗機械廠廠長體恤我家困難，要我每天從廠子給銷售門市部送貨拉，一車發運費四元，真是喜出望外的幸運。四人幫覆滅後，雨過天晴，在總設計師鄧公解放思想實事求是路線指引下，在蘭州市委組織部領導的督促下給我落實了政策，平反了冤案，按一般職工享受離休待遇。全家人從農村遷回戶口，兒女們有了正式工作。我們過上了小康的幸福生活。希望以史為鑒，永遠不要再出現反右和文革那樣誤國害民的悲劇。更希望貫徹「三個代表」思想，把我們偉大祖國建設得更加繁榮富強。

李振華

我是浙江省寧波市人，父親李重南是上海洋行職員。一九三三年七月我出生於上海市，一九三九年入上海師範女中附小上學，一九四五年小學畢業後考入江蘇省立上海中學，一九五一年高中畢業後本應繼續上大學深造，但我響應共產黨提前為祖國服務的號召，參加了上海市市政建設幹訓班，從此參加了工作。幹訓班帶薪結業後，我於一九五一年被分配到上海電業學校代職學習，在這裡我學習了兩年就去支援大西北來到了西安市。當時由我帶隊，領了五個人先被分到西北電管局基建處，由於當時蘭州要建設西固熱電廠，這樣我就於一九五三年來到了蘭州。由於我的積極努力，一九五六年年我就被提升為西固熱電廠籌建處基建科副科長。

我被打成右派分子原因很多，導火線是我幫別人說了一句話。一九五七年大鳴大放之後，我的科員奚德興被打成了右派分子，奚德興是工人出生，而且平時工作認真踏實，我對他很瞭解。所以我說，我不同意將工人出生的中專生奚德興打成右派分子。奚德興是聽了彭真關於介紹南斯拉夫用工人委員會進行管理的報告後，在鳴放中說我們也可以用職工代表管理工廠。有人問他，那麼黨委怎麼辦？他說，黨委可以作為諮詢機構。於是，奚德興就被打成了右派分子。

我不同意將奚德興打成右派分子，我的罪名就是包庇右派分子。由這個導火線，積極分子就在我平時的話裡斷章取義，給我編了很多右派言論。因為我還兼任廠團委副書記，平時上團課時我說中國的人口問題是個大問題，我同意馬寅初的觀點。我說肅反運動將有些人搞錯了，於是說我攻擊肅反運動。這樣把新帳老帳全翻了出來，全都成了我的罪名。我是一九五七年十月被劃為右派分子的。一九五八年四月二十六日從蘭州動身，我被廠保衛科的一個人帶著槍押送到了夾邊溝農場進行勞動教養。

我到了夾邊溝農場，就被分到了農場基建隊二隊，基建隊長是白連魁。我一去先是挖排鹹溝，挖下去後水和泥一同往上扔。你想想，上面是紫外線很強的烈日，下面站在鹹水裡，每天五到六方的定額，完不成晚上須加班幹完，加了班第二天天不亮照樣又得去挖。另外，我們還蓋房屋、挖渠、打土坯，總之基建隊那時活很重，我什麼活都幹。夾邊溝農場懲罰犯人主要就是關禁閉、扣飯，再就是將犯人的胳膊往上扳捆起來吊在梁上。我當時不敢看這些恐怖的場面，我一聽到那淒厲的慘叫心裡就發毛。

那個時候夾邊溝的勞教人員，都在互相告密，要積極、爭表現。因為一九五八年到一九五九年大搞技術革命和技術革新，當時有個人迎合當時的形勢，搞一個「永動機」來進行發電，勞改局當時還給他批了一千元錢讓他搞。我去後看了說，這根本不行。這話很快被人向場裡打小報告進行了反映，場裡也準備來批判我。我當時著急了，一天晚上就直接進了農場場部，場部裡是場長張宏。我說，搞「永動機」根本行不通，要批判我是不對的。我談了這個意見後，張場長同意我的話，馬上讓停了「永動機」的修建。可是因為這件事場裡對我卻有了好感、也注意我了。場部有個從江蘇農業學校分來的技術員朱振鹿，揚州人，他在場裡又管農業生產、又進行基建測量，忙不過來，但他與我接觸後認為我有技術、有能力，他讓場裡將我抽出來幫助他量土方、去勘測，這樣我就可以比別的勞教人員幹得活輕鬆一點。有了這個調劑，我就一直待在了夾邊溝，沒有去高臺縣明水灘。

一九五九年國慶日，根據中央政策準備給勞教人員摘帽子，但三千多人的農場只摘了三個人的帽子，其中就有我一個。我在農場大會宣佈摘掉帽子是一九五九年的十二月二十二日。當時基建隊摘了帽子的是我，農業隊摘了帽子的是從定西來的張偉燕，還有女右派犯人由天的兒子壞分子宋雅傑。摘了帽子的我每月給我發三十二點四元工資，且將我分配到了農場勘測隊，主要勘測北大河引水的渠道，這條水渠準備引北大河的水去灌溉高臺縣明水灘的農田。另外，我還翻譯了蘇聯進口的拖拉機的說明書。

一九六一年二月一日，中央工作組讓我從農場領回來了四十多個奄奄一息的勞教人員交給了甘肅省民政廳，這樣我也就回到了西固熱電廠。

夾邊溝大多數人餓死了。你想一想最後每人每月只有十五斤原糧，沒有一點油水，而且幹那麼繁重的體力勞動，怎麼不死人呢？夾邊溝農場管理人員整體素質太差，但主要是嚴酷的政治大環境。我對張鴻場長的印象是，中等個子，且長得比較秀氣，說話比較講理，但劉振玉場長是個大老粗。我能夠倖存活著回來，主要是我被摘了右派分子的帽子。行動自由了，我可以到酒泉市買點吃的回來偷著吃；而且我年輕單身一人，沒有精神負擔；同時我有精神的支援，因為我保留著公職，我認為我還可以回到工作崗位上為國家工作。

回到西固熱電廠以後，先是讓我在材料科管設備的備品。因我當過科長，對廠裡的情況比較熟悉，所以讓我經常出差。這時我還拿三十元的工資，我經常出差根本不夠花，需要家裡補貼。其後我又被調到了審計科，也在分管備品。

文革時我被揪了出來。一九六九年三月二十四日，我又牽扯進了在全國編造出來的「反共救國軍」大案。我是被別人交代出來的，但我自己什麼都不知道。我從一九六九年三月二十四日至一九七〇年十月十日，整整被關押了五百六十多天，天天寫檢查、作交代。這個案子後來越搞越大，越整人越多，不斷有人被打成現行反革命分子，還有些整人的人後來也被卷了進去。當時我們電力系統在這個案子裡就被揪出來了上百人，這裡有西固熱電廠的審計科長、廠革委會副主任張仁緒，調度所的領導岑立慶、調度員楊文明、張昌鼎等等。當時這些造反派沒有一點常識知識，說我們要炸西固熱電廠三號變壓器，我非常清楚西固熱電廠就沒有這個設備，純粹是胡說八道。將我批鬥打罵關押了這麼長時間，最後將我放出來後只是輕描淡寫地說「事出有因，查無實據」。

我對現實已不抱多大希望了，你也要小心謹慎，採訪完寫時不要加任何自己的觀點，就這樣我們這麼多人死了，他們還會說你是編造的。一九五七年反右運動明明錯了，但他們對受害者至今不說平反，只說「改正」，還給受害者留了尾巴，還要打人。巴金生前提議建文革博物館，他們根本不會同意，因為文革就是毛澤東幹的。我現在做人的原則就是儘量低調，規規矩矩，老老實實，再不說話，因為說也白說，他們就是要讓人人都變成啞巴不說話。

陳丕德

夾邊溝勞教農場紀實

（一）

反右運動中我在蘭州市財貿幹校學習，被劃為右派分子後，於一九五八年四月八日由張子榮押送我等去酒泉縣境的夾邊溝農場實施勞動教養。我被編入農業隊，組長名李寶琇，初到農場的人總是拼命幹活，爭取脫胎換骨，早日回到人民內部。但也有水土不服，吃糧緊張，因患病而情緒低沉的人。一九五八年八月間，李寶琇領著一組人去拾苦苦菜，以改善伙食。在經過大田地頭時見有簡陋茅屋兩間，這是耕田人夏天避太陽，冬天躲風雪的處所。組長說聲休息一下吧！我便迫不及待地鑽進茅屋。裡邊光線暗，剛進去目光不適應，隱約見有個人面壁而立，懷疑他在小便。我怒氣衝衝地叫進來幾個人把他解下放平，見已斷氣。李寶琇組長派人去報告農場領導，不一會來了一位幹部及死者的組長。這位組長說：這人是上海支邊青年，因水土不服，身體有病，今早請假說去看病，誰知他竟幹出這種事。幹部說：「拒絕改造而自殺是自絕於人民，是可恥的反革命行動。不要再議論，去領個芨芨草籃子裝起來埋掉。」在這裡死人的事常有，大家見怪不怪，沒有人去議論他。

芨芨草耐旱抗風，在河西走廊各地田邊地埂，戈壁灘上隨處生長。一般長約一米以上，比麥秸粗，質地堅韌。秋後收割，有擰繩、編織、蓋房苫頂等廣泛用途。夾邊溝農場有個編織工廠，由酒泉縣的一個勞教人員帶領十幾個人專職編織屍籃，原料就是芨芨草。這個工頭曾向我誇耀他的技術，我則報以苦笑。一九五九年下半年芨芨草屍籃供不應求，這個編織組被取消，改用死者棉被裹屍，也是節約的辦法。東漢伏波將軍馬援曾說：「男兒要當死於邊疆，以馬革裹屍還。」可見古人不一定主張人死後非用棺木不可，宜靈活運用，以不暴屍荒野為宜。

在戈壁灘上還有一種生命力很強的耐旱木本植物紅柳，初生時為灌木，多年後成了枝幹分明的喬木。它的枝條小花粉紅，在細細的枝條上一簇簇迎風搖曳，煞是喜人。其枝條堅韌，在水中浸泡漚好後是上等的編筐原料，當地農民廣泛採用，夾邊溝農場就地取材，編成裝土用筐籃。我所在的一組人曾負責泡漚紅柳條。

水中漚好的柳條必須及時撈出晾曬，以免黴爛。一塊幹活的人有的知道水中鹽鹼成份大，下水後有損健康，推說感冒了，不能下水。有的北方人不喜歡下水。我這個四川龜兒子自幼愛玩水，而且當時天氣正熱，去水中涼快一下也好。幾天撈柳條工作都是我自動下水幹，其他人在水塘上接著拿去晾曬。我幹活不惜力，上身流汗，腿上冰涼，毫不在乎。這個任務完成後不幾天便覺兩腿隱隱作痛，日甚一日。天冷時痛徹骨髓，行動困難。有一位老年人說：你見過隴西臘肉嗎？鹽鹼把豬肉醃成那樣，骨頭變色。此地水中鹼性大，一連幾天泡，還能不得病嗎？我一聽這話，心裡明白自己得了大病。俗語說樂極生悲，這就是我不自量力，愛玩水的結果。病情一天天加重，走路時痛得直冒汗，尤其右腿一點感覺也沒有。打飯、上廁所拄著棍還得有人扶。天啊！我殘廢了，如果能見上妻兒一面，死也瞑目了，整天這麼想著。

我是個不怕困難，從不示弱的硬漢子。這時回想起當年在滇緬抗日戰場上，與日寇周旋在崇山峻嶺，不怕斷糧、高山缺氧、莽蛇毒蟲、狼虎侵襲。而今殘廢了，不能自食其力，還有什麼活頭，頓起自殺念頭。決定採用絕食方法自殺。一連四天不吃不喝，只是蒙頭大睡。胃裡像火燒那樣難受，咬牙苦撐。心想常人說不吃不喝六天後可以死亡，我必須堅持住，求得圓滿結果。別人代我打飯，苦口相勸也推說吃不下。群眾的眼睛是雪亮的，終於有人發現了我的企圖，上報組織後決定開鬥爭會幫助我。

死豬不怕開水湯，我這個老右派分子上鬥爭會可說是身經百戰，還怕這次的鬥爭嗎？全組人正襟危坐，李組長態度嚴肅。一時鴉雀無聲，氣氛緊張。組長大聲呵叱：「陳丕德坐起來！」我毫無反應。他又吼叫：「坐起來！」我仍不理。眼看他下不了臺，有人打圓場說：他幾天口不沾米水，沒力氣了。組長自己下臺階說：那就睡著好好聽大家的幫助。

按鬥爭會的程式，當然是主持人先講開會的原因，然後要求與會者踴躍發言。有不少人想表現積極，所以發言者爭先恐後，言詞尖銳刻薄。有人指責說：「用自殺來威脅組織，這是反黨反革命。」這個大帽子並不可怕。有個年輕人竟開口罵人：「你自殺死了不如死條狗⋯⋯」沒有等他講完，我怒不可遏地猛坐起來，打斷他的話說：「我不如狗，那你正如一條狗。」我說完後又鑽進被窩。這一下猶如沸油鍋裡倒了冷水，立即起到爆炸效應，那位發言者暴跳如雷，說我不願接受改造。眼看組長無能控制會場，一位姓胡的出來插話說：「老陳呀！黨有個規定，自殺是自絕於人民的反革命行為，那把自己的妻兒就害苦了！你於心何忍啊！自殺也是弱者的表現啊！」他語調溫和，態度誠懇，而且正中我的思想要害。我還想到大家勞動後拖著疲憊不堪的身軀，空著肚皮，繼續開會真是苦不堪言，心裡實在不忍，就順水推舟地表態說：「我確實是因為有病不想吃飯。我接受善意的幫助，爭取吃飯養病。」滿天烏雲立刻散去，組長罵道：「你這四川龜兒子真煩人！」我不想死了，下決心養病。

拖著棍子慢慢挪動腳步，艱難地到了診療所，累得滿頭大汗。農場的診所有人高抬稱作醫院，陳所長自然叫陳院長。當我講明兩腿病情及病因後，他用橡皮棒敲打兩腿後用大頭針亂刺幾下，毫不思索地下結論說：「你這是裝病。」我強壓胸中的怒火反問說：「院長說我是裝病嗎？」他不搭理，我又問一句。轉身向外要走時，他突然喊叫：「等一下！給你開點藥回去洗一洗，再開點針藥，內服藥。」我說：「真怕院長說裝病，抗拒改造，挨批鬥。」他說：「少廢話，快去打針！」給我開了三天病假。

以後還去看過幾次病，其他醫生也開過病假條（由陳院長簽字生效）。左腿還是沒知覺，右腿痛得要命。白吃飯，真是生不如死，死神又向我招手。忽然眼睛一亮，想想副業隊有個鞋工組，雙手可以修鞋，免得吃閒飯惹人嫌。我扶杖一瘸一拐到了鞋工組門口。鞋工師傅一瞥後理也不理，我搭訕著問：「師傅修一雙鞋要多少錢？」他冷冷地回答：「不收活，我一個人忙不過來。」這話真使我喜出望外，便故作熱情地同他攀談。得知他名叫索榮，我也說了姓名。他問明我的腿病後，我趁熱打鐵，說明自己想來鞋工組當徒弟。他說自己做不了主的，得去問副業的夏普，他講的這個人我見過，聽說是農場設計師，但衣著有點不像幹部，因為他穿的呢子衣服破爛得還剩下半截袖子，言行上明顯有自卑表現。當我向夏普講了情況，他很同情地說：「那好！」我來到鞋工組時，索榮又說「夏普算老幾，他和你一樣是勞教犯，這事是白隊長說了算。」我硬著頭皮去找管理副業的白隊長。這人面部表情嚴厲，貌似難以接近，我鼓起勇氣講明情況，誰知他態度溫和地說：「去給索榮講，我同意你到他那裡學修鞋。」當見到鞋工師傅時他又說：「口說無憑，要開個條子來。」這話有理，白隊長爽快地寫個條子，並要我口頭通知農業隊註銷了姓名。

一九五八年國慶日後夏普有天來鞋工組聊天，他含蓄地說：「你以後只看鞋這一種顏色，不再看那千變萬化的面孔了。」他這話對也不對，鞋工組接觸人不少，因而看見的聽到的形形色色的人和事更多起來。我們鞋工組同伙房的人有了交往，因而在食物上有便宜可占，僥倖逃過餓鬼索命。因腿病的禍得到保命的福，正合乎古語「禍福相依」。

（二）

白征是大學畢業的回族幹部，擔任過蘭州大眾企業公司總經理，在擔任蘭州財貿幹校校長時劃為右派，送夾邊溝農場勞動教養。因為他是個縣級黨員幹部，所以被派為犯人小隊長。這職務有偷閒休息機會。

一九五九年的下半年人人餓得皮包骨頭。索榮是勞改釋放的就業工人，在工人灶吃飯，條件比犯人強得多。

因為給炊事員修鞋獻殷勤，偶爾給我帶點食物，起了急救作用，我真感激他的救命之恩。有天白征拿個小本本來問：「我們現在吃的乾菜葉稀糊湯是怎麼做的？那麼好吃我準備寫成食譜，將來回家後好好做出來，飽飽地吃幾頓。」我認真地講解說：小時在農村見過煮豬食嗎？辦法一個樣，不過豬食裡麵粉多一點。我們現在吃的菜糊湯是工人灶退下來的蓮花菜葉，曬乾搗碎，加水煮熟，按口糧定量撒進麵粉，用大棒攪勻，不結疙瘩就好。老白邊聽邊記，非常認真。在這吃稀糊湯時期，伙食不分回漢灶。原先回漢分灶而食時灶上有葷腥，這時清油也沒有，所以不必分灶了。

有天中午開飯，見別人端的飯黃亮好看，我不禁喜上心來，脫口讚美說：「今天的飯真好！」而索榮冷冷地說：好不好打來就知道了。我興奮地端起兩元錢買來的搪瓷飯盆，瘸著腿到了打飯的地方。見到黃色的飯裡稀稀拉拉的和著洋芋片。炊事員打飯的勺邊沾著一片洋芋，眼看掉進我的飯盒裡，可是他把手一抬，那片洋芋沒有下來，不由人一陣心酸。好些天還不忘這情景，那片洋芋不時浮現在眼前。飯打回來一看，不禁令人發愣，黃色的飯原來是用穀殼做成。穀糠可以充饑，而這穀殼是碾不爛的木質纖維，牙咬不動，腸胃豈能消化得了。我看著飯盆心裡叫苦；而有個熟人看了我的飯，還說比他的好。所謂好者不過裡邊多了兩片洋芋。他的飯盆裡真的揀不出洋芋來，我沾了便宜，怪不好意思。這飯吃一口使勁咀嚼，很大一會也咽不下去，只有咬半片洋芋和著嚼，再喝口水往胃裡沖。洋芋完了，用水也難以下嚥。邊吃邊流淚，最終還是吃不完，又捨不得倒，也不敢倒，把它存起來。一連幾天打來這樣的飯，強迫自己吃一點。每天吃不完，倒在一起存著。有天白征來問有什麼吃的沒有？我說有，但是怕你不吃，邊說邊端穀殼飯放下。他一見便大口大口地吃起來，我急忙勸阻少吃點，免得出問題。他點點頭，把剩下的包進手帕，裝進衣袋。

一連幾天的穀殼飯，吃得不少人胃痛得臥床不起。腹脹難受，一個個往廁所跑。蹲坑不夠用，便在空地上隨處大小便。大多人因兩腿無力，蹲下後便兩手扶地，更有甚者頭也抵在地上，真可說：「五體投地」。解不下大小便，腹脹難受，哭聲此起彼伏。入夜後哭聲一片，沉悶的男聲夾雜了女犯人淒厲的尖叫，農場大黑狗也狂吠不已，鬧得人心驚膽戰。

有的人體力衰竭，胃腸蠕動功能喪失，因腸梗阻及腸套疊而喪命。農場領導非常重視，急命診所盡力搶救。病人們無不有求生欲望，診所裡擠滿了人。原有的醫務人員忙不過來，從勞教人員中抽調十余名身體尚好的人，其中一名女性。通過臨時學習灌腸技術後，給所有排便困難的人實施灌腸治療。治療室房間小，便在室外治療。每次十多人撅著屁股接受灌腸，在注水後有少部分人排出大便，大多人只流水，不排便，只得用指頭往外摳。有的人迫不及待，不等醫生治療，自行互相掏摳。有人喊叫慢點！有人叫罵忍著點。我吃的穀殼飯不多，但也出現大便困難，請臨時醫生王效良灌腸兩次，白征也不例外地接受過治療。他垂頭喪氣地來同我聊天說：「看這情況我們很難活著回去，如果我二人中有一個活著回蘭州，一定要給另一個家屬捎個信。」二人相對嘆息、萬念俱灰。在這生死關頭、農場又恢復了菜糊湯伙食，勞教人員黑瘦的面孔露出一絲微笑，我也恢復了活下去的希望。

鞋工組在一個小院裡，有天農業隊派幾個老人來院內簸曬葵花籽，指名由索榮領導工作，負責上交。幹活的人邊幹邊吃，咀嚼後連皮咽下。一邊吃一邊偷看索榮，而這位負責人裝作看不見，只是低頭修鞋。最終裝進麻袋入庫時，他留下兩三斤說：「這點留給我們救命吧！」第二天白征來了，我順手抓一把葵花籽遞過去，他驚喜地問是哪裡來的？我未正面回答，只說不要問。他走以後我的心情緊張起來，怕他向領導反映了怎麼辦。過了兩天不見動靜，我才安下心來。當再次見面時我談了思想活動，他苦笑一下說：「現在誰還那麼不明智。」

我對他講：「原來這裡是勞改農場，移交下一大群羊，連同公社化後幹部家屬們上繳的私有羊共有一千多頭。我幾次經過羊圈時，聞見羊肉飄香，有次看見一位領導從羊工屋內出來時笑著指嘴，那個放羊組人人臉上發光。你是回民，又是黨員幹部，可說有雙重優勢，如能爭取當個放羊人，那便走上了光明大道。放羊時可以自由休息，還可找到可以充饑的野菜。有了羊奶，還可以偷吃一點，還會有別的好處。」他聽了這些話後遲疑一下，笑著說試一下看行不行。有一天他表情興奮地來說：放羊的事已得到許可，從此我們見面的次數比以前少了。後來回到蘭州，平反後白征當上蘭州市政協常委，食品公司經理。見面時他很熱情，談起往事不堪回首。

索榮是我在勞教農場相處最親密的人，也是唯一沒有文化的人。他幾次流著淚講述自己的身世。他的老家在靖遠縣鄉下，自幼父母雙亡，七歲時由十二歲的尕姐姐手牽手沿路乞討到了蘭州市，晚上躲在街道屋簷下避風雨，白天沿街要飯度日。冬天有個早晨凍得姐弟倆望著靖遠方向嚎啕大哭，一位老人過路時問聲娃娃哭啥？尕姐姐講了情況，老人說：我一個孤老漢，先領你倆人去我屋裡暖和一下。老人的房子是中山鐵橋東城牆上挖的一個窯洞，地上鋪著麥草，有個小小的泥爐子生著煤磚火一股煤氣嗆人，但因洞口布簾透風，可以忍受。老人家煮了一砂鍋小米湯，還有大餅，姐弟二人吃飽肚子，頓覺渾身發熱。老人說：這地方太小，尕娃可以住，尕姑娘住不下。尕姐哭著走了，再沒見面。

索榮停頓片刻後又說，老人姓李，我叫他爺爺，他拿出幾元錢教我賣大豆，還帶著幾盒紙煙，拆開一支兩支賣。這裡的城牆下有很多窯洞，住著不少挑著賣黃河水的苦力。他們不論天熱天冷颳風下雨，總是挑著一擔水沿街叫「賣水，賣水！」到了晚上，賣水人來買五分錢大豆，或買一兩支香煙，躺在窯洞的麥草鋪上，吸著煙，談論著街頭見聞。到了冬天，蘭州的水北門一條路上因賣水人滴淌的水，結著厚厚一層冰，他們挑著水在冰上踉踉蹌蹌地走著。過春節時有的賣水人不回老家，水比平常賣更好的價錢。我的生意太小，賺的錢買大餅可以吃飽肚子。老爺爺後來去世了，埋葬在中山林狼洞子山坡上，賣水的人幫著抬了棺材，我給大家磕頭謝恩。我一個人太孤單了，整天想尕姐姐，不知她去了哪裡，於是又到處要飯，想能碰上她。到了平涼城裡，遇見國民黨軍鞋廠的軍官，問我是不是願意去幹活，我高興地到鞋廠當了工人，直到解放。以後我仍在這個廠給解放軍做鞋。鎮反時，原來的鞋廠主任、會計、管理員還有我，一起被打成反革命集團，那些人槍斃了，我被叛了十五年徒刑。勞改五年後改判為五年，釋放後在這農場當工人，每月工資先發三十元，不久又改為二十八元。現在我什麼也不想，只想我那可憐的尕姐姐。我問，你是怎麼成反革命的？他說，我同老同事在一起喝過酒，聽他們講笑話，就這些事情。這時他驕傲地又說：「我因沒文化，判得輕。你有文化，所以到這裡來了，這話對不對？」我點點頭回答，你的話一點不錯。他說：「還以為你糊塗，現在明白了嗎，有文化會惹禍啊！」

一九六〇年農場不景氣，吃飯更困難，在這兒就業的工人被遣散回家。索榮本應按農工發遣散費，可是在表格裡填寫為「特赦釋放」，這也許是為了節約遣散費的原因吧。他拿著證明給我看，激動得淚如泉湧。當問到他去何處時，回答說：「我要去靖遠老家，找可憐的尕姐姐。」我慶倖他真正地恢復自由，同情這樣一個勞動者所遭遇的不幸，默默地祝願他姐弟能夠團圓。

（三）

有天中午我正在聚精會神地補鞋，突然聽見有人喊：「老陳，你好！」聲音熟悉而親切。抬頭一看不禁大吃一驚，見是財貿幹校團委書記劉天成。問道，你怎麼來了？他回答說，我怎麼不來。相視苦笑一陣後才對我講述劃成右派是因為給學校的黨委書記提了意見——「凡事不該獨斷專行」，因此受到打擊報復。欲加之罪何患無辭，我們成了拴在一根繩上的螞蚱，患難與共。我推心置腹地為他出謀獻計說：既來之則安之，一定要想辦法活下去。農業隊的活很重，消耗體力多，一定要想辦法弄個小組長的職務。當了小組長，有時開會偷閒，幹活多動嘴少動手，體力消耗得少。你以黨員幹部的優勢，謀取組長職務大有希望。過了幾天他來說：當上組長了。對此我很高興，因為在財貿幹校的幹部中我就佩服他講話正直公道，辦事有方。

劉天成是酒泉縣普賢公社人，家距勞教農場約十多裡。他的妻子一向在農業隊勞動，每十天半月必送點食物來。一九五九年冬，有天他的妻子端著一搪瓷缸麵條來，裡邊和著不少苦苦菜。劉是個很講禮貌而謙讓的人，他要我先吃一口，我起身躲開，而他跟著我轉圈圈。無法再推了，只得用筷子挑起一根麵條吃了。他又向在座的兩個熟人讓，那兩個毫不客氣地各吃一大口。他吃到最後還剩下一點時對妻子說：你把這點喝下去吧！不然沒力氣回去了。五個人吃了一碗麵條，五個人一起掉淚。

過了十多天劉妻送來手掌般大的一塊菜餅。因為菜多，可以叫它菜餅。我問，公社吃大食堂，鐵鍋煉了鋼，怎麼烙餅？她說，是用一件衣服向隊幹部家換來的。她忍不住又往下講，隊幹部挨家翻箱倒櫃搜糧食，還吊打不賣餘糧的人。看見哪個女人好看，就故意纏住找麻煩。劉急忙制止說，不要再講了。

一九五九年下半年劉天成被調到黃泥鋪農場，傳說他同不少人餓死在那裡了，可是在原單位後來又相見了，的確喜出望外。他說在黃泥鋪住地窩子，頓頓吃乾菜葉湯，湯裡不見麵，很多人餓死了，自己也奄奄一息，幸有妻子艱難地接濟，才免去進鬼門關。

一起改造思想的曹正昌是老蘭州人，這時年近六旬。他的家住城關曹家廳。他的祖父曾任清代什麼官職，在地方上很有名氣，所以他家的院址所在地取名曹家廳。曹本人進夾邊溝前是監獄幹部，我們在農業隊一起割過幾次草，談得很投機，詳細談了他自己的情況。解放前他在蘭州倉門巷監獄任管獄，在這裡曾關押著地下共產黨員趙子明等人。趙是在蘭州城中心黃家園裡，以開油條鋪作掩護進行革命活動而被發現後捕押的。曹說：「我是『馬大哈』（指粗心大意的人），不管犯人不犯人，同趙子明他們在一起，喝過幾次酒，交成了朋友。上級來人查看情況時，我板起面孔，裝作非常認真，過後朋友還是朋友。後來趙子明逃跑了，事前他對我打過招呼。解放後很多同事被抓起來了，我還留在原單位當了幹部。街上遇見過趙子明，他點點頭打招呼，真夠朋友。這次來農場勞教，恐怕回不去了。」我勸他安心勞動，等待回家。一九五九年下半年見曹正昌拄著棍子，瘦得像個有病的老猴子，聲音微弱地對我說，老陳啊！我怕活不長了，邊說邊擦眼淚。我說：不要胡思亂想，這時候只能說自己有病，不講其他什麼話，說錯了打成反革命是要禍及子孫的。他點點頭走開了。過幾天他來鞋工組說：「老陳，活不下去了最後來看看你。」我說「馬上給家中去信，叫快寄些食品來。」他說：「不行啊！寄來了也收不到。以前寄過，只見信和通知單，去郵政代辦所領不到東西，說丟了，查不到。還能寄嗎？」他說罷便拄著棍子搖搖晃晃地遠去。過幾天不見他來，便去他的住處看望，聽同組人說已去世了。計算死亡日期是見過我的第三天。人死了，他的一些話令人深思。農場有個郵政代辦所，大大方便了勞教人員與家人的聯繫。家屬通過郵政接濟勞教人員，在一九五八年起了很大作用。五九年因為糧食緊張，郵寄的物品發生丟失現象，日甚一日，無人認真追查情況。因此有的家屬不遠千里，跋山涉水，頂風冒雪，送三幾斤炒麵，送幾塊烙餅，急救親人性命。如蘭州市金城關回民中學校長的家屬每月往農場送食品一次，致使馬校長安然回家。如果把郵政代辦所管好，寄來的東西不發生丟失，該能免去多少人餓死，該能免去多少家屬的奔波之苦。

曹正昌初到夾邊溝農場時情緒還好，也能認真幹活。還和我解放前在甘肅省電訊局的老同事張鴻慈一起演過秦劇節目，逗得勞教人員開懷大笑。一九五一年我同張一塊在郵電政治學習班學習，那時他是總務上的辦事員，我是無線電三等技術員。在學習中得知他解放前在平涼縣某個鄉郵政代辦所當過所長兼信差、雜役，總之他一個人包攬一切。無論颳風下雨，天寒地凍，他仍日夜不停地奔波在鄉間山道上。在反右中給他戴上舊官吏的帽子送到勞教農場來改造。他文化水平低，平日謹小慎微，只會低頭幹活。我有天去新添墩農場給那裡勞動的人修鞋，經過一個工地時見大夥正在平整土地。用抬筐把高處的土運送到低窪處。在抬筐的人中隱隱傳出哭聲，走近一看，原來是張鴻慈抬著筐，壓得身子搖擺不定，滿面流淚。他的身材矮小，而抬筐的另一個身材高大，重量大部落向他的肩膀。這是有意整人，他不僅體力不支，心裡也很委屈。張鴻慈為人老實，不善拍馬奉承，因此招來打擊。我有意上前向老張說了幾句話，那位組長看見後隨機應變地說：「老張換一下去鏟土。」組長一定是考慮自己要修鞋，給我一個面子。有的組長為人正直，善待他人，而有的組長恃強凌弱，令人髮指。為什麼出現小組長狐假虎威欺壓他人的現象，我思考這個問題，得出結論是他們文化水平低，沒有道德觀念，自認為手中有了權便可為所欲為。如與我相交甚好的小組長馬某，體力好，幹勁大，表現積極。有次組內的一個人偷吃了地裡一個蘿蔔，他便把那人五花大綁起來。因為血流受到阻滯，那人面色發紫，痛得抱頭倒地。我從新添墩返回時見到這事，便喊道：「馬組長有事求你。」他靠近以後，我說：「你他媽不是人，快放了他！」這人身上的繩子被解開後，兩臂仍不能自由活動。以後我對這位組長態度冷淡，他自己也有所感悟。

自從鞋工組索榮被遣散回家後，我沒有人接濟食物，體力一天天下降，自知情況不妙，很快向在蘭州市公交公司任會計的妻子發出求援信件，講明不能郵寄食物，必須親自送來。信發出後日夜盼望著妻子的到來，也深感自己的問題連累家屬而內疚。她終於風塵僕僕的進了鞋工組，進門時她那憔悴的面容前後判若兩人。她忍饑耐寒，在戈壁灘上步行到了農場，一進門搖搖晃晃站立不穩，扶她坐下。妻子送來的豆腐渣和包穀麵的炒麵、糖蘿蔔乾、自由市場一元一個的小烙餅（約一百多克），我小心謹慎地藏起來，一天只吃一點點，細水長流，終於保住了性命。

以汪鋒為首的檢查團來夾邊溝調查實際情況後回到蘭州，開會決定立即將勞教人員接回原單位安排生活。這一下救活了幾百人的性命。我對汪鋒這位老革命的仁慈胸懷銘感肺腑。

來夾邊溝農場接財貿系統勞教人員回蘭州的幹部仍是押送我等到農場的張子榮，他同我在一九五一年曾一起在蘭州市鹽業專賣公司工作，是關係不錯的老同事，因此首先來找我說：「準備一下在第一批走。」他同我去找到張鴻慈時，張鴻慈已瘦弱不堪。當問及張鴻慈同隊的另一個人時，回答說三天前餓死了。張子榮聽到後沉默好長一陣，然後長嘆一聲說：「他是我的老岳父，我妻子千叮嚀萬囑咐一定要把他接回去，怎麼會死呢？」他的眼淚不住地流著，問同組的人埋在什麼地方？回答是「死那麼多人，埋下時沒有任何標誌」。張子榮的岳父在公私合營前是個大商人，大鳴大放時犯了錯誤。張子榮是革命幹部，自然要劃清界限，對於岳父的死亡只能保持沉默。

離開農場的那天早晨突然大雪紛飛，不到一、二十分鐘大地一片銀白，祁連山在飛雪中朦朦朧朧，這是多年罕見的惡劣天氣。我不相信有鬼，但感到那兩千多餓死鬼不甘心訣別妻兒老小，在向回家的人們訴說著什麼。我回家的喜悅頓時被風雪一掃而光，拖著還未痊癒的雙腿怎麼也爬不上卡車。張鴻慈無力爬上車去，幹部們在車下把我們一個個推上車，只見個個凍得打哆嗦。車遲遲不開，我懷疑是不是有什麼變卦。突然來了一群幹部上車檢查，直接打開從羊圈離開的牧羊者的行李，從中查出一斤多羊的鮮肉，拿肉的人被扣下來，他真是因小失大。不過放羊的人不是與農場領導有關係，便是有什麼特殊人物做靠山。偷著吃羊是人人明知的事，這從放羊人個個臉上發亮可以得到證明。後來聽說此事不了了之，扣下來的人也很快回到原單位。

汽車於當天下午到了酒泉火車站，在汽車上又死了三個人，便在酒泉找塊地方草草掩埋了。當夜住在火車站的簡陋招待所，地鋪上有薄薄一層麥草。天快黑時張子榮領大家進招待所，拿著介紹信，交了糧票和錢，每人吃了一碗陽春麵條。這碗麵收半斤糧票，可是麵條僅有三兩多。麵條黑黑的，碗裡只漂著幾片老白菜葉子，一點油花也不見。狼吞虎嚥地吃完麵，肚子仍覺空空的；我在招待所裡的小火爐上把揀來的一把高粱米用搪瓷缸煮了吃，才覺有了飽的感覺。第二天早飯每人半斤饃，這比一碗麵強得多，在上火車前行李由汽車送去，人要步行。張鴻慈已行走困難，在這生死關頭不能撇下不管。我把他的胳膊拉向我的肩膀，一隻手抱著他的腰，連拎帶扶地拖到站臺上。這時仍然飄著雪花，風也不停地刮著。在上站的路上我身上披著一件新疆產的短毛皮大衣，很值錢，是在新添墩時一位在新疆起義的團長送的。他說「我已活不久了，這件大衣送你作個紀念。」我很珍惜他的友情。可是在扶著張鴻慈的路上它從身上掉下去了，我沒力氣拾起它，也覺救人要緊，便下狠心讓它去吧！

上火車時秩序很亂，擠作一團。我擠進車門，拉張鴻慈上車，但他像死人一樣不動。我被別人一擠，倒退著進了車廂，而他被別人擠到一邊，我用目光搜尋不見，蹲在車廂一角動也動不了，暗暗叫苦不迭。不多時火車開動了，我想張鴻慈這下可真沒命了。由酒泉到蘭州，在車上憑票又買到半斤餅子，真是口福不淺。

回到家中後全家人悲喜交集，自不必說。翌日一大早便去張鴻慈家探聽消息。進得門去，看見老兄安臥床上，見到我掙扎著要起來，但終於起不來。我驚喜地說：「你還活著太好了！」他說：「被人擠倒在車下躺著，一位解放軍和客人把我抬上客車座位躺一會，還給了吃的，揀回了這條命。」他接著說：「到了蘭州後先被安排到大眾旅社住下，吃一頓飯以後心急如焚地往家裡趕，一路上鼓大了勁，在家門口鬆了氣，一頭栽倒在門裡邊暈了過去，院子裡娃娃看見了，喊叫起來，被大家扶進屋裡。」我聽完後長長地出了口氣。

（四）

我在夾邊溝勞教農場農業隊時，第一個小組長是陝北人吳崇敏。他十四歲參加紅軍，為人忠厚老實，平易近人，對同組的勞教人員不歧視。缺點是幹農活沒計畫，領著十八個人去鋤草，今天一塊地未鋤完，明天又去鋤另一塊。有天領著大家走得很遠，直到太陽落山，看不清麥苗時才收工。河西走廊的農民有句諺語：「四月八，麥子蓋住黑老鴉。」在這之前必須把麥田的雜草鋤掉。那時日落後氣溫下降，勞動後的人餓腸轆轆，身體不好的人冷得發抖。

沒有月光，黑得摸不著回農場的路，十幾個人有時在田埂，有時在沙灘，跌跌撞撞，順著大方向摸索前行。有人說：一點勁兒也沒有了，碰見狼怎麼辦？他說出了我的心裡話，不由得頭皮一麻。又一想有什麼可怕，這麼多人狼是不敢靠近的。膽小的幾個人急忙從後邊向前趕，總是向中間擠。誰也不說話，只聽見人們喘著粗氣，伴著沙沙的腳步聲響成一片。我邊走邊想，這充分暴露出久居城市的人真需要勞動鍛煉。過了很大一會兒，隱隱約約聽見農場養的大黑狗在叫，有人高興地喊：快到了！又有人喊：聽，有人在吹笛！那笛聲在廣漠夜空中回蕩，如泣如訴，氣氛蒼涼，勾起人們的思鄉之情。

在勞教人員中有文學家、科學家、醫學家、畫家、演員，還有音樂家、歌唱家。一九五八年九月以前，農場伙食尚好，人們情緒也穩定。休息時有人下棋，有人吹笛，還能聽到歡笑聲、歌聲、悠揚悅耳的胡琴聲。特別引人注目的是自蘭州軍區某部來的騎兵連長馬占祥，體格魁梧，活潑好動，常常向人展示他的跳高本領。不久這位馬連長擔任了我的小組長。他常向組內人講述自己在西北地方剿匪戰鬥中勇敢善戰，幾次立功受獎，深得大家佩服。一九五八年五月去田間勞動，別的組集合點名後自由自在的一起走就可以了，而這位馬組長採用軍事管理方式，一定要大夥整齊列隊，看齊報數，走起來步伐一致，還不停地喊著「一、二、三、四，努力完成光榮任務。」他自己提高嗓門喊，附和者聲音低沉。我挑著幾個紅柳土筐走在隊尾。有個祝修仁身體不好，手中拿把鐵鍬走不快，拉開了距離。馬組長暴跳如雷，在祝的後背上猛力連推帶打，地上不平，祝跌倒在地。組長大罵：「他媽的！你想逃跑嗎？」祝告饒。我勸解說：「我拿的太重，讓祝修仁拿根扁擔跟我走吧！」平息了僵持事態。

祝修仁是個弱者，有馬組長的嚴厲管束，精神壓力很大，一直愁眉苦臉。我想幫助他，唯一的辦法是去割馬草時幾次要求同他一道。在勞動中偷閒休息時，祝吐露真情說：「把我打成反革命，太冤枉了。鬥我幾天幾夜，實在受不了，只好承認。」我問他的工作單位時，只是笑而不答。那年月人們互相猜疑，很難信任對方，我因此不便追問。割草時在草叢中他有時掏出口琴吹一陣，要我評論怎麼樣？我只能說好，免得他掃興。我唱一支抗戰歌曲吹幾聲口哨，他立即鼓掌叫好，還說水平不錯。互相吹捧，苦中作樂。接著割草，力爭完成任務。祝修仁對我表示好感，我對他印象很深。此人很講衛生，勤洗衣服、穿的白襯衣總是把領子露在外面，表現得與眾不同。衣袋內老裝一面小圓鏡，不時拿出來照照。還裝一小瓶雪花膏，洗臉以後必定抹一點。像個旦角演員，又像個話劇演員，我始終弄不清。自我進鞋工組後很久不見面。有天他興沖沖地來到鞋工組，笑著說：「老陳，我給我舅寫了信，講明自己的冤枉，經過他的努力，我單位到農場來找我談了話。他們告訴我不久就可回蘭州。」我祝福他有冤能伸，也羡慕他有個好舅舅。這是一九五九年下半年挨餓時期，慶幸他免得受苦下去。好多天不見他的面，便去隊上探訪，聽同組的人講：祝修仁舅舅同單位的人把他接走了，走在半路火車上憑票買了兩份飯，他一個人一口氣吃下去，不多時脹死在火車上，屍體拉回蘭州了。唉！多可惜啊！我們在一起閒聊時談過挨餓久的人不宜多吃，他怎麼記不住，忍不住呢。他的遺體家人可以看到，比起那些死不見屍，葬身荒漠的人來還算幸運一點。

一九五九年秋，因在鞋工組很久不見馬組長。有天中午去井邊打水，看見骨瘦如柴的一個人走了過來。天還不冷而他穿著厚厚的棉軍裝，臉色灰黃，毫無血色，細心端詳後認出是馬組長。我問怎麼了？病了嗎？他說：「唉！什麼病了，難道你看不出來。」他邊說邊用手指口，就是不敢說出肚子餓。他看見井邊解放軍炊事員洗洋芋時丟棄的一堆爛洋芋，目不轉睛。我說這是解放軍丟下的，如果不嫌，那就拿去吧！他那愁苦的面容露出一絲微笑說：「你不要我就拿了。」他先揀出半個好的，不顧上面的泥水，咯喳咯喳大口吃完，再把壞洋芋連同洋芋皮全都抓放在衣襟內包起來。我笑著說再不怕組員逃跑了嗎？他苦笑著說：再說那幹啥，現在叫我跑也沒有那個勁兒了，唉！只有等著那一天了。

過幾天有人來修鞋時說：有天下午馬組長領大夥去幹活，天快黑時讓大家先回，自己去解手，可是一去不回。那天夜裡他鑽進解放軍伙房，摸黑吃得太多，又拿了很多饅頭，動不了，躺在伙房地上，第二天解放軍發現，急送醫院搶救。問明情況，幾天後通知農場領了回來。因身體不好，也沒給處分。享受了幾天美味佳餚，吃飽了幾天肚子，他說死了也不遺憾。

一九五九年秋，馬組長所在的那個農業隊調到黃泥鋪農場擴大生產。這裡的生活條件還比夾邊溝差，煮著吃的乾菜葉裡幾乎不見麵粉。昔日馳騁沙場，勇敢善戰的馬組長終於與世長辭了。

我休息時閉起眼睛，腦海便浮現出馬組長、祝修仁、曹正昌及其他認識而不知名的死者面孔，還想到農場的大黑狗遭遇的不幸。前面講過，大黑狗在夜晚的叫聲給迷路的人指引方向，當人們因大便困難而哭聲響起時，牠也同情地嚎叫；當糧食困難，人們餓得瘦骨嶙峋時，牠也肋骨突出，毛如亂草。當死人用棉被裹著掩埋時，牠漸漸肥壯，常見牠滿嘴血紅。最後毛色發光，滾瓜溜圓，走動時不緊不慢。有人把牠比做暴發戶，得了不義之財。有天無意中見牠那發亮的皮子鋪在地上晾曬，不遠處還有鮮血。這不能說是惡有惡報，而應該視為狗吃人，人吃狗，是困難時期新出現的食物鏈。

（五）

保命原糧僅三兩，群鼠偷盜人遭殃

民以食為天，一九五九年供應勞教人員每天四兩原糧，這是他們賴以生存的命根子。每當去打飯時見到碗內漂浮著一小顆麵蛋蛋時便喜上心來，認為今天運氣不錯。把它放進口裡，捨不得直接咽下，反反覆複地品嘗，直至化為烏有，真正體會到糧食的可貴，饑餓的難熬。如把三兩原糧真正讓犯人享用，死人的悲劇也許會減少一點。然而老鼠在農場犯人伙房肆虐，他們不但多吃，還有偷盜。一般單位食堂有說不清的弊病，那是司空見慣的事，可謂見怪不怪，而在這兒則是關係到人的生死大事。發糧幹部扣一點，領糧人員在中途偷偷給熟人送一點，臨廚幹部及伙房人員多吃一點，還有炊事人員偷著賣糊糊。一茶缸糊糊要價三元，知情的勞教人員爭著輪流買。

當時蘭州市每月人均生活費為十三元，可見糊糊多麼昂貴。我這個補爛鞋的人因認識炊事人員，有時也沾點便宜用來接濟熟人，其內幕情況可見一斑了。我自知有愧，但還是這麼幹。

打飯的人看在碗裡，明在心裡，都是敢怒不敢言。偶爾有人輕聲嘀咕一句：「湯怎麼這麼清，三兩糧為啥不見糧？」炊事犯人便馬上申斥說：「你胡說，竟敢造謠惑眾。監廚幹部親自過秤下的糧，一兩不少，你怎麼胡說？這是反動思想在做怪。」這一聲張，監廚幹部馬上循聲走來，兩手叉腰，雙眼朝天，挺起肚子，濺著唾沫訓斥起來：「這是黨和國家規定的定量，你根據什麼這樣說？是什麼思想支配你這麼說？你不是對伙食有意見，而是對黨和國家的糧食供應政策有抵觸情緒。是反黨反人民反社會主義祖國的具體表現。」我的天啊！真如炸雷轟頂，怎能承受這一大堆天大的帽子，豈敢再說個不字。但事情還未能了結，監廚幹部當場做出三種處罰中的一種。按情節不同，一是罰停飯一天，受罰人只有流著淚仰天長嘆。二是命令寫書面檢討，從靈魂深處查原因，三是罰停飯一頓，晚七點開會鬥爭。在饑餓難熬時期開鬥爭會，鬥人者與被鬥者都無所謂，最怕罰停飯一頓，停一天那就更怕得要命。提意見的人多是餓暈了頭，情不自禁地流露出一半句心裡話而招來致命的罰飯處分。

在這裡忌諱說吃不飽。有天中午打飯，我的四川老鄉隊長因負責本月伙食，便向打飯隊伍走來。他是來徵求意見的，明知故問第一個打飯的上海青年：「吃不吃得飽？」那青年哀愁地說：「隊長，你看能吃飽嗎？」接著又問兩個人，回答是吃不飽。回答問題不算錯誤，而隊長沈著黑臉撅著修好的兔唇，生氣地罵道：「他媽的個皮！吃多少才能吃飽？」那尊容實在令人望而生畏。他邊罵邊向我這邊走來，挨著我吃的老張拿著湯盆溜掉了，我硬著頭皮看著他走近，心裡想著應付的方法。因為是老鄉，我還為他女人上過鞋，見面比較客氣。他停止了對別人的謾罵，轉而問我：你說吃飽吃不飽？我用剛想出的話對付說，不是吃不飽，我們這些人肚子大。這問題很難準確答復，一般說這人自由吃，吃到不願再吃才算是飽，我們肚子這麼大，誰能吃得不想再吃的程度呢？這一下他露出笑容說這話有道理，沒有油水，把肚子撐大了，若有點油啊肉啊那就好了。他得意地笑著走了。我慶幸自己躲過了一次辱罵。我的胡說八道是違心的，也是應付環境不可缺少的，孔夫子說過：敏于事而慎於言，右派豈敢再因失言而加重罪名。

吹牛皮冒充專家，鑽空子偷吃圖存。有位管教幹部在聊天時說，老年人老奸巨滑，相對來說餓死的少，青年人幹活老實比老人死的多。他這話有些依據，但事實不全如此。青年人也有投機取巧而苟延性命的，也有因性情耿直拒不低頭而送性命的，現在先講投機取巧的事。在大躍進中農場很重視技術革新，一些人冒充專家大吹牛皮。副業組女右派分子臘靜華的丈夫說，為響應黨多快好省建設社會主義的偉大號召，要為伙房製造切饃機，以提高工作效率。還有位臨洮人老魏同兩個東北人說，他們能製造世界上最先進的萬能發電機。農場領導認為有了技術革新成果，便可為農場增光添彩，讓這幾位所謂的專家脫離農業隊，專搞技術革新。這些人快活得如魚得水，自由活動起來。製造切饃機的人有時溜進伙房，佯裝徵求意見，同炊事人員東拉西扯，眼睛滴溜溜亂轉，看見能吃的東西便來個順手牽羊。有時在蔭涼地靜坐養神，別人問他幹啥？回答說正在構思切饃機的結構。有時見他把一塊小木板鋸成條條，有時見他把一塊鐵皮敲打。有人時他態度嚴肅的忙亂幾下，無人時則坐著不動。有次我悄聲問：「你他媽真能造出切饃機嗎？」他環顧四周無人時便耳語說：「糊裡糊塗互相哄求子。李萬銘不是混了個大官當，勞改有飯吃。我混個清閒，保養一下身體不行嗎？」

再說製造萬能發電機的臨洮人老魏等，他們在人面前也是忙忙碌碌地搞些小動作。有天遇見這位魏專家，我問他設想中的萬能發電機的動力能源是什麼？魏專家神情詭秘地說：「肚子餓得難受，不逃避一下勞動誰受得了。」這二人的回答坦誠實在，他們體力消耗少，保住了性命。說他們狡猾也好，說他們聰明也好，反正是吹牛皮不犯法。能吹牛皮取巧的人不多，大多人則鑽空子偷吃東西以苟延性命。有次我同幾個去領洋芋種，兩人抬一筐走不多遠就得停下休息。同行的一位大學生頭冒虛汗、愁眉苦臉地對教授說：「老師！餓得眼冒金花啊！」那位老師朝他一看卻毫無表情。這下觸發了我的靈感，手指筐裡的洋芋種說這東西能吃嗎？教授不言語便伸手抓起一個，不去泥土，啰察、啰察大口吃起來，誰也不說什麼，爭先拿起往口裡送。大學生說：「老師講過洋芋芽有毒啊！」教授邊吃邊含糊地說句什麼，還不停地吃，學生也大口地吃起來。有人說把嘴捂起來吃，不要叫人看見！我與羅民往前後看抬洋芋種的人嘴巴都在緊張地嚅動，便笑著說放心吃吧！挨餓厲害的人這樣吃生東西是有危險的，便提醒大家要適可而止。臨起身時還在沙地上用手挖個坑埋幾顆洋芋種，壓一塊石頭作了記號。這次偷吃是集體違法，不怕有人向上反映。小麥灌漿後，大豆在收穫前，生吃起來是甘甜可口的。餓極了時偷挖洋芋吃也覺味道美好。隊長宣佈誰要是偷吃麥穗、大豆、洋芋、蘿蔔，一經發現必將嚴厲懲處。有人因偷吃蘿蔔被五花大綁，痛苦求饒，所以對命令是深信不疑的，但求生存的欲望驅使一些人甘冒風險。在夜幕掩護下偷偷地溜進田裡享受美味的人大多為軍人出身，他們有夜間活動的知識，有利用地物地貌的本領。小偷小摸延長一些人的生命，不能說不妥。

難忍屈辱憂憤死，拒不低頭歸西天

右派分子和國福是一位起義的營長，起義前曾庇護甘肅民盟主要領導人任謙免遭馬步芳派人抓捕。解放初我們同在一個政治學習班學習過，當時他開玩笑要我給他相面，我也開玩笑說他的縱理紋入口，有受餓之災。還舉例漢代鄧通鑄造銅錢，流通天下，而他受困餓死。這次在夾邊溝相遇，不止一次地對我說：老陳啊！我的縱理紋入口恐怕要應驗了。我說相面是騙人的迷信，絕對不可相信。最近見死的幾個人，沒有一個是縱理紋入口，他說：我愁一大家人，我死了他們怎麼辦？同樣的話見面總重複一遍。憂愁鬱結過重，吃了菜糊糊消化不了，不久離開了人世。

從財貿幹校一起和我到農場的青年楊偉，高中畢業。多才多藝，喜愛書畫。忠誠老實，性情耿直。參加抗美援朝戰爭後轉業到蘭州市商業部門，五七年入財貿幹校學習。有次筆興大發，畫了幾隻小鳥站在牆頭上張望，這是一幅沒有主題思想的即興之作。反右運動中有人提出他的畫是反黨反人民反社會主義的大毒草，逼他檢討認錯。他理直氣壯地說理辯解，而極左分子哪裡能輕易放過他，最終以態度惡劣罪名定為三反分子，送到農場教養。我在鞋工組後關心他的情況，不時送給他麵糊糊喝。因為有食物補充，他幹活非常積極，常受表揚，還當了組長。我深感他的行為方式非常危險，懇切勸他，這樣下去難以持久。如果我調別處，沒了接濟，那時怎麼辦？他說：「挨罵受不了，我不願受這窩囊氣。」我說，唯物主義者要講實際，現在死都不怕還怕罵嗎？他說：「士可殺，不可辱。」說罷便昂著頭挺著胸，正氣凜然。他正直得可敬，倔強得危險，令人為他滿腹憂愁。當我離開夾邊溝去新添墩分場補鞋一月多返回後，再未見面。唉！多麼有用的人才，只因難忍屈辱而加速死亡。

李志堅也是同進農場的財貿幹校青年學員。反右運動中積極分子從他的床鋪下發現一張紙條，上面寫：「星星雖然比月亮小，但它卻發出了自己的光。」根據這句話定他為三反分子，送夾邊溝農場勞動教養。他有青年人的滿腔熱情，在勞動生產中表現得特別積極，但有不自量力的缺點。有次我們一起幹活，同拉石磙子磨地，中間休息片刻。他像擺地攤賣藝的人，摩拳擦掌，踢腿活腰，然後向我挑釁說：「老陳來拼一下，看誰拉得快。」我笑著說你二十來歲，我已是五十多歲的老人，怎能相比。他帶著譏諷口氣說量你也不敢。我若再講什麼那便有打擊積極分子的罪名，只好自認落後。他為了顯示自己，高聲大叫：「我來拉十五圈大家看看。」他拉了七圈便汗如雨下，像牛樣喘著粗氣，兩腿一軟，坐在石磙上腰也直不起來了。事後我勸他幹活要量力而行，不要蠻幹。但他愛表現自己的本性難改，總是拼命同別人爭高低，致使體力過量消耗。我也曾送糊糊接濟過，但無濟於事。聽人講頭一天他拼命幹活，翌日早晨累得起不了床，被組長痛罵一頓，還扣了早飯。見他上半身在炕上趴著，下半身在炕沿吊著，人們喊他不動，組長叫罵：不要裝死狗。用手一拉，發現身體僵硬，才知道他死去多時了。

蘭州市財貿系統的右派分子送來夾邊溝途中在酒泉下了火車，等待汽車的時間大家閒聊，其中有個人不僅健談，而且馬列理論水平高。他情緒樂觀，談笑風生，夠得上舌辯之士的美稱。在從黑河步行到農場的途中，人人垂頭喪氣，心事重重，而這人若無其事，有說有笑。他竟講起單位領導「雙手寫不出個八字，念報告時一半字不認得，還不虛心。我雖當了右派，絕不向他低頭求饒，不能趨炎附勢。」這傢伙敢在人群中大放厥詞，真是膽大包天。我想此人一定會從右派滑向反革命，還是敬而遠之為宜，免得引火焚身。我低聲問同行的李志堅，他介紹說：「這人叫牛繼楷，江蘇人，是食品公司的科長，參加革命很早。打成右派後全公司人鬥不倒他，反被他駁得眾人啞口無言。」我說：「既鬥不倒怎麼又來了？」李回答說：「你沒有被鬥倒不是也來了嗎？我寫星星發光是犯了哪條法？」我無話可說。

我在夾邊溝農場，牛繼楷被分派到新添墩分場，因此很長時間沒有見面。一九五八年的冬天，鞋工組派我去新添墩分場給大家補鞋，在住房門口無意中遇到他。我問：老牛你好嗎？他盯著我看了相當長時間，才有氣無力地問你怎麼到這兒來了？接著說：「真他媽可憐，這麼重的活，吃不飽怎麼幹？我看真活不下去了。」初來時滿面紅光，精力充沛，現在面黃肌瘦，兩眼無神，前後判若兩人。我不禁心酸，淚水盈眶，言不由衷地明知故問，他是否有病。他生氣地回答說：「他媽的啥病！」想不到一個文明講理的人怎麼改造得會罵人了，順便違心地安慰說，不要急嘛，會好起來的。這話自己也不相信，難怪他用鼻音哼了一下，腳步蹣跚著走開了。這時來補鞋的人講了有關牛繼楷的情況。他幹起活拼死拼活，嘴上不饒人。隊上鬥他幾次，始終不認錯，還問得大家無話可說，真頑固透頂。他是書呆子，不懂得在這裡一百個有理的頂不住一個胡說的。當再次見到牛繼楷時我誠心勸告他：「你理論水平再高在這裡沒用，聽說挨鬥好幾次，這不好。須明白我們現在是人民的敵人。」他聽了這話後生氣地講：「唯物主義者必須堅持實事求是，若不追求真理，一個青年人活著有什麼意義，我必須堅持到底。比如說吃飯是用嘴巴，這是真理，難道階級不同，吃飯便不用嘴巴了？」我暗想這傢伙的確善辯，但還是耐心勸說：「毛主席怎說我們應怎麼做，那才有出路。」他竟罵我：「那你是名副其實的行屍走肉。」我很惱火卻又和顏悅色地說：「不要同幹部爭論，更不要自稱青年馬列主義者。」誰知他竟火冒三丈批評說：「聽人講你在財貿幹校的鬥爭會上表現得很頑強，為啥現在骨頭這麼軟？」他把頑固說成頑強，嚇我一大跳，便對他講：「彼一時也，此一時也。在這兒饑餓的火不要說鐵，是金子也得化成水，更何況我們是血肉之軀。要認輸才可活命。」我講大半天，而他還是搖著頭表示不同意，慘澹地笑一下。

一九五九年下半年我又去新添墩分場，始終未見牛繼楷，聽人說沙漠裡又多了一具白骨。多麼有為的青年人，只因驕傲而喪命沙漠。他同李志堅、楊偉的致命弱點都是不服人，在那時有誰同情寧死不屈的崇高精神呢！

〔六〕

號召劃清思想界限，勞教人員心膽寒

一九五七年至五九年間，全國掀起了站穩階級立場在思想上劃清階級界限的運動，這在夾邊溝勞教農場的右派人員中激起了巨大的思想波瀾。人們的思想情緒動盪不安，很自然地造成出勤與生產效率的下降。大多人成天愁眉苦臉，失魂落魄，不思飯食，不幾天身體就垮下來了，面容憔悴，走路搖搖晃晃。有的人甚至蒙頭在被窩裡嚎啕大哭，有位女右派的撕心裂肺的哭聲使悲傷氣氛更加凝重。平時打飯搶著排隊，這時打飯的人稀稀拉拉，有的人把飯吃一半便放下碗筷。有的積極分子幹活不起勁了，有的人乾脆睡著不起來，任憑管教幹部督促訓斥還是置若罔聞。右派沒有了政治生命，唯一的精神支柱便是與家庭親人的聯繫，而現在所有親人要和自己劃清思想界限，斷絕一切關係，怎能無動於衷。我也食欲大減，做了痛苦的思想鬥爭與理智的分析，認為最好與所有親人劃清界限並斷絕關係，讓他們免受牽連和打擊。

人們無心勞動生產，農場領導束手無策。法不責眾，他們想法子要強制勞教人員發揮生產積極性。在向上級反映情況並得到指示後，遂決定：勞教人員在勞教期間家屬不能離婚。農場領導很快宣佈了這消息以安撫人心，但家屬們提出離婚的信件似雪片般飛向農場。右派分子含淚寫請求信給親人，希望不要被遺棄。我代筆寫信不知多少，他們個個邊說邊哭，我也忍不住掉下同情的淚水。其中印象最深的是馬利民和荀正華二人的情況。

妻子巧拒性騷擾，恩愛夫妻難離婚

馬利民是山丹還是古浪縣人現在記不清了，他身體魁梧，濃眉大眼，是鐵匠出身，識字不多，語言直率樸實，標準的工人氣質。在農場鐵工組幹他的本行工作。劃清思想界限運動開始不久，妻子便來信說：「我是團

員，現在的政治壓力大得我無法生活下去。工作學習中都把我當階級敵人看待，很多好心人勸我同你離婚，表示忠於毛主席的革命路線。團組織也要我退團，壓力大得難以忍受，真是痛苦萬分。我現在懷孕，你看怎麼辦？」老馬讓我看信時，涕淚交流痛哭失聲。我把信讀完便安慰他，讓他把夫妻間的情況講一下。老馬說，我們是自由戀愛，結婚不到二年時間，感情非常好，我來農場時她剛懷孕。她今年二十二歲，高中畢業。單位那個領導心懷鬼胎，常找她個別談話。反右運動開始，這位領導對我特別兇狠。他說，那頭頭勾引婦女是一貫的老手。我開玩笑說：「潘金蓮漂亮也變了心，所以武大郎遭殃，你女人漂亮但沒變心，沒有斷然提出離婚，只不過承受不住政治壓力，來信訴說苦衷而已。可以回信對她進行安慰，建議來農場面談詳情，到那時再作結論。」老馬破涕為笑，央我代筆。

老馬發信十多天後，他的妻子果然來到農場，按信中約定的見面地點來鞋工組小屋。她進門時手持信封，我見此便明白了來人的身份。這位女同志身材修長，面色粉紅，烏亮的眼睛，雪白牙齒，儀態大方，彬彬有禮。難怪那位頭頭頻繁地找她個別談話。她輕聲細語講明身份，我找來馬利民。二人沒說一句話便撲上去抱頭痛哭，我也忍不住淚流滿面。幾分鐘後怕哭久了撞上管教幹部，便提醒老馬快去農場辦理登記手續，不要違犯制度，這一下他倆才分開手和我說話。她說單位領導對右派家屬的岐視比對反革命家屬還嚴重，幾次找她談話，指明要同丈夫劃清思想界限、站到無產階級革命路線上來。那領導還說：「應考慮自己的前途和政治生命。」他露骨地說：「你們結婚時是團員，是同志關係，現在他反黨反人民反社會主義是敵我關係，你想該不該繼續維持夫妻關係？」說到此處她情緒激憤：他的鬼名堂我不是不明白，便說非常感謝領導的幫助。事情得一步一步辦，結婚離婚都不是單方面的事，要離婚得徵求對方同意。當提出請假上農場面談離婚時，很快得到批准。她語氣肯定地說：「老馬不反黨不反社會主義，不過領導對他看得不順眼；我這次來是應付一下頭頭的糾纏。」

在他們相聚的幾天裡，她天天來鞋工組聊天。我對她說：「你要巧妙地對付，待到條件成熟時，你有發言權，把情況如實向上反映。」

她回原單位後來信說：中央文件不準強逼右派家屬離婚，那頭頭再也不提這事了，但賊心不死，有時還個別談話；不過態度沒有過去兇狠了。馬利民安心改造，望早日與愛妻團圓。

妻子無奈提離婚，丈夫慌恐無主張

右派分子荀正華是酒泉人，他的父親原籍為四川，在酒泉城裡開個鐵匠鋪打鐵幾十年，娶妻生子。他繼承父業，一九五五年公私合營後走上了社會主義道路。由於在政治上表現很進步，當上了幹部。他識字不多、語言粗俗，不知怎麼也戴上了右派帽子。因為同我認作四川同鄉，便常來鞋工組聊天。號召劃清思想界限的運動開始不久，他拿著一封家信來我面前坐下拆閱，還未讀完便嗚嗚地抽泣起來。我問：「家裡出了什麼事？」他把信交給我說：「你看怪不怪，哪裡有這樣的政策？」他的妻子在信中說：現在號召要劃清思想界限。開會學習不讓參加，連娛樂活動也不通知。黨支部書記談話說不離婚就不是劃清思想界限。政治壓力大得我抬不起頭來。孩子上學，在課堂上老師要右派分子的娃娃站起來，孩子回到家哭著不吃飯、不願去上學。我白天黑夜哭，感到活不如死。為了孩子的前途我們離婚吧。我說，這是大勢所趨，不是某一個人的私事。他說，現在怎麼辦好？

我要他介紹家庭情況以便研究對策。荀正華說：我們結婚十多年，一直和睦相處。有三個孩子，都在上學，因為學習好，常受表揚。我女人是家庭婦女，政治上積極，早幾年入了黨這一下可完了。如果離了婚孩子怎麼辦？我說，一個女人如有外心，九牛二虎也拉不回來，現在的問題僅是政治方面的，這問題不難解決。首先用老夫妻和兒女的感情勸慰她不要離婚，再講明農場宣佈過中央有文件規定，右派在勞教期間不能逼迫家屬離婚。如果再三強逼，可提出三個孩子誰撫養？孩子是無罪的，請領導看著辦！他同意了這意見。我寫完信後荀正華就慌慌張張地奔往郵政代辦所。不多日子他拿著回信讓我看，其中再未提離婚的事。中央文件的下達，挽救了不少家庭的毀滅。

（七）

鼓幹勁表彰先進，獎饅頭議論紛紛

農場為了提高勞動生產效率，一九五九年春季召開了表彰先進大會。劉場長在報告中先講了國內外大好形勢，又提出了農場的生產任務。他讚揚在勞動生產的積極分子，號召全體右派向十名積極分子學習。讚美的話人們聽慣了，沒有新鮮感覺，引人注目的是將要頒發的獎品。主席臺上不見獎狀之類的東西，而放著一個用白布蓋得嚴嚴實實的小笸籃，誰也猜不透裡面有什麼寶貝。大會主持人宣佈頒發獎品時，場長慎重地雙手揭開蓋布，露出了堆放很整齊的十幾個饅頭，這稀罕的獎品立時引起全場轟動。聽報告時無精打采低著頭的人竟伸長脖頸看那蒲籃。有人哇地驚叫一聲，議論的聲音嗡嗡作響。場長高聲講：「大家靜靜！積極分子共七名，前三名每人獎饅頭兩個，其餘每人獎饅頭一個！」發獎開始了，領獎人個個精神抖擻，由衷地微笑。領獎人轉過身邊走邊吃，沒幾口便把獎品吞下肚裡；散會後對這別開生面的獎品無不議論紛紛。

宣判會令人震驚，論是非智者稱妙

表彰會後好多天人們還在議論那幾個饅頭的事，對於先進分子楊達志等人的讚美之詞言猶在耳。大約過了不到半月時間，通知所有右派要一個不缺地參加宣判大會。我想這一定是外邊什麼人犯了法拿來殺雞給猴看。誰知被五花大綁押上臺前的犯人竟是不久前剛領過榮譽饅頭的先進分子楊達志，眾人驚愕。

法官宣判說：右派分子楊達志思想一貫反動，消極怠工，抗拒思想改造，竟然向黨中央寫信鳴冤叫屈。判處有期徒刑×年強制勞動改造。楊達志猛地一抬頭，很快被人壓下去，其神情激動比領獎品饅頭時毫不遜色。這時有人向組長報告去小便，邊走邊說：妙！妙！散會後我對這個妙字含義始終不得其解。

有位老李常來鞋工組聊天，是新疆陶峙嶽部隊起義的團級幹部，博覽群書知識淵博。會後他來聊天，我問在宣判會場有人小聲叫妙是什麼意思？老李問我讀過連批帶注的三國演義沒有？在那書中很多處的批語只一個妙字。含義為：一是對文學藝術性之讚許，二是對思維結構的讚美，三是對某人某事的譏諷。

今天有人講妙，當屬第三種情況。他最後說：「這話我們只作文學上的探討，不要作意見上的話柄！」我笑著說「認識這麼久了還不信任我嗎？」他說，在這裡的好壞是由個別人信口開河決定的，楊達志先是思想一貫進步，好得無以復加，不幾天又是一貫反動，壞得透頂，這樣自相矛盾的評語你說妙不妙？他接著講：「楊達志是定西地區法院的幹部，懂得一些法律。他知道犯人有上訴權，所以向中央寫申訴信。社會主義社會講民主，不讓犯人上訴，你說妙不妙？」一個妙字學問這麼多、真令人茅塞頓開。

這位老李既是四川老鄉又是談古論今的知音，也是在夾邊溝遇到的少有的處世達觀、心胸開朗的人。有天他悄悄邀我去看他的藏書，在其住房取出一隻小木箱打開，赫然展現出《朱子集注》、《孟子》、司馬光編撰《通鑒》及《老子》等古典文史哲書籍。我不及細看，緊張地說，趕快把它毀掉！查出來會招惹大禍。他坦然一笑說：「這農場沒有查書是很值得稱道的，如果查了那也不怕，為看書而招禍是值得的。」他這種甘冒風險求知的精神令我由衷敬佩。他日常挨餓不喊餓，受累不喊累，默默無聲，有時他慢慢地走著，喃喃地重複著《資治通鑒》的幾句話：「天下之治亂不在一姓之興亡，而在萬民之憂樂。」老李在一九五九年饑荒高潮到來時走向生命終點。那時他還有八千元的存摺也無濟於事。

大躍進高潮迭起，假積極蠻幹逞能

一九五八年全國人民高舉三面紅旗，工農業生產捷報頻傳。農場小賣部出售的搪瓷洗臉盆上彩繪著六個孩子拔不出一個蘿蔔，有人說那蘿蔔有一丈多長所以拔不出來。漫畫上一個玉米棒裝一汽車，便有人說玉米粒有拳頭大。形勢如此大好，勞教人員必須鼓幹勁爭上游，隊長宣佈開展翻地競賽，我也踴躍參加。正常情況每人每天可翻地一畝，競賽時有人提出五畝的高指標。一九五八年冬天每天能吃半飽，幹活的人誰也不甘落後，都是敞開胸襟，卷起衣袖，不時擦著滿臉汗水。中午下工時間未到便有人完成全天五畝任務，受到隊長高度贊揚：有躍進精神，思想進步。對我等老老實實幹活，不弄虛作假的人批評為：小腳女人走路，思想落後。自己拼命幹了還受批評，有點想不通。便在收工後偷偷地看積極分子翻過的地，發現他們僅僅鏟起薄薄一層虛土覆蓋地表，怎能不快呢？這種弄虛作假的把戲隊長一定看得清楚，為啥不糾正呢？又一想這肯定是為了超額完成任務，與其他隊在競賽中爭取好的名次。我心領神會，下午向先進學習，效率大大地提高，同樣受到了有大躍進精神的表揚。我們這個隊在翻地競賽中成績名列前茅，心想識時務者為俊傑這句話真是有現實意義。

大躍進中有次進行夜戰，以表達回應號召的精神，幾名積極分子提出進行抬土競賽。兩個青年人抬起三筐土，尚未起步只聽得啰的一聲壓斷了扁擔，籮筐重重的摔下，筐底破爛不堪。再換工具重複這麼幹，結果同樣。就這麼損毀了一些筐擔，抬土墊地也不多，名義上算是表現大躍進精神，政治意義重大。

鬧春耕土地爺表態，奪豐收四季神保證

一九五九年播種春小麥前，先開會作動員報告，然後演地攤戲大造聲勢，可謂盛況空前。這裡有勞改隊移交的戲劇服裝道具，右派中又有多才多藝的演戲人才，所以在掀起春耕高潮前趕排了適應現實的古裝戲。情節與農業生產相吻合。在緊鑼密鼓聲中，土地爺顫巍巍地扶著拐杖登場，他銀鬚飄灑，儀態慈祥，在打擊樂伴奏下朗誦報上登載的《農業八字憲法》，然後高聲邀請春夏秋冬四季神縱隊出場。這四位神仙依次向偉大領袖起誓：春神保證禾苗出得齊全，苗壯茂盛；夏神保證風調雨順，不颳風沙；秋神保證豐收時天氣晴好，顆粒歸倉；冬神保證為來年收成打好基礎，不誤農時。眾神語言流暢，像快板書那樣明快好聽。最後在鑼鼓聲中由土地爺率眾神下場。這戲令人大開眼界，新鮮得令人叫絕。

大會後便是大討論，主題是農場如何貫徹農業八字憲法。憲法者根本大法，農事必須遵循。各隊組織了深翻標兵隊，在地頭一字排開，緊張地深翻。我見每個小夥子面前都有一個一米多深土坑，便問：夥計栽什麼樹？回答說：深深翻一尺五一畝頂五畝。實際上這樣深翻只是應付檢查，為《八字憲法》虛晃一槍，而大片土地還是照常耕作，因為沒有那麼多人力去深翻。

再說密植，那是要認真照辦的，因為從出苗的密度可以查看出是否遵行了憲法。一九五九年春小麥播種投放種子，比常年多出幾倍，一個右派分子熟諳農事，對此深深歎息說這不僅是浪費糧食，還必將毀掉一季收成。有人把這論調反映給領導，開大會時場長說：有人說密植收不了糧食，可以放心，我們在政治上是會豐收的。

播種後各隊討論生產指標。隊長們在場長主持下討論包產到隊。有幾位隊長常到鞋工組來聊天，索榮組長是農工，有錢買酒大家喝。煙酒不分家，互相言談投機。一位隊長喝酒後吐露真情：在場部的估產包產討論會上，開始發言的人誰也不敢提畝產超過二百斤，反覆討論後有人大膽提出畝產三百斤。劉場長打通思想說：不是你包產多少的問題，就看有沒有雄心壯志、響應不響應毛主席號召的問題。敢不敢闖，敢不敢幹，聽不聽話的問題。糧食是向土地要，土地不出難道還能由你家裡拿來嗎？只要你出了力，地裡不出也就怪不得你。這樣打通思想後，陸陸續續提出畝產一千斤、三千斤、五千斤，誰願意落個右傾保守的反動罪名呢。劉場長大膽領導成了先進，張書記思想保守便成右傾分子，進行思想改造，餓得皮包骨頭，幾乎送了老命。

大煉鋼轟轟烈烈，小高爐狼籍一片

一九五八年農場收成不錯，下半年應為來年生產打下堅實基礎，如修整灌溉渠道，送運肥料，翻地平地等都是非常重要的工作，可是為大煉鋼鐵抽調了大批青壯年勞力，嚴重削弱了農業生產。

建造煉鋼爐應該用耐火材料，而這裡就地取材，使用土坯草泥修造起高約二米，直徑約一米的所謂小高爐。藍天白雲下砂礫灘上一大溜小高爐整齊排列蔚為壯觀。這裡所需煉鋼原料雖沒有居家鐵器可供，所幸酒泉鐵礦有豐富礦石。燃煤運來一大堆，但不夠用，以柴草作為補充燃料。小高爐投產後煤煙彌漫嗆人，草煙繚繞刺眼。煉鋼人忠於職守，晝夜輪班向爐內填煤塞草。儘管流淚咳嗽，誰也不曾怠慢。大白天濃煙不易散開，煉鋼人猶如騰雲駕霧，對面不見人影，只聽得咳嗽聲此起彼伏。入夜更是壯觀，一道火龍紅光閃閃，煙霧騰空猶如一道天幕垂下。我幾次去眺望煉鋼夜景，對這瀚海奇觀留連忘返。閒聊時我說抗戰時在重慶見過大高爐煉鋼，那太浪費，據說我們這小高爐也能煉出優質鋼。有人接過話茬說：偉大領袖領導下小高爐敢不出鋼，由這點看你是搖頭派，覺悟不高。由於說話的人態度嚴肅，嚇得我大氣也不敢出，只得趕快說形勢大好，不是小好。

過了一個時期，爐火全部熄滅，人員全部返回原單位。令人陶醉的夜景沒有了，我抱著好奇的心情去看個究竟。見到爐膛內草灰和鐵礦石混在一起，礦石沒有熔化，只是被煙熏得烏黑。燒煤的爐膛內黑釉子疙瘩和煤灰沒有分開。過了一個時期，小高爐的泥土因鹼性過大，經風吹日曬垮成一堆，狼藉不堪。農場的大煉鋼鐵就這樣結束了。

※陳丕德是我瞭解的夾邊溝倖存者中第一位中國遠征軍人

由天（左）和蘇薇（右）1991年在由天家中

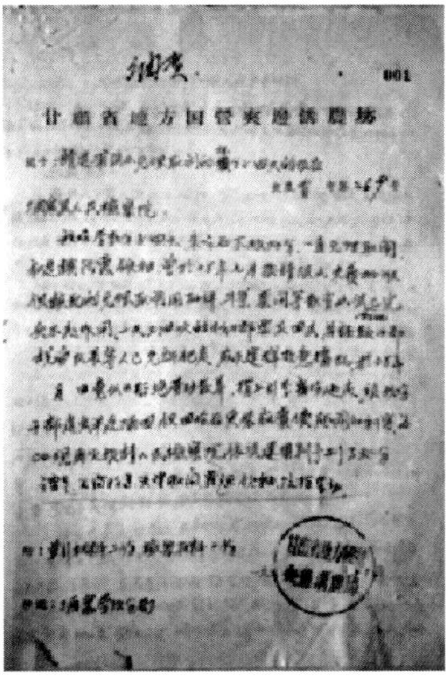

001

甘肅省地方国营夾边溝農場

甘肅省地方國營夾邊溝農場關於請逮捕法辦無理取鬧的壞分子由天的報告

由天（女）

二〇一二年五月二日，我在朋友邢同義的家裡看了夾邊溝農場「壞分子」由天和「現行反革命分子」范長英、「壞分子」趙振忠、「壞分子」周扶基、「上海農場逃跑犯」張志富（劉貞慶）、「勞教人員」吳殿君和郭玉山和邊灣農場「勞教人員」鄭壽昌幾個被各自農場報到甘肅省酒泉縣人民檢察院，要求判予刑事處理的所謂抗拒改造人員的處理檔案。

由天，生於一九二一年，吉林扶余田家窩堡人，大學文化程度，送夾邊溝農場教養前已被蘭州醫學院評為副教授。在我看了她的材料，瞭解了與她關係密切的人後得知，此人性情直爽開朗，因為得罪了當時學院的領導，被以莫須有的罪名戴上壞分子帽子與所謂寫了反動標語、踢球打碎了玻璃的十四歲壞分子兒子宋雅傑一起送到夾邊溝農場進行勞動改造。到了夾邊溝農場後，由天精神錯亂，時輕時重，但她不論遭受多大的侮辱，哪怕有一口吃的也要給與她共度苦難的兒子。但夾邊溝農場說她裝瘋賣傻，故意搗亂，對她又打又罵，並將其材料上報酒泉縣人民檢察院，準備將她逮捕法辦，給予刑事處理。下面是檔案第〇〇一號卷宗：

附文：

甘肅省地方國營夾邊溝農場

關於：請逮捕法辦無理取鬧的壞分子由天的報告——夾農育字第二六九號

酒泉縣人民檢察院：

我場勞教分子由天來場後不服處分，一直無理取鬧，和造謠污蔑領袖，曾于五八年九月報請法辦，並獲批准，但該犯的無理取鬧用批評、鬥爭、禁閉等教育辦法對她已完全不起作用，一天三、四次的找幹部要求回去，並誣賴幹部說白隊長等人已允許她走，成天這樣故意搗亂，於五八年×月×日竟公開拒絕勞動教養，背上行李離場逃走，被我場幹部追至半途捕回，但回場後更裝瘋賣傻，越鬧得厲害，為此現再次報請人民檢察院依法逮捕判予刑事處分。主要是：不滿改造，無理取鬧，污蔑領袖，抗拒改造。

附：單行材料二份，檢舉材料二份（揭發人：郭通三和杜克）。

一九五九年一月十八日（蓋「甘肅省地方國營夾邊溝農場」章）抄送：酒泉勞改分局

附錄五：無理取鬧的壞分子由天的單行材料

由天，女，漢族，現年三十八歲，吉林扶余田家窩堡人，大學文化程度，教養前任蘭州醫學院講師，因無理取鬧和對學生散佈反動毒素，於五八年六月二十六日被該校送我場勞動教養。

無理取鬧的壞分子由天的單行材料

犯罪事實：

一、該由天一貫不滿處分，經常叫嚷：「我沒一點錯誤。就是學校把我提為副教授，給我加了工資，我不要這些錢，所以他們說我鬧不團結，硬把我送來教養。別人是鬧待遇犯錯誤，我是沒要錢犯了錯誤。」並說：「我的孩子並沒有錯，學校裡說他拿了人家的一些碎鐵，因此送來勞教的。」等話來污蔑製造不滿情緒。由於她堅持反動立場，不服處分，來場後一直不安心改造，整天取鬧裝瘋賣傻鬧回家。

由天的無理取鬧已發展到批評、鬥爭等教育對她已完全無效。曾一天三、四次的故意搗亂，在勞動期間不勞動，跑到辦公室亂鬧，碰見哪個幹部就向哪個幹部鬧，曾找白連奎隊長鬧過十幾次，找教育股長七、八次，找劉、張場長各三、四次，場裡的幹部找遍，並誣賴說白隊長等幹部已准她回去。曾大會、小會對她進行過鬥爭批評，但毫不悔改，在五八年十月二十日竟公開離場逃到長城鄉被追捕回。捕回後禁閉五天，經過談話和教育，又調整做輕勞動，一再耐心教育，但由不但不悔改，反而鬧得更凶，不但在場裡鬧，而且向蘭大校長、甘肅省委、中央楊秀峰部長、周總理、劉委員長國家領導人寫信，企圖達到釋放她的目的。從她給劉委員長、張書記的信件來看，一點也不是精神錯亂，而是裝瘋賣傻，故意取鬧。

二、消極怠工，抗拒勞動。略。
三、污蔑領袖。略。
四、打擊積極分子。略。
五、在八月中旬，由將一碗米飯認為發生黴變倒在垃圾堆裡，追問時不承認錯誤。略。

處理意見：

壞分子由天，在勞動教養中，不但不認識錯誤，安心改造，反而在勞教人員中造謠污蔑領袖，抗拒改造，裝瘋賣傻，一貫無理取鬧，尤其公開抗拒改造，背上行李逃走，追回後反而變本加厲鬧得更凶，在全體勞教人員中造成極壞的影響，為嚴肅國家紀律，鞏固教養法制，現報請人民檢察院給予刑事處分，判處徒刑。

一九五九年一月十八日（蓋章）

酒泉市人民檢察院不提起刑事案件書

本院一九五九年一月十八日接到夾邊溝農場檢舉由天的犯罪事實並要求追究其刑事責任的材料以後，立即進行了實地調查，經調查決定：

由天因壞分子送農場勞教，在勞動期間仍無悔改表現，繼續進行無理取鬧，污蔑領袖等公開進行抗拒，實屬嚴重，但因由天現正在勞教期間，故不予追究刑事責任。

一九五九年二月一日

酒泉市人民檢察院監督卷宗

一九五九年度檢一字第　號

案由：抗拒改造

被告：由天

收案日期：五九年六月一日

結案日期：五九年六月二十六日

處理結果：不提起刑事

1953年8月蘇薇在北京軍校

蘇薇（女，滿族）

在多個人跟前都聽說過蘇薇，而且知道她性格開朗、聲音優美，是夾邊溝最傑出的一個女歌唱家。與她聯繫後她很暢快，願意暢訴自己的經歷。

我於一九三四年九月十七日（農曆八月初九）生於家鄉遼寧省鞍山市，滿族，正黃旗人。一九四二年，八歲時在鞍山陶官小學上學，跳級後一九四八年考入鞍山一中。一九五〇年，初中三年級時入伍參加了軍事幹部學校，然後上了中國人民解放軍航空學校預科縱隊，學習航空駕駛。由於身體素質原因，沒有當上飛行員，直接分配到了北京中央軍事氣象局。由於字寫得好，到了中央軍事氣象局辦公廳搞文秘工作。

一九五三年我上了中央軍委氣象學院，一九五五年本科畢業，分到了蘭州軍區氣象處工作。由於在「反胡風運動」中得罪了領導，另外，向黨交心時，借題發揮批評了領導，將心中所想貼到了交心欄裡。所以一九五八年十月一日在沒有任何處理的情況下，將我送到了夾邊溝。到了夾邊溝農場後才知道我的檔案裡裝的材料說我是階級異己分子。

到了夾邊溝開始時在磨房裡勞動，主要趕牲口磨麵和用碾子碾米。磨房裡男勞教人員是張建中和李兆龍，其他都是女勞教人員，杜克是組長。記得當時女勞教人員有：杜克、臘靜華、李黎、李繼廉（北師大畢業，高中語文教師）、李懷珠、趙徑中（北京地質學院畢業）、高佩卿、高樹梅、閔惠平、廖兆玲、王蓉蘭、牛文蘭、何世珍、張惠平、張桂珍、張湘淑、張其賢、田農英、李培芳、由天、景淑文（甘肅省人民醫院藥劑師）、蘇薇、朱昆、劉默、劉文英、石麗君、毛應星、孫素梅、楊榮英，還有一個叫楊玉鳳的修女；這裡大多數是右派分子。

後來我和張惠平、李兆龍被調到了糖廠。張惠平是個小姑娘，因為她長得小巧可愛，所以閔惠平給她起了個外號叫「蘿蔔」。張惠平實際上什麼問題也沒有，聽說有個金塔縣領導幹部的兒子要和她好，她把這小夥子給打了，於是被送到這裡進行勞動教養。

毛應星是我的朋友，在夾邊溝農場我們兩人經常在一起。她是福建閩侯人，一九二五年出生，一九五五年西南農學院畢業後來到甘肅在蘭州農校教書。她是毛應斗先生的妹妹。一九五七年反右運動中在紅與專的關係問題上講了自己的觀點，被打成極右分子送到了夾邊溝。勞教出來後與農校摘帽右派新加坡歸國華僑李如璋結為伴侶，雙雙因不適宜繼續站在社會主義的講臺，被發配到甘肅省靜寧縣農技站培育麥種。文革中由於反對林彪，批判林彪的《人民戰爭勝利萬歲》等文章，後又從牛棚中逃出到北京毛主席跟前去告林彪的狀，在火車上被逮捕。一九七〇年四月十四日「一打三反」運動中被槍斃在甘肅省靜寧縣城八裡鋪橋畔。（據曾在一九五九年任蘭州農校副校長的許維剛告訴筆者，毛應星一九五七年前任蘭州農校的園藝專業教員。一九五七年反右運動時，蘭州農校將歷史上多少有些問題的、出身不太好的或平時愛開玩笑說調皮話的老師誘著進入圈套和陷阱。當時那些人將報紙上羅隆基、章伯鈞、彭文應、儲安平等的右派分子的言論拿來問那些老師，你若說不同意，他們就問你不同意他們的意見，那麼你的意見是什麼？你若說同意，他們就說你和右派分子一個鼻孔出氣。總之，同意或不同意他們都會說你散佈右派言論。毛應星當時都說她完全贊同這些人的意見。人們就說毛應星神經有問題，可那些要整人的人不這麼認為，他們說毛應星是地地道道的右派分子，於是將其劃為極右分子。）

夾邊溝農場這個糖廠的負責人是馮志崗，人很好。糖廠裡面的職工大多數是管教幹部的家屬，只有我和張惠平、李兆龍、馮志崗是勞教分子。糖廠的技術員姓陳，腿子有些不太好。那個時候，我們把糖廠的糖拿來和磨房裡的姐妹們一起用麵做成糖包子。另外，杜克去養豬，她把豬吃的胡蘿蔔煮熟了讓我們吃。還有張宏的妻子經常叫我去吃飯，劉振玉的母親也叫我去吃她的漿水麵，所以，我在夾邊溝基本上沒有挨過餓。再就是劉振玉的母親不讓我到明水去，所以，我一直在夾邊溝。後來，廖兆玲、牛文蘭、王蓉蘭、景淑文、劉默、石麗君、李繼廉等去了酒泉勞改醫院。而一九五九年三月，楊榮英、高佩卿、牛文蘭、臘靜華、毛應星等八個人又去了高臺農場。所以，在夾邊溝呆時間最長的是我、閔惠平、杜克、李黎、張惠平。

我的歌唱得好，所以我在夾邊溝很多時間是在振玉劇團演出。這個振玉劇團的名字就是按照劉振玉的名字給起的。振玉劇團裡有個上海音樂學院姓祝的琴師，是賀綠汀的同學，對各種樂器非常熟練。他對我曾經說過，你哪天能熬著出去，就去找我的兒子，我的兒子在北京音樂學院當助教，讓他幫助你。有一次，他的臉腫得厲害，是吃了蜥蜴等小動物中毒了。後來，有個文藝團體把他要了去，走到半路上下車吃飯，由於餓急了吃得太多，給撐死了。我們振玉劇團裡當時有馬天宇（天津人民藝術劇院的演員）、張隆昌（上海人，男高音）、王志、邢鶴、趙淼、宋守勤、朱軍、李黎、杜克、廖兆玲、閔惠平等等，真是人才濟濟。蘭州保健眼鏡廠的董事長馬志博的哥哥馬志彥也到了夾邊溝。

由天的兒子叫宋雅傑，十四歲，由於寫了反動標語，踢球打碎了玻璃被打成了壞分子，蘭州醫學院就讓由天領著兒子一起在這裡進行勞動教養。宋雅傑現在美國，是個實業家。

還有一個帶兒子到夾邊溝的，這人就是石佩久。此人原先曾是鄧寶珊將軍的秘書，大高個子，解放後在甘肅省供銷社任領導幹部，由於他被送到夾邊溝，妻子急死了，小兒子沒人養，他就將小兒子帶到了夾邊溝。石佩久

蘇薇（女，滿族）

1985年蘇薇（右）與李黎（左）

在副業隊裡釘鞋，他的兒子經常穿得破破索索，腳上拖著一雙勞教人員的大鞋。我有一次看見石佩久把自己的糊糊湯分給小兒子吃，心裡很難受。這個時候自己一個人都吃不飽，兩個人怎麼能夠吃呢？於是，我讓他到磨房裡來，給了他一桶子小米。他感激得差點給我這個小姑娘跪了下來。以後我就經常給他吃的，所以他最後活了出去。

有一天，邢鶴讓我去叫老袁，老袁的胡琴拉得很好。我進到一間房裡，滿地都是死屍，原來這是一個停屍房。人們告訴我老袁已經死了，我聽後很傷心，這是多麼優秀的一個藝術家呀！可是沒有辦法，那個時候死人就像死了一隻螞蟻一樣。有天晚上我出去解手，看見一輛接一輛的架子車從門前走過，每個車的前面都有一個馬燈，原來這是去埋死人的。死人大多是在晚上掩埋。那個時候還經常看到吊著打人，有一次將一個留場的二勞改吊了起來，梁隊長的老婆說，都是醫務所的陳所長在搗鬼。

我是一九六一年的元月從夾邊溝回到甘肅省委接待站的，接待站的負責人是李磊（甘肅省委組織部副部長），她把我叫去問，你回原單位還是協助我的工作。於是，我就留到了接待站，接待那些和我一樣受過冤屈的難友。後來我又到了甘肅省氣象局子弟學校教音樂，當了一名教師。我文革中也受到了衝擊和株連，但文革結束以後我們都好了，廖兆玲去了美國，景淑文在甘肅省人民醫院也退休了，趙徑中到了北京。可是我們最美好的時光給耽誤了，現在我們都年紀大了，已經陸陸續續開始去見馬克思。李黎死了，由天前些日子也去世了。

右邊為戴崇森，1967年攝於和政縣氣象站

戴崇森

您約我談已成歷史的反右鬥爭、談甘肅一批右派在酒泉夾邊溝農場的勞教情況，說句實際話，當年我年輕無知，還是願意去改造小資產階級思想的。

我一九三五年九月（農曆七月）生於原籍上海。我的爺爺叫戴阿七，又稱「七五爺」，家住寧波江東大河橋（東鄉），是寧波和豐紡織廠股東，也是紅興輪船公司買辦，是中國早期工商業者。一九四五年我九歲時父親戴文照死於癌症，兵荒馬亂中的母親開始守寡。母親是家庭婦女，靠家底含辛茹苦撫養我們幾個孩子。我的大哥大姊早早工作，補貼家用，生活過得非常艱辛。母親說她最喜歡我，我是最孝順的，也是最沒出息、最潦倒的，我也是最傷她的心的。她經歷了日偽汪精衛政權、國民黨蔣介石政權、共產黨毛澤東政權，她不談政治、沒有感慨、不談家世、忘卻過去。

一九四九年上海解放，一九五一年我在讀上海市市西中學高中一年級時，偷偷瞞著母親去參加了軍事幹校，投身到抗美援朝、保家衛國的行列。二十歲時因我喜愛文藝，看了幾篇胡風分子寫的小說，極左人士就羅織罪名，誣陷我為胡風反革命集團有聯繫的分子。二十二歲時又因我對肅反運動很多做法不滿，另外直接給我們的科長提了意見，批判鬥爭我時態度又不好，不肯低頭，就被劃成了極右分子。

一九五八年五月，氣象臺領導張玉昆、韓振龍找我談話，宣佈給我戴右派分子帽子，保留公職，勞動教養。問我有啥要求。我當即說，我不要工資（我把公職誤為工資）我要回家。勞教是一個新東西，當時絕對是為政治犯而設的，首當其衝就是為右派而設的。那時我幼稚地認為自己能養活自己，就不需要靠人家來教養我。他們勸我說道，給你保留公職，主要是你還有用，運動中你的態度很不好，這是一個教訓。去勞教一年半載就回來了。又說你沒有戶口怎麼回上海家去。我堅持要回家，沒有戶口也回去。最後還是張玉昆說，你回去，戴了右派帽子，叫你媽媽怎樣做人，面子往哪兒擱。一年半載改造成了新人，就是回去也有個說法。接著他斬釘截鐵地說勞動教養最多一年半載。當然這是在騙人，因為他也不知道勞教是多長時間。我想，我再不能叫母親傷心了，也不要母親難堪，自己惹的禍自己承擔。這樣談話就結束了，第二天我就去了夾邊溝農場。

我自帶了行李，一個鋪蓋卷、一個旅行包，旅行包裡裝了換洗的衣服和幾本書。我賣掉了腳踏車，一箱書寄回了家，還把所有的錢一百元寄給了媽媽，算是我對她老人家最後的孝敬。到夾邊溝農場是單位人事科的餘映忠押送我去的。我們先乘火車到了武威，再坐卡車經張掖到了酒泉。一九五八年，在蘭州吃食方面還算可以，用糧票買饃和麵條是沒有問題的。但一過武威，到了張掖、酒泉就大不一樣了。我們在酒泉吃飯，有糧票不行，一個人只能買半斤，也沒有白麵、大米可選，僅有的是黑粗的所謂麵條，一碗白水煮麵半斤，遲來者還買不上。

夾邊溝農場原是一個勞改農場，座落在巴丹吉林沙漠南面的廣袤戈壁灘上。農場裡面是一排排土坯房子，正準備來接納遠方的新主人。因為原是勞改犯人用的，所以房子很大，一溜的土炕，齊刷刷地可以躺下一個班十來個人。因為大家都是一路貨，所以個個老老實實地睡在指定的位置。開始來的都是右派，又都是年輕的小知識份子，還是很文明斯文的，衣著打扮還是整齊的。大家的臉不是很好看，各有各的冤枉苦水，也不能互相訴說，右派分子的帽子是很有分量的。我被分到了這裡的十六班。班長姓周是酒泉地委的，歲數比我大五、六歲，身材高大魁梧，對我和其他同室一樣，是友善公正的，特別表現在剛開始的重勞動中，總是以身作則，還教我們怎樣怎樣既省力還能出成果。這裡管理人員相對在押人員人數少得多，於是主要是犯人管犯人。中隊長和大隊幹部平時也沒見佩槍提棍的。可能他們吃不准按罪犯對待，還是按小知識份子進行改造。

首先是整治地塊。戈壁灘上田塊較大，都是鹽鹼地，我們用大筐子抬沙子鋪沙。若是兩人抬一筐，慢慢走一天下來都很吃力，可在管教幹部許諾摘帽的鼓動下我們搞競賽、打擂臺，兩筐、三筐疊加上去，還要跑起來，這樣用不了多長時間我們就都累倒了。午休和中間休息時個個橫七豎八都躺在沙地上，肩膀紅腫了，腿肚子抽筋僵直了。這些鋪了沙的地以後從來也沒見過播種，當然就更沒收穫了，而耐鹽鹼地的糖蘿蔔，有收成連葉子都讓犯人吃掉了。

再就是挖排鹹溝。這種排鹹溝上寬五、六米，深三、四米，挖排鹹溝時我們用鐵鍬往上掄濕沙土，掄時肩膀的力量和順勢的技巧是一定不能差一點的，否則勞而無功，那泥土仍會落在你的腳下。我們一個班裡能扔幾下的不多，於是我們在中間搞個接力，這樣好了一些但還是很費勁。挖毛渠就算輕活了，毛渠中每塊地都要開口和築壩。冬天往大田裡放水叫泡鹹，也算一項重活，因為要保證一尺深的水不漏掉、不跑掉；水滿了就要迅速地封口倒渠，沒有發力和速度，只能看著一鍬泥被水流沖走，而水口卻越來越大，乃至水從田埂某處跑掉，這樣大田被刷成水溝就會犯錯。總之，這一系列的強體力勞動，對於沒有勞動經驗的右派們來說，雖是年輕人還是被極大地傷害著。

我們勞教人員的伙食也從剛開始的比較差逐步發展到了大批餓死人的地步。剛到夾邊溝時還有饃、有菜。饃是混合麵或包穀麵做的，菜大多數是蓮花菜（南方稱之捲心菜），中午發一個饃上工地。很多人當時還嫌麵太粗，靠帶來的食品吃喝。可是好景不長，接著重體力勞動還有饃吃，一般勞動的人就只能吃一鍋子麵了。這一鍋子面就是在菜湯裡放入麵片，煮成糊狀。個別改善生活時也有小米熬成稀粥，摻入洋芋疙瘩，再放些麵片就是上等飯了。

一九五八年的冬天和一九五九年的春天，多數人是曬陽窪（在背風牆根曬太陽）過來的，年輕有力氣的就負責把大田裡浸泡過的含鹹水放入排鹹溝。後來伙食越來越差，盛飯的家什也從大口杯變成了小臉盆。因為飯裡面片已經沒有了，代之為撒麵粉的糊糊，數量多也難以填充肚子。一九五九年開始有人逃跑，據說是逃往內蒙古的阿拉善右旗，管教似乎也不熱心尋找，因往那面跑不是餓死風也要把他刮死。而向南跑，就是扒火車走。

到了後來生活越來越難過了，遍地的苦苦菜挖了個精光，連它的根也來了個底朝天。還有灰條野菜，另外一種不知名的野草根（我稱它為薺菜根，根上只有一點點小小葉子）也都尋回來吃。幾口大鍋浸泡這些東西，水是黑絳色，那時候能吃上這種東西就是萬幸，要想吃多些也沒有。我記得當時我們不管什麼認得認不得的植物根，不管其大小，褲腿上擦一擦就入口了。慢慢地近處就難有收穫了，我們就到沙漠裡去，沙蔥、沙芹、沙胡蘿蔔，沙漠裡還有菌類，只要發現苗頭，向下就有碩大的連體菌。我也挖到過中藥的塊根，叫做肉蓯蓉，味甘苦，嚼後有餘渣。沙漠裡埋得很深的還有甘草根，這是好東西，它的毛根和蕨麻根一樣是我們的食物，可惜飛奔的黃羊與我們搶食，沒有多少能到了我們的嘴裡。於是我們就去火車站附近去扒火車，火車上裝載有麥粒和玉米粒。我們到火車上偷糧食也僅是為了肚子，把衣服的口袋裝滿就行了，然後大部分作記號掩埋起來，小部分在田埂上挖土臺用鐵鍬頭烘烤吃。萬一被押運的解放軍抓住，他們對我們一般也不施暴。

一九六〇年初就到了山窮水盡的地步，飯裡已不見點滴糧食的影子。這時兩種病讓犯人開始死亡。一是痢疾，無力支撐，脫水而死。另一種不知吃了什麼東西，頭大如鬥，像燈籠一樣，臉色鐵青，延續半月二十天後腫脹消退，這也就是死期了。那時的我們與鬼沒有什麼區別，我們穿著灰青色的棉衣褲，上身用草繩子綁住，下身髒跡斑斑，衣衫襤褸，蓬頭垢面，亂七八糟的長髮，鼻子鬍子攪在一起。渾身的蝨子成千上萬不知有多少。想的做的都是為了從哪裡弄到一點吃的。知識份子不是有骨氣嗎？毛澤東就是要讓你落魄到為一口吃的彎腰下跪。我要感謝共產黨，它讓我真正懂得了「人權」和人的本性，這是我在死亡路上掙來的財富。我能夠從死人堆裡爬出來，是媽媽救了我。在我最困難的日子，媽媽從上海不斷地給我寄來吃的。她給我寄來了餅乾、點心、炒麥粉和罐頭，尤其一公斤裝的豬肉罐頭印象最深，厚厚的水油，給即將熄滅的生命加了養料。我像救命稻草一樣，每天背在身上，吃時躲在一旁，自私和要命都是為了活下去。由於我的身體基本上還算可以，所以有額外東西吃的崗位也就眷顧了我。一九六〇年春夏我做了炊事員，可以吃到籠屜裡的饃饃渣。我跑得動，半夜三更可以去搶火車。到了大批餓死人的時候，埋死人也是逃不脫的任務，皮車裡橫七豎八疊加的屍體，往地裡一撂，撒上幾鍬沙土，就完成了任務。人已近乎麻木，沒有眼淚，沒有悲傷，沒有感覺。我們這個班已經沒有人了，只是在林校教師副班長張某靜悄悄離去的早晨，我才暗暗地潤濕了一下自己的眼睛。

一九六〇年底，中央派來了錢瑛和王昭為首的檢查團組織搶救人命，才不知從哪裡調來了大米、糖、奶粉，甚至另加「康樂丸」。「康樂丸」是很大的中藥丸，用棗泥、核桃粉和蜂蜜等調製而成，我們吃了很快有了生氣。我們一行幾個人回到了甘肅省委組織部的一個像招待所的房子裡進行了休養。在這裡我認識了省人行的馬德孝（回族）、藥材公司的李文亭、林校學生連懷德（上海人）等四位難友，在以後的兩、三年裡我們經常在一起聚談。在組織部我又提出要回家，組織部說不行，讓我回原單位繼續改造，因為右派分子的帽子還在我的頭上。我當時驚呼，死亡之路都走過來了，怎麼右派分子的帽子還牢牢黏在自己的頭上。

我又回來了，在原單位勞動改造，當我以一副勞改犯的模樣重現在氣象臺的人事科時，只有冷漠和鄙視的眼光。沒有工資，發三十元生活費，到氣象臺自己的農場繼續勞動改造。我要求回家探親，被批准了，這樣時隔六年多，經歷了苦難、死亡的我，在長春姐姐家哭拜了母親。那時東北也只有二十一斤口糧，主糧玉米麵七斤，高粱麵、玉米渣、高粱粒、小米、黃米、大米和大豆各兩斤。

看望了母親回來後，我先是在天祝藏族自治縣一個農場勞動，一九六二年又到清水農場勞動。清水農場的書記是原來氣象局器材科的同事馬振超，他鼓勵我在他的任內爭取摘掉右派帽子。我從死亡的路上回到陽間，忙於活命如死豬般麻木，出乎意料卻在清水農場勞動一年多後，一九六四年春我沒特別費心費力，卻由黨支部討論通過，黨組批准摘掉了我的右派分子帽子。這樣我戴了七年帽子，勞動改造了七年，又變成了摘帽右派，降職降

戴崇森與妻潘月芳攝於1968年

薪控制使用，不批准退職要求，由五類分子升為二等公民，確定工資降二級為五十四元，並到觀象臺工作。做了短暫的高空報表審核後，就到人工控制天氣室工作，當年甘肅岷縣野外防雹了。

一九六六年文革開始後，南京中央大學畢業的同事呂琰由於參加過三青團自殺身亡了，我於是自動要求去甘肅省臨夏回族自治州和政縣氣象站當了氣象員。戰戰兢兢、如負重笈混過了文革，因為這裡是少數民族地區，運動不太厲害，沒有挨到皮肉苦，我也就熬到了一九七九年右派改正的這一天。

這幾年來，有關夾邊溝的書籍印刷出版了，這體現了時代的進步。我個人覺得不必過多地去陳列它的慘烈，也不可能找到應負責的罪魁禍首，就只當是明鏡。看看我們深層次的土壤裡，還存在多麼深厚的封建皇朝的餘音。掛上了馬克思大鬍子的招牌，行的是長辮子的勾當。我腦子裡總在想，怎樣才能避免類似悲劇的發生。能不能在一黨制和人民代表大會的基本原則下，實實在在做一些制度上的約束。執政黨主定大政方針，行政部門執行工作。政治首腦可由執政黨改選。民主要從黨做起，否則一個黨、一個領袖無從監督，難免頭腦發昏、四肢僵化、積重難返。以人為本，和諧社會，科學發展都十分重要，但真正要做到，根本還在源頭。

邱琇玉

邱琇玉

我是一九二九年八月二十六日生於甘肅省民勤縣，中渠鄉字雲村。我是個小長工放牛娃，經常中午不休息還要到東家的地裡犁曬地。父親在內蒙古給人放牛、放羊打工，且將內地的燒酒用家裡一頭駱駝和一頭毛驢運到內蒙換回些錢維持全家人的生活。有一次，父親從內蒙回來的路上毛驢被狼吃了，他非常傷心。我知道父親回到家裡，晚上我去給父親說，和我同齡的孩子都上學了，我也要上學。我哭，母親也哭，父親半天說出一句話，就是我們要飯也要供你上學。

我於一九四二年進了字雲村三紅廟上了初小，我家裡生活艱辛，吃的是樹皮、棉籽殼但我一直沒有停學。一九四四年我去中渠鄉完全小學進了四年級。到了五年級家庭實在困難，父親無可奈何地對我說，你還是停學吧，去給人家拉長工掙點糧食顧家吧。這事被同班同學朱開第、朱開甲知道後，他們到學校把這件事傳了開來，同學們於是你一碗米、他一碗麵，湊著供我上完了小學。那時，完小的校長是丁育宣和教導主任是韓躍南，後來我知道他倆都是共產黨的地下黨員。當時，我與同班朱百壽同學成績分數一樣，學校決定讓全校同學給我們倆劃品行分數，結果我的分數比朱百壽的高，我成了學校的第一名。

一九四六年我完校畢業後考入了武威師範學校，複考時我又是第一名。因為國家每月補貼的二點五斗小麥渣子太多，校外飽飯吃只能吃二十五天。所以每到月末，我每天只吃兩個武威高椿子（形狀稍高的一種饅頭），和一碗山藥米拌麵湯。這樣上了一學期，我實在耐不住這種饑餓了。

到一九四七年春天開學，民勤高師同學馬偉璋，請甘肅山丹籍的同學寫信幫忙，我們才進了路易．艾黎辦的山丹培黎工藝學校。這個學校是路易．艾黎辦的以手腦並用、創造分析、理論聯繫實際為辦學宗旨的學校，它當時主要吸收勞動人民子弟，講究吃苦耐勞，半天學習，半天勞動。

我剛去時為練習生，先跟工人到永昌南山伐木頭，勞動了半年才被正式錄取為正式生。我的練習期滿後，被分到了學校的粗砂車間，後又調到了機械廠的鍛工組，翻砂，鉗工，一直是半天學習、半天勞動。因我的大錘掄得好，師傅說像我這樣到蘭州一月可掙三十個大洋。後來我又到了水磨組，去了四壩灘農場負責生產。在四壩灘農場我用草垡子鋪墊水渠解決了水渠沖刷滲漏的大問題。後來我到了地質測繪組，學校準備成立采礦班，我領同學們在山丹城，北山發現了赤鐵礦石，為學校煉鐵提供原料。解放後這裡成了山丹鐵礦廠的原料基地。

一九五一年我被山丹培黎工藝學校提幹部。一九五二年我由西北石油管理局分配到玉門油礦設計處（後改成設計院）測量隊，專搞油田建設工作，因工作量很大、技術人員少，後來我發現工人對儀器愛護備至，於是我對工人師傅們說，工作你們做，責任我來負。不料，只過了一夜，我就聽到有人對工人講：「耿總（玉礦局副總工程師）一輩子只掌握水平儀，現在他（指我）要你們操作鏡緯儀，你們都是拉家帶口的，一旦出了問題，你們吃不了得兜著走。」說這些話的人就是東北四平解放中，逃到玉門油礦做土建設計工作的陳祝平，這是一個原國民黨的營長。這樣工人中原參加過青紅幫的不敢參加儀器操作了，他雖只是傳話，但使我們的工作很不順暢，後來解放軍轉業幹部王思文到設計院實習，他思想水平高，很快統一了思想。工人們的積極性煥發了出來，工作效率大大得到了提高。這得益於我在山丹培黎工藝學校路易．艾黎職教的影響。後來聽說與甘肅某測量隊比賽時，結果是玉門測量隊工人操作速度快，質量好，獲得第一。在石油會戰期間，玉門設計院測隊的幾個分隊，分別調往大慶、新彊、長慶等油田。

一九五六年年三月，我被調到了蘭州煉油廠施工技術科。因為我不喜歡誇誇其談，只知老老實實地工作。在一九五七年的開門整風大鳴大放當中，我沒有說話，但主持批鬥會的一個姓顧的說，邱琇玉是個不說話的右派。我與他們爭辯說，我底子清，根子正、哪有一點反黨的思想，然而我的辯駁根本不起任何作用。

後來，蘭州煉油廠機關黨支部書記錢傳鈞找我談話時說我是思想方法問題。我問，思想方法問題要改造嗎？他說，必須改造。但此時有個技術科負責人無中生有說我偷聽敵臺。我要求將我的問題送交法院，他不答應，但他同意我寫簽字說明。我隨即甩手就把門關上往外走去。在簽字說明中我寫道，我相信黨組織總有一天會把我的問題搞清楚的。

一九五八年四月，蘭州煉油廠宣佈：邱琇玉態度惡劣劃為右派分子，保留公職，送夾邊溝農場勞動教養。當時蘭州煉油廠與我同去夾邊溝的有：張傑（極右分子，蘭州煉油廠儀錶廠廠長，技術很好）、孫岳明（右派分子，原清華大學教授調到蘭州煉油廠專搞技術工作）、蘇複生（右派分子，蘭州煉油廠五工區施工技術員）、張澤吉（極右分子，蘭州煉油廠工程師）等。

我到夾邊溝後分到了基建隊，先在新添墩那個地方平整土地。其後就開始大煉鋼鐵，場裡就調我到夾邊溝跟前的金塔縣山上去找鐵礦。我在靠近金塔縣的一個山溝裡發現被雨水沖來的一塊赤鐵礦石。目測赤鐵礦含量尚可，但後來在山上再沒發現與那塊當量的赤鐵礦，而且是品位極低的。這時與我搭伴的就是杜圭，我與杜圭也就是這個時候認識的。我們一直幹到了一九五九年。

夾邊溝農場捆人、打人是家常便飯，我們這些犯人是不敢隨便說話的，稍有不老實，馬上五花大綁升級送到勞改隊。當時我看到這些情景就有一種兔死狐悲的感覺，心裡真不是滋味。

一九五九年九月是我生命一個轉捩點，我被調到了馬鬃山煤礦。這是甘肅省勞改局的一個下屬單位，主要關押著勞改犯人，大約有三千人，基本上都住在地窩子裡。由於我到了這裡，所以我沒有像夾邊溝的其他難友一樣被餓死。當時我們蘭州煉油廠來夾邊溝的難友，調到馬鬃山煤礦的有張傑、孫岳明、張澤吉，都是沾了有技術的光，於是都活了出來。據我所知，當時甘肅各個煤礦送來的夾邊溝農場犯人都調到了這裡。我在這裡主要負責井下巷道測量的工作。當挖煤的方向確定後，馬上就可判斷出煤層的厚度，也就可以測定出下一步挖掘的方向。

當時在這裡送來甘南叛亂的藏民二、三百人，他們都在地上煉煤焦。由於這些藏民是肉肚子，到了這裡吃菜喝湯，吃不上酥油和肉，於是死亡的不少，過了些日子就將藏民轉移了。我們那時也挨餓，我記得姚振華（壞分子，蘭州煉油廠送的）就在招待所食堂的垃圾堆裡揀骨頭，拿回去熬湯喝。

雖然我是搞技術的、勞動好，但我對我的問題一直不知道錯在哪裡？在馬鬃山煤礦時，有一次蘭州煉油廠派一位處級幹部來瞭解我們改造的情況，別人去找他，而我不去。這個人後來回到廠裡彙報說，邱琇玉不思悔改，態度仍然非常惡劣。馬鬃山煤礦的張礦長是個好人，他因為讓我們這些勞教技術人員在幹部灶上吃飯，被打成了右傾機會主義分子。

我是一九六一年底才回到蘭州煉油廠的，當時廠裡通知讓我們自己坐火車回廠裡的。而我比別人晚回到廠裡兩天，因為我始終想不通，我不明白我究竟錯在哪裡？我沒臉見熟人。經過一夜反覆思考，決定還是回廠，哪裡跌倒就從哪裡爬起來。

回來後我在廠企業公司當保管員，將大型材料擺放，那個時候別人做不到的我能做到，一直到一九六四年才摘了我的右派分子帽子，於是我又成了摘帽右派。

一九五七年對我及我的全家是個大災難。我父親通過別人打聽得知，說我犯了嚴重錯誤，父親根本不相信我會反黨，在出外找我的路上死去，現在連骨灰都找不到。因為我的問題，我的哥哥、弟弟後來也逃到內蒙去找活路。每當想起這件事我的心就撕裂得痛啊！

上世紀八十年代初右派改正時，我的右派資料檔案中，只有一個姓周的一份檢舉我的材料，說我偷聽敵臺廣播，其他什麼都沒有。那是我在會上說過《人民日報》對臺灣廣播資料中講的一些事情，這是我講的，不然周從哪裡能知道呢？

我退休後主要為發展路易・艾黎的「工合」事業而努力著，我自己花錢搞生物秸稈發酵實驗，買良種和微肥劑無嘗送給農民種，且推廣植物快繁技術。即「你給我一片葉子，我就給你一片森林」之說。我的這一生雖然坎坷，但山丹培黎工藝學校和路易・艾黎教會了我怎樣做人、如何做事，他不僅使我們會幹，而且讓我們幹得更好。

和鳳鳴、王景超夫婦

王景超

一九八五年的冬季，在西北民族學院六號樓三單元二〇二室這個簡陋的房間裡，連續四次見到王景超的愛人——西北民族學院和鳳鳴教授。二十二年後的二〇〇七年八月四日下午三點，筆者又與她見了面。

想起二十二年前第一次見到她的一幕，使人感慨萬千。那天蘭州的天灰濛濛的，雖然文化大革命已過去多年，但人與人之間還保持著一種戒心。記得和老師說：「小夥子你的膽子真大，你寫了夾邊溝的事情能出版嗎？」雖然筆者當時對出版不抱什麼希望，但潛意識裡知道這件事以後肯定能夠大白於天下，所以隨口說道：「國內出版不了，就到香港去出版。」那天，雖然和老師與其他經過血與淚年代的人們一樣，始終有一種不安，但是從她的眼神裡可以感受到她有一肚子的冤屈要說。以後又採訪了甘肅省社會科學院的羅舒群老師，也就基本上搞清了王景超的方方面面。

王景超，筆名王京，一九二四年生於河北省無極縣蘇村，其父為小學教師。七七事變後，十三歲的王景超跟大哥王景衡從家鄉出來，景衡參加了商震的抗日部隊，而他一個人則顛沛流離最後輾轉來到了四川。他先經老鄉介紹到一個傷病醫院當看護兵，雖然吃不飽、穿不暖，但在這裡度過了他的童年，也學到了以前從來沒有學過的知識。一九四六年考入西北大學法律系。一九四九年七月在西安西北大學報名參加了由阮迪民、劉煥文在西北籌辦的《甘肅日報》社工作，隨即隨軍西進，于蘭州解放的第二天到達蘭州。後參加了《甘肅日報》的創辦工作，任《甘肅日報》社編輯、文化組副組長、記者。行政十八級，中級職稱。一九五七年反右運動裡，因其聽了毛澤東關於「百花齊放，百家爭鳴」的講話精神，和學習了中共中央《關於整風運動的指示》，被一再鼓動的《大膽地「放」，大膽地「鳴」》激起了他對國家和人民的責任感，有感而發了《略論「行政手段」》《為「三脫」幹部叫屈！》《關於「抵觸情緒」》等三篇雜文（前兩篇登在《甘肅日報》後一篇沒有見報）。由於這三篇雜文，他於六月下旬至七月初被打成右派分子，於一九五八年四月二十九日被開除公職，押送到了甘肅酒泉夾邊溝農場。而其妻和鳳鳴也因為他的右派問題而牽連成了右派分子，在一九五八年五月送到酒泉安西十工農場，後於一九五九年十二月底送到酒泉安西四工農場。一九六〇年十二月十三日，王景超被凍餓折磨死在了甘肅省高臺縣明水灘。

羅舒群告訴我，王景超中等個子，白晳面孔，近視眼。人顯得文質彬彬，聰敏幹練，身體很好，有一種士者的錚錚傲骨。雖然到了夾邊溝，可是他一直保持著當記者時勤奮筆耕的習慣和特有的潔癖，每天收工盥洗完畢，就坐在屋簷下把日記本擱在兩膝上寫日記，堅持不懈。

羅舒群說，王景超曾經拒食為埋葬死人而增發的兩個麩麵餅子，大有不食嗟來之食的凜然正氣。他說，有一天天剛黑，他路過一畦菜地，順手拔了一根蘿蔔吃了，不知誰告的密，被管教幹部知道了，在傍晚收工後在宿舍前場地集合全隊人員，讓他出列在隊伍前面出醜，並且狠批一頓，然後宣佈將他打入嚴管隊。和他在一個隊的王景超曾經鄙夷地說道：「老羅，我沒想到你竟然變成了這樣一個人。」

和鳳鳴說，她那時被送到農場監督勞動改造。她每月給兩個孩子寄去三十元後，剩餘二十元，每季度給王景超寄去十元，還給他買了餅乾寄去，她是盡了最大力量了。在王景超他們這些右派挖排鹹溝的時候，她聽說鹹水腐蝕爛了他的腳，她又以一個女人的愛和堅強給自己最心愛的人買去了一雙高腰雨鞋，但還是沒有能挽救愛人王景超的性命。

下面是和鳳鳴悼亡夫景超的一首詩：

泣血何人知，
腸斷有誰憐！
茫茫瀚海無語，
與我共悲潸。
冤未平人已去，
此情痛煞淒絕，
驚破戈壁天！
同蹈苦和難，
良人不回還。

聲喑噎，
心破碎，
恨綿綿。
滄桑巨變，

萬般痛楚未稍減。
血淚往昔忍顧，
明水一別卅載，
屍骨未能見，
荒塚無覓處，
長哭問蒼天！

附錄六：為「三脫」幹部叫屈

為「三脫」幹部叫屈

王京，《甘肅日報》一九五七年六月五日

所謂「三脫」，就是脫離組織、脫離領導、脫離群眾。沒有一個同志（注意這裡說的是同志），是不想靠攏組織接近領導的。但在不少單位有相當一部分人被視為「三脫」之類人，這就不能不引起注意。這些人究竟是怎樣的一些人呢？平心而論，他們只不過嘴上不大喜歡罷了。如果說他們「仗義執言」，未免誇之過分；但是如果他們是由於看不慣工作中或某些領導人身上的缺點，而偏愛「發發牢騷」「提提意見」，卻倒真是事實了。當然，這些人不可能不和一般人一樣，自己身上也多多少少總有著某些缺點，如「偏激、片面」，「不講究方式方法」，「小資產階級情緒」等等，因而往往「言不中聽」、「出語刺耳」，這就招了某些領導人之忌。在某些單位裡，要求盲目服從領導的風氣，是確確鑿鑿存在著的，這些領導人只承認一個「道德標準」，那就是「盲目服從」。凡是不合乎這個標準的人，便被列為「改造對象」，直到你合乎了那個標準！試想：百花尚野谷爭豔，何況人乎？即曆千秋萬代，人們也不會合乎一個模子，更不會合乎「盲目服從」的模子，所以這「三脫」類人，實際上是被某些領導者當作「外人」而排斥的人！

或曰：「若何危言聳聽耶！」當然，這些話在某些人聽來，是會感到刺耳的。但，刺耳由它刺耳，當說我自說之：在這次大放大鳴的民主浪潮裡，許多黨外同志對組織上、領導上提出了尖銳的批評意見，許多意見就直接關係到這個問題。人事部們一般既代表組織，又代表領導；人事幹部本來應該是革命同志傾心倒肚的知己，幫助、教育、團結黨外同志的長上，但許多意見都說人事部門是個「特殊組織」、「獨立王國」，令人心存戒意，敬而遠之！何以黨的威信齊天，而某些人事部門的威信卻「平地」呢？

其中重要原因之一，恐怕與那個宗派主義、主觀主義的「道德標準」不無關係吧？以一個模子要求人的人，是不可能不偏聽偏信的，於是經過他們的手，終於畫出了「親生」與「後養」的界限。儘管「親生」的未必個個爭氣，但他們是貫徹「領導意圖」的依靠，是「領導威信」的維護者，思想「進步」，所以處處順利，事事如意。「後養」的即便勤勤懇懇地作了工作，敢於本著革命良心，大膽提出工作中的弊病與改進工作的意見，但終因隔著一層肚皮，領導者絕不容許他們在自己臉上拂灰土，到頭總難免不落：「從個人情緒出發」、「勞動態度不好」、「和領導上講價錢」之類的責罵！於是，猶如風助火勢，「親生」排斥「後養」的現象，在下邊便愈演愈烈；未必作了工作的人，可以指手畫腳地罵人，而真正作了工作的人，倒忍氣吞聲的挨罵，哪裡還能分出是非，辨明黑白？組織上這種不是「相引」實乃「相斥」的態度，認人怎麼去「靠攏」呢？！

一旦被扣上了「脫離組織、脫離領導」的帽子，是急切翻不了身的！對組織上、領導上猶靠之不攏，遑論群眾？領導上影響群眾，讓群眾卑視他、冷淡他，他們再也找不到知心人，聽不到知心話，或由自卑而消沉，或由氣惱而孤傲，被禁錮在精神囚牢裡，豈能不脫離群眾？

應該說，這些同志不屬於所謂「消極因素」，其所以外表消極者，蓋因含冤受屈故也。寫到這裡，我要「反話正說」了：這些同志並非真的脫離了組織和領導，而是組織和領導上脫離了他們！所以我才敢於為「三脫」幹部叫屈：並籲請以「盲目服從」的道德標準要求人的領導者，拋棄這個標準，而以馬列主義的是非觀點對待所有的同志！

附錄七．略論「行政手段」

略論「行政手段」

王京，《甘肅日報》一九五七年五月二十六日三版

中國古語有云：以理服人者王，以力服人者霸。而經常靠「行政手段」以服人者，是不會不帶點「霸」味的。所謂「手段」者，欲達目的之方法也；而能夠憑藉行政手段以服人的，只能是一些行政領導人物。這裡無意一概否定行政手段；所欲反對者，不過只是用以「服人」的行政手段而已。我沒有作過調查，不知道愛用行政手段以服人的人，究竟基於什麼原因，都是些何等類人？但推之於理，證之於耳聞目見之事實，這種帶著「霸」味的人，多半是傲於「資」，而又疏於「德、才」的。

說這些人傲於「資」，是因為這些人多半是專靠老資格吃飯的人。他們平日既懶於學習理論，又懶於鑽研業務，覺得不管怎樣，反正總有他們一碗飯吃，總有他們的「官」當，那麼還有什麼必要再去刻苦學習呢？他們以黨自居，覺得黨是光榮的、偉大的、正確的，他們自己也便是光榮的、偉大的、正確的了；他們覺得黨是領導一切，自己當然也能領導一切，服從是別人的義務，讓別人服從是自己的權利，具體工作反正有被領導的人去作，自己只「掌握原則」、「發號施令」就對了！老資格使得他們心飽肚塞，幾乎到了滴水不進的程度，用行政手段服人，當然也最適合這些人的身份！

說這些人疏於「德」，是因為這些人並不把黨的事業看得比自己更重要些，這主要表現在對群眾的看法，和對待群眾的意見的態度上。他們唯我獨尊，當然不會承認群眾有長於他們的地方，當然也不會承認群眾能見到自

己所不能見到的地方，所謂群眾路線、群眾觀點，在他們只不過是騙人的鬼話。遇到不同的意見，他們並不考慮對工作如何，對革命事業如何；考慮的只不過是看別人的意見是順著自己還是逆著自己，是有益於自己的尊嚴還是有損於自己的尊嚴罷了；他們提倡「愚忠愚孝」思想，喜歡「愚忠愚孝」的人。「順我者昌，逆我者亡！」於是，品質惡劣的人乘機鑽營，形成「君子封口，小人得勢」的局面，在他們的獨立王國裡，再找不到真正的是、非！他們總是以「片面性」責人，批評別人只看缺點、不看成績，而他們也總是以片面性護己，因為他們自己永遠是只看成績、不看缺點的！他們不願意理解發現並消除缺點，正是自己的責任，而惟恐別人湮沒了他們的豐功偉績。說這種人疏於「德」，亦不為過矣！

說這些人疏於「才」，也並非「惡語中傷」。所謂「才」者，不外乎指以馬列主義知識處理工作的能力，即指業務能力也無不可。這些人既然以為有了「資格」，就可以換得在今天必須用勞動才能換得的一切，因而優哉遊哉，蹉跎歲月，無所學而無所知！在他們的口袋裡，除了幾個老教條和幾頂大帽子，別的本錢就不多了，以至遇真理而不辨，遇善言而不聽。對於自己不喜歡的意見，欲說之而無詞，只好繼之以「壓」，於是行政手段便出來了，這便是一大堆帽子，如「不尊重領導」、「驕傲自大」、「不按黨的意圖辦事」等等。只此三言兩語，便噎得提意見的人瞠目結舌，欲語無言！

孟子曰：「以德服人者，中心悅而誠服也。」愛用行政手段的人，多半是在自己的「德」、「才」不足以服人時，才搬出行政手段來的。對黨的十六字方針，這些人會特別感到不舒服，因為這個方針迫使他們和同志採取平等的態度，迫使他們丟掉老教條和大帽子，認真去學點東西，動動腦筋，改變「光靠黨的威信吃飯」的沒出息思想，丟掉「我即是黨」的臭架子，踏踏實實地去做些工作。所以，這不僅對「老資格」有好處，即對於那些並沒有什麼老資格、而也有些「霸」味的新提拔起來的小領導者，也大有好處。因為老的苦學，新的也就不便於光指手畫腳了！

附錄八：王京的「略論行政手段」在說什麼！

王京的「略論行政手段」在說什麼！

維民，《甘肅日報》一九五七年九月六日

要反對共產黨，就必須反掉共產黨的領導；要反掉共產黨的領導，就必須為反黨、反人民的嘍羅爭取合法地位，製造「政治資本」。這就是右派分子王京（即王景超）「略論行政手段」（見本報五月二十六日三版）這一雜文的真實動機。

反對共產黨的領導的「資本」確實太少，怎麼辦？造謠加誣衊，為了搞得隱蔽，來幾句活死人的鬼話文腔，妄圖俘虜隨風倒的人們。這就是這篇雜文的全部手法。

「略論行政手段」，首先為共產黨的領導畫上一副兇惡的臉孔，即所謂不是以理服人，而是以力服人（與水梓不謀而合），即所為共產黨是以「霸道」治天下。誠然，我國是以工人階級為領導，以工農聯盟為基礎的人民民主專政的國家，即是在共產黨領導下的人民民主專政的國家，這個國家，對於敵人只能是專政，對於反革命活動只能是採取堅決鎮壓，對於反動思想必須進行無情的揭發和徹底的批判。不如此，必然要削弱人民的天下。削弱人民的天下是什麼意思呢？就是為剝削階級的復辟製造條件。如果說這是「霸道」，那麼沒有這種「霸道」是不行的，誰擁護這種「霸道」，誰憎恨這種霸道，立場是很分明的，王京（即王景超）在這裡一下就露出了狐狸尾巴。

在他的這個反動前提下，自然而然地就要誣衊共產黨的領導是耍「手段」，「是欲達目的之方法也」（與蔣雲臺不謀而合）。誠然，為了建成社會主義，為了鞏固人民民主專政，為了使報紙真正成為鞏固人民民主專政建設社會主義的集體宣傳者、組織者和鼓動者，必須要加強黨的領導，堅決地保護和發展勞動人民的當前的和長遠的利益。如果說這是「手段」，沒有這種「手段」是不行的，對於這種「手段」的愛恨也是分明的。王京賣弄活死人的文腔，其用意只是要我們放棄這種「手段」，即放棄黨的領導。

為了推翻共產黨的領導，王京就必然要攻擊在各個具體工作崗位上具體體現黨的領導的領導幹部，因為，王京知道共產黨的領導不是抽象的，沒有廣大忠心耿耿為黨的事業奮鬥的領導幹部和廣大的積極分子，黨的領導是無從談起的。但是，右派分子卻掩耳盜鈴地自作聰明：我衷心擁護共產黨，但是堅決攻擊共產黨員和靠攏黨的積極分子，我衷心擁護共產黨的領導，但瘋狂的攻擊領導幹部。這就是王京和所有右派分子的法術之一。

他首先從領導開刀，說他們「多半是專靠老資格吃飯」並且是疏於「德」、「才」的人。這裡要注意王京在造句上是煞費苦心的，用「完全」二字太顯眼，用「有的」二字不過癮，結果想了個「多半」。並且鬼話連篇的說什麼：「所以這些人疏於『德』，是因為這些人並不把黨的事業看得比自己更重要些。「罪名」安上了，且看「罪狀」吧：「這主要表現在對群眾的看法和對待群眾的意見的態度上。他們唯我獨尊，當然不會承認群眾有長於他們的地方，不然也不會承認群眾能見到自己所不能見到的地方，所謂群眾路線，群眾觀點，在他們只不過是騙人的鬼話。」在這裡，王京的確顯現了他們偷天換日的本領。自己明明惡意地攻擊了黨，但卻又搖身一變，以所謂「愛護」黨的面貌出現，使人感到他之所以痛恨老幹部，只是「因為這些人並不把黨的事業看得比自己更重要些」而已。

然而，事實上，不正是因為這些人「把黨的事業看得比自己更重要些」，無限忠誠地捍衛了黨的利益，才使得王京深惡而痛絕的嗎？不 正是因為這些人切實奉行了群眾路線的工作方法，貫徹執行了黨的政策決議，才使得所有的敵人（當然也包括右派分子在內）視之為眼中釘而一心要加以扼殺嗎？王京之所以在群眾路線這一問題上攻擊老幹部，自然也還是因為群眾路線是我們黨的根本政治路線和組織路線，同時，黨的群眾路線必須也只能是階級路線，這就使得資產階級右派分子王京很不舒服起來。他之所以用騙人的「鬼話」一類極其惡毒的字眼，攻擊忠實這一工作方法的老幹部，其陰謀所在也不過是想抹殺這種群眾路線而已。王京又進而誣衊這些老幹部「疏于才」。說什麼：「……這些人既然以為有了『資格』，就可以換得在今天必須用勞動才能換得的一切，因而悠哉遊哉；蹉跎歲月……」一個「既然」，一個「因而」，一起一合就給老幹部做出了疏於才的結論了，真正是才華出眾，不同凡人。

拆穿來看，文章的主旨在於下面一段：「在他們的口袋裡，除了幾個老教條和幾頂大帽子，別的本錢就不多了，以至遇真理而不辯，遇善言而不聽。」從這裡我們可以知道他所攻擊的是什麼，原來他是要攻擊掉我們的幹部以馬列主義的立場、觀點和方法去分析問題和處理工作。我們反對教條主義，因為教條主義是與馬列主義的對具體情況做具體分析的原則違背的，是與我們黨的傳統作風之一「馬克思主義與中國革命的具體實踐相結合的作風」相違背的。因此，反對和克服教條主義，決不能和修正主義等同，修正主義是為了取消馬列主義，反對教條主義是為了更好地按照馬列主義的原則辦事，為了更好地維護工人階級和一切勞動人民的利益。

堂哉！皇哉！「黑社」頭領的大文，嗚乎哀哉。

※作者維民其後也被劃成了右派分子

羅舒群

一九八六年春上在甘肅省社會科學院的家屬宿舍裡與羅舒群相見。那天蘭州的天氣已是寒風颯颯，滴水成冰，可是，他的家裡卻很暖和。他中等身材，略胖，戴著一副高度近視眼鏡，給人一種斯文雅致的感覺。他說起話來直爽響亮，沒有當時其他右派小心謹慎的樣子。跟他談得很投機，慢慢成了無話不說的朋友，一直到他離世，筆者和他相交達十年之久，並獲贈他寫的《劫波逆渡》。

我是甘肅省臨洮縣人，一九二六年元月出生，一九四六年考入西北大學經濟系，一九四九年六月在西安西北大學加入新民主主義青年團。七月經自己報名，校方推薦，參加了由阮迪民、劉煥文在西安籌辦的《甘肅日報》社工作，隨即隨軍西進，於蘭州解放的第二天八月二十七日到達蘭州，即在《甘肅日報》社任編輯、記者。由於得罪了報社一些人，一九五二年十月被開除團籍，經自己要求調到中共甘肅省武威地委宣傳部工作。一九五六年年肅反審幹時又受到專案審查，審查結束作了結論，系一般政治歷史問題。我由於有多次殘酷鬥爭運動的經歷，所以，在一九五七年大鳴大放、開門整風時小心翼翼，沒有任何言論；可是，仍然沒有逃過反右運動的劫難。

張掖地委由酒泉遷到張掖前夕，原宣傳部長朱威調民勤縣任縣委書記，他讓我隨他去任縣委秘書，我沒有去。可是，新來的宣傳部副部長滿增晟原是一位小學教員，水平低。我個性倔強，一向蔑視不學無術的人，所以，與這個副部長有了矛盾。而宣傳部副部長滿增晟當時是整風領導小組的副組長（組長是當時任地委副書記的賈悅西）。

雖然鳴放中我沒有說話，引蛇出洞我也沒有上鉤，可是，這個副部長早早就盯上了我，打了我的算盤。張掖地區首先揪出的陳學武，是當時張掖地委書記安振的私人秘書。因陳學武住的房子沒有安振保姆的房子大，他說自己還不如書記的保姆，於是他就被打成了右派分子。第二個右派是趙健生（外號趙迷糊），這個人很老實，他的右派言論不過談了一些肅反運動有擴大化的傾向。

那是一九五七年十月，反右運動已經到了後期。有一天開會時有人突然提出要我檢查個人主義思想，我當時抵觸情緒很大。後來經主持會的人提示：「一年三百六十日，風刀霜劍嚴相逼」是什麼意思？

我恍然大悟，日記被人偷看了。由於和領導關係不和，處境尷尬，心情抑鬱，所以在日記裡隱晦曲折地抒發愁懷，引用了《紅樓夢》葬花吟中的兩句話：「一年三百六十日，風刀霜劍嚴相逼」，表示無可奈何！但以我的性格，在逆境中絕不向權勢妥協屈服，於是緊接著又引用了「寧可玉碎，不為瓦全」的成語。所以，被補挖了出來，每個星期三、五的上午對我進行嚴厲批判。當時我血氣方剛，滿增晟讓我交出書面材料，強行從我手裡奪材料時，我立即把材料撕得粉碎，並且扔到地上。

於是，批判、誣陷升級，一九五七年十二月三日，我被戴上了右派分子的帽子，列為不願進行改造的右派，宣佈開除公職，由公安局收容，遣送酒泉夾邊溝農場勞動教養。押送去農場的時間是一九五七年十二月五日，比我前行一天的一共四十餘人，都是張掖地委、專署直屬單位定的右派分子。這些右派分子分裝在兩輛大卡車內，前有警車開路，後跟約一排武裝戰士在軍車上，車上架著機槍。正巧那天下了大雪，寒風凜冽，右派們面色慘白，神情沮喪，耷拉著腦袋。

附文：

劫波逆渡（節選）

羅舒群

我沒有和這四十餘人同行，原因是我不願再繼續受人凌辱、宰割，我想自謀職業，另尋生存之路。於是在四日晚從地委大院溜了出來，躲在七月間我妻子探親時曾住過的一家民宅裡。然而經過一夜思慮，情緒也逐漸穩定下來，我頓然明白，自謀職業之路不通：一則公安部門不允許；再則當時社會上凡是戴了帽子的地富反壞右，就是走到天涯海角也難覓立足之地，僅糧戶關係一項，就會使你寸步難行。於是我於五日上午又自動回到地委。他們原以為我是自尋短見了，見又活著回來，就趕忙派組織部的一名年輕幹事關海生，於翌日給我戴上手銬，攜帶衝鋒槍，押我乘火車先到酒泉，再乘汽車到臨近金塔縣境的夾邊溝農場。

這位組織部幹事，年紀雖小，倒也懂得人情世故。他怕路上看出他是押解罪犯的公差，就把衝鋒槍掖到皮大衣底下，而我也把戴銬雙手攏在袖內。這樣，從外表上看，我們好像是帶著行李出差的幹部一樣，免去了我的尷尬和自尊心受到進一步傷害。我衷心感激這位小夥子的溫厚，認為他不是依仗權勢，落井下石的小人，而是一個值得信賴的人，就把我帶不了的一些書籍，大多是馬列主義的理論書籍，托他暫為保管。

夾邊溝場部的牆很高，只有一處大門，像一個監獄，四角有崗樓。裡面為大平房，通鋪，可容納百餘人。一進監舍，沿牆砌有大通鋪，中間留有走道。由於空間大，門窗粗糙漏風，冬天很冷。周圍看起來很淒涼，沙質土壤。房子裡土塊壘起爐子，煙薰火燎的。與這個大莊子毗鄰的還有兩處較小一點的莊子。一九五八年，勞教人員基本到齊後，大莊子分給了農業隊，兩處小莊子分給副業隊和基建隊。

勞動時，我們被勞改隊留場的就業人員押上勞動，但沒有穿犯人衣裳。當時，大家仍然對共產黨和毛主席忠心耿耿，抱著一線希望，都想很好地改造自己的資產階級思想，脫胎換骨。有些人開始學外語、學知識，準備出去後繼續報效祖國。反右傾機會主義以前，場黨委書記張宏還反覆地對我們說，你們都是國家的人才，要愛護自己的身體，鞏固自己的文化知識，好好改造自己的資產階級思想，爭取早日回到人民的隊伍中來。所以，當時人們的情緒比較穩定，都沒有跑的念頭。

農場當時按極右、中右、一般的右派分活。中右、一般的右派活比較輕，極右的勞動強度最大，所以，被打成極右的右派分子基本上沒有活著出來的，可是，我活著出來了。夾邊溝最好的活是趕馬車、炊事員。

我是一個極右分子，所以給我分的活很重。地處西北大漠荒原的夾邊溝，一九五九年的冬季特別冷，在數九寒天的臘月，氣溫經常降至零下二、三十度左右，而且間有沙塵風暴，昏天黑地。上面下來指示，對我們這些勞教人員嚴加管教，加大勞動量。我去的第一個冬天整個是開荒，地凍的厲害，開荒時用洋鎬刨下去，只是一個白點點。每天有定額，但那時我的身體還好，還能吃得消。頭一兩個月身上也有點油水，還能夠吃飽飯，後來勞動強度越來越大，飯慢慢也吃不飽了。有一次，拉化肥的重載馬車壓垮了冰掉進了冰河裡，勞動回來大家還沒有吃飯，就脫了褲子，跳進冰河裡去推馬車，一直到了半夜。我這一段時間的主要勞動是開荒、積肥、運肥。

農場裡大隊一級的幹部人少事多，他們往往通過農工來管理我們。犯人把這些農工叫「拐棍」。這些農工大都是解放初期由上海、江蘇、福建、廣東等省、市到西北各省關押、改造的刑事罪犯，其中有抗日戰爭、解放戰爭時期汪偽政權的漢奸，國民黨軍、警、憲、特中的反革命骨幹。他們刑滿釋放後強迫在農場勞動就業，充當農工。這些人對幹部、知識份子帶有偏見，甚至仇恨情緒。平時對右派犯人們隨便打罵，生活緊張時右派們家裡寄來吃的，都是他們用馬車到酒泉去拉郵件、信件，犯人們很多寄來的東西都被他們偷偷打開分吃。

那個時候犯人們為了給管理幹部留個好印象，除了積極表現、拼命勞動之外，還有些人就是故意獻媚獻策，到管教幹部跟前打小報告。而農場也就利用這一點，讓犯人整犯人，讓犯人管犯人，而且，犯人批判發言整起犯人來比管教還要厲害。

一九五九年春節期間，為了粉飾太平，總場與新添墩分場聯合組織勞教人員進行文娛演出活動。這次演出活動中，原甘肅省黨校幹部程時雨、公安廳幹部劉文漢、蘭州女中教師康富平，以及原蘭州醫學院講師女勞教人員由天，原建工局幹部杜克，原白銀公司工程師孫毓嫻等二、三十人自願報名或由場部提名參加。這次春節演出獲得成功，原因是有傑出的業餘演員。夾邊溝勞教人員大多數是原來各行各業的精英，人才濟濟，聯歡會上，吹拉彈唱，生旦淨丑，各種角色俱全，何況有些人還從事過專職文藝演出。

一九五九年春耕的時候，有一次在荒灘上點播洋芋，我背著半口袋洋芋種籽，故意走在出工隊伍的後面，並乘解手之機，趕忙在一田埂旁挖個坑子，倒出一些洋芋種籽掩埋後，留個記號，又急忙趕上隊伍。在荒灘上點播洋芋與麥子一樣，荒地沒有翻耕，地表上還長著雜草，就挖坑下種，而且大多提前完成任務，一穴五、六塊，七、八塊地往裡埋，埋時將原挖起的草皮蓋上就算完事了，這樣的地是長不出來苗的。收工後，我收拾好農具，乘人不備溜到地頭，挖出洋芋種籽，帶到宿舍，用三塊破磚支起漱口缸子煮食。這天，大夥晚飯後正躺在炕上抽著自製捲煙閒聊，忽然生產幹事趙來苟闖進房內查房，他看見地下靠牆角煮洋芋的磁缸，勃然大怒，一腳踢翻，把漱口缸連洋芋踩得稀巴爛，嘴裡吼著：「我叫你煮，我叫你煮！」我們看到這種情況都不作聲，他背著手悻悻而去。

趙來苟是甘肅甘穀縣人，獐頭鼠目，心狠手辣，他到工地監工，總是帶著仇恨的目光，罵罵咧咧，人們避而遠之。有一個叫陳群的犯人，被他捆綁起來吊了四個多小時。所以，我有一種擔心，害怕這個人以後報復我。果然，時間不長我被這人報復了。

新添墩作業站場部前面開闢了一塊菜園，是專為管理幹部灶上供應蔬菜的，因不缺水肥，各種菜蔬長勢很好，遠望綠油油的一片。綠色果實在引誘著饑餓的人們，有些勞教人員就乘機摘一兩個蘿蔔、番瓜充饑。有一天天剛黑，我路過一畦菜地，順手拔了一根蘿蔔吃了。當時，犯人們為了爭取立功，互相揭發告密和互相批判鬥爭的事情比比皆是，人性的弱點在這個地方暴露得非常明顯，而管教幹部也充分利用這一點來管犯人。不知是誰告了密，被管教幹部知道了，在傍晚收工後在宿舍場地集合全隊人員，讓我站在隊伍前面「照相」（照相就是在眾人面前故意讓我出醜），並狠批一頓，然後宣佈將我打入「嚴管隊」。

嚴管隊是專為不服管教、打架鬥毆或小偷小摸的勞教人員單獨成立的勞動隊，勞動強度要大於其他勞動隊，動輒受管教人員或帶隊農工（拐棍）的斥責打罵，使你精神上受到更大壓力，而且在你的勞教檔案裡添上一頁更加不光彩的歷史（這一次懲罰，在一九七八年甄別平反時，還曾特別提了出來，讓我說明真相，可見影響是很大的。）

嚴管隊的勞動是特別重的體力勞動，農場為了擴大種植面積，提高單產的配套措施是新建、擴建中小型水庫，襯砌主幹渠道。嚴管隊就為修庫襯渠準備石料，我們先把河床裡的石頭採集到一處，然後兩人抬筐運到工地，每筐有四、五百斤，摞成石方，由管理幹部量方驗收，完不成任務，加班加點將其完成。這項勞動比運肥積肥更為繁重，每人備有護肩，但勞動一天，肩膀還是腫得老高。我儘量低頭彎腰，使上背承接重量，以減輕肩痛，我的雙手被磨得像鑿鋸一樣粗糙，掌心結了一層厚繭，針紮也無感覺。

有幾天採料場地距場部較遠，為節省走路時間，各人帶上被褥、乾糧袋，在工地附近選擇一塊較乾燥的臺地，挖開一排可容納單人睡覺的長方形的坑子，把鋪蓋放在裡邊，就營造成一處以天為房，以地為床的宿舍了。不知就裡的人遠遠一看，還以為是在給死人挖穴造墓呢，我們當時就在這樣的環境中，披星戴月，風餐露宿，大幹苦幹，將近一月，才完成了原定任務。為吃一個蘿蔔我付出了沉重的代價，是我始料不及的，其實這正是藉故嚴懲我的手段罷了。

我後來從嚴管隊出來被編到了基建隊。基建隊的任務是襯砌一個水庫被毀的一段堤壩，因石料已經備好，而且不是用水泥漿砌，只是把料石沿坡壘好，護住土壩就行。雖然這個時候也定任務，但是，比起在嚴管隊時也易完成每天的任務。襯砌水庫堤壩的工作，十幾天就完成了，基建隊又轉入挖排鹹溝的工作。與總場不同的是，因新添墩附近有水庫，所以，地下水位較高，挖到深處即出現帶有粘性的黑紫泥，挖掘很費力，而且不能用鍁拋到岸上，必須裝筐由臨時開闢的坡道抬出，每筐紫泥足有兩百斤重，沒有一定的體力，是很難勝任的。場方給挖排鹼溝的人員又增加了一些口糧，午餐多了兩個饅頭。這項工程一直延續了兩、三個月。所以，一九五九年的這種繁重的勞動把很多犯人給掙垮了。

由於農場與一個城市的基建工程簽定了採石料的合同，於是我又編入約百餘人組成的副業生產隊。那時明知採石是特別重的體力勞動，但是能夠離開陰霾籠罩、死氣彌漫的鬼蜮之地，到外面去呼吸一些新鮮空氣，我也稍感欣慰。

採料場在酒泉清水火車站北側不遠處，是早經開採了的一處採石場。我們到達後，撐起四頂帳篷，每帳住二十餘人。附近有人蹤，不像農場與外界隔絕。蘭新鐵路上的客、貨車絡繹不絕，有些旅客從車窗探出頭來詫異地注視著這一群苦力，從外表上看我們還帶有知識份子的氣度。他們指指點點，竊竊私語，似乎已經覺察到這群苦力就是一九五七年遭受流放的右派分子。

採石工序是先從戈壁灘上挖開一定深度石層，再向前掘進挖出石料，經過篩選，去除沙土，堆成石方丈量後，再用鐵鍁揚裝於停在料場鐵路便道上的悶罐車內。為了提高工效，在地面上鏟石料時多用煤礦工人用的大鐵鏟，鏟口約五十釐米寬，一鏟石料至少有二、三十斤重。

這樣大勞動強度的採石，一直持續到十月份，饑餓仍然困擾著一群苦力。因為，這裡靠近小車站，我用妹妹寄來的學習材料裡夾的糧票買些吃的。人們此時肚裡沒有一些油水，有一次我一口氣吃了十一碗麵。有一個星期天，我跑到酒鋼找了點吃的，回來路上掉到十三米多高的崖下，幸好下面是耕地，只是胸部受了點輕傷。但是，近視眼鏡飛了。沒有眼鏡我是什麼也幹不成的，但摸索後把眼鏡也找到了。這次採石勞動兩個月，場部的人們都很羨慕。

在這期間，場裡不斷有人死亡。給我印象最深的是一位上海籍青年知識份子鄭某某，講得一口流利的俄語，曾給援華蘇聯專家當過翻譯。從外表看他長得胖乎乎挺棒的，飯量也特大，常在開過飯後，拿著一把小勺刮盛飯木桶裡殘留的米粒飯渣，津津有味地舔著、吸吮著。一個人沒有餓到極限，是很難理解這種行為的。過了不久，飯場裡沒有再見他的身影，聽說是死了。還有一位是一九五七年冬剛進場時，曾躍入寒冷刺骨的冰窖裡搶救過拉糧陷車的河南籍中年漢子史某，他年紀稍大一些，老實巴交，為人敦厚，說話稍顯木訥，曾當過勞動組長。他整天埋頭幹活，沒有一句多話，別人幹不完的活，他幫著幹，從不刁難同夥。應該說是改過自新的典型了，然而他沒有等到摘帽的好日子，而是在一次拉肚子時，因治療不及時，死於腹瀉脫水症。還有一位甘肅籍青年溫某，因經不住人間煉獄的考驗，精神徹底垮了。他兩眼充滿血絲，帶著憤怒癡呆的表情，語無倫次地經常念叨著：「我有罪，我該死，毛主席萬歲！」一邊念叨，一邊向東方走上幾步就鞠躬膜拜。大多數同道在他初犯病時，曾竭力勸他休息、鎮靜，去看醫生。但也有個別幸災樂禍者則有意挑逗他，拿這位可憐的神經失常者開玩笑。人性的醜惡，於此可見一斑。對此，管教幹部也聽之任之無動於衷。過了不久，死神就為他悲慘的人生劃上了歪歪扭扭的句號。

農場的醫務人員都是學有專長的右派，其中有醫術高超者，也有平庸者，但因供應藥物有限，而且都是些普通常用藥，遇有重病患者，誰都無能為力。有時為了表明他們的秉公守法，以保持其特殊地位，對開具病休假條把得很嚴，一般病休不得超過三天。這就使有些患者得不到及時的休息和治療，而成重疾，以至死亡。如原張掖地委組織部幹事趙健生，進場後一直當飼養員，論說活不太重，又有豆料油水，可以死裡逃生的。但他沒有熬過來，也死於非命。他的死訊，直到一九六〇年冬搶救人命時，發現他沒有回來，我才知道。

我回到農場仍然編到大田勞動隊，這時秋收已經結束，農場已轉入翻地、打碾、灌溉、積肥等，除打碾場場未參加外，其他我都參加了。這年冬季的積肥活動規模很大，場裡調數百人到離場區不遠的一處沼澤地帶挖草垡子。因冬季積水乾枯，把長有雜草的地皮，用方頭鐵鍬切成長約五十釐米，寬約三十釐米，深約二十釐米的長方體。然後挖出壘起來，就叫作草垡子。曬乾砸碎，即成優質泥炭肥料，用來施農作物底肥效果很好。揹運時，裝在用芨芨草編成的背筐裡，體弱者，豎裝一塊即可，體強者，豎裝一塊，上面再橫架一塊，足有百十斤重。

有位名叫傅作恭的同道，身高一點八米左右，魁梧健壯，看起來有五十多歲，是當時中央政府水利部部長傅作義的弟弟。他身穿人字呢面料的二毛皮襖，更顯得人高馬大。帶隊幹部趙來苟平時就對傅作恭不太買他的帳而心懷不滿，這時非讓他背兩塊不可。四十歲的人了，又餓著肚子，實在不堪重負，經常掉隊。趙就氣勢洶洶地罵他抗拒勞動，抗拒改造。第三天頭上，傅作恭體力實在不支，已邁不動步子，趙來苟唆使小隊長胡家穎用芨芨草擰搓的草繩挽個套子，套在傅作恭的脖子上，前拽後推，剛走兩步，就一頭載倒在地上，口吐白沫，不省人事。過了一會逐漸蘇醒過來，由兩人架著拖到場裡。場醫董大夫看後，說沒有藥可服，只好讓其休息。傅作恭昏昏迷迷勉強生命延續了一天，第二天就死了。新添墩作業站有一個集體埋死人的地方，那是一個長約百米、寬約兩三米、深約三米的現成溝槽。這條溝槽是修灌田斗渠取土築堤時留下的。由東向西一共有四條斗渠，埋人的是在一斗渠旁，勞教人員稱為「萬人坑」，有的屍體就被野狗吞食。據估計約有二三百人葬身此處。

這年冬天，新添墩作業站還發生一起慘絕人寰的死亡事件。有一位曾給某位將軍當過警衛員的某君，大高個子，力大無窮，二十五、六歲。他忍不住饑餓的熬煎，有一天晚上偷偷地來到場部儲存冬菜的地窖，見有一把將軍不下馬的大鐵鎖鎖住用螺紋鋼條焊接的鐵柵門。鐵鎖無法打開，他硬憑自己的大力氣，用雙手將鐵柵門的一根鋼條掰彎。他脫去棉衣，僅穿一件襯衣和毛衣，從掰彎鋼條的縫隙中硬擠進去，拿了幾個大頭菜、甜菜、洋芋。未料此事被帶工組長胡家穎發現，彙報給管理幹部趙來苟。那天正好劉振玉場長來到新添墩。趙來苟請示劉振玉場長後，劉振玉授意將此人捆綁在地窖裡，準備第二天批鬥。但翌晨到地窖里拉人時，發現此人早已被活活凍死，成了冰棍。

一九六〇年九月底，場部決定將勞教人員調到高臺明水農場，開闢新的生產基地。勞教人員分別由夾邊溝總場和新添墩分場分幾批出發，人員步行，行李車運。走到酒泉火車站，有一部分人乘客車，另外一部分人乘坐悶罐車到高臺。持續了兩年多的饑饉，參加了兩年多的輕重體力勞動，勞教人員都被改造成了面黃肌瘦的病夫，有好些人已魂歸大漠，而倖存者也基本喪失了勞動能力，他們又被帶到了明水荒灘。

高臺明水農場地處由高臺火車站到明水火車站的狹長地帶上，原是高臺機關農場舊址，有耕地數百畝，由東向西延伸，分三個居住點，即東站、中站、西站，也稱一、二、三站。我分在西站（三站），共有四個地窩子，每窩可住四、五十人，共約四百人。那時每個人每月只有十四斤的原糧，入了冬季，開始大量死人，我吃過螞蚱、生麥子、老鼠肉、扔掉的包穀芯子、榆錢。我還用一套棉衣在農民手裡換了兩個胡蘿蔔，一個麥麩子饃吃。那個時候千萬不能拉肚子，一瀉肚兩天人就完了。到了明水實際上沒有進行過任何有效的農業生產，大多數人都疲憊地躺在地窩子和洞穴裡苟延殘喘。一站曾經派百餘人到蘭新鐵路南邊沿上修渠，大多數人都走不動路了，勉強到了工地，就地躺下休息，待傍晚時分蹣跚回場。這個工日實際上一鐵鍬土都沒動，而管理幹部還責成先後任統計員的李維先、白育英逐日填寫勞動生產成績報表。

李維先原是張掖縣的副縣長，農場領導為了照顧他，在夾邊溝總場就讓他當統計員，到高臺明水農場一站仍然當統計員。在總場時，他曾享受特殊待遇，有時還在幹部灶上就餐，無饑餒之虞。而當遷至明水農場後，伙食與其他勞教人員一樣，身體急劇下降，乃於十月下旬請假回家將息。豈料回家後發生婚變，妻子與他離異。他只好拿上分給他的一件狐皮大衣和一隻羅馬手錶怏怏返回農場，不久因饑寒交迫、身心交瘁而死。同道白育英等用其生前所用的被毯將屍體裹好，找了一處乾燥沙地，將其深埋。

李維先回家期間及其死後，由白育英任統計員，此前白曾擔任一站勞動組長，因不能很好和管理幹部配合，乃改任統計員的。他除了每天捏造數字填寫統計表報外，還參與埋葬死人和接待來訪探視親人家屬的差事。據他回憶，一站共有四百餘人，從十月到十二月初不到三月時間，死亡三百人左右，所剩僅只一百多人。

在這裡我想說與我同住一個地窩子的四川籍朱某某，大個子，有一米八左右，愛好文學，說話文縐縐的，頗有學者風度，他曾經向我借過托爾斯泰的《復活》。有一天黃昏時節，他用臉盆從外面端回一盆血淋淋的動物心、肝、肺臟，放在一張條桌底下，大夥以為是豬羊一類家畜的內臟，沒有多留心。後來有人發現是人的內臟，就報告給了管教幹部。於是，第二天在一處打麥場上召集西站全體勞教人員開批判會，讓朱某站在場地中間，其他人圍坐周圍。一位管教幹部介紹了大概情況，說他挖出了剛掩埋不久的死人，剝開胸膛，掏出內臟，就冒充羊的內臟弄來準備吃。隨即斥責他說：「你怎麼幹出這種事來，每天還給你半斤糧食嗎！」接著勞教人員發言批判，但大夥此時都疲憊地低著頭，或是雙手抱著腦袋呆坐著默不作聲。我靠坐在牆頭邊，無意中抓住了一隻秋後的螞蚱，點著火燒後吃得津津有味，沒有多理會這碼子事。這個會在幹部發言後就算結束了。散會後人們發現朱某站過的地上濕了一大片，原來是把他嚇得遺了尿。沒想到只過了兩天，這個人就默默地餓死在了地窩子裡。中共中央西北局為落實中央指示，於一九六〇年十二月初在蘭州召開書記處擴大會議（簡稱西蘭會議），批判了甘肅省委主要領導人張仲良的左傾錯誤，改組了甘肅省委。新的甘肅省委根據「西蘭會議」精神，對甘肅缺糧問題和幾百萬人掙扎在死亡線上的嚴重局面，採取緊急措施，搶救人命，休養生息。

中央工作檢查團當時以錢瑛為團長，公安部部長王昭為副團長，水利部部長傅作義等人參加。到達農場後，甘肅勞改局長黃鉦、場長劉振玉、農場幹部呂再生、趙來苟、王有才，還有勞教人員司繼才、官錦文等負責接見。劉振玉副場長彙報農場勞教人員改造情況時說，因口糧短缺，都在挨餓，又缺醫少藥，死了一些人，問題比較嚴重。傅作義當即問有個叫傅作恭的人現在哪裡？劉振玉支支吾吾說，可能跑掉了，隨即轉問教育股股長，傅作恭跑到哪裡去了？傅作義聽後非常生氣，拍桌而起，質問劉振玉：「他已是四十多歲的人了，他能往哪裡跑呢？」這時，王有民急忙說，劉場長你可能忘了，傅作恭在一九六〇年挖草垡子時，已經死了。傅作義壓制不住心頭的怒火，指著劉振玉的鼻子說，你們這些人還不如國民黨，他不過在整風的時候說了幾句錯話，也不過是右派言論麼。他有錯誤，應該受教育、受處罰，但不應該置之死地吧！我過去還是國民黨的一個將軍，但毛主席、共產黨，不咎既往，還讓我當部長呢。會議結束後往回走的路上，傅還自言自語喃喃地說：「老鄧（指甘肅省省長鄧寶珊）真是多此一舉。」一九六〇年十一月中旬，農場執行中央工作檢查團的指示，開始將明水山溝裡的重病號遷到高臺城郊設立的「臨時醫院」，並開始遣返勞教人員。

我能夠活著出來，有這麼幾個原因，一是我本身體質好；二是我把臉皮子抹掉了，想盡一切辦法弄吃的；三是我的親人們在危難中一次次的給我送吃的、寄糧票和吃的。

※二〇〇七年元月二十六日，羅舒群在甘肅社會科學院家屬院家中突發腦梗塞在睡夢中去世。

閔惠平（女）

一九八五年冬季的一天，從和鳳鳴家中出來就直奔了蘭州市蘭林路國防賓館附近的小巷，閔惠平就住在房產家屬院北樓三單元三樓三〇三室。當時心情很迫切，因為她是筆者採訪的第一個從夾邊溝出來的女勞教人員。閔惠平於一九九六年十二月十日病逝。

我生於一九三八年二月十五日，甘肅省張掖市人，高中是在張掖一中上的，後來在蘭州市建委辦的土木工程專業班學習了三年，按中專文化程度對待。一九五八年的一天突然收到家中來信，說母親病了，於是趕快請假回去探望。回到村裡，感到很吃驚，村裡一片淒涼，沒有了過去人來人往的景象。進了家，家裡的鍋，門上的鎖，所有的鐵家什都沒有了。而且，家裡竟然沒有一顆糧食，全都交到了大隊和生產隊。母親看我這麼遠趕回來，心中很是過意不去，就從大隊食堂借了一碗麵，用勞動用的鐵鍬給烙了一個餅子。另外，有一次我晚上聽廣播，聽著聽著就睡著了，沒想到醒來後廣播還開著，裡面播送的是外臺廣播。有一天我與對門住的一個朋友聊天，我將這兩件事情告訴了朋友，沒想到這人很快揭發了我。那時是不讓說人們挨餓的，更不能說有餓死人的情況，社會主義的形勢永遠是大好的。我的言論成了污蔑社會主義鐵的罪證，於是就被所在單位蘭州市建築工程公司又加油添醋給補了個名額。表面上看是這樣，實際上我們單位的黨委書記追我，我沒有答應他的要求，於是他指示人給我做了這些手腳，還將我開除公職，給我戴了壞分子的帽子，並被押送到了夾邊溝農場勞動教養。

我去後碰見了音樂、美術老師牛德成。剛見牛老師時不敢相信自己的眼睛，當年英俊瀟灑的老師此時滿面污垢、形容憔悴，見到後很是傷心。在那兒主要挖野菜、在場裡餵豬，並給隊上辦黑板報。辦黑板報時經常去請教牛老師。另外，還在一九五九年春節期間參加了場裡的宣傳隊，宣傳隊裡人才濟濟。排了節目在場裡演，也到夾邊溝村上去演。村裡的農民很樸實，他們有個講究，演員們將口紅往孩子們的頭上點一下，他們就感到很吉利、很高興。我就給孩子們的頭上點過，點了後農民們就往我們的手裡塞他們煮了的包穀和洋芋。那幾天是我到夾邊溝後最高興的一段日子。

我有個女難友毛應星，她一九二五年出生于福建閩侯，是一九五五年西南農學院畢業的，她和李懷珠都是蘭州農校的教師。一九五七年被打成極右分子，開除公職後一九五八年押送到了酒泉夾邊溝農場勞動教養，一九六一年搶救人命後又回到了蘭州農校。這些難友裡，毛應星是最悲慘、最倔強的一個。其他人送到那裡去就認命了，可是，毛應星始終不承認自己錯了。她說，大鳴大放時我們都不說話，那些黨團骨幹拿著儲安平的講話來，要讓我們表態，問我們說得對不對。我們若說不對，他們就又用其他話問我們，我們若說對，就成了右派分子。毛應星經常說，我們的右派是被他們誘著當的。她就是這麼個人，認定一個死理不回頭。一九六八年被重新戴上右派帽子。一九六九年被判五年徒刑。一九七〇年四月十四日她因反對林彪、為國家的前途擔憂，以現行反革命罪在甘肅省靜寧縣城西八裡橋畔被槍斃了。還有一個女犯人叫何世珍，曾參加一貫道，被打成壞分子送到了夾邊溝。這個女犯人的辮子被電磨捲進了機器，頭皮整個兒給揭掉了，血流了很多，人也昏了過去，慘得很。

夾邊溝農場有一個雲南政法大學畢業、甘肅省檢察院幹部的右派分子張雨沛，由於編了一首順口溜：「祁連山戴帽，勞教人員睡覺；苦難的生活何時了，問誰也不知道。」當時有個負責管他的管教幹部姓韓，人稱韓幹事，他指定詹有哲（民勤人，勞教人員中的小隊長）組織其他勞教人員對張雨沛進行批判。這個張雨沛本來就情緒極大，再對他進行批判，使他的不滿升級進而爆發。有一天晚上他便手提一把鐵鍬進入詹有哲住的房間，其目的很明確，就是要殺死組織批判他的人來個魚死網破。當時詹有哲住的房間裡有四個人，除詹之外其他三個人都是勞教組長，組長裡面還有一個組長是民勤人叫何保國。張雨沛進入房間後，用鐵鍬在每個人的頭上一頓亂砍。詹有哲的頭上砍了兩鍬，其他三個人的頭上每人砍了一鍬，傷勢都不是太重。砍完之後直奔韓幹事住的房間，傳說他的主要目標是韓幹事。因在前面亂砍時有了動靜，給了韓幹事防禦的時間，韓就把槍架到了窗口（當時的管教幹部都配槍），並口頭警告，只要張雨沛再前進一步就立即開槍，張雨沛見狀立即逃離現場。他逃跑到酒泉，往汽車上撞要自殺，沒有自殺成。往電線杆上爬，想讓電打死，也沒有死成，後來被抓回了夾邊溝，以「行兇殺人，思想反動，反革命氣焰囂張」的罪名上報張掖地委。地委責成地區法院立案法辦。法院將其定為現行反革命分子，在夾邊溝農場新添墩作業站公審後給槍斃了。

還有兩件讓人震驚的事情。一件事情是，一九六〇年初有個回族姓馬的小學教師死了，他的女人來後堅持要將屍體帶走，場裡研究後同意了。於是，她到戈壁荒灘上一個個的辨認，最後將帶來的白布裹了認出的屍體，一個人背了屍體運回了蘭州的家中。另外一件事情是，有一個大學老師的女人到明水去看望她的男人，問管教幹部，幹部們也不知道這個人死了還是活著，就讓她自己到那些洞穴裡去找，於是她一個洞一個洞裡挨個去看，最後在一個洞裡找見了這個奄奄一息的老師，然後她用嘴嚼了饃饃嘴對嘴地餵，最後把他的男人給救活了。

一九五九年春耕快結束的時候，夾邊溝就開始挨餓了，原來磨房裡是男人，女人餵豬，發現男犯人們偷了磨房裡的麥子在臉盆裡炒著吃後，磨房裡就換了女犯人，這是女犯人沒有餓死的原因之一。另外，女犯人雖然也磨麵、餵豬幹繁重的勞動，但是，由於個個長得年輕漂亮，平時也給管教幹部打毛衣，輔導管教幹部孩子的功課。我們主要占了性別差異的光，因為管教幹部都是男的。另外，在一九六〇年最寒冷、最饑餓的時候，女右派們又大部分轉到了新華鎮等農場，這是新華鎮農場場長白煥林要去的，因為，新華鎮農場是個底子厚、產糧食的農場，才使她們都活了出來。

但是，男犯人就不一樣了，他們在「積極認錯認罪，努力改造思想，有特殊貢獻和立功表現的，可以提前送原單位工作」的鼓動下，拼命勞動把身體搞垮了。這個鼓動不得了，一九五九年就在打擂臺、承包定額勞動下，掙垮了一大部分犯人，一九六〇年又伙食一天不如一天，而且送到了冰天雪地的明水灘，連凍帶餓就將大部分男犯人葬送到了這裡。

劉文漢

與劉文漢在電話裡有兩次長時間的談話，他聲音洪亮，底氣很足。後在蘭州監獄家屬院他的家裡與其見面。夾邊溝農場場長劉振玉就住在他的樓下。劉文漢中等身材，滿面紅光，思路敏捷，口齒清晰。他是高級政工師，任蘭州監獄教育科長。喝了茶，他拿出一生中多次立功的十幾枚紀念獎章，和被夾邊溝農場曾經沒收的一些獎章和紀念章給筆者看。

我一九三四年四月出生在一個資本家的家庭，湖北光化縣人。一九四九年四月參加中國人民解放軍桐柏軍區部隊，被分配到獨立團當了通訊員，後來獨立團被編入二野第八兵團第二十九軍。一九五〇年十二月入朝參加抗美援朝，一九五一年負傷回國後，調到公安部政治部工作，主要從事改造罪犯的研究。一九五六年一月調甘肅省公安廳政治部工作。

在鳴放中，我因發表了一篇諷刺領導道德敗壞思想作風不正的小品文，我的頂頭上司懷疑小品文指的是他。另外，有一次有個同宿舍的人說，公安部多好，你怎麼不在北京待著，怎麼到了大西北蘭州這個地方。我說，我不願意在那裡待。就是這麼一句話，反右運動中這個人揭發我，說我當時說「為毛主席服務感到卑鄙無恥」。後來處理我的結論是：出身於剝削階級家庭，思想反動，是混入革命隊伍的階級異己分子。劃為極右分子，戴右派分子帽子，保留公職，送酒泉夾邊溝農場勞動教養。

我是一九五八年三月二十五日離開蘭州自己到夾邊溝農場去的。去後對我印象最深的就是挖排鹹溝。挖排鹹溝本來是西北師範大學一個老師和陳時偉提的建議。這個建議說，夾邊溝要豐產，必須排掉土壤裡的鹹，因為土地鹽鹼太大。兩個專家右派的本意是好的，就是希望通過科學的方法改良夾邊溝鹽鹼化高的惡劣條件，可是沒有想到正是由於挖排鹹溝累垮了這裡的很多犯人。場長劉振玉把這個建議向甘肅省公安廳做了彙報，省上最後批示下來讓夾邊溝農場的犯人集中力量挖排鹹溝。專門組織了一個挖排鹹溝的大隊。挖得排鹹溝深五米，上寬五米，底寬一．五米，從新添墩作業站一直挖到離夾邊溝總場七米一個叫爛水灘的地方。夾邊溝這個地方不要看乾旱少雨，可是地下水非常豐富，挖下去三米深時水就會滲出來，而且那些沙泥就會變成黃膠泥。當時，場裡領導大會小會動員，大報小報不斷宣傳，說誰勞動好，就可以提前摘帽，儘早回到人民的隊伍裡。而且組織打擂臺，進行評比，好的獎勵，差的扣飯。所以，當時的犯人們都是拼命爭取早日回家。

場裡當時還樹立一些榜樣在黑板報和《夾農簡報》上進行宣傳，當時，胡家穎打擂臺時，一人包了三米，最多一天甩出去了一、二方沙土。很多人都是為了立功把自己身體整個兒掙垮了。就是這個挖排鹹溝，壓死、凍死、累死的不下二百人。有一次挖排鹹溝時坍方了，一下埋了二十七個人，只活了電力系統的一個上海人。夾邊溝的大夫劉蓬豪對這個上海人說，你的命真大。可是，場裡領導哄騙犯人拼命勞動，當時說「有立功表現，表現特別突出，可以送原單位工作。」口號是：積極認錯認罪，努力改造思想，有特殊貢獻的可以回原單位工作。但是，這些許諾以後都沒有兌現。

我想給你說這樣幾件事情：第一件事這個人的名字我就不告訴你了。這人是陝西人，母生兒，沒有見過父親。一九四八年北京大學文學系畢業，會英、俄、德、蒙四國外語。連續跑了幾次都被抓了回來。一九六〇年五月他在休息的時候對我說：「我明天晚上要走，你有沒有糧票？你給我十斤糧票，你對誰也不要說。」於是，我就給了他十斤糧票。他那天晚上就跑了，他沒有走別人的路，而是先跑到金塔縣城買了餅子，然後到了寺兒亭。接著從戈壁灘穿插過去，沒有水就喝自己的尿，第四天醒來時自己在一個蒙古人的帳篷裡，他才知道自己到了外蒙古。是幾個騎馬的牧民給他餵了馬奶，救活了他。在以後的日子裡，他幫著牧民擠奶、垛乾草，還給牧民們開車運羊毛。他經常把羊毛運到烏蘭巴托去。這些日子裡，牧民們給他吃、給他喝，把他當成最尊貴的客人。可是，他總有一種不安全感，他害怕蒙古國把他送回國去。於是，他給牧民們說他要走了，可是這裡的蒙古牧民不願意讓他走，一是他很能幹，二是他與牧民們已經有了很深的感情。但他還是走了，他從蒙古途經西伯利亞到了莫斯科，認為還不安全，最後到了基輔。在基輔他先在一個造船廠當搬運工，後來因為他的俄語好，又會繪圖紙，被提成了工段長。這麼能幹的一個人，顛沛流離一生，一輩子沒結婚，一九八八年才回到了陝西。

還有一件事情就是陳金海的女人為了救他，辭了蘭州女中的教師工作到了酒泉，她每個月送兩次吃的，把節省了的口糧送到了夾邊溝，把丈夫從夾邊溝救了出來。中國的女人真是偉大呀！

另一件事情是，有一個叫程前的廣東人，廣東中山大學土木建築系畢業後分配到了甘肅省公安廳工作。一九五七年沒有定性，也沒有給戴右派分子帽子，就給送到了夾邊溝農場勞動教養。跑了三次都被抓了回來，第四次被抓到了甘肅省安西縣公安局看守所，死到了這裡。死時程前才二十五歲。當時的看守所長王麻子後來當了公安局長，他提起這件事就感到內疚。

當時的女犯人為什麼一個沒有死呢？主要占了女性的光。她們當時都很年輕，不超過三十歲，給她們分的是養豬、磨麵的活，她們還給管教幹部打毛衣。女犯人在夾邊溝最艱難的時候，有一部分到了新華鎮農場。夾邊溝農場的領導裡張宏比較好，他經常說讓犯人們愛護身體，可是這個人一九五九年反右傾時因為他不同意將夾邊溝的右派送到高臺縣明水去，而被打成了右傾機會主義分子，撤了職，在夾邊溝農場趕馬車，後來調離了夾邊溝。

我最近搞甘肅省勞改志，夾邊溝農場最高峰時的報表人數是三千〇七十四人。因為我有這個經歷，所以對浪費糧食非常反感。後來我當了蘭州監獄的教育科長，有一次我讓犯人們把亂扔的饅頭揀起來，召集他們說，我也當過犯人，是一九五七年反右派運動中的右派犯人，關在夾邊溝農場。當時我們不要說吃這麼好的白麵饅頭，就連菜糊糊都是吃不飽的，你看你們浪費的饅頭足足拾了十大筐。犯人們聽我是夾邊溝出來的，都感到很吃驚，因為那裡死了甘肅當年的精英知識份子，能活著出來是多麼不容易呀！

我是一九五八年三月二十五日自己去夾邊溝的，一九六〇年十二月二十八日從明水灘逃出來的。

王俊峰

筆者去了甘肅省隴西縣首陽鎮董家堡大隊譚家莊探望王俊峰，因他不在家，隨即返回了隴西縣城，在他女兒處見了他和他的兒子和女兒。見面時，他的眼圈紅了，一句話也說不出來。過了一會兒，他突然緊緊握著筆者的手失聲痛哭起來，他壓抑得太久太久，這種悲憤與苦悶隨著淚水統統釋放了出來。

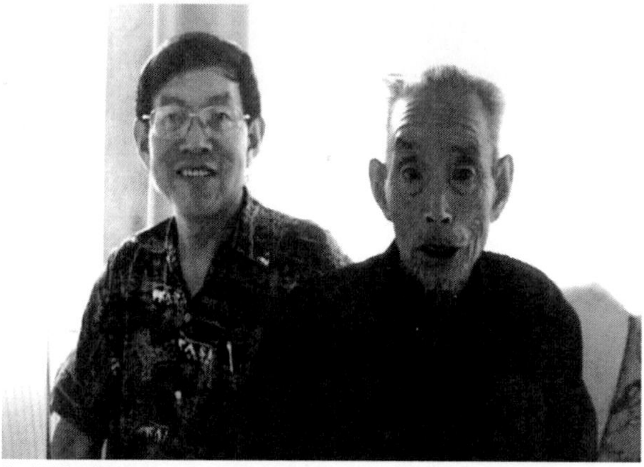
作者與王俊峰

我生於一九二六年九月十三日，甘肅省隴西縣文峰鎮人。解放前只上了四年制的簡師，因為酷愛音樂、美術，所以對文化課沒有很好地學習。四年簡師學習中最高的一次考分是倒數第五名，直至現在僅有的一點不算知識的知識，還是在工作後逼出來的。解放前當了三年小學教員。

解放後到了蘭州，先到甘肅省話劇團的前身甘肅省文藝工作團工作了兩年，後來調到商業廳幹部學校，教文化課及倉儲、零售、物價等專業課，直至一九五八年在甘肅省財經學院（反右運動後期，商業、銀行、合作、服務、糧食、財政六個幹部學校與蘭州大學經濟系合併為甘肅省財經學院）被補劃為右派分子，一九五九年元月七日被押送到甘肅省酒泉夾邊溝農場勞動教養。

我被分到夾邊溝的基建隊三隊。基建隊中隊長是管教幹部，而下設的小隊長有「拐棍」代理（「拐棍」是原勞改隊留場犯人和勞教人員中的骨幹），小隊下面有組，每組十數人，出工幹活沒有背槍的，這是與原先勞改農場時的區別。由於我能寫會畫，經常在勞動之餘給場裡辦黑板報和夾農簡報。一九五九年春耕將近結尾時場裡死了十幾個人，於是，場裡就抽我出來當埋死人的「特工」。埋一個死人可以加吃一個饃饃，是最好不過的一個美差事。然而，沒有想到這一埋，就從夾邊溝一直埋到了明水灘，所以，我在夾邊溝農場的經歷，主要是埋死人的經歷。

夾邊溝剛死人時，做個木板棺材，還要在墳前插個牌牌，後來死的人多了，就用兩個芨芨草編的大筐裝進屍體掩埋。以後每天都有死人，就用死了的人的被子包裹後，一條繩子拴在下肢，一條繩子捆在肩部，然後用一根扁擔兩個人前後抬到沙坡上或明水亂葬崗的戈壁荒灘上掩埋。到了明水灘後，由於酒泉勞改局局長來後說，死者已經死了，現在關鍵是要為活人，所以，以後只用一條單子一裹，就捆紮抬埋。死人的被褥登記後，讓活的人掛在自己的洞穴門口擋風。那時，餓死了人，誰也不敢說是餓死的，衛生所都給編了病歷，場裡天天仍然高呼著口號，鼓動人們向困難宣戰，而且，越到死人多的時候，這種口號越響亮。開始的時候，農場死的人少，白天不埋晚上埋，以後死的人多了就不管白天黑夜了。人們一個個像木頭一樣，神情寡呆，個個揚著頭走路，浮腫的眼睛成了一條細縫。我們埋了死人，就在石頭上或木牌上寫上這個人的姓名埋到死人掩埋沙堆的旁邊。

有一次，燒過一個屍體。此人名叫周禮南，山西人，甘肅省商業幹部學校第三期會計班（和我同一個班）的學員。周禮南的女兒當時要將他的屍體帶回去，可是這個人已死了三十三天，屍體已經開始腐爛了，骨節也開始脫離。場部當時給了我三塊煤磚，用了一些草和乾柴，最後燒成了一個黑焦棒子，裝了半麻袋，他女兒將麻袋帶了回去。

到了明水後，人們從體力和精神整個兒垮了。這主要有幾個原因：一是人們在精神上徹底崩潰了。犯人們想，三千多個勞教人員裡只有三個人給摘了帽子，這三個人還要留場勞動，這無疑是被判了無期徒刑。再加上一個右派在絕望中鋌而走險，偷了南洋仔的一塊金殼懷錶，又故意敗露，被法院以盜竊罪判處有期徒刑一年，轉到勞改隊服刑。一九六〇年，這個右派刑滿釋放，到明水來拿他放在場部的東西，引起了不小的風波。右派們說，當右派不如判刑勞改，你看，人家刑滿釋放自由了。所以，此時的人們感覺到勞教遙遙無期，徹底絕望了。二是人們在一九五八年到一九五九年時勞累過度，大部分犯人的身體已經被累垮了。夾邊溝農場不論是右派分子還是歷史反革命大多都是高級知識份子，讀書人生存能力比一般人弱。夾邊溝也有小部分工人，例如，有個省建二公司的一個油漆工叫張宗祥，被打成壞分子準備送到十工農場，他不願去，自己要求留在了夾邊溝農場，後來也死到了這裡。三是口糧降到了每月十四斤原糧，再加上人們住的是在溝坎邊掏挖的洞穴，大多數住一兩個人，有些能住四五個人，沒有一點取暖設施。也有管教幹部們住的地窩子和窯洞裡有人工土炕的。由於天氣嚴寒，河西走廊那時氣溫都在零下二、三十度，整天刮著刀子風，割人的臉。所以，過了十月份就開始大量死人。另外，餓急了的人們見什麼吃什麼，吃螞蚱，吃蜥蜴，撿到死老鼠就用兩手抓著撕吃生肉，還吃死人的內臟，吃管教幹部的大便。這種胡吃亂吃是大量死人的主要原因。

王俊峰說到這裡停了停，然後繼續說道，有個永靖人叫胡致中，和我一起埋死人，他有一天將價值一百八九十元的二毛皮大衣換了兩斤炒麵。那時候的一百八九十元可不是個小數目，我說：「你瘋了嗎？」他笑了笑說道：「我先把它吃到嘴裡，不吃明天還不知道是誰的呢？還能不能到我的嘴裡。」

那時候犯人偷吃死人的內臟，誰都知道，每次埋死人，都可以看到被挖出的屍體被刀子割開掏了內臟，有些人躲到沙堆後面用乾草燒著吃，也有悄悄焙乾了存著慢慢吃的。只是有些人太明顯了，才被管教幹部發現，在全場開大會批判和捆綁。有一次，一個犯人將人的心肺肝掏出來拿到洞穴裡，準備吃，還沒有吃到口裡，就被管教幹部發現了。管教將我叫去，讓我帶那人把掏的內臟再倒回原處去。在路上我問他，你怎麼想到吃這個，他說，抗日戰爭時日本人就吃過中國人的。走到他掏過死人內臟的原處，可是死人太多了，一個沙堆連著一個沙堆，他已經無法辨認哪個是他掏挖了的死人沙堆，於是，我們就隨便刨了個坑，把內臟扔到裡面，用沙子掩埋了。

有一次，場部因為沒有了糧食，就去到酒泉縣城拉糖給大家吃。那天由於沒有拉上糧，場裡就將碾過米的糠皮又放到磨裡打磨了一下，然後用磨細了的糠皮與紅蘿蔔做了穹穹飯。餓急了的人們吃到這麼美味的穹穹飯，都吃得很多，那天食堂也給人們打得比較多。有經驗的人只吃了一點，可是有些人就飽吃了一頓。我因為胡致中告訴我不能多吃的經驗後，只吃了一點，所以自己從肛門裡掏出一堆雞蛋大的糞蛋蛋後就好了，可是有些人由於吃得太多，拉不下來屎，肚子鼓得像皮球，最後活活被鼓脹死了。一九六〇年冬至的前一天，這天是我們埋死人最多的一天，早上我和胡致中抬出去了二十八個人，到下午彙集到一起又是三十六個人，抬不動了就用馬車拉出去了。這些屍體天寒地凍挖不開坑，只是用沙土在屍體上撒了些，攢了個堆就算埋了。這一天我們一個站就死了六十四個人，明水當時有東、西、中三個站，誰知那一天一共死了多少人。

說到這裡他停了停，然後繼續說道，明水灘來後的死人情況就像一個人拿著掃帚在秋天掃樹葉，前邊西邊還未掃掉，後面又是一片待掃的樹葉，後面東面掃完了，前邊又落下來了一大片。

一九六〇年十一月三日，中央派出以中央監察委員會副書記錢瑛為首的工作組，前來夾邊溝調查情況。其後就開始搶救人命，我當時給一個人交接了手續，領他到埋人的地方以筆記本上的圖形進行了對照交代，下午來了三個大卡車將我們拉到高臺車站，夜裡我們上了最後的兩個車皮，到蘭州的那天是一九六一年元月七日。仔細一算我在夾邊溝農場差三個小時就是整整兩年時間。

至於夾邊溝農場管教幹部扣克犯人口糧的事，我只舉搶救人命、釋放我們回來路上的一件事，你就可以知道他們在最困難的時候是怎麼對待犯人的。在火車上本來要給我們供應三頓飯，每頓兩個餅子，可是管教幹部給我們只吃了兩頓，剩餘的一頓足有兩麻袋，他們準備回去分著吃，其餘你就可想而知了。據說這些幹部後來被中央工作組逮捕了。

在把知識和知識份子作賤的那個年代，那麼優秀的一批人被逼著吃死人，吃管教幹部的大便，多麼令人髮指的事情啊！

白雲

去了夾邊溝的倖存者黃自修家後，接著去白雲家。黃自修前一日約好要與筆者見面，可是費了一番周折找到他的家裡，他愛人和女兒堅決說他不願談了。這樣的情形筆者經歷過多次。多少年來嚴酷的政治環境把人都整怕了。到了白雲家，白雲和他愛人出來接待。

我生於一九二六年十一月十一日，甘肅省酒泉市果園鄉人。一九四一年考入酒泉市師範簡師，一九四五年畢業後在酒泉市西大街小學當教員。一九四七年又考入蘭州師範學校體育科，一九四九年六月畢業後在蘭州參加地下黨組織，為中國共產黨員，介紹人是方冷。當時，蘭州的地下黨組織負責人楊國治被抓（此人臨近解放時被馬步芳殺害），於是我從學校逃到酒泉，在酒泉一個圖書館工作的同學處躲了起來。

白雲

解放後，方冷將我領到蘭州市委組織科，找到入黨關係後，人事科把我分配到了蘭州市八區（七裡河區）當了秘書。兩年後又調到城關區當了組織科科長，城關區副區長。一九五五年，組織上讓我到甘肅省委黨校學習。肅反運動前，我的兩個同學說孫鴻文是個中統特務。我對孫鴻文很熟悉，因為他原來也是酒泉西大街小學的教師，和我是同事。我聽了兩個同學的話後給他倆說道，孫鴻文當年讓我要填個表，幸虧我沒有填，不然也就說不清了。沒想到這兩個同學很快把我檢舉揭發了。肅反運動來後，省委黨校將我揪了出來，組織四個小組對我實行車輪戰，逼我承認參加了特務組織，並且將我開除黨籍，行政上撤職處分。一九五六年，又把我分配到蘭州市體委工作，任群眾體育科副科長。

一九五七年大鳴大放時，蘭州市體委主任引誘、鼓動我發言，於是我談了幾個問題：第一，因為我是群體科的副科長，我在檢查督促下面工作時，群眾說，群眾活動沒有場地，太簡陋。我發言時把下面的意見進行了反映。我說，蘭園只有兩個籃球場，兩個排球場，而這兩個籃球場還是國民黨時移交的，除此之外沒有大的發展。因為我是一個運動員，對此深有體會。劃右派時說我抹殺共產黨的體育成就。第二，我說，開個會要先團員，再黨員，最後群眾，實際上開一次會就可以解決問題了。第三，我給上面指定的蘭州市體委負責人陸祖武提了意見。我說，有些人光說不做，責任性不強。

就因為以上言論，我被打成了右派分子。一九五八年五月三日宣佈送夾邊溝農場勞動教養；五月四日離開蘭州，五月六日到了酒泉坐馬車由兩個人押送到了夾邊溝農場。

到了夾邊溝農場，我在思想上一直想好好勞動改造，爭取早日回到原單位。當時我在基建隊，基建隊長是白連奎，周惠南是我們小隊的小隊長。我們小隊分四個小組，我是其中一個小組的小組長，主要挖排鹹溝、拾糞。後來我們又到了清水去挖沙子，此時我與羅舒群在一起。挖沙子的活很苦，勞動強度很大，我們首先將沙子抬到火車路基上，第二天再裝到火車上，這些都是限時的，而且每個人都有定量，勞動起來非常緊張。當時，白連奎指定讓我當突擊隊的隊長。記得我們突擊隊有時晚上裝火車，一車皮沙子，一會兒工夫就裝了進去。我們是一九五九年春天去清水的，同年秋天任務完成時，評選我為先進工作者，一等獎，記了一大功。

在此期間，我們還包攬蘭州供電局的工程，由玉門市至嘉峪關栽電線杆。我們的駐地在黑湖灘這個地方，住在帳篷裡，化雪水來煮飯。我們的工作主要是挖窩子、栽電杆，早上天不亮就到工地，晚上很遲了也得排隊收工回來。我領導的小組這個時候被評為了紅旗小組。接著，供電局要求抽出一些人到玉門鎮供電局去栽電線杆，我也被抽了去。這個時候我們離開了勞教的大隊，吃飯和供電局工人一樣，吃紅燒肉，還吃饅頭，吃不上的饅頭我將其曬乾，裝到袋子裡儲存起來，回去後我給俞兆遠送了點乾饃饃。

接著我們又去了嘉峪關挖石頭。這時候，夾邊溝農場自負盈虧，糧食必須自給，上面不供應，所以，感到糧食越來越緊張。有一天，我由於歷史問題突然被幾個公安幹警從嘉峪關押到了蘭州，關到了蘭州市暢家巷看守所進行審查。雖然，一頓只給一個窩窩頭，但因為這個所謂的歷史問題因禍得福，讓我離開了夾邊溝保住了我的性命。

我在監獄裡每日寫交代材料，交上去後不見動靜，然後再寫，再交上去又石沉大海，一直沒有勞動，在監號裡待著。過了半年又讓我重寫，又蹲了六個月。一共在蘭州市暢家巷看守所監號裡蹲了一年零兩個月。一九六一年的春天，把我轉到了蘭州市八裡窯勞動教養院，我不瞭解情況要求回夾邊溝農場，根本行不通。到了這個勞動教養院，每日不給吃飽，安裝新自行車可以多吃一點飯。在這裡待了一個多月，將我調到了蘭州市紅古區張家寺勞教農場。在張家寺勞教農場我們只能吃甜菜葉子和根子，還要讓蓋房子、拾糞。到了秋天我到地裡放豬，豬從地裡翻出來蓮花菜根、紅蘿蔔根，就是這些豬翻出的東西讓我活了下來。此時，由於饑餓我感到腿子和木頭一樣，身上整個兒腫了起來，監獄把我送到了八裡窯醫院看病。在這個醫院看了兩個多月，調養後才慢慢能夠行動了。可是時間不長我又到這個醫院進行治療，待以後送我回家時，我連臺階都上不去了。

王忠毅

王忠毅

與王忠毅的見面是在他的工作室，這是一個幽暗、陰森的地下室，裡面放著圖紙和各種雜物。

我是一九二七年九月十五日（農曆八月初八）出生的，河南省溫縣人。一九四〇年，正在抗日戰爭時期，由於日本人殺人太多，我離開了家，開始了流浪上學的生涯。一九四三年，先是在甘肅省徽縣四存中學學習，小學、中學都是在這裡上的，一九四八年高中畢業（此時已遷至河北省保定市）。一九四九年九月被保送到哈爾濱外國語專科學校（現為黑龍江大學）俄語專業學習，一九五一年九月畢業。

畢業後，先到一機部一局當翻譯。一九五三年，籌建廠時我在蘭州參加選廠工作，一九五六年年正式調入蘭州石油化工機器廠工作。一九五七年被打成歷史反革命分子。原因是我在學校裡集體參加了三青團（學校集體典禮上，小娃娃們一同在學校參加的）、國民黨。另外，說我工作好是有企圖、有目的；和群眾關係好是為了拉攏群眾；還有些生活中雞毛蒜皮的事情都被別人編成了反黨言論。主要是當時各單位有戴帽子的比例，說我有反黨言論加上歷史問題，我就成了歷史反革命分子。

一九五八年三月到夾邊溝農場。剛去時在夾邊溝農場總部，一九五八年底調到了新添墩作業站。當時，新添墩的小隊長原是一個勞改隊管教股的股長，打成右派分子後送到這裡當小隊長。挖排鹹溝時，小隊長有心臟病，我就代理他任小隊長，管教幹部王幹事發現了我的管理能力。於是，以後我就成了夾邊溝所謂的「拐棍」，任突擊隊隊長、嚴管隊隊長等職務。嚴管隊可以隨便打罵犯人，但我卻對難友們不打不罵，主要對他們生活上關心，讓他們吃上飯。我的管理能力強，這一點在上學時就有所表現。程思賢就在我的嚴管隊呆過。

那時候，我和陸定一的侄子在一起，他叫陸中民，因為他說「吃不慣粗糧」，被人們上綱上線給戴了壞分子的帽子送到了夾邊溝。後來病人太多需要護士，我又當了護士，由於自己努力學習，針打得很好。那個時候，由於那些知識份子餓著肚子，活動著還可以，可是，睡下兩天就起不來了。每年冬天，病號多的時候我當護士，春夏時下隊勞動，我當隊長帶領突擊隊。別人七個人一晚上運肥三車，可是我領的四個人的突擊隊，一晚上就可以運肥五車。有時候堵水口，我領著人們兩三個晚上不睡覺。所以，重任務都是我領著幹的。

剛到夾邊溝時，整個國家形勢還不是很緊張。場長張宏講話時說：「你們是國家的寶貝，你們改造好都是好同志。」場裡也說：「既往不咎，好好改造，提前出去。」可是，說話不算話，把人的身體整個兒搞垮了。抬石頭時三個筐子摞在一起，抬兩個筐子的就說磨洋工，扣著不給吃飯。反右傾機會主義時，形勢就越來越緊張，張宏被打成了右傾機會主義分子，管教幹部們對我們也越來越狠。我記得有個小管教幹部，開口閉口罵我們是畜生。有一次勞動完後，我有意走到後面對他說：「小夥子，我們連畜生都不如，畜生拉屎撒尿還讓停下呢。小夥子不要這樣，這世道說不定哪一天你還不如我們呢。」自此以後，這個小管教幹部就好了許多。

夾邊溝開始死人時還用芨芨草編個筐子當棺材，後來人死的多了就用被子一裹埋到沙子裡。以後農民們把死人的被子、衣裳扒掉，死了的犯人就光著身子被沙蓋在身上，風一吹就裸露了出來。

王忠毅近照

我到明水灘平地挖渠後又回了新添墩，主要在醫務所裡管理病號，再沒有去明水灘。到了一九六〇年底，死的人已經埋不及了，於是就用開荒犁拉出一道溝來，然後把人放進去，再用犁將土翻著埋起來。我一直在新添墩作業站醫務所，死人都不能寫成餓死的，都是「營養障礙症」，或是其他疾病。我經常給大家掏肛門，有些人吃了糜穀拉不下來屎，有時候肛門掏破了也掏不出來。有一個人拿來糖蘿蔔葉子，大家紛紛去搶，他提著棒子打，別人還是往上衝搶。那個時候，人們到了一塊就說，我死了我的東西就給你，這話說得很隨便。

搶救人命時，我們被公共汽車轉到了高臺勞改農場，照顧我們的是高臺勞改農場留場的女犯人。人的命說頑強也很頑強，那個時候打上半支葡萄糖，或是吃上半個饃饃就可以救活人命。

我本來可以在第一批出來，但通知我檢查身體時，我餓得不行沒有去。後來沒有走成，很是後悔。以後要求出來時，我已經走不成路了，是陸定一的侄子陸中民將我背上火車的。

韓統紀

韓統紀是筆者瞭解到的第一個夾邊溝農場的大夫。一九八五年筆者在蘭州市農民巷段照熙的刻字房裡多次找他，段照熙始終不談夾邊溝的情況。以後說好了要談，可是半途又變卦了。這不怪他們害怕，那個可怕的年代早已將人整得不敢有半句真話了。

我生於一九三三年九月十五日，甘肅省慶陽西峰鎮人。在西峰市上小學、中學，一九五一年考入甘肅省省立衛生學校，一九五三年底畢業。

畢業後先是分到了工礦系統，後來調入蘭州麵粉廠，一九五五年七、八月份又調到了蘭州東區磚瓦廠，一直幹醫療工作。一九五七年時，我沒有任何右派言論，可是卻被打成了右派分子，這全是由於我與廠裡的司藥王生緒發生了矛盾。因為，廠裡的這個司藥與反右運動辦公室主任是朋友，他們一起陷害了我。

韓統紀

一九五七年的第四季度，蘭州東區磚瓦廠的病號特別多，大夫護士們當時都很忙碌。此時，司藥王生緒對工人服務態度不好，並且私自改寫我開的處方，我將此事給廠長兼黨委書記任國棟反映後，任國棟將王生緒叫來批評了他，說你不管怎樣不能隨便改韓大夫的處方，王生緒不服與書記吵了起來，說書記外行不能領導內行。因為此事王生緒晚上喝了安眠藥在藥房裡自殺，最後是我將他搶救了過來。此後，廠共青團支部裡給王生緒嚴重警告處分。由於這個原因，王生緒對我恨之入骨，罵我是惡霸地主，因為我的家庭成分是地主。另外，王生緒與當時的反右運動辦公室主任陳克義是朋友，他們都是廠裡的老職工，而我到這個廠時間不長。陳克義就讓群眾發言，最後給我歸結了二十一條右派言論，因為上面不批，又編造了幾條，最後編成了三十九條右派言論。這些言論都不是我說的，但最後都強加到了我的頭上，並且在一九五八年元月定我為右派分子，於一九五八年二月離開蘭州東區磚瓦廠送我到了夾邊溝農場進行勞動教養。

到了夾邊溝農場，這裡大多為鹽鹼地，我首先幹的是割蘆葦草。蘆葦草長在河灘裡，當時規定每人每天的定額為六百斤，完不成任務要受到懲罰、批評。我當時年輕每天能割九百斤，一直到七點半才能回去。在夾邊溝農場晚上睡得很擠，上個廁所就擠不回去沒地方睡了。蘆葦草割了三個月，到了六月份，又去挖排鹹溝。挖排鹹溝時最下面的扔到第二層，第二層的再扔到最上面。夾邊溝種上莊稼後飛沙走石，伸手不見五指。由於水土不服，很多人天天拉肚子。另外，挖排鹹溝時，人吃上半斤糧，可是站在水裡面很快就餓了。

我有一次去到醫務所看病，碰見劉逢舉給我看病。劉逢舉是蘭州醫學院的傳染病教授，全國著名的傳染病專家，也被打成右派分子送到了這裡。蘭州醫學院當年抓了六十一個右派分子。我說：「劉老師我曾經聽過你講課。」當時，正值夾邊溝病倒的人越來越多，場部醫務所要選拔大夫。劉逢舉說：「這裡現在正在選拔大夫，你想不想來？」我當然想了，一是繁重的體力勞動讓我已經吃不消了，二是我喜愛我的醫療職業；我點了點頭。

過了六、七天，場裡通知我到醫務所上班，我被選拔了進去。來醫務所之前，因為我生病沒有勞動，所以我的飯被扣罰，讓別人吃了，我的身體很虛弱。可是，到了醫務所之後，吃的雖然差，餓著肚子，可沒有被扣飯，所以我每天也到外面搶救病人，最主要的是，我睡覺的條件好得多了。我在這裡所謂的看病，就是去給虛弱的人打葡萄糖。劉逢舉每天要看二百多人，非常忙，可病人卻越來越多，死的人也越來越多。於是，農場就雇來農民給埋死人。後來，國家保護重點人才時，劉逢舉被調離了夾邊溝。

夾邊溝農場成立醫院時，給我配了兩個護士。這時候病人特別多。這些病人除了營養不良的低血糖病以外，還帶著其他一些病。有些病人搶救了過來，一會兒又要搶救，一天要搶救五六次。我在這時候每天只睡兩三個小時。

一九五八年十二月底至一九五九年初，當時在夾邊溝成立了一個簡易醫院，這裡有稍好一些的病號灶，我被調到了這裡。醫院裡還有一位修女。但是，病人開始加速死亡，我記得在這裡死亡報告我寫了一百多份。由於我的表現，本來要給我摘帽子，但由於沒有政策，所以沒有摘下來。

我記得有一次，同時有八個昏厥的病人被送了來，我給搶救過來了七個，有些搶救過來的人看著我淚流滿面。有一次，夾邊溝的犯人們吃了糠後拉不下來屎，一百多人互相摳，從屁眼裡掏出糞蛋蛋。由於病人身上被屎尿所泡，身上都會流出體液來。在這里拉肚子的病人比較多，也有肺結核等傳染病。當時，藥特別缺，一支鏈黴素要打四五個人。大口大口吐血的病人，搶救不吐後再讓出院。在這裡每一個死了的人，我都要認真檢查，確定死了後我才讓拉出去。最多的一天晚上死了二十二個人。人死的時候，可能是生理起了變化，身上會生出密密麻麻的蝨子來，非常可怕。那些死了的犯人毛衣上的蝨子滿滿的，足有幾萬多隻。

我看過的病人有金塔縣的縣長張和祥，這是個老革命，被打成了地方主義反黨分子。金塔縣從縣長、組織部長、縣團委書記、公安局副局長到夾邊溝去了二、三十個人。

還有一個敦煌研究院畫院的美術研究員畢可，由於他的畫風與常書鴻的畫風不一樣，兩人發生了矛盾，常書鴻逼迫將他送到了夾邊溝。這個畢可畫得確實不錯，夾邊溝的豬、牛、羊等都是他畫的。夾邊溝有個奇特現象，臭蟲特別大，有指甲蓋那麼大，這樣大的臭蟲我在別的地方沒有見過。

新添墩有一個原天祝縣的大夫，和我一樣在給犯人看病，他說，夾邊溝這些人，這個病，那個病，全是餓了的病，他這話被人揭發後送到下面勞動，也死了，他死後屁子上的肉被人割著吃了。

甘肅省人民醫院泌尿科主任，美國留學生，死在了夾邊溝。

有一個德國、日本留學的雙料博士，他在日本得了一個針灸博士，在德國得了一個音樂博士，這個雙料博士的姓名我忘了，我救活了他幾次，他臨死時對我說：「哎，韓大夫，人生不過如此——。」夾邊溝農場怎麼不大量死人呢？那麼惡劣的環境中，仍然要讓人拼命幹活，把年年輕輕的生命丟到了那裡。當時，小學教師和校長、保健站的工作人員，戴右派分子帽子送到夾邊溝的最多。

我當時搶救的病人有低血糖昏迷的，有肝炎、肝腹水、肺結核、心臟病、傷寒、副傷寒、細菌感染、病毒性昏迷等等，人餓得身體弱了，什麼病都有了。當時每天大量死人，我每天忙得連聽診器都放不下來。那時藥太缺乏了，我有的時候為了搶救病人，將病人身上的肝腹水抽出來，輸進他自己的血管裡，這樣還真救活了不少人。

西北獸醫研究所的研究員張冀煥被打成右派分子，送到了夾邊溝，是我搶救了他的性命，最後回到了家裡。

我的病人裡還有個叫王本焱的，北京大學地質系畢業，地質專家，鑽探工程師，上個世紀四十年代曾帶領勘測隊對西沙群島進行了勘測，是我國首次對西沙勘測的第一人。由於不同意蘇聯專家在玉門打井的方式，說這種方式會對我國油礦資源有破壞作用。就因為這個原因王本焱被打成了右派分子，此人曾被我多次搶救，給其注射葡萄糖，因為葡萄糖不夠用，就用水代替，病人以為自己被注射了葡萄糖而重新爬了起來。那時我也有用病人腹腔中的積水注射進病人體內搶救病人。這個地質專家死在了夾邊溝，我對他記得清清楚楚。

有一件事我記得清清楚楚。這是一九六〇年的十月份，從上海送來了二、三百個所謂的流氓阿飛，他們住在原先夾邊溝犯人們的房子裡，因為犯人們這時到了高臺縣的明水灘。有一次他們中有一個人拔了夾邊溝駐防解放軍的一個蘿蔔，這裡駐防的解放軍與勞教農場的管理沒有關係，有一個解放軍上來給那個人一個耳光。於是，三、四十個上海青年圍了上來說：「阿拉們是支援西北建設的，不是右派，為什麼要打我們。」這些人來後時間不長就餓得不行了，我當時沒有去明水灘，我去搶救過他們。記得當時他們淒慘的呼喊，此起彼伏，因為場裡的人都沒了吃的，給他們的就更少了，所以這些人不長時間全都餓死在了夾邊溝。

我記得一九六一年中央工作組搶救人命時，有個磨房裡的人膽子很大，別的人大量死亡，可是，他走的時候，自己一晚上烙了四十多個鍋盔藏了起來，被場部發現全部扣了下來。我是一九六一年三、四月份，勞教人員全都走完後，才將我放行的，我是夾邊溝最後一批撤出來的，出來後我原回到了蘭州市東區磚瓦廠。

章仲子、王烈駿和朱金慶

章仲子、王烈駿和朱金慶的夾邊溝經歷，是筆者分別對王志老師、胡德海教授、葉萌老師和水天長教授進行訪談後，得以瞭解並記錄的。在三人中，王烈駿和朱金慶是因「車轟集團」被送夾邊溝的，而章仲子則是因為歷史上的問題和一些不滿言論而被打成右派送夾邊溝的。

胡德海

胡德海，漢族，浙江金華人，一九二七年九月二十九日生。自幼在家鄉上小學、中學，一九四九年一月畢業於浙江省立金華中學，是年九月考入北京師範大學教育系就讀，一九五三年畢業後在西北師範大學任教至今。一九八六年曾以訪問學者身份在美國康乃狄格州州立中央大學教育學院講學、考察美國教育一年並被康州新不列顛市授予榮譽市民。二十世紀八十至九十年代曾任全國教育科學規劃領導小組教育基本理論學科規劃組成員、國家教委中小學教材審定委員會審查委員、甘肅省高等學校教師高級職稱評審委員會委員、《教育研究》雜誌編委、顧問等職。現任西北師大教育學院教授、教育學原理博士生導師、中國教育學會教育學分會學術顧問、甘肅省第四屆中小學教材審查委員會副主任委員、甘肅省教育學會教育學研究會名譽理事長、西北師大學位委員會委員等職。著有《教育學原理》《人生與教師修養》《雷沛鴻與中國現代教育》《教育理念的沉思與言說》等專著。論著曾獲省、部級獎多次，《教育學原理》於一九九九年分別榮獲第四屆國家圖書獎提名獎、第一屆全國教育圖書獎一等獎、中國教育學會「東方杯「優秀科研成果一等獎，於二〇〇一年獲第四屆甘肅省優秀圖書獎特別優秀獎。《雷沛鴻與中國現代教育》於二〇〇二年在第七屆中國西部地區教育圖書評獎會中，榮獲漢文教育圖書一等獎。

胡德海教授為人很是爽快，筆者與他聯繫見面進行訪談非常順利。

我一九四九年九月考入北京師範大學，當時自己學習成績最優秀，但是因為沒有靠攏共產黨組織，沒有入黨，一九五三年畢業時被分配到了西北師範學院。自一九五七年被打成右派分子後，工資從九十二元變成了五十四元零八分。拿了二十年。別人是三十而立，我是三十而倒。反右的時候，我所在的西北師範學院教育系劃為右派分子的有學院副教務長教授李秉德、學院總務長教授王明昭、教授南國農、教授章仲子、副教授蕭樹滋、講師趙鳴九、講師景時春，還有我，一共八個。

章仲子，又名章頤年，浙江人（可能是浙江慈溪人），約生於二十世紀初年，曾留學美國，獲碩士學位，是上海大廈大學心理系主任、教授，在三十年代曾任杭州師範學校校長，以後又在各大學任教，一直住在上海。據人說，他在四十年代曾擔任過汪偽政府的一個什麼職務，而留下了政治歷史上的污點，解放後來西北師院幼教系任教授，教心理學課程，後查出他的歷史問題，被安排在圖書館做外文編目工作。一九五六年年強調落實知識份子政策，又把他弄到教育系來，搞心理學外文翻譯工作，給了他一個編譯的名稱，他對此名稱曾表示過不滿，認為自己過去的職稱是教授，既要落實知識份子政策，就應給個教授名稱，怎麼能給個不三不四的叫什麼編譯的名稱呢？他這些話給一般人不會說，但他把我看作是同鄉，同是浙江人，故曾對我說過這些話，在「鳴放」中，他有自知之明，少言寡語，獨來獨往，仍保持一貫的沉默態度，但後來因他在北京某大學讀書的兒子被劃為右派，又從他兒子處翻出他給自己兒子說牢騷話的信，結果這些信又被寄到西北師院黨委，以致成為他對黨不滿的證據，他的右派帽子就這樣被戴上了。對章的處理也極重，被送到夾邊溝勞教，最後死了在那裡。曾見有本寫「夾邊溝右派勞改和死亡」情況的書，說章是西北師院歷史系教授，這是弄錯了的，章不是歷史系教授，他的關係在西北師院教育系，他的情況據我所知大體如上。

章仲子成為右派後，曾在教育系批鬥過幾回，有一次批鬥完了，他對我說，張官廉真的是個不學無術，他利用我無說話的權利這一點，還大言不慚地批我搞錯了巴甫洛夫學說的問題，實際上他真的是一竅不通的，一開口我就聽出來了，但我無說話的權利，不能回敬他幾句，只能聽他當眾胡說八道。依我看，章仲子算得上是個讀書人，是個人才，他的頭腦清晰，英文中文都很好，絕對不是那個淺薄至極又自我逞能的張官廉比得上的。

西北師範學院當時教職工有四百多人，劃了八十多名右派分子，差不多就占百分之二十五。當時西北師範學院被劃的教授有：李化方（學院第一副院長，管學院教務。河北人，日本留學生，西北師範學院經濟系進步教授，解放前就是教授）、徐褐夫（學院主管總務的副院長兼中文系主任。江西人，蘇聯留學生，二十世紀二十年代在江西省任過江西共青團省委書記，馬列教研室教授，由於和車轟集團裡有些人關係好被打成了右派分子）、李秉德（學院副教務長，教育系教授）、王明昭（學院總務長，教育系教授）、趙蔭棠（中文系教授）、南國農（教育系教授）、席尚謙（地理系教授）、尤炳圻（中文系教授）、王俊傑（歷史系教授）、龔澤銑（歷史系教授）、章仲子（教育系教授）、鄭文（中文系教授）。

一九八九年由甘肅人民出版社出版的《西北師範大學校史》裡談到當年西北師範學院一九五七年教師、學生錯劃右派分子四百一十三個，錯劃中右二百三十四個，包括黨內叛徒十二名。這裡面有不少是有真才實學的教授、學者和領導幹部。二〇〇二年的一本叫《西北師大校史》中關於劃了多少右派的人數的問題，與前書記載的並不完全一致，第一〇二至一〇三頁有如下一些有關文字：「一九五八年學校共有三百九十二人被錯劃為『右派分子』，其中教師四十四人，職工十七人，學生三百三十一人。有不少是有真才實學的教授、學者和領導幹部，如李化方、趙蔭棠、徐褐夫、席尚謙、李秉德、王明昭、南國農、胡德海、尤炳圻、趙鳴九、鄭文等。他們由此不能在教學科研崗位上發揮應有的作用，對學校教學、科研和管理工作的發展都造成了較大的損失；對被錯劃為

『右派分子』的師生本人及其家人都帶來不幸的後果。」

總之，西北師範學院的反右運動就是打尖子，各系中最優秀的老師都成了右派分子。當時，教師裡被打了三個右派反黨集團：車轟右派反黨集團，李化方右派反黨集團，王明昭右派反黨集團。

西北師院一九五七年被劃為「右派」的四十四名教師：

中文系：徐褐夫、趙蔭棠、尤炳圻、鄭文、張文熊、葉萌、馬志文、朱金慶、徐洪濟
歷史系：王俊傑、水天長、龔澤銑
地理系：劉鍾瑜、席尚謙、王作楫、李希平
數學系：王守義、袁永孝、張仲君、郭昱
物理系：李承堯、劉雅琴
化學系：鄒廷舉、欒樹森、楊茂春
生物系：王紹佐、康永祥
音樂系：張世林
美術系：王福曾、於然
政治系：李化方、李仰先、王烈駿、吳廷楨、趙吉惠、王有為、黃安瀾
教育系：李秉德、王明昭、南國農、蕭樹滋、章仲子、景時春、趙鳴九、胡德海

一想到這些屈辱，我就感到非常痛心。中國三千年歷史，變化最大的是二十世紀，最殘暴、最黑暗的時代是毛澤東時代。那時，整個社會的氛圍就是琢磨著整人，真是暗無天日，那個社會就是個絞肉機。

西北師範學院兩個副院長全都成了右派分子。學生裡面右派也很多，中文系百分之七、八十的學生都成了右派分子。教師裡送到夾邊溝的章仲子、王烈駿、朱金慶都死在那裡，活著回來的有物理系實驗員者述仁。學生中也有很多被送到了夾邊溝，也死了很多。我當時被劃到了王明昭右派反黨集團，一直在西北師範學院被監督勞動改造。我被摘掉右派分子帽子是一九六四年。

我們教育系有個學生，本是河南省的一個地方幹部，曾參加過抗日遊擊隊。一九五七年在河南劃成右派分子，他隱瞞了這段歷史悄悄到西北師範學院教育系讀書。一九六一年大學四年級分配工作時，查歷史給查了出來，然後，他被送到甘肅河西酒泉勞改，九死一生活了回來，回來後一直在西北師範大學，直至離休。

現在回想起來，感到中國的知識份子太糊塗啊！中國的那一段歷史應該大書特書，這筆帳要算清，讓我們的子孫後代要瞭解這段悲慘的歷史。

秦德裕告訴筆者，一九六〇年秋天某日我去修鞋組補鞋，遇見一位瘦弱嶙峋神情憂鬱的老人，雙手緊抱幾雙舊鞋，對修鞋組長索榮說：「這幾雙舊鞋還可以穿用，擲進垃圾怪可惜，送給沒鞋的人穿吧！」一邊說邊瞅我一眼離開了。很明顯這是不願同我這個陌生人說什麼，他活的多麼小心謹慎啊！一來我被他的仁慈心腸觸動，麻木的心靈難以平靜，便向鞋工陳丕德詢問老先生情況。陳如數家珍滔滔不絕地講：他是西北師範學院教授、著名心理學家章仲子，中國第一套大學叢書心理學卷的著作者。他的著作曾被譯成多種外文出版。他嚴謹治學，不問政治。反右運動中一言未發，只因寫信告誡兒子不要講不利於黨的話，便被定為極右分子送來勞動教養。他喜愛詩詞，有次聽到他昂首吟唱駱賓王《在獄詠蟬》詩句「無人信高潔，誰為表予心」以表達自己的清白無辜。他自尊心很強，忍受不了人格的屈辱，身體日漸羸弱，家中雖不斷接濟食物，但未能挽救其性命。他不自覺地掉進政治陷阱，造成了人生悲劇，令人感慨萬千！

葉萌

葉萌老師是筆者在看了一九五七年八月十五日《甘肅日報》上的《陰險毒辣的「車轟」反共集團的首要分子——葉萌》才決定拜訪他的。此前曾聽說葉萌寫了一部小說《王莽春秋》，甘肅出版社已經與其簽約，但是因為出版社害怕王莽影射當代一個偉人，所以自己毀約賠償了葉先生一萬元而不給出版了。訪談是從「車轟集團」的來歷談起的：

一九五七年的反右運動是最荒唐的一次政治運動。所謂的「車轟集團」的來歷是：一九五七年黨中央、毛主席號召大鳴大放開門整風，反對教條主義、宗派主義、官僚主義。西北師範學院馬列教研室講聯共黨史的王烈駿老師與黃安瀾老師，還有中文系的助教朱金慶老師，當時給學校寫了一篇大字報，說為什麼西北師範大學的三反（反對教條主義、反對宗派主義、反對官僚主義）推行不開。大字報後面署名「車轟」，一共是四個車字。寫第二張大字報時，王烈駿和朱金慶讓我提點意見，我說了一些看法，於是，相當於我此時也參與了。後面仍然以「車轟」署名。以後一直延傳稱「車轟」，壁報形式的大鳴大放也署名「車轟」。

以後反右運動中所謂的車轟反革命右派集團，主要有：王烈駿（馬列教研室馬列教研組講師，團員）、朱金慶（中文系講師）、黃安瀾（馬列教研室黨史教研組助教，團員）、吳廷禎（馬列教研室秘書，講師，團總支書記；一九五一年貴州大學法律系畢業後在西北師範學院任教，後到中國人民大學馬列主義基礎研究生班學習，一九五三年畢業）、李仰先（馬列教研室黨史教研組講師，團員；貴陽師範學院外語系畢業後在西北師範學院任教，後到中國人民大學革命史研究生班畢業）、劉雅琴（物理系助教）、水天長（歷史系助教）、于然（美術系助教，部隊調幹生）、葉萌（中文系講師）。車轟集團以馬列教研室為主。因為我們都是西北師範大學年輕的教師，思想活躍，朝氣蓬勃，平時講課學生就愛聽，所以，當時學生愛看我們的文章，愛聽我們的演講，支持我們的學生很多。我們當時實際上主要寫了一些針對學校教條主義、宗派主義、官僚主義的文章，也就是除三害的文章，這都是大鳴大放時領導上一再動員讓我們寫的。

車轟也就活動了半個月，在這段時間裡有些教師和學生把《文滙報》上有些文章和話語貼到我們的活動欄裡，所以，外界對我們也影響很大。我文章寫得好，耍筆桿子的主要是我，《無花的薔薇》這篇散文就是我寫的。

有一次我開玩笑說，乾脆我們成立個車轟社，王烈駿當社長，朱金慶任副社長，我是主編，水天長是副主編。由於我的這個玩笑，在以後的反右運動裡，我就成了車轟集團的骨幹分子，吳廷禎成了車轟集團的智囊，水天長也就莫名其妙地被扯了進來。西北師範學院的反右運動是從校黨委一九五七年六月二十五日動員全校師生開展反右派鬥爭開始的，這一鬥爭包括後期的「整改」，一直繼續到一九五八年二月，為時近八個月。

車轟集團裡被送到夾邊溝農場的有王烈駿（浙江人）、朱金慶和者述仁。王烈駿和朱金慶都死在了那裡。王烈駿是浙江人，原為西北師範學院教育系三年級學生，後來直接到中國人民大學馬列主義研究生班學習，一九五三年畢業，是馬列教研室講課最受學生歡迎的老師。朱金慶好像是河北人，曾畢業於西北師範學院中文系，留校任教。

中文系裡有一個剛留校分來的助教徐洪濟，很有才華。因在《人民文學》上還發表過一首詩，就被打成了右派分子送到了邊灣農場下放勞動，死在了邊灣農場。

反右運動中左派們認為車轟集團是個獨立集團，不聽黨的話，有自己的思想，要搞自己的東西。當時中文系二十個人，就打了十一個右派。據瞭解西北師範學院當時有一百多個教職工，可是，打了右派分子八十人左右。地理系有一個班將近百分之八十以上的右派分子。所以，西北師範大學劃得右派分子比例，當年不但在甘肅，在全國也是最高的。美術系的王福曾，河北省懷來人，一九三一年生，一九五七年打成右派時二十六歲，是美術系美術專業的助教。現在，他已是美術系教授、博士生導師。他在一九五七年大鳴大放開門整風時的一次會議上談到西北師範學院的肅反是擴大化的，就這麼一句話再加上人們認為他的文藝思想與胡風的文藝思想很接近就成了右派分子。當時，西北師範學院反右時，悄悄在底下搞，第二天宣佈才知道自己成了右派分子，老師、學生都是這樣搞的。

馬列教研室當時有二十一名教師，打了九個右派分子，接近百分之五十。這九個右派是，哲學教研組的王有為（助教，團員）、趙吉惠（助教，黨員）、趙鳴九（講師，黨員）；黨史教研組的李仰先（講師，團員）、黃安瀾（助教，團員）；馬列教研組的王烈駿（講師，團員）、吳廷禎（教研室秘書，團總支書記，講師）、靳鑒（助教，團員）、趙傑（資料員，團員）。趙吉惠是個二十歲剛出頭的一個小夥子，歷史清白，就說了蘇聯佔領了我們很多土地這個事實，就說其破壞中蘇關係；另外，他看望了吳廷禎，就給他戴了右派分子的帽子。吳廷禎當時在鳴放時響應黨的號召，動員人們大鳴大放，後來批判他時說其利用團總支部書記向黨進攻。趙吉惠的妻子由於沒有揭發趙吉惠的問題，也給戴了右派分子的帽子。當時，劃右派有十個標準，其中第十個標準是同情右派就是右派。

我和朱金慶是中文系的教師，水天長是歷史系的教師，其他都是馬列教研室的教師。朱金慶在肅反時就被整過，因其舅舅在國民黨裡任過職。我在開門整風時說，肅反運動寧左勿右，傷了很多好人。當時肅反是形式邏輯推理出來的，沒有按照實際情況來做。王烈駿和朱金慶兩人才華橫溢，不僅講課很受學生歡迎，而且戲演得好，當時在蘭州演《雷雨》曾經轟動了蘭州。教育系的教授肖樹滋，他曾留學美國學習電化教育，回國以後曾任教育部電教司科長，支援大西北到了西北師範學院，一直按照右派分子對待，整整改造了二十多年，平反時竟然什麼問題和帽子也沒有，荒唐啊！還有文革後任西北師範學院黨委書記的王志匀，一九五七年時在省教育廳當領導，當時比例達不到，因為他是一個延安幹部，他說不夠就把我加上吧，於是，將他也給戴了右派分子的帽子，可這一戴就是二十多年。

當時，西北師範學院也有一些左派集團配合反右運動專門整老師和學生，例如馬列教研室的明辨社，中文系的孺子牛、求真理等等。

我沒有被送到夾邊溝農場去，可能有這麼幾個原因。一是我沒有過分激烈的言辭；二是我一直在學校辦校報；三是我在學生中影響很好，講課優秀；四是我是從解放軍轉業去的。去邊灣農場監督勞動改造的還有：吳廷禎、水天長、趙傑、李希平（地理系的助教）、李森（外語系講師）、于然（美術系講師）、石泰（地理系資料員）等，蘭州大學和西北師院到邊灣農場差不多去了一百多人，後來全部轉到了園藝農場。

水天長

水天長教授是西北師範大學歷史系系主任，是筆者三姨的同學。另外，水家與家母鄧家是世交。所以，筆者在一九八五年時就採訪過她。水天長教授說：

王烈駿和朱金慶都是西北師範學院的人才，死在夾邊溝可惜呀！反右是非常粗暴、武斷的一次運動。西北師大當年反右運動搞得最左，歷史系一九五七屆有個畢業班，一個班只有五、六個人沒有被打成右派分子外，其他學生都給戴了右派分子的帽子。當時，學生很多只是被開除走了，沒有檔案。死了的，以後沒有找學校改正的，統統都沒有統計在右派的數字裡面。所以，從這一點來說右派分子的人數遠遠超過五十五萬。歷史系五七屆畢業班有個叫楊映北的學生，被打成右派分子送到農村去後，一直在趕馬車。這麼一個大學裡的高才生，一九八〇年改正時，竟然連字都不會寫了，他的申訴材料還是我給他寫的。

我當時被打成右派分子，主要是物理系的劉雅琴和我關係好，我經常陪她去找于然，因為她與于然談戀愛，她後來也成了右派分子，我也由於與車轟的右派有了接觸，自然就成了右派分子。我記得一個地理系的學生是用擔架從夾邊溝抬回來的。

王志對筆者說，王烈駿是西北師範學院的一位教師，是該校馬列主義教研室的負責人之一，浙江人，講得一口標準的普通話。平素總是輕聲輕氣的講話，文質彬彬。近視鏡片後一雙睿智的眼睛。接觸多後，發現他是一位待人真誠、知識淵博、學者型的人。說來有趣，我和他竟是在與學者型似乎無關的場合相識的。一九五八年國慶日之前，基建隊隊長調集了一些人，突擊一個慶祝晚會。決定由我和王烈駿、朱金慶（西北師範大學中文系助教）、杜克（女）四人演出獨幕戲《三個戰友》，另外還有秦腔折子戲。就在那時我們日漸熟稔，意氣相投，遊戲中的「戰友」結成了真實的朋友。有天我玩笑地問他：「閣下平素言談舉止溫文爾雅，頗有君子之風，何以青睞梨園？」他也笑答：「難道上得紅氍毹的都是小人？」可見他的風趣和興味之廣泛。相交日久，信任有加，我們也接觸了人人守口如瓶被農場視為禁忌的話題。有天他突然對我說：「我曉得你的問題是炮製了一株大毒草。」我十分驚愕他怎麼知曉，他解釋說他在人大讀書時就是一名執著的文藝愛好者。本省文藝界發生的事他一清二楚。背地裡我也問過他：「你研究馬列主義，怎麼還犯了這方面的錯誤？」他回答得非常乾脆。他說他正因為篤信、認真研究馬列主義才犯了錯誤。他厭惡那些誇誇其談而又言行不一的假馬克思主義者。他的這番話至今我還記憶猶新——今天他未開口先長歎一聲。

溫文爾雅的王烈駿曾給同在西北師範學院任教的姐姐和姐夫多次寫信求援，但總無回報。當他得知我有回蘭奔喪的機會，寫了一封非常懇切的信，望姐姐和姐夫救他一命，信上注明我家住址，請她們把食物讓我帶回，但是一直到我起程回場前，一絲回音也沒有，回到場後我把我帶的炒麵送給他一些，我知道杯水車薪無濟於事，而後告訴他姐和姐夫的態度，他什麼也沒說，那鏡片後充滿智慧的眼裡滲出了幾滴眼淚，而嘴角尚留有一絲微笑。他似乎對兩個親人和他嚴格劃清界限的行為，表示了諒解。他靜靜地躺在土炕上，沒有任何怨尤地一天一天等待那最後時刻的來臨，一個多月後他終於溫順地合上了雙眼。他說過，因為他痛恨那些言行不一，舞弄大帽子壓人的假馬克思主義者而來到農場。那麼，現在他可以心安理得的去晉謁馬克思去了。

到了明水後，數九寒天，洞內冷風逼人，有人把被子（八成是死者的）掛在洞口做為門簾擋風；有人尋找一些幹蘆葦堵在洞口禦寒。和我同演過《三個戰友》的師大的朱金慶就住在一個蘆葦擋風的洞內。一個夜晚他獨自一人在洞內烤火，不慎將洞口的蘆葦引著，他本已浮腫行動困難，不幸被煙熏窒息。等第二日晨別人發現時，他已被燒成了焦屍。其狀慘不忍睹，如果場方能在這些洞口裝上一扇最簡陋的門，會發生這種事故嗎？舞臺上的三個戰友，生活中的兩個難友已離我而去，悲哉！

附錄九：陰險毒辣的「車轟」反共集團的首要分子——葉萌

陰險毒辣的「車轟」反共集團的首要分子——葉萌

《甘肅日報》一九五七年八月十五日

【本報訊】最近揭發的材料證明：葉萌是西北師範學院「車轟」反共集團的首要分子，他披著高等學校講師的外衣，借著大鳴大放之機進行瘋狂的反共活動，是一個陰險毒辣的右派分子。他積極策劃向黨進攻，制定了「車轟」反共集團的綱領、策略。

整風運動開始以後，西北師範學院一小撮叛黨分子和別有用心、極端仇恨黨的分子，眼見右派分子在全國範圍向黨展開了進攻，於是眼紅心熱、躍躍欲試，一方面叫嚷「春風不度金城關」，責罵領導是「小腳女人走路」，另一方面暗地組織力量，積極策劃向黨進攻。這裡，葉萌認為時機成熟，隨機參與了由朱金慶、王烈駿、李仰先、水天長（水梓之女）等共同組成的以「車轟」為名的反共集團，他自任這個集團的「總編輯」，出刊「車轟」壁報，向黨發動了一系列惡毒的進攻。葉萌供認：「車轟的性質是反黨的，它是一個名符其實的反黨集團……是一群對黨不滿，在不同的程度上夾雜著反動思想的人，由於臭味相投而拼湊起來的集團。」「車轟的參加整風，不是整的三個壞主義，而是整到了黨的路線，整的它（『車轟』）的成員所不滿的院領導、黨員幹部、黨團員和積極分子。」葉萌承認他親自制訂的反共宗旨和綱領是：「……掌握群眾，贏得群眾的支持，形成一種獨立的、受群眾擁護的在野的第三種勢力。這樣，在群眾的輿論下，壓迫黨和領導，按照我們的意圖改變黨的路線，從思想上瓦解黨，……使學校改變路線，走資產階級的道路，搞垮學校，按照我們的面貌來改造學校。」

為了實現他們的政治野心，由葉萌執筆寫的並以大字報形式在全院公佈的「六點建議」，便成為「車轟」的行動綱領，它的特點在於「精巧」的兩面性。就「六點建議」的形式來看是：（一）矛頭對準「三大主義」；（二）有區別、有原則，就事論事，就人論人。（三）堅定冷靜，明辨是非，站穩立場。（四）堅持團結——批評——團結的精神。（五）處處考慮社會主義事業的利益。（六）一切為了把我們的學校辦好，牢守陣地，別把陣地打亂。人們不難發現，這個抽象的六條原則，左派、右派都可以用，好像數學上的例子一樣，只要在括弧的外面貫一負號，括弧內的正負號就完全發生質變，事實正是如此。據葉萌的供詞中的解釋，這「六點建議」的實質是：（一）矛頭對準黨的領導。（二）從黨員入手，各個擊破，搞垮黨。（三）堅定反黨意志，站穩反黨立場。（四）在改變黨的路線的基礎上才有真的團結。（五）處處考慮資產階級利益。（六）牢守右派陣地，「辦好」不要黨領導的學校。為了實現這個反動綱領，葉萌說：「我們……隨時觀察局勢，隨機應變的採取各種各樣的拉攏人、爭取人的辦法，採取各種各樣的打擊領導、打擊黨團員、積極分子和孤立黨的花招。」

葉萌制訂了向黨進攻的「穩」、「準」、「狠」的三個戰略原則。葉萌說所謂「穩」就是「要步步深入，不要亂喊，不要露出馬腳來」，「不要給他們抓住辮子，有辮子自己先拔掉」；所謂「準」就是「把矛頭對準黨的領導」，把「力量集中在黨的路線上」，「不要混戰，白消耗力量」；所謂「狠」就是「要擊中要害」，「一棒打死最好」。根據上述原則又制訂了既「反左」又「反右」，「聲東擊西」，「既不支持誰，又不反對誰」的兩面派策略；制定了「儘量縮小打擊面」，「爭取群眾」、「擴大影響」的策略；制定了「打進去，拉出來」的「挖心戰」的策略，以葉萌為首的反共集團就是這樣的有計劃、有綱領、有策略的同黨展開了猖狂的進攻。他誣衊肅反運動「糟得很」，企圖從肅反問題上打開向黨進攻的缺口。

以葉萌為首的「車轟」反共集團，首先惡毒的攻擊「肅反」運動，誇大「肅反」工作中的某些缺點，否定「肅反」成績。葉萌誣衊說：「師院肅反運動搞得一團糟」，「肅反打擊面太寬，被鬥的幾十個重點中，有幾個反革命呢？」「為什麼根據不確鑿就要鬥爭呢？而且一定要用粗暴的方式呢？」他無中生有的說：「把不同意見的人都當作反革命來鬥，朱金慶被鬥就是由於個人之間的意氣和人事糾紛。」葉萌認為：「肅反造成了黨群之間一堵牆，當時許多人恐惶不安，後來人與人彼此之間不敢往來，不敢說知心話。」「當時我沒有主張，違背著自己的良心說話，到今天想起來還很痛心。」葉萌分析肅反運動之所以產生上述「錯誤」的原因，是由於領導肅反的人「在政治上、學術上的無知，在思想上『寧左勿右』，而參加肅反的人『被迫』、『盲從』，一部分人在某種壓力下不得不跟上喊，一部分人是為了表現自己的進步便於以後向上爬，也跟上喊……」所造成的。這樣一來，葉萌不僅把肅反運動的成績一口否定，並造謠中傷企圖一棍子打死肅反運動的領導、積極分子和群眾，為反革命伸「冤」鳴「不平」。

在葉萌的策劃下，「車轟」反共集團決定在肅反問題上先搞李坤（師院肅反領導人之一），打開一個缺口，然後再搞整個五人小組，循此前進，步步深入，層層剝皮，達到否定人民民主專政，否定黨的領導的目的。由王明昭反共集團所發起，得到「車轟」反共集團全力支援的李坤問題座談會，就是這個陰謀的第一步。這次會議實際上成了右派分子向黨進攻的控訴會，會議的確煽動了一部分不明真相的學生對黨的不滿情緒。

他挑撥黨群關係，說黨員和群眾是屬於兩個「階級」；罵共產黨員是「狗」，積極分子是「狗尾巴毛」；採用「挖心戰術」，瓦解黨的隊伍。右派分子葉萌深知黨之所以強大有力，就在於密切的聯繫群眾。因此他選擇了這個關鍵進行挑拔離間。他說：「黨不相信群眾，不敢放手讓你工作，黨要你作啥，你就作啥。」「黨與群眾之間不是牆，而黨團和群眾是屬於兩個階級的人，只有黨團員才是人，其他的人都是工具，把你用完就扔掉了。」「黨對知識份子採取關門主義，他們（知識份子）有良心，是擁護黨的，但他們要有自己的獨立性。」

葉萌還假惺惺地說：「希望黨考慮考慮，是大膽提意見的人好呢？還是唯唯諾諾的人好？真正忠實於賈府的還是焦大。」弦外之音就是說只有像葉萌如此「大膽」「提意見」的人才是最「忠實」於黨的人。但同時他又罵我們的共產黨員是「狗」，黨的積極分子是「狗尾巴毛」。說「我到師院五年了，遭遇不算少」，「我過去很想入黨，現在越來越不想入了，正如魯迅說的『哪怕是天堂，裡邊有我不喜歡的人，所以我不願意去。』」

葉萌也深知黨的團結就是黨的生命，堡壘是最容易從內部攻破的，所以他和他的集團，在聯絡一切反動力量，煽惑群眾從外面向黨進攻的同時，更加惡毒的採取了「挖心戰術」，企圖動搖和瓦解黨的隊伍。他們首先把黨的的叛徒袁永孝拉了過去，唆使袁搜羅了十一個叛徒以十二個黨員名義出了一張迎合右派情意的大字報，然後「車轟」出面裁判：一方面對以袁永孝為首的十二個黨的叛徒大加「表揚」，另一方面對其他黨員進行「點將」，要他們「向袁永孝等十二名黨員學習」。說：「你們趕快站出來，表明你們的態度，揭露出你們知道的問題，不要再包庇「三害」了。「他們在黨的身上加上這個楔子，企圖用外壓、內炸的辦法把黨打垮。他妄圖使共產黨向右轉，叫囂共產黨的政策「太左」了，管的「太死」了。他要取消黨對師院的領導。

葉萌進行反共活動的中心目的就是要改變黨的路線，取消黨的領導。他說：「中共各方面管的太死，希望不要像肅反那樣搞得過火，應多給人些自由。」「中國共產黨的許多政策是左了，許多事情搞得過火，蘇共二十次大會以後，中共沒有很好的吸取教訓。」不難看出，葉萌十分仇恨我們黨在進行民主革命和社會主義革命的徹底性，他要我們黨向右轉，走資產階級的路線。為了在師院實現他這個陰謀，葉萌首先企圖篡奪整風運動的領導權。當他們掀起了反共高潮，自認為力量已組織好了以後，就把改選學委員會看成是「當前的中心工作之一」。並叫囂：「立即改組軟弱顢頇、不解決問題的學委會。」當學委會考慮並增選了委員之後，他們認為仍沒有達到目的，因此便又糾合了「大腦皮層」、「黃河怒吼」等反動社團發表聯合聲明：「堅決反對學委會換湯不換藥的改組，反對學委會仍上層包辦。」叫囂要使黨員院長徐勁、黨員人事處長李文斌等退出學委會，力圖排除黨在學委會中的領導，奪取整風運動的領導權，使學委會變成右派分子反共活動的指揮部。與此同時，他們還野心勃勃地奪取學委會領導的一切附設機構，奪取「廣播站」、「談心報」等宣傳工具。可見他們的反共活動已達到如何瘋狂的程度。葉萌供認：「車轟」奪取「談心報」的企圖在於「要使談心報走資產階級報紙的方向，如像文匯報那樣帶頭亂鳴亂放，要按照自己的面貌來改造談心報，使談心報也成為一個煽動群眾的工具。」「車轟的兩次提出改組學委會，實質上就是要使學校走資產階級的道路，削弱、取消黨對學校的領導。」他總結反共戰術、組織僂儸向黨反撲，妄圖負隅頑抗。

反右派鬥爭開始以後，葉萌雖然做賊心虛的預感到形勢不妙，但卻依然執迷不悟，瘋狂的負隅頑抗，企圖組織力量，繼續向黨反撲。首先，他「眼明手快」地反對人民日報社論《這是為什麼？》，寫了「辱罵和恐嚇不是戰鬥」一文，惡毒的打擊「求真理」、「孺子牛」等左派大字報社，竟想先發制人的把左派壓下去。隨後又寫了「無花的薔薇」一文，說什麼「宗派主義受罵別人是搞小集團，搞小圈子，因為喝散了群眾，他們的宗派主義才得以鞏固」。企圖把黨所領導的反右派鬥爭，說成是宗派主義的打擊報復，從而掩蓋「車轟」反共集團的陰謀活動。說什麼「有這樣一小撮人，他們過去依附『三害』起家，現在又想替『三害』打掩護戰……好以後爬上高居群眾之上的寶座」。把反右派鬥爭的先鋒戰士誣衊為「三害」的「綿羊尾巴」，企圖打斷反右派鬥爭的先鋒和後衛的聯繫，打死先鋒戰士，以嚇退群眾。說什麼「也還有這樣一種頭戴浩然巾的『兩面派的積極分子』，築牆挖溝的工作，就是他們擔當了好多。」借此在群眾中孤立黨的積極分子，割斷黨群的聯繫，達到孤立黨、打垮黨的目的。與此同時，他們還告訴自己的夥伴易水、李太黑之流，斥責他們那種露骨的做法「搗亂了群眾的視線，無意之間給『三害』抵抗運動以擋箭牌。」言外之意就是說，必須統一右派分子們的作戰步調，一致頑抗。

果然，在文章的最後總結了十條戰術原則，批示師院的右派分子們，不但要善於進攻，而且要善於退卻，在十條戰術的第九條中明明白白的寫著要「避重就輕、避大談小，說話躲躲閃閃，以便蒙混過關」。右派分子葉萌，就是這樣把進攻和退卻結合起來，指揮師院的右派分子們進行頑抗。葉萌等玩弄了這一手法之後，會一度興奮得合不住嘴巴。這些鼠目寸光的右派分子們，未免與奮得太早了。古詩雲：「夕陽無限好，只是近黃昏」。當他們的笑容還未退落的時候，他們不能不發現自己已陷入師院全體進步師生的重圍中。

附錄十：西北師範學院揭出又一反共集團王明昭趙蔭棠南國農是一撮反共毒蛇，他們和李化方反共集團、「車轟」反共集團互相呼應，以否定肅反運動為策略，陰謀推翻共產黨在師院的領導。

西北師範學院揭出又一反共集團王明昭趙蔭棠南國農是一撮反共毒蛇，他們和李化方反共集團、「車轟」反共集團互相呼應，以否定肅反運動為策略，陰謀推翻共產黨在師院的領導。

《甘肅日報》一九五七年九月一日第三版

【本報訊】西北師範學院在揭露了李化方反共集團和「車轟」反共集團之後，又初步揭露了以王明昭、趙蔭棠、南國農為首的反共集團及其陰謀活動。

肅反運動結束以後，西北師範學院一小撮極端仇恨黨和在肅反中被鬥或同情肅反重點的別有用心的分子，就以教育系教授王明昭為首，糾合起來，組成了反共集團，進行了一系列反共活動。整風運動開始後，這個反共集團認為時機已到，立即變本加厲，採取了各種陰險惡毒的手段，有準備、有計劃、有步驟、有目的地展開了大規模的反共活動。他們的目的，據這個反共集團首腦王明昭供認，是要「使學生覺得我們學校一團糟，造成思想混亂、挑撥黨群關係，也就是把黨搞垮。」王明昭還說：「我家就成了這個反黨反社會主義集團的中心。」他們之所以能夠在肅反後糾合成一個反共集團，據王明昭供認，是由於有「共同的情感，共同的思想基礎，即對肅反不滿，對學校領導不滿，對黨不滿。」

為了達到「唯恐天下不亂」的目的，他們還和李化方反共集團、「車轟」反共集團彼此呼應，互相支持，密切配合，以壯大向黨進攻的力量，擴大向黨進攻的陣地，企圖聯合起來，把黨搞垮。「車轟」反共集團首腦分子朱金慶，經常與王明昭交談情況，王明昭曾以支持的口吻說：「我供給你們材料，收集群眾反映。」據「車轟」集團成員黄安潤揭露，六月十六日這兩個反共集團首腦在城裡一家冷食店秘密聚會，研究了共同向黨進攻的策略。王明昭並鼓勵「車轟」首腦分子王烈駿說：「你們幹的不錯。」又說：「我們這些人以後表面上少接觸些，免得別人注意。不管領導態度如何，我們還是要幹下去。」

同時，王明昭與李化方反共集團的骨幹分子劉鍾瑜、李秉德也有密切聯繫，劉、李曾有意識地介紹王明昭去參加民盟甘肅省委召開的座談會，王明昭拉攏劉鍾瑜在他們要脅學委會召開向黨進攻的「李坤問題座談會」的信上簽名，並鼓動他在大會上發言反對肅反；王明昭承認他非常同意和支持李化方「取消黨委負責制、擴大校務委員會」的反共言論。另外，為了及時掌握各種座談會上每個人的發言情況，以便更進一步拉攏人、聯絡人，壯大向黨進攻的聲勢，他們還有計劃地進行了具體分工，各種座談會均有人負責。每次座談會後，就聚在王明昭家裡共同研究討論，對每個人的發言予以分析和「評價」，看誰的發言「打中了要害」，以便確定其為拉攏或點火煽動的對象，企圖利用這些人來進行推翻共產黨的活動，以達到其搞垮黨的目的。這個反共集團的成員，據王明昭供認，有趙蔭棠、南國農、胡德海、王作楫、景時春等人。

王明昭等經過周密策劃之後，即大舉向黨進攻。他們利用各種機會，在大會上、小會上、課堂上、個別談話裡，大肆散佈反共言論，污蔑黨員幹部；到處點火，進行煽動，企圖從四面八方向黨開炮，如王明昭污蔑領導有「四怕」（即「怕真理、怕失掉威信、怕過火、怕開大會。」），並說：「我要走，因為宗派主義逼得我待不下去。」「還別具用心地散佈」上級培養出一批人來搞破壞團結的工作，鬧得教師之間、師生之間、同學之間互有意見」的論調。南國農把師院黨誣衊為「家天下」，說：「師院人治多於法治，人治表現為家長制」，「領導上對自己家裡人（黨團員）照顧的無微不至，而對於不是自己家裡的人就摧殘的無微不至。」誹謗師院黨內有「三股歪風」（即「粗暴風」、「聖人風」、「特權風」）。趙蔭棠還作了一首反動詩，渴望狂風暴雨到來，搞得天下大亂，以推翻黨的領導。他們對師院黨員幹部和黨員教師都進行惡毒的攻擊，漫罵黨員院長「昏庸糊塗」、「偏聽、偏信、偏愛」，黨員人事處長「工作能力差、擺老資格」，藝術系某黨員副教授「連一個大蘿蔔都畫不好」等等，以此煽動群眾，造成混亂局面。

同時，他們還到處傳播謠言，煽動其他教師離校，王明昭說：「今年有幾十位教師要離校，全校教授準備要走的有十分之一。」並且直接鼓動某些教師說：「行政會議決定，誰也走不了，要走就要有決心，想辦法。」更直接的是，南國農竟然把他的曲阜師範學院一個朋友叫來，到處活動，亂拉教師，企圖挖師範學院的牆角。他們還把煞費苦心編造出來的所謂「走的方式」到處宣傳。他們還利用學生熱愛教師的特點鼓動同學，說教師走與不走，還要看學校的態度和工作改進的怎樣來決定。趙蔭棠則更露骨地說：「教師走不走，要看你們鬥爭的結果如何？你們勝利就留下；你們失敗就走！」

以王明昭為首反共集團，向黨進攻的另一策略，就是企圖從肅反運動問題上來打開缺口。因此，他們在整風運動初期，即散佈了一系列企圖否定肅反成績、反對肅反的反動言論。南國農說：「肅反缺點是大大的，成績是小小的。」他並且把肅反運動惡毒地描繪成一幅「陰風森森，木棒聲、刀槍聲、吆喝聲，人死在我的門口，一片可怕的鮮血」的「恐懼、不安的懺悔」的恐怖狀況。王明昭公開在課堂上對學生誣衊肅反運動是「紅色恐怖」，並歪曲事實地說：「我院肅反把三、五人的事擴大到百餘人，肅反中的重點都是搞業務的，不接近領導的，和李坤（注：李坤同志是當時師院肅反運動的領導人之一）有意見的。」「我院肅反工作，不重調查研究，完全採用了胡適的『大膽懷疑，小心求證』的公式。」「當他們到處點火，大肆散佈反黨言論，與「車轟」反共集團，李化方反共集團互相呼應，發起「聯合攻勢」，造成西北師院右派分子向黨進攻的混亂局面之後，全院貼了右派分子的許多反黨反社會主義的大字報，這些大字報中，據他們統計，對所謂「李坤問題」（實即肅反問題）的大字報占百分之六十。因此，他們認為推翻共產黨在師院的領導的「客觀條件」已經成熟，便企圖更進一步地從肅反問題上打開缺口，在師院掀起一個反黨高潮，立即策劃了一個有準備、有計劃、有組織、有目的向黨進攻的「巨大戰役」——「李坤問題座談會」。

六月四日晚上，在王明昭家裡召開了有趙蔭棠、胡德海等參加的策劃「李坤問題座談會」籌備會議。第二天一早就用兩面派手法，打著「幫助李坤同志進步」的幌子，由王明昭、南國農、趙蔭棠、王作楫、胡德海、宋育穎等全班人馬同時出動，四處煽動在肅反運動中被審查的人和不明真相的人簽名，寫出煽動性的大字報，要脅學委會答應召開全院性的「李坤問題座談會」，並要李坤同志返校（因李坤同志已調獸醫學院）領受「和風細雨」。在他們把有五十餘人簽名的信送給當時混進學委會副主任委員的右派野心家李化方之後，立即得到李化方的支持。另一方面，「車轟」反共集團首腦分子朱金慶也接受了王明昭的「邀請」，答應屆時一定上陣「使槍弄棒」，以「助一臂之力」。在大會召開前，王明昭就積極組織與發動趙蔭棠、胡德海、宋育穎等及劉鍾瑜、朱金慶到大會上進行「控訴」，並給宋育穎指示了發言內容，對趙蔭棠說：「有眼淚到大會上流去！」為了更易煽動群眾，經討論後並決定趙蔭棠帶上他的老婆到會上去「控訴」。

六月六日下午三時，由王明昭一手導演和策動的「李坤問題座談會」在大禮堂召開了。王明昭首先以煽動性發言開了頭一炮，接著王作楫、朱金慶、宋育穎都陸繼上臺對黨進行了「控訴」。王作楫、宋育穎把他們在肅反中被鬥完全歸於李坤的私人成見和打擊報復，朱金慶則喊叫：「肅反運動摧殘了人的尊嚴，我要為人類的尊嚴而鬥爭！」這樣，一些不明真相的人們被迷惑了，在這個十分緊要的關頭，趙蔭棠帶著他的太太走上了臺，他剛說一句話之後，就「聲淚俱下」，「泣不成聲」，緊跟著，他的太太代替他繼續「控訴」。說「在李坤領導下的肅反運動給我們一家三口人帶來的災難……」趙蔭棠和他老婆演的這一出早經王明昭導演好的雙簧，他的幾滴狐狸眼淚，當時的確得到了一些不明真相的師生的「同情」，加之右派分子的當場煽動，一時會場「群情憤激」。這個反共集團的骨幹分子胡德海更狂妄地叫道：「對李坤的批判，也就是對五人小組的徹底否定。肅反運動是一個極野蠻、極粗暴的運動。我抗議肅反運動！」

這個據王明昭供認「是一個有意識、有計劃、有組織、有目的的反黨反社會主義活動」的「李坤問題座談會」開完以後，在西北師範學院就掀起了一個右派分子向黨猖狂進攻的最高潮，形形色色的右派分子紛紛暴露了他們醜惡的面目。學生中的右派分子更狂妄地公開在廣播上煽動學生罷課，於是，王明昭和他的同夥得意忘形地說道：「這一下群眾可鼓動起來了！」

王明昭反共集團為了篡奪學委會的領導權，變學委會為右派分子向黨進攻的工具，於是四處奔走，組織右派分子和受迷惑的群眾，通過工會組織，利用資產階級的選舉辦法，王明昭、南國農等右派分子一一進入了學委會。他們進入學委會以後，進一步和學委會中的右派分子及別有用心分子串通起來，把「車轟」反共集團的成員王紹佐等選為常委，同時，並以王明昭為首，組成了所謂「民選代表團」與黨的領導對立。在學委會和常委會開會之前，王明昭就召集他的黨羽開秘密會議，策劃他們在會上的活動。如他們為實現其在肅反上翻案的目的，曾開會商討要「肅反檢查小組」的黨員退出來，讓「車轟」反共集團的首腦葉萌取而代之。商妥之後，便在學委會上提了出來。在他們的陰謀部署下，學委會通過這個決議。同時，他們為了把黨員一個一個的整掉，還把「車轟」反黨集團的首腦王烈駿打入了「王棣棠（黨員）問題檢查小組」。並把共產黨的叛徒、右派分子在黨內的應聲蟲、「車轟」反黨集團的成員劉雅琴打入了學委會廣播組。在學委會討論要把大鳴大放中的所有大字報刻印出來，發給群眾，以辨別哪些是香花，哪些是毒草時，他們認為對自己不利，自己的真面目會被群眾識破，於是在會上拼命地加以反對，阻礙作出決議。

這個反共集團，在接二連三地向黨進攻之後，於六月十六日在「悅賓樓」大擺酒宴，邀集師院「車轟」反共集團的首腦及蘭大右派分子劉文星參加，共同祝賀了前一階段的「勝利」；同時，交換了蘭大、師院兩校的鳴放情報，策劃了繼續向黨進攻的陰謀。當正確的反批評出現以後，王明昭反共集團為了扼殺正氣，繼續實現他們的反共陰謀，於是殺氣騰騰地向正確的反批評實行反撲。他們把第一張揭露他們在李坤問題座談會上歪曲、捏造事實的署名「真相」的大字報，誣衊為「本末倒置、混淆是非」，說它是對「善意」幫助黨整風的人的「當頭棒喝」、「堵塞人家的口舌」，進而煽起了教育系二十七名教師，聯名寫大字報圍攻「真相」，並威脅要「真相」公佈他的姓名。同時他們又大肆叫囂正確的反批評是「壟斷」、「一家獨鳴」；是「扣大帽子」；是「壓制」，是對幫助黨整風的人的「人身攻擊」。他們並說：這是運動出現的一股「歪風」，這股「歪風」比反社會主義風還大。反社會主義風是「三級風」；「扣大帽子（正確的反批評）是五級風」。並說：這股「扣帽子」的歪風，使運動走入「低朝」，「滿園春色關不住的局面已經過去了」。因而，他們號召應反對這股「扣帽子」的「歪風」，即進行五反：「一反對壟斷；「二反對扣帽子」；「三反對壓制」；「四反對人身攻擊」；「五反對歪曲、斷章取義、形式邏輯的推斷」。

現在王明昭的反共集團，在反右派鬥爭中已被群眾擊破了，但這些右派分子，還不想徹底的向人民請罪，交代問題中避重就輕，飾詞狡辯，企圖蒙混過關。但這是絕無可能的。

丁寧（回族）

採訪丁寧時，他剛做了手術痊癒，雖然西安的天氣很熱，可西安人對人的熱情更熱。

左起：趙旭、丁甯、孫樞

我原名叫丁家鼎，一九三四年四月五日生，陝西省西安市人，回族。一九五三年十月考入西北師範學院藝術系美術專業。

一九五七年是我大學本科畢業的年代，我當時想一九六〇年可能就到了共產主義，真乃是前程似錦，我將要把學到的知識回報社會，立志做一個棟樑之材。可就在這時，西北師範學院的整風運動開始了，一時間鋪天蓋地的大字報貼滿了西北師範學院的牆面，學校停課了，整個學校沸騰了。我當時知道自己家庭出身不好，加上和生物系一位女同學李萍談戀愛，所以根本沒有心思去關心周圍的大字報，只是偶爾走馬觀花地看看牆上的各類大字報。然而有一篇名為「炮轟車轟集團」的大字報卻吸引了我，因為馬列教研室的老師們都在其中。我當時想，這些都是馬列主義黨員老師，他們怎麼會成為反黨集團呢？真叫人想不通。整風運動越來越深入，大字報越來越多，什麼性質的都有，真是有仇的報仇，有冤的伸冤，互相攻擊，互相謾罵，互相指責。我當時是個逍遙派，只顧沉浸在熱戀之中。

七月六日，團支部找我談話，說我給右派集團辯護，我是丈二金剛摸不著頂，不知此話從何說起。我的答復斬釘截鐵，我從來沒有給右派集團辯護。當時，藝術系支部書記徐改會硬說我貼了一張一群學生的大字報，署名為丁可夫。我當時想，真是天大的奇冤，我什麼時候用過這個名字。然而，一時周身是口也難以申辯。後來我才知道，原來物理系的西安回民鄉黨蘇昌俊寫了一張大字報，沒有通過我簽了一個丁可夫的名字，人家在批鬥他時，問他丁可夫是誰？他說丁可夫是藝術系的丁家鼎。於是，這樣一樁千古奇冤就落到了我的頭上，進而開除了我的團籍。接著大會批小會鬥，種種莫須有的罪名統統扣到了我的頭上，並給我貼出了一標題為二十世紀賈寶玉的專集大字報。就這樣我被錯劃為反社會主義分子。九月份畢業時，我不得不自己帶著「工作崗位考察兩年」的檔案到酒泉縣酒泉中學任教，當時只發生活費四十五．五元。

九月十四日，我坐火車到了被茫茫戈壁包圍的酒泉，然後坐了四十分鐘的汽車到了酒泉縣酒泉中學。報到後，被分配任所有初中班的音樂、美術和高中班的製圖課的老師。因為是在工作考察期間，所以我努力備課，兢兢業業埋頭努力工作，直到第一學期結束。這時，酒泉地區利用寒假也開始了整風運動，我毫不例外地參加了又一次整風。在這期間寧左勿右的極左思潮氾濫，有些人為了表現自己用我當墊刀背，踩著我的脊背往上爬，一個教師給我貼了一張標題為「寧缺毋濫」的大字報，矛頭直接對準了我。

我第二次又遭到了攻擊。這裡的整風要結束了，學校要開學了。我也被下放到了酒泉中學校辦的農場——黃牛堡農場。後來，因為我是回族，吃飯問題沒法解決，我又被下放到一個回族鄉所在地的酒泉東郊泉湖農場。我去了以後隊長不讓我勞動，讓我給他們掃盲，我表現得很好，耐心細緻地給社員們教字，曾多次受到了生產隊的表揚。學校放假了，我在酒泉中學領了當月的工資回到公社，因胃病發作，我向學校和公社請假，回西安一趟。在返回酒泉之前，我去了西北師範學院見了女友李萍，並對她當面保證，我不入黨，決不見你。她聽了我的表白，與我抱頭大哭，兩人依依不捨地分別了。可是，當我回到酒泉中學，學校說我拒絕改造，畏罪潛逃。

一九五八年五月十八日，天剛大亮，學校通知我另有安排。五月二十日上午，學校叫我捆好鋪蓋去酒泉中學的鐘樓寺等著。這是酒泉的一個舊廟，在酒泉中學內東北角。我到了鐘樓寺不到片刻時間，來了一輛吉普車，將我的行李放在車上，拉著我離開了酒泉中學。車走了很長時間，來到了酒泉北郊的夾邊溝農場。

學校押我來的人把我交到了場部。這時正趕上中午吃飯時間，院子裡黑壓壓一片，人頭攢動，大門口還陸陸續續往裡進人。我一看這些人，個個東倒西歪，低頭歎氣，活脫脫一群殘兵敗將。有的衣衫已不遮體；有的將軍呢大衣耷拉在肩上；有的腳上纏著棉花，用布條裹著，一瘸一拐地往裡走。開飯了，有人手中端著洗臉盆盛飯，有人拿著大缸子，個個臉色憔悴，精神恍惚；有的一屁股坐在牆角仰面朝天，雙眼緊閉。我心想，這就是我以後的生活了。我當時認為這是酒泉地區有問題的人在這裡監督勞動，可是後來才知道這是一個勞教農場，裡面關的都是來自全省各個單位的極右分子。慢慢地我見到了好多熟人，有我們西北師範學院馬列教研室的王烈駿老師，有中文系的朱金慶老師，還有我同班同學極右分子、中山大學附小調幹生司徒潤堯。以後，我又結識了甘肅省政協秘書長馬廷秀，蘭州軍區的王志，西藏畫報社的寧裡，蘭州大學副校長化學家陳時偉，蘭州公安處的白真，金塔縣縣長張和祥，蘭州放映站的廖兆玲（女），西北畜牧獸醫學院的學生孫樞，蘭州空軍速成中學的郭振乾、胡家穎，鐵路系統的安師傅和來師傅，蘭州市民主人士郭南浦的兒子郭懷玉，西北師範學院的李天才等社會名流。

我被編到了基建隊，每天挖排鹹溝，每人每天有任務，完不成任務不讓吃飯。飯是原麥子加上苦苦野菜打成的糊糊，時間長了有些人拉稀，而有些人卻拉不下來，吃啥拉啥，多半人浮腫。挖排鹹溝鹹水把人的兩條腿燒得又紅又腫，有的肉皮翻開了一寸多長的口子，但還得勞動，不然就扣上抗拒改造的罪名。晚上回去開批鬥會，捆你一繩子，有的人一繩子就把胳膊捆成了殘廢。這裡農業隊種的是麥子。因為是鹽鹼地，麥子成熟後不到五寸，都是用手拔的，根本談不上有什麼收成。我們發出的信要進行檢查，家裡來的信也要經過檢查，有的只有半張紙，或一小半張紙。有些人實在熬不下去了就設法逃跑，抓回來了捆繩子、關禁閉，還有被宣判判刑兩年、三年的，可是這些被判了刑的比我們好，還有個出頭之日，而我們則是遙遙無期。

一九五九年初一這一天，一大早哨子一吹集合，從裡面挑出來了七、八十個犯人。我也在這些人之中。然後，坐上大卡車，出了夾邊溝到了嘉峪關和玉門鎮之間。原來是讓我們在這戈壁灘上挖坑，栽電線杆。我們在這冰天雪地裡，晚上睡在帳篷中，床鋪就在冰冷的石頭上，吃的是用柴油摻清油的油餅，人們吃上後就拉稀。可這也得每天完成任務，否則就批鬥、扣飯。一個冬天我們將電線從老君廟一直架到了嘉峪關，完成架線任務後，又回到了夾邊溝。

在夾邊溝農場，管教幹部是便衣，而離我們農場不遠就是武警部隊。管教幹部頓頓不離肉，他們吃的肉都是勞教人員養的豬羊和雞兔，而犯人們吃的都是原糧加苦苦菜。有幾個人我比較熟悉，一個是白真，那時和我在一起，也是回族，原蘭州市公安系統的，打成右派送到夾邊溝農場，他在這裡任基建隊長，是我出了夾邊溝結婚後愛人的親戚。馬鳳泉，河北省易縣白馬鎮人，其父馬成起原白馬中心供銷社主任，其妹馬鳳英，原白馬郵電局工作，馬鳳泉也到了夾邊溝和我在一起。還有一個叫寧裡的犯人，和我交往比較多，他是原西藏軍區的一個少校，畫家，送到了夾邊溝，由於他這個特長，一九五九年借調到了甘肅省公安廳。還有一個賀守英，由內蒙古東勝市（現鄂爾多斯市）送到夾邊溝農場來的。所以，夾邊溝農場主要是甘肅省的，但也有很多從全國其他地方來的，但這些從外地來的，由於沒有接濟，活下來的很少。

沒有幾天，一個大清早集合點名，我又被調出，上了一輛不知去向的大卡車。汽車把我們拉到了一個偏僻農村的水磨旁，車停了下來，我們下了車，才知這是一個造紙漿廠。我被分配到水磨上，每天大清早，六點多上工像驢一樣地勞動著，跟轉悠的水磨把稻草放進槽子，日以繼月。事實上造紙廠進來一車草，過秤最多不過二百斤，經過鍘草人員鍘成短節，再過秤上報廠部每天就變成鍘了二千斤，將二千斤乾草下池浸泡幾天後，經人工撈出後，每天上報成績，出池數為四千斤，再把這四千斤上鍋蒸出鍋後每天上報成績又成了八千斤，再把這八千斤稻草放在水磨上砸碾，我們每天收工上報的成績就成了一萬六千斤。於是，這樣一車二百斤的稻草經過以上工序，產出的紙漿將是一萬六千斤。這就叫放衛星，這就是大躍進。因為，生產的紙漿無法造紙，我們又把收來的舊廢紙加到碾砸過程，以增加出廠漿的質量。

然而，由於大躍進造成的災害，乾草收不上來了，造紙廠被撤銷了，我於是又被調到了酒泉被服廠。這個廠也是勞教廠，是關押從上海來的所謂流氓、阿飛犯罪分子的。我和這些支邊青年關到了一起，什麼都不讓幹，只是每天等著吃二兩糧，沒有多少日子我就脫胎換骨了，被餓成了皮包骨頭。有一個人經不住殘酷的折磨，晚上餓死了，第二天隊長讓用席子一卷給掩埋了，但給我們宣佈此人是畏罪自殺。

夾邊溝農場本來收成極少，可是吹牛浮誇，自吹畝產萬斤，所以國家基本不給撥糧。於是造成將三千多人，餓死得只剩下了二百多人。一九六〇年中央對夾邊溝農場餓死人的情況查處後，命令所有人員回原單位。但是，在別人被送回原單位後，我卻遇到了麻煩。一個酒泉被服廠的管教幹部耿西林，沒有拿我的鋪蓋和其他東西，把我送到酒泉中學後，沒有讓我進學校，轉了一圈又將我拉回到了被服廠。我搞不清楚什麼原因，和耿西林大吵了一場。我說，你為什麼不送我走。他說，單位不接受，說我表現不好。我質問他，夾邊溝農場全部犯人都回了原單位，難道他們表現好嗎？他理屈詞窮，反說我反改造，將我捆了一繩子。這些管教幹部害怕事情敗露，又把我送到了城郊農場。

城郊農場是個勞改農場，我每天不倫不類地和勞改犯們一起上工下工，出門喊報告班長。我實在無奈就給勞改局寫信反映我的情況，於是，又將我調到了下河清農場。這是一個就業農場，雖然仍是下田進行農業勞動，但相對自由一些。我抽了一個星期天到酒泉走了一趟，直接找了酒泉文教局的郭局長，說明了我的情況，郭局長讓我先在專區招待所等候安置。在專區招待所我又認識了敦煌秦劇團的行政團長羅俊發，這是西安市疙瘩市人，和我是老鄉。他說，敦煌秦劇團現在沒有畫佈景的，你若願意我給你們文教局長要求調你到劇團來。我答應了。於是，酒泉文教局下了調令，我拿上調令到下河清農場辦了出場手續。

這時，敦煌秦劇團經過整團，處理了幾個人，有的被判刑，有的被下放，有的被開除。到劇團的第二天，我就被安排寫戲牌《白蛇傳》，緊接著就排練《楊八姐盜刀》。我在劇團除了認真畫佈景之外，還給敦煌人民代表大會寫祝詞快板。還被邀請到阿克塞哈薩克族自治縣搞「十一」慶典活動，在那裡畫漫畫和連環畫。一九六四年，我被抽調到蘭州參加全省會演。因劇團成員大部分文化程度低，大學生就我一個，所以，創作劇本的任務自然落在了我的頭上。那時我寫了《佛山風雲》，這是反映敦煌莫高窟英國人華爾納盜竊文物的內容；寫了反映敦煌棉花種植的《銀海之歌》和小劇本《記工員》；還集體創作了《警鐘》。《記工員》和《警鐘》還參加了甘肅省的全省會演。

一九六四年，我與我們敦煌秦劇團音樂班打洋琴的焦俊芳結婚了。焦俊芳的大哥焦志孝是天水秦劇團的頭把板胡，三哥焦志忠是張掖專區秦劇團的頭把板胡，四哥焦志信是陝西戲劇研究員十能琴師。我當時那個高興呀！然而天有不測風雲，一九六六年文化大革命開始了，首先批判劇團演封、資、修的老戲，接著就解散了敦煌秦劇團。劇團原班人馬，除留下看守人員外，其餘人員一律分批分到了各個社會企業。我被分配到了酒泉百貨公司，愛人焦俊芳被分配到了酒泉醫藥公司。到了酒泉百貨公司後，我在工會搞宣傳，並給百貨公司東大街一個酒泉最大的門市部畫了幾十幅宣傳畫。一個商品畫和一個政治宣傳畫，在門市部門口用各種紐扣編織成金光四射的一個孔雀，在群眾簽名本上受到酒泉人民的歡迎和表揚。酒泉百貨公司李占德書記親自在大會上表揚我。

就在這時，一些人在第一門市部門前貼出了一張「揪出資產階級騷孔雀的作者，只許左派造反，不許右派翻天」等大字報。一時間，酒泉城內破四舊之風大起，砸泉湖公園牌樓，紅衛兵上街給人剃光頭、剪辮子，走路只准走左不許走右，家中擺花被視為資產階級。國民黨的起義人士被列為殘渣餘孽專政起來，出身地主、富農、上中農被當作革命的對象。那時，把人串起來戴上高帽子像狗一樣在大街上遊街示眾。由酒泉百貨公司黨委書記李占德這個走資派打頭，後邊緊跟著地、富、反、壞、右、臭老九及稍有點毛病的人。我也被關進了牛棚，每天種地、拉糞，幹一些強體力勞動。

在這時，酒泉百貨公司把農場搬到了原夾邊溝農場的所在地。我瞅機會到了當年埋葬那些右派們的沙梁子，只見風沙卷走了土沙，白骨滿地，我用鐵鍬一個個地埋了，並沉默了三分鐘表示哀悼。他們是我的難友，是在這裡改造餓死的冤魂。那些日子裡，我被押回單位關押起來，每天寫材料，晚上批鬥，土飛機勾頭，脖子上用細鐵絲掛著四十斤重的大牌子。一鬥就是四個小時，站不住，就得挨打。百貨公司一個叫劉樹旺的天津政工幹部，日夜找我談話。他說，你說一句話和說十句話性質一樣，你要學習新華印刷廠的尹銘昭竹簍子倒核桃一乾二淨地說出來，徹底交代，黨和人民會寬大處理你的。你不是有家室嗎？你要為他們著想，你要從思想上挖出那些見不得人的想法，才算有了認識，才算能坦白交代自己的一切錯誤，才能立功贖罪，重新做人。他的這些話，像一個知心朋友對我的勸告。所以，我下定決心把我自己沒有說出來的和思想上想過的，甚至為了徹底坦白交代，自己給自己編造一些想法，統統都寫成材料交代了出來，交給了組織來爭取寬大處理。然而，我錯了，我又一次上當了，我萬萬沒有想到，這些材料被劉樹旺整理後上報到了司法部門。

一九七〇年二月十八日上午，我正在農場勞動，突然通知我們來酒泉百貨公司開會。於是，我們牛鬼蛇神排著隊往會場走去，一到會場，我看見四處標語都是關於現行反革命分子丁寧的。標語上寫著：現行反革命分子丁寧必須低頭認罪！打倒現行反革命分子丁寧！反革命分子丁寧只有老實交代才是惟一出路！坦白從寬，抗拒從嚴！

會議開始了，我們這些牛鬼蛇神都彎著四十五度的腰站在大會主席臺兩旁。首先就是酒泉專區公檢法人員宣讀逮捕令，而第一個就是我。現行反革命分子丁寧，年齡、籍貫、出身、學歷念完後，就是我如何惡毒攻擊偉大的林副統帥、攻擊史無前例的文化大革命、攻擊文化大革命的旗手江青同志、攻擊無產階級專政、攻擊社會主義制度，為叛徒、內奸、工賊劉少奇鳴冤叫屈，實屬罪大惡極十惡不赦的現行反革命分子，不捕不足以平民憤。當讀完逮捕令後，我一頭大汗，心想讓我坦白，我坦白後怎麼又要逮捕我了。我不由自主地大聲喊，劉樹旺你說坦白從寬怎麼把我逮捕了呢？

隨著喊聲，警察把我拉出了會場。坐上了吉普車，送到了酒泉看守所。人還沒有站穩，號子門開了，一個姓喬的所長把我從號子裡帶了出去。我進了審訊室，正面一個桌子，桌子上坐著三個提審員，旁邊站立著四個手提衝鋒槍的武警。姓名、年齡、籍貫、出身、學歷問後，問我在單位交代的材料是不是屬實，當時我的頭腦突然清醒了，我說，單位上的材料都是政工科的劉樹旺讓我交代的。劉樹旺對我說，你說過的、沒說過的、思想中有的，只要你交代出來，就是坦白，坦白會從寬處理的。我說，我當時想，我有妻子、孩子，只要不天天鬥爭我就行了，可現在你們把我給逮捕了。我不能再出賣自己了，單位上的那些材料全是我胡編的，為了坦白從寬讓劉樹旺引誘交代的。話還沒有說完，兩個武警就用槍把子照我身上打了起來，說丁寧你還想翻案，罪加一等。正中間坐的一個提審員說坦白從寬是有尺度的，你殺了人就是坦白了也得判個死緩，不等於不判你的刑。你的那些罪惡落實了槍斃都夠格了。現在你好好坦白交代，我們根據你的態度，還是可以考慮量刑的尺度。我說，我從來沒有說過那些話，那是單位上引誘我交代的，都是胡編出來的。於是，又招來一頓拳打腳踢。接著帶到了院子裡。來了幾個人，把一副一百多斤的腳鐐給我砸上了，並且戴了手銬。

一九七一年，省上來人對我第二次進行提審。他們將我從號子裡拉到審訊室，也是三個人審訊我，可這一次態度比第一次要好些，他們讓我將原來交代的問題再重複一遍。我講了如何在單位上受政工處的劉樹旺引誘，胡編了一些罪名，是為了能儘早結束對我的審查。其中一個提審我的人警告我有什麼交代什麼，不要胡編。我堅持立場，最後讓我簽了字。這一次後，帶的腳鐐手銬被取掉了，一直半年都沒有再提審我。我的案子也回到了酒泉縣。號子裡的人說，案子在省上要槍斃，案子到了專區是十年至無期徒刑，案子到了縣上就更小了。但是，這時候整個酒泉城內各個單位都在議我的案子，念完我的材料後就讓群眾討論提出處理意見，而人們這時都異口同聲回答：「槍斃！槍斃！」每個單位都是如此，我的愛人焦俊芳受不住外界壓力，又怕我被槍斃了以後影響孩子的前途，將我兒子的姓改為焦，叫焦曉波，並提出和我離婚。我流著眼淚簽了「同意」。

我被關在號子裡，平時不准唱歌。然而，我們還是唱《紅梅贊》，唱《紅燈記》等當時流行的一些革命歌曲。有一天，我們吼著「鎖住我的雙手雙腳，鎖不住我的雄心壯志沖雲天」，牆上站崗的班長告訴了看守所長。所長立即來開號子門，問誰唱的，我們都不吭聲，氣得所長沒有辦法，讓我們把腳上的襪子脫掉，把我們整個號子的人都趕到冰天雪地罰站。我們光腳站在冰冷的冰塊上，管教說，你們再唱不唱了？我們都低著頭不吭聲。

看守所裡每天放風，人多茅坑少，獄警不等人拉完屎，就用皮帶抽，讓收風回號子。我在看守所裡吃的全是雜糧，菜除了蘿蔔外再沒有別的。夏天是新鮮蘿蔔，冬天是蘿蔔幹。有些號子裡關的是同一個單位的，相互爬到窗子上詢問家中和單位情況，若被班長發現，馬上就會被捆起來，並被戴上霸王鞭的背銬，這樣吃飯就只能用嘴去吞著吃。

一九七四年十月的一天，我和一些犯人被押上車去酒泉人民廣場，我是頭一個車，到會場後就開始宣判，判我有期徒刑十五年。判完後遊街示眾，路邊好多過去的朋友、同志都暗暗點頭對我表示關懷，我微笑著回應了他們的情誼。遊街示眾後回到了看守所，第二天我就被押往蘭州第一監獄，分配到關押重刑犯的鑄造車間，在那裡扒活篩沙。用手將剛燒鑄出來的火紅紅的大小閥體和產品推出車間。在這裡見到了很多人，鑄造車間就關押了幾百個西藏叛亂分子和幾百個回族叛亂分子。在這裡待了四年多，直到粉碎了「四人幫」。召開了十三屆三中全會以後，撥亂反正，我才得以昭雪，於一九七九年平反出獄。我要求回到西安家鄉。

我被分配到了西安市木材公司西郊木材廠（現玉林工貿公司），搞工會宣傳工作，從此結束了以往的冤假錯案。回想我的一生，感慨萬分，臨近大學畢業，就因為一個同學寫了一封同情我們西北師範學院幾位優秀老師的大字報並署了我的名，就令我妻離子散，顛沛流離，差點還被槍斃，將我一個血氣方剛的青年被折磨成了兩鬢班白的老頭。現在，我又一個人孤獨地生活著，拖著病殘的雙腿，一個月只拿著五十元的退休工資。

王志1957年攝於北京

王志

與王志一九八五年在電話裡聯繫過，當時他是國家一級編劇，雖然一再懇求，他還是不肯與筆者見面。這位令人尊敬長者的學識和為人使我仰慕已久，事隔二十年後，還是見面了，就在他的家裡，並且見了他賢慧的妻子王箴。王志為蘭州軍區戰鬥文工團創作研究室創作員（研究員）。

我於一九二三年十月十四日出生在新疆烏魯木齊市，甘肅省臨洮縣人。一九三七年考入新疆迪化省立師範學校，一九四〇年畢業。一九五七年開門整風大鳴大放，每次開會我都悄悄拿個小本子忙著寫稿改稿，沒有心思也沒有時間參與發言提意見。那些發言的人也都是正面說一說，走走過場，部隊裡嘛，大家說話都是有分寸的。即便我這樣一個沒有任何言論和問題的蘭州軍區戰鬥文工團創作員，在一九五八年的春天，竟因為寫了一個劇本《中斷了的歌會》，結果被湊了部隊右派分配名額而打成了右派分子。當時我們創作研究室裡三個創作員（研究員），一個為長征時的紅小鬼張星點，一個為十二、三歲時參加八路軍的宋揚，都成了右派分子。那個時候就是拔尖子，我們文工團裡能寫作品的，能上舞臺演出的，都成了右派分子，而寫不出作品，上不了舞臺的，反倒沒任何事情。

附文：

碧血黃沙——夾邊溝農場生活紀實（節選）

王志

一九五八年五月下旬的一天下午，我被送到了夾邊溝農場場部。大約不過抽支煙的時間就辦好了接交手續。其時我三十四歲，體格強壯，所以立即被編入了基建隊。以後，我一直在基建隊，隊長是白連奎，甘肅省臨洮縣人。由一位高個子幹事把我領進了基建隊的大門。我一眼看到的是高高的圍牆和封閉的院落，還有很多棟排列有序的土房。接著我被帶進了土房中的一間。房內兩側是土炕，中間留有可供一人走動的過道。門邊有一個土臺，權作公用的桌子。幹事指定了我的鋪位並給我講了應該遵守的事項之後，檢查了行李、挎包，而後進行了搜身。我根本想不起什麼時候留在挎包裡的一本《在延安文藝座談會上的講話》小冊子引起了幹事的注意。他翻看了幾頁後搖頭笑了笑，把書又裝回了挎包。他那一笑究竟含有何意，我無心情也無時間去猜度，我只注意到他收走了我的一把小刀和捆行李的繩子。他走到門口一頓，又轉身走回，把收走的東西又複扔給我，什麼話也沒說徑直走了。對他，這一切都進行得十分迅速、自然，然而我的心震顫了。對這樣的陣勢我沒有任何精神準備，我感覺受到了莫大的侮辱。於是腦子裡一片空白。呆子也似地坐在鋪位上很久很久……屋子裡的光漸漸暗了下來，不覺得天已黃昏。

不久，院子裡傳來人聲，我意識到是被改造者們收工了。又過了一陣子，我們宿舍裡陸續進來了十幾個人。對房間裡新增加的我這個陌生人，他們好像沒有看見。既不感驚奇，也不表同情。只是把飯盒往土臺上一扔，個個精疲力竭地躺在屬於自己的天地——那窄窄的鋪位上一聲不吭。房間裡一片冷漠。最後還是一位自稱姓馬的帶工組長打破了沉寂。此人約三十歲，一口標準的京片子。穿著一身黃軍裝，在腰間系著一條去了肩帶的武裝帶，顯得幾分精神。他和我有以下簡短的對話：「聽幹事說你是個幹文藝的？」「是。」他向院子裡指了指：「趕快拿上吃飯傢伙，到院裡領你的飯，再磨蹭你就甭想吃了。」我只搖頭作為回應。的確，此刻我只有一腔愁緒，沒半點食欲。「那……早點休息。」此後誰也沒說話，一片默然。只有幾個抽煙人，煙頭的亮點在閃動。

天黑透了，屋裡的人很快都進入夢鄉。我身邊的一位不停地翻身擠我，牆角邊的一位更是鼾聲如雷。我思潮翻滾很難成寐。啊！那高牆外的荒涼，牆內的陰森……我究竟到什麼地方來了？於是像銀幕上淡出淡入的鏡頭，在我眼前不斷地浮現……那放在桌上剛剛印完的最新一稿歌劇劇本……禮堂大門外惹人注目的大字報：「我們不需要這樣的資產階級知識份子」……批判大會上，昨天的戰友們憤怒地振臂高呼著口號……老天爺，我算什麼資產階級知識份子？顯然錯估了我的身價。唉！一本即將進入排練場的歌劇《中斷了的歌會》難道真的要斷送我一生的一切希望嗎？既有今日，何必當初！……劇本敘述的是一對哈薩克族戀人，阿依達和瑪麗亞悲歡離合的故事。按民族習俗，他們正在一個月明的夜晚，在美麗的金山草原對歌定情之際，烏斯曼匪幫在美國駐新疆總領事馬克南的策劃下，燃起席捲草原的烽火，妄圖建立一個王國，於是歌會中斷了。阿依達被迫捲進了羅網，瑪麗亞也被設計編進魔窟。幾經周折，撕破了烏斯曼假面具的阿依達和在烏斯曼威脅利誘下堅貞不屈的瑪利亞，都被捆上了絞架。正在千鈞一髮之際，中國人民解放軍解放了災難深重的草原；解救了死亡線上這一對英雄情侶。在草原的歡慶盛會上，他們的歌會又繼續了。

公正地說，它是一個動人的故事；是對解放事業的一曲頌歌。然而它卻給我帶來了不幸。批判說劇名就是反動的。兩個主角之間的愛情被認定是「愛情至上論」。最致命的要害是烏斯曼欺騙部落牧民，煽動叛亂時的唱詞，被說成是作者的心聲。還說對黨對人民懷有刻骨仇恨的反動分子，才會發出那樣的共鳴。我百思不得其解，烏斯曼是戲劇中人物，是反面人物的戲劇手段，怎麼能說是作者的心聲呢？難道讓烏斯曼在煽動叛亂時，也為解放軍唱讚歌不成？對此我進行申辯，愈辯罪行愈重。事態發展到不可理喻的地步。最後在「動機與效果」這一絕對不可違抗的理論指證下，我只能低頭認罪。我原想母親誤責兒子的事，生活中並不鮮見。多麼委屈，兒子也能俯首認錯，以息母怒。最終總是得到慈母的諒宥。

太天真了！一次委屈求全，竟得到如此嚴酷的懲罰，竟把一個無辜的人送進高牆之內！……我一時難以排遣的哀怨、愧悔、激憤……五內雜陳。面對窗外的月光我真想渲泄一番，難道真的是「人生識字憂患始」嗎？身旁的那位又在夢囈中擠我。唉，這到底是什麼地方？腦子裡再也鑽不出這個謎團。這是農場嗎？不。是監獄？不。是黃沙漫漫中，那不幸人生渺冥旅途中的一個么店。那一陣風雲突變中驀然冒出的右派分子們，就是這么店的過客。……在狹窄的鋪位上，我想輾轉反側而不可得，只能睜著雙眼胡思亂想。我忽然想起臨行前那位有著長者風範的老部長，對我們三個人的談話。那是一片語重心長的囑告：「要相信黨，相信組織。一個人犯了錯誤並不可怕，只要堅決改正錯誤，還是好同志……要好好表現，爭取在一半年內摘掉右派帽子，重新作人……」正如荀子所言，「與人善言，暖於布帛」，想想老首長的話，似乎又有一絲溫暖遊上心頭。今天因突然刺激失去的理智漸漸恢復。我應該堅信只要勇於忍耐，等待，「好好表現」，正道滄桑，時間終將還我以清白。一念之差可使人沉淪，一念之當也可懸崖勒馬。這後一念是我膠著中的解脫。

對農場來說如何改造這片荒土，首先想到的是如何改造人。也就是怎樣使用好這一批無償勞力，讓它發揮最大的效應。不能不佩服想像之豐富，也許受到當年始皇帝強迫民夫從周邊取土修築長城的啟發，而今反其道用之，挖倒長城，把城牆土運到周邊更遠的田裡去壓沙。既改造了自然，也改造了人。豈非一石二鳥？而且完全符合大躍進精神。決策一定，立即實施。從排鹹溝三地抽調一批勞力，重新編成幾個組，投入拆城牆運土的戰鬥。我們組的帶工組長姓楊，年約四十餘歲，說話帶有東北口音，是原蘭州鐵路局的一名幹部。此人沒有給我留下較深的印象。不知是出於場部的決策呢，還是個別過份「好好表現」的「顯客子」們的倡議，也許是二者的有機結合，為了響應大躍進的偉大號召，夾邊溝也放起衛星。

這一次自然又是千方百計把一批勞動力的潛能發掘到極致。在運送城牆土的路線上，每隔五十米設一個接力點。兩個人搭對為一組，工具是原始的大草筐和抬杠。沒有任何其他運輸工具，連河西幾千年前使用遺留至今的大軲轆牛車也沒有一輛（這是一種最原始，加工極簡單粗陋，造價極低的運輸工具。很可能是當年高車國的遺風）。就抬筐、草繩也是由輕勞隊（由老弱病號組成）就地取材。用芨芨草編成的。所以可以這樣認為：這次毀長城的戰鬥中，也不曾有什麼投入。除了超強度超想像地消耗人體功能外，完全符合「多快好省」。每筐土至少不低於二百斤，兩個人必須快速運轉，稍有延緩，自己的接力點上就會壓筐。為了避免壓筐，所以返程的五十米都是跑回的。還未喘過氣來又得緊忙抬起上站送來的另一筐土。除午休一小時外自晨至夕，返複不停（如果你壓了筐，只好放棄午休加班，還要忍受下站人的譏諷咒罵，因為你也影響了別人的午休）。我自忖身體健壯，不期一天下來也已有氣無力，全身疼痛，特別是雙肩磨破佈滿血絲。想想明天，不寒而慄。那麼和我搭對的夥伴又怎樣呢？他皮膚白皙，身材修長，一位典型的文弱書生模樣。氣色不正，顯然有病。他實在難以承受這樣的重負，但依然不聲不響地堅持著。在重壓下，他那瘦削的搖擺不停的身軀，雙手抱著杠頭佝肩僂背，氣喘吁吁地掙扎著。他的確太可憐了。

有一天，哨聲響後全體在場部外的沙灘上集合，在這兒上演了一出殺雞儆猴的活劇。隊長簡短的開場白後，一位管教幹事推上一個人。他雙眼無神，嘴裡不連貫地喊叫著表示反抗，但沒有人聽得懂他喊的什麼。看來他是一個精神病患者，但那位幹事卻宣佈說：「這個傢伙裝瘋賣傻抗拒改造。把他關了禁閉，不但不思改過，而且繼續放毒。大唱什麼他好比籠中鳥，還說是被困在沙灘。簡直反動透頂！今天把這狗日的好好收拾一下。」說著從褲兜裡找出一根不太粗的繩子，非常熟練的就把此人結結實實地捆了一繩。只見那人先還能硬挺，而後臉由白變青，接著淒慘地讓人撕心裂肺地哀嚎。最後痛苦不堪的頹然倒地。所謂「捆一繩」，這是所有被改造者聞之變色的一種惡咒。據知情者說，結實的「捆一繩」之後，不少人為之折肩斷臂，終身殘廢，這種捆繩法很可能和死刑犯身背的令箭一樣，是祖先留下的「文明」，而今卻用來作為改造右派的工具。可嘆！

這個人就是今天分配來和我抬筐的夥伴。這樣的強力重荷，顯然對他是一次懲罰性的考驗。他上工以來，不曾說過一句話。有時望著天際的白雲搖搖頭；有時又向路旁的枯草點點頭。我建議請求幹事另派一人替換他，但他緊張地直搖頭。我忽然想到八成是那「捆一繩」的恐懼，還無法從他的心頭抹去。沒辦法，為了不在我們的接力點壓筐，我只好把筐繩儘量拉向自己的一邊，減輕他的負荷。這樣，第一天的任務我們總算完成了。

收工後我們返回場部的路上，他突然說了話，而且清晰、準確。他說：「我不知你叫什麼，但你有同情心。我叫范長英，原在科學院工作，是范長江的兄弟，我沒有瘋。」啊！我簡直不敢相信自己的耳朵。我知道范長江是我國現代新聞史上最傑出的新聞工作者，原名范希天，一九〇九年出生於四川省內江市。但范長英說話時的鎮定自若和那一雙閃著智慧之光的眸子，我又怎能不相信這是真的，然而再看看他瘦弱的身軀，竟然要他承受這種強勞，實在是一種非理性的殘忍。又想到他面對現實卻採用了與眾不同的另一種表現方式，和謬誤進行了抗爭，這使我感動，對他的勇敢油然起敬。此後，也許場方考慮到他的身體條件，調他到輕勞隊或其他工點去了，他再未來上工，從此我們也再沒有見過面。今天他在哪兒？是在實驗室？或正在著書立說？還是與無情的黃沙永遠為伴了？但願好人一路平安。（筆者在朋友邢同義處查閱夾邊溝農場上報酒泉縣人民檢察院要求刑事處分的卷宗時，看到了范長英的材料，這個范長英與范長江的籍貫不一樣：）

現行反革命分子范長英的單行材料：

范長英，男，漢族，現年三十歲，係山東樂陵縣人，家庭出身中農，本人成份學生，曾在我軍擔任過班、排長參謀等職，歷史上因謾罵組織及職工，威脅自殺叛變等行為，判勞改兩年，勞改期滿後，組織念其年輕，給以重新做人的機會，於五八年十二月份到蘭州科學分院工作，在該院因調戲婦女，攻擊婚姻制度，污蔑社會主義法律，污蔑中國革命和偉大領袖毛主席等罪惡事實，被送我場勞動教養。

處理意見：對此屢教不改，堅持反動立場，進行現行反革命活動煽動暴亂和行兇毆打幹部的現行反革命分子范長英，報請人民檢察院依法逮捕，處以無期徒刑。

檢察院批復處理意見：不予刑事追究。（收案日期：五九年六月一日；結案日期：五九年六月二十六日）

沙丘大戰中有一個人，姓卜（或蒲）大約四十七八歲，聽口音係天水甘穀一帶人。他身材不高，頭較常人稍大，四肢都特短。因他矮小（並非侏儒）故別人都不願和他搭對抬筐。他只好熱情地去為別人裝筐，但效率也很低。一般人握鍬把都是一隻手握在把的中央部位，另只手握住把頭。一腿弓一腿蹬，鏟沙裝筐輕鬆自如。而這位卜兄卻是把兩手均握在鍬把中間，動作形態滑稽可笑。論他的像貌，實在不敢恭維，勞動能力又低。在農場表現好壞全以勞動而定。因而幹部們以及他同組的夥伴們皆以他「無能」而歧視他。然而眼下我手中的這篇華章，正是他的傑作。我們怎能不為之驚奇，不為之瞪目結舌呢？我不禁暗自思忖：實在是海水不可鬥量；以貌取人，無疑是世俗最大謬誤之一。何曾想到這位矮小的「無能」者竟然滿腹錦繡。較之那些為了表現，加摞三筐四筐而傲視儕輩卻奴顏奉上的始作俑者，不知高大幾許！此公文章看似頌歌沙戰，但字裡行間也在隱隱綽綽吐訴胸中塊壘，記得一文中有這樣一種寓意：他讚美沉埋千古的沙粒，一旦被陽光照射，將會發現那是一顆耀眼的晶體。我想把這篇文章排在壁報的顯著位置。給這個晶體一次爍爍生輝的機會吧。一邊瞎想不覺已來到隊部。一推宿舍門，天哪！尤如當頭一棍，幾乎暈厥過去。

我們剛剛推開宿舍門，就看到一個人懸吊在土屋內的梁上。小馬喊人將上吊者放下，我則急奔場部報告。就在我向一位幹部報告的一剎那，一種印象深深刻在腦中，終生難忘。我是當做一件不得了的大事去報告的，而那位正在看報的幹部連眼皮也不願抬一抬，冷冷地只說了聲「知道了。」我又去醫務室請醫生，原蘭州醫學院知名教授劉逢舉聽我說後，匆忙提上救急箱和我一同跑到我們宿舍。他聽聽心臟，又翻開眼皮看後搖了搖頭十分抱憾地說：「恐怕氣絕已有一個鐘頭了。」雖然此人已走，只是黃泉路上今夜不知宿誰家了！對此人的走，想想看，一個緊張一個沉著；一個認真一個淡漠。這明顯的反差，大概就是立場不同的表現吧。再說這位毅然走了的人，今天穿了一套嶄新的黑色中式衣褲。新布鞋，頭上還紮了塊潔白的毛巾。活脫脫一幅電影上常見的八路民兵的裝扮。他究竟是何許人也？我們屋裡的人沒有一個能道出他的姓名。只知他是昨天晚飯後才被安排住在這裡的一個對幹部畢恭畢敬坐在角落裡一言不發的老實人。他今天所以如此裝束，我想，很可能他是不願再穿那讓人蒙羞的藍色勞教服。既使今日支離脫形，也要歸真還自己以本色。「鳥飛反鄉，狐死首丘」魂歸故里，見祖先於地下。看來他是作了充分準備而去的。不過他那舌尖露於唇外，痛苦的慘狀，至今猶讓人毛骨悚然。這是我來場後親目所睹的第一個死者，也是我有生以來見到的第一個懸樑自盡者。

始料所不及，無名氏的自縊，竟成這一行為的濫觴。沒過多久，一樁凶耗又在人們交頭接耳中不脛而走。蘭州市某領導的兄弟年輕氣盛、性情剛烈，他對自己的處境想不通，對超強勞動表示抵制。先是罷工，繼則絕食。場方將他送進禁閉室。還在「捆一繩」之前，為了不使人格蒙辱，用褲帶結束了自己的生命。二人輕拋性命的手段相似，而心態則大相徑庭。前者似乎順應個人命運的安排悄然歸去；後者則是公然和強勢抗拒，甘願「自絕於人民」。後來有人不無詼謔地評說：他們一個是冤魂，一個是厲鬼。此話頗可玩味。

愚公移山的壯舉還在進行，另一樁特殊任務又在等待我們去完成。所謂特殊是因為這個任務與農場本身的作業無關。五八年十一月，我們數百人被調到距農場約二百公里之外的礦山去開採石膏。從酒泉上火車至臨澤縣站下車，工具行李由大軲轆車運載，人則徒步北行。涉沙坡，渡黑河，最後在一個叫板橋鄉的地方駐足，整整走了一天。當晚大家胡亂擠在公社騰讓的幾間屋子裡。疲勞的身子倒頭就著了。既不覺擠，也不知冷，一覺睡到翌晨被幹部的哨聲驚醒。大家迅速在屋外集合，發現一人還在沉睡未起，幹部嗔怒命人去催，幾喚不應，用手去推，原來屍已僵硬。大家均覺蹊蹺，此人何以猝死？睡在他身旁的人忽然想起半夜時似乎聽到他呻吟著要水。後來發現他身旁的一袋炒麵一夜之間被吃得淨光。他到底做了一個飽死鬼。然而這畢竟太突然了，驀地心裡很難接受。

塞上天已冷，我們可以抗禦，此刻最難承受的是心寒。一個活生生的人，一夜之間怎麼就醒不來了呢？別人把你的生命也許視若螻蟻，怎麼連你自己也不珍惜它呢？餓死不得已，難道飽死也不得已嗎？思之再三，也許答案就是這個不得已。這只有個中人始能悟解其原由。

我被指定為一個組的帶工組長，還有一位小組長叫王烈駿。我們組共計有十八人。大多是西北師範學院和蘭州大學的年輕教師和學生。還有幾位工程技術人員。除了我和老王幾個人外，多數人都還未達而立之年，一群小資產階級知識份子。我暗自慶幸我們組的勞動組合是最理想的。特別和王烈駿共事感到非常愜意。我被領去查看分配給我們組的採礦點。老王和其他人回去解決諸如住宿、工具、吃飯等事項。我跟著翻越了幾道溝嶺之後終於到達我們組的採礦點。那是在隊部西北約十餘裡的一座小山頭上，正好和屹立在另一山頭的烽火臺為鄰。幹事向我又詳細的交待了一遍注意事項和採掘方法後匆匆離去。這裡四野荒涼倍感寂寥。我站在小山頂上極目憑眺，盡收眼底的是無止境山巒。此處長城多已頹塌，唯獨那座烽火臺雖曆千載而雄姿不減當年。憑弔這載負厚重歷史的偉大工程，不禁使人浮想聯翩……那沙場烽火、雲霧瀚海、甚至千山戰骨……歷歷目前。北風過處一隻失群的孤雁長鳴悲唳向南飛去。我仰看著這只奮翅追趕拋棄了它的同類而一往直前的雁時其情實在可憐，它漸漸在我的視野裡模糊不清化為一個黑點，一直消逝在無涯的天際。突然我又想起早晨那位死者，不免又憑添幾多淒涼。「送孤鴻，目斷千山阻」。啥時候我們才能回家和親人團聚呢？

這一帶礦的結構，最上面是一層灰黃色的沙石土，去掉這層土，就又是一層較厚的紫紅色的粘土（俗名乾紫泥），此土柔若橡皮，但一經風吹日曬則立即變得硬如堅石。這層乾紫泥下就是我們要採掘的石膏。從明日起我們就在這裡擺開戰場衝鋒陷陣了。

我回到隊部，找到了我們組的住地。那是在這個村的邊緣地帶，一間被閒棄的破土屋。估計最大也不過十六平米，但要塞進我們十八個人，而且絕對沒商量。人是最能適應環境的動物，反正最後還是住了下來；究竟怎麼個睡法？就不必贅述了。我原想我們組的年輕人不會死氣沉沉，但出我意外，一個個悶悶不樂，噤若寒蟬，我急問王烈駿怎麼回事，他卻不緊不慢輕聲輕氣地告訴我不久前發生的一件大事——

原來在我去探查我們採礦點時，他們和另外一個組的人還在那個紫紅色的懸崖下正要準備離開，忽然由於幾名幹部在崖頂不慎撞下一塊碗口大的硬化了的幹紫泥。不偏不倚剛好砸在一個人的頭上，那人不曾叫得一聲立即仆地。人們急忙上前扶救，只見他已顱骨迸裂，腦漿溢出，真乃飛來之禍，慘不忍睹，死者距我組眾人近在咫尺，大家先是驚慌恐懼，後則悲憫傷心。總覺得今日不吉利觸黴頭，一日之內竟有二人未曾上陣身先死；不是開門紅而是開門黑！人的性命薄若蟬翼，賤如芻狗，隨時隨地都有完蛋的可能，一旦完蛋又將如何？親人知道嗎？有誰會為你致一句悼詞，掉一滴同情的眼淚呢？於是每個人都聯想到了自己的明天。這就是他們心情沉重，情緒異常的原因。這一夜窗外朔風颼颼，屋內陣陣輕微的歎息。

自從我們來石膏山勞動，每日早出晚歸披星戴月，三個月來誰也沒有洗過臉。臉，脖子和手背上積下了厚厚一層黑垢。只有眼白、牙齒和手心同臉形成明顯的反差。至於頭髮呢，不用化裝正好扮演香港影視中的丐幫。現在讓我們靜下來加一想像：有這樣一群人，頭上戴著勾魂無常的那種尖尖帽，帽邊露著蓬亂如草的頭髮，身上是花花綠綠怪怪兮兮的長袍（有的是閃光的緞被）一個個黢黑的臉，一雙雙鷹爪似的黑手，還有拖在身後草繩頭上的星火……晨曦前和黃昏後，在寂靜的山路上，隱隱綽綽，搖搖擺擺，時聚時離的彳亍而行。這是一幅什麼景象？山路上本來荒無人煙，如果真的有人碰到了他們，肯定會嚇個半死。他們是啥？是勾魂的要命無常？是邊牆外的幽靈？（邊民自古流傳，邊牆外有許多冤魂不得進城）還是剛剛斷氣的詐屍？其實他們都是智商絕不亞於常人，只因被一種悖謬搞得這樣人鬼難分的大活人啊！尤其是在那大雪飛揚朔風呼嘯的日子裡，有誰能理解掙扎在山路上的他們那「雪花似掌難遮眼，風力如刀不斷愁」的心情啊！只有過來人想到他們，會為之迴腸盪氣為涔涔淚下的。

一九五九年春節之前，我和王烈駿、朱金慶三人突然被召到公社的公共食堂院內。原來白隊長從夾邊溝農場帶來十餘人，在這院裡專等我們。我們一進院門，迎接我們的是一片笑聲。白隊長平素頗為嚴肅，今天也竟忍俊不禁，特別是幾位女勞教們笑得前仰後合。我們正在不知所措，一位女高音好心地拿小鏡給我們看，我們當然知道是怎麼回事了。白隊長向公社食堂的一位實權人物——紅臉蛋兒的姑娘交涉給我們洗臉水。那位姑娘非常友好，滿面堆笑（自然是笑我們的黑臉）用一隻手堵著怕笑出聲來的嘴，另只手舀給我們好幾大瓢熱水，總算洗淨了臉。農場來的朋友們給我們推光了頭。又經白隊長交涉，那位紅臉蛋姑娘又給我們每人一瓢小米稠飯。吃的真香，算是打了一次牙祭。說她是實權的人物，是因為她操著瓢把。所有在這公社食堂打飯的社員，都要看著那把銅瓢而蹙眉或微笑。

吃完飯隊長正式通知我們，限三日內排好《三個戰友》，好在是輕車熟路。另外還有秦劇，黃梅戲，表演唱等都是在夾邊溝排好了的。合併組成一臺晚會，在春節前和公社聯歡到這時我們才意識到為什麼把我和王、朱編在一組，看來幹部們是早有打算的。我們奉命去作準備，剛出院門發現一位小腳老婆婆坐在牆邊哭得死去活來。原來她打飯後出門不遠被冰滑了一個跤子。手提的瓦罐被摔得粉碎，稠飯瀉地已和冰凍結在一塊。老婆婆苦求另打一份飯，但遭紅臉蛋姑娘拒絕。因而她只能在那裡呼天叫地悲慟欲絕。我們無能為力只好走開，但心裡久久不安。原來公社食堂絕非那樣美好。這是我來農場之後，第一次接觸到人民公社的現實。

如期進行了演出，雖然檔次不高，但社員還是接受了。總算是完成了一次政治任務。春節過後不久，我們終於結束了在石膏山的戰鬥。在那山巒之間留下了一道道蜿蜒不斷的白色長城，於一九五九年三月回到了夾邊溝農場。

夾邊溝農場真是人材濟濟，專業人員比比皆是。譬如為農場基礎建設搞規劃設計的土木、水利工程師們。以蘭大副校長陳時偉為首研製優質土化肥的化學專家們。以馳名內科的專家劉逢舉教授為首的各科醫生們。地質勘測的技術專家們硬是在沒有任何動力機械的情況下，純粹人力（把人力巧妙地變為機械能）打出了兩眼淡水深井。全場從此不再為飲用澀鹹水而苦惱了。還有一位小矮個頭的徐××就地取材創制了標號雖不高，但在農場（包括其他農場）廣為使用的土水泥……等等不一而是。專家們為農場創造的財富不勝枚舉。

有一天，王幹事從場部回來後，立即召集了一次學習會。主旨是要加碼的鼓幹勁，堅決反右傾。要大家發言表態。右派分子們每遇這種場合，都有點餘悸猶存之感，發言特別慎重。「左」既不願，右又不敢；尤其是突然提出反右傾，不免茫然又不寒而慄。只好重複背誦一些隔靴搔癢言不由衷的應景文章。王幹事聽後一改常態，板起一副鐵青的臉，看看就要發作。一位約五十歲上下來自武威地區的右派，大出意外的改變了當時的緊張氣氛。他姓符（或姓周記不清了）背腰已駝，青黃而又浮腫的臉龐，依然掩蓋不住那佈滿額頭、眼角、鼻端的深深的皺褶。平時似乎有點木訥，言行舉止都很像是一個農民。我猜想他很可能是一位任教多年的鄉村教師。今天他發了一次震動全體與會者的警世名言。他說：「我十二萬分的堅決擁護上級發出的『寧願吃青草，不讓紅旗倒』的偉大號召；今天我向黨和政府發誓：我寧願少活三十年，也不讓共產主義的天堂遲到一天！」他的發言自然得到了王幹事的首肯。但是我看到他聲音發顫呼息困難病入膏肓的神態，不免暗暗為他的勇氣而悲哀：可憐的仁兄，您還能活三十年嗎？今天的一鳴驚人是出於一個忠厚農民的無奈，還是即將辭世前的調侃呢？果然幾天之後他靜悄悄氣絕於地窩子的草鋪上和北沙窩的蒼穹告別，再也不等那共產主義的天堂了。最讓人心驚肉跳的是他死後從嘴裡爬出了大大小小十幾條蛔蟲，那死相之慘引發了人人自危感在北沙窩彌慢開來。

在這種氛圍中，王幹事適時的拿出了他的應對措施，頒佈了保證鼓幹勁的獎懲辦法：一、完成定額者，除應得的一份稀糊外再獎勵一個很小的袖珍窩頭（約有一兩）；二、一般達到一分地都可以領取應得的份飯；三、達不到一分地者扣飯一頓。抗拒勞動嚴重違規者停飯一天。他說：「鼓幹勁和反右傾是辯證的統一，要鼓幹勁就必須反右傾。你們不是把吃放在第一位嗎？好，那我們就從吃上解決問題！」他還聲色俱厲地一再警告大家不要以身試法。這不禁引起我的思考。王幹事給我的初步印象作風純樸，待人也較平和，譬知對定額的一減再減就是他根據現實作出的實事求是的決定，可是自從他從場部回來之後就一反常態判若兩人。為什麼？前思後想不得要領。許久以後，由一位給幹部小灶做飯的人解答了這一疑問。原來是廬山的風吹到了夾邊溝，場部的會議室裡貼滿了大字報，氣氛非常緊張云云。王幹事的突然變態，完全可以理解了。

當我回到北沙窩時，黑夜沉沉，大家早已入夢鄉了。卻發現一個黑魆魆的影子蹲在灶房門口哭泣，雙手端著一個比臉盆稍小的飯盆，有氣無力地拉著長音「行行好吧……」「我要餓死了…」那哀鳴混在嗚嗚的風聲中，顯得格外的淒涼。借著那盞燈光我看清了此人，記得似乎是姓吳的年輕人。高挑個子，如果不是被饑餓和病魔整得三分似鬼，他應該是一名體態勻稱、風采倜儻的「帥哥」。近來傳聞他老婆和他離婚後，沒有任何外援，精神更加頹糜。今天究竟為了什麼，哭得如此傷心？問他一言不答只是哭泣，我又去問了管理員。原來今天翻地時，為了得到那個袖珍窩頭，他使了一種叫「貓蓋屎」的方法（翻一鍬土蓋在前方平地上，以此類推，表面看去有二分地，實則連一分也不到），被王幹事當場拿獲。認為其惡絕不能饒恕。為了貫徹獎懲法，正好拿他做了反面教員，停供全天三餐。天哪！對這個已經是沉屙懨懨的人，這豈非等於宣判了他的死刑！我問管理員不能暗地裡發一次慈悲嗎？他說那他就會遭到和吳某同樣的命運，神仙也無法救他。

夜深人靜，萬籟俱寂，我躺在地窩子的草鋪上猶可聽到颯颯夜風中「我要餓死了……」那淒淒慘慘、嗚嗚咽咽時斷時續的哀告聲。直到夜半一覺醒來時，還能聽到那斷腸的哭聲在夜空中隱隱地迴蕩。第二天清晨出工時，發現他爬在一個小沙坡上，手裡緊緊握著飯盆，盆內有一團糞便，嘴裡尚遺留著未曾咽下的餘糞。嗚乎！人命草芥，天地知乎？鬼神知乎？！也許是神經過敏，條件反射，每當有風之夜，總能隱約聽到嗚嗚哀怨之聲在空中盤桓。

後來我離開了北沙窩，聽到了兩樁讓人不快的信息。一件是那裡開發的荒地裡種上土豆，結果是意料之中的絕收。第二樁使我十分傷感，那位什麼也難不住他的鍾建業師傅，終於被饑餓難倒了，把屍骨拋在了茫茫黃沙之中。鍾建業河北承德人，是蘭州某大廠一名由工人提升的技師。在我的印象裡他幾乎無所不能。鐵、木、泥瓦工都挺熟練，就連打各種繩扣的本領也不亞於帆船水手。

一九六〇年三月，我和另外互不相識的六人共七人被派到金塔縣屬一個偏僻荒涼的地方去挖芒硝。帶領我們的是一位姓閆的隊長。……一天早起準備出工，發現少了一個人。此人似乎姓陳（記不很準），是一個軍官。在附近尋找良久不得，閆隊長斷定他肯定是逃跑了。及至工地，有人發現在一個較遠的硝池邊，有什麼東西在隨風搖動，走近才看清是一雙軍用的大頭鞋，大家急忙跑到硝池邊去看，原來就是那位被認為「逃跑」了的人，他戴著軍皮帽的頭和穿著軍皮大衣的大半個身子扎猛子似的鑽到硝水裡，只有穿著大頭鞋的雙腳露在池邊。為什麼？天已轉暖，硝將挖完，一段苦也就結束了，還有啥想不開的呢？！不，也許每個人都有自己埋藏在心底的解不開的心結而決定不如歸去；並且用這種殘酷的方式自戕了。我又一次親眼目睹了一位勇敢的「自絕於人民」的人。我不禁遐想，也許這位軍官曾經立志：「願得此身長報國」，今天他真的不能「生入玉門關了」！

我們蘭州軍區戰鬥文工團被送來夾邊溝農場的共有四人，有一位很有才氣的青年舞蹈演員趙淼因為給隊長提了意見，被打成階級異己分子，此次和我同分一組。有天夜晚我已睡，他忽然來找我說話。他真誠地表示內心的愧疚，他說他在吃完應得一份晚餐後又混入勞改犯的隊伍裡冒領了一瓢糊糊。他思之再三無法入睡。他認為這次是來這裡作表率的，竟然作出這樣的虧心事，使他無地自容……我看著他那浮腫的臉上一雙好似一條線的雙眼，我只能認真地安慰他。我說：你根本用不著自責，為了保命你沒有做錯什麼，他們壓根兒就不該派你到這裡來，我勸他還是睡個好覺。他臨走時說，你真是個好同志。他的這個話使我激動不已，他尋找了十分貼切的稱謂，因為這裡沒有同志，這兩個字包容了絕非用文字所能形容的深刻情感，多麼好的青年啊！在這樣可怕的境遇中，在自己已置身於臨死臨界線的當兒，他還想到別人，想到紀律……即使有多大的罪行，他也贖夠了，我陡然渾身冷汗，他……剛剛二十出頭啊，他……能保住那青春不再的生命嗎？

我們總算作完了「表率」，返回夾邊溝時已不見了他的身影，他把自己的屍骨和一顆最最鮮紅的良知一同拋在了邊牆之外，他幼失怙恃，只和一個小妹相依為命。他被以階級異己分子的罪名送來農場後，他的小妹從此斷絕了唯一生活的來源，不久就失蹤了，後來為他徹底平反時，組織上認真查尋，始終未能找到小妹的蹤跡，她到底上哪兒去了！是找他哥哥去了嗎?!

有位陳××原系某黨校教師，愛人寄來離婚書讓他簽字，表示與他劃清界線，其意志堅，他苦苦央求而不能動其心，遣返來蘭時竟然拒他於室外不得入室。改正後，陳境況好轉，諸事順遂，其妻又要來復婚，其情頗誠，但這位陳××卻演了一出「馬前潑水」。在最危機關頭，她拋棄了他，對她已心如止水，決心讓覆水難收了。

另外，還有我在前曾提到過一個人，就是在我們「愚公移山」大戰沙包時我們組的帶工組長張龐。他原係一位黨員幹部，我把他稱為北方漢子，他的愛人是蘭州市某小學的領導成員之一，有天午休時他獨自坐在沙坡上淚流滿面低頭啜泣。一條漢子緣何如此呢？我問他不語，只把手中的一封信交給我看。原來是他夫人要求離異的信。前段態度十分明確，表示站穩立場堅決與他劃清界線……語言苛刻，其憤恨絕情之態躍然紙上，但是到信尾，似乎又別有天地，以孩子的口吻望他保重身體好好表現爭取早日回歸等話，並隨信寄來一兒一女兩個孩子的合影，並寫著爸爸留念字樣，這又似乎別有深意，不無藕斷之嫌。正因此，這位大老爺們才為它灑下珍貴的眼淚，一九六一年春遣返後我在中央廣場與他不期而遇。他雖浮腫未消，但看上去身體已康復，滿面春風，熱情地執意要我去他家坐坐，盛情難卻，他家就在廣場附近的一個學校裡，他特地把夫人給我作了介紹啊！一切都明白了，他家並未破裂，原來他們表演了一出假離婚的悲喜劇。可以想像那封信是在重大壓力下不得已而為的。亦可見當初用心之良苦也，離開後不免遐想，幸虧張龐活著歸來，如果他也灑血黃沙，那麼她豈不為自己的那封絕情信而遺恨終生？

還有一位家屬帶著大包食物，懷著要救她丈夫吳X性命的急切心情來到農場，場裡查閱薄冊後告訴她吳X已死，她聽後先是愕然，繼則痛悔自己來遲，捶胸頓足嚎啕大哭而去。場裡當時查到的吳X，二人姓名完全相同，只是一個在夾邊溝，一個在新添墩。也就是說夾邊溝農場共有兩個吳X。我們權叫死者為吳A，生者為吳B，吳B回蘭後得知妻因生活無著已返回山西老家，他也趕回山西尋妻，當劫後餘生的二人見面時都驚呆了。那位在場部哭泣而歸的妻子一陣暈厥，醒後痛不欲生。因為在幾天前她剛剛組成新的家庭。她以前和吳B相濡以沫，情愛至篤，從來也沒有想過和丈夫劃清界限，只因一次人為的陰差陽錯而真正的分離了。恨也悠悠，但已無可挽回，哭已無淚！這是返蘭後住招待所時，一位知情者告訴我的一件讓人傷心的故事。聞後一縷疑絲久久縈繞心頭不去。那位死去的吳A該不是離婚後在北沙窩一夜嗚咽慘死的他吧？如果是，那她離婚的妻子，得知他死得那樣淒慘，她能安心嗎？

回蘭後我有心作過一些瞭解。那些不斷克服種種困難給丈夫或兒子輸送食物者，在單位或地方均受到不同程度的株連，承受的壓力也不小。但他們就是「頑固不化」地不能和右派丈夫和右派兒子劃清界限，說怪也不怪，她們大多數都是老百姓所謂的結髮夫妻，她們大多不諳鬥爭哲學，但部分朦朧地承襲了中華文明的某些優良道統，她們對恩愛直率的理解是最真誠，最純樸的。也是在最艱危之際越發堅貞不貳，絕不能隨便地恩斷義絕。當然，最為關鍵的是對丈夫和兒子有罪無罪，有一個最基本的認知，所以才能頂重壓而不動搖，有一位蘭州黃河北面白塔山跟前的小學校長馬震鵬，回民，被劃為右派分子，他的妻子也在同校任教，她因與右派丈夫劃不清界限，自己也承受了很大的壓力，她與我妻、還有郭懷玉的姐姐一起曾數次相伴去明水送食物。返城後我曾問過她當時的想法，她說：「我們結婚已很多年，又在同校工作。他究竟有罪無罪，我心裡一清二楚，不能因為別人說他壞我也跟上說他壞，當他生命垂危時，我能坐視不管嗎？那還算什麼夫妻？」這是一位妻子言簡意賅的真知灼見，正道滄桑，如今他（她）們都過著幸福生活，享受天倫之樂，每憶及此，對她們包括我妻，這些平凡的女性，偉大的母親們，一種發之肺腑的尊敬和感激之情油然而生。反觀某些妻子，自詡有高度覺悟者，當初也許都是在月下花前共誓生死的情侶；這時都成「大難來時各自飛」的同林鳥了，一念之間家庭支解，變愛人為仇人，棄屍道旁亦無惻隱，大概她們認為這就是高度的覺悟，在無情的階級鬥爭中大義滅親的革命行動吧！

一位蘭州醫學院的女性講師，名叫由天，因為在評副教授時對領導有意見，被打成了右派分子。據說因在運動中受了刺激，精神有些失常而乖謬，農場某場長在全體大會上數次當眾點名訓斥。甚至對一個女性公民失格地進行人身侮辱，說她「裝瘋賣傻」、「恬不知恥」「自作多情」等等粗言穢語，極盡毀譽之能事，有次我們出工時發現她孤獨一人在距場部不遠的一塊地裡，手持鐵鍬艱難地勞作。一般女性不派重勞，看來是對她的懲罰，但是並未見她有什麼乖張行為。後來當「科主任」頻繁出現，一餐菜糊糊可使英雄折腰之際，我親眼看到她寧願忍饑，把自己的那點可憐的救命糊糊分一半給滿臉稚氣嗷嗷待哺的兒子（不知何故把一個未成年的孩子也讓跟隨母親來到這種環境中受「教」還是受罪）。不用任何語言表達，她完全體現了人性最高的境界——母愛的極致，於是我覺得這位教授的神經是正常的，她和范長英採用了同樣的對抗行為，以後我被遷至高臺，她和孩子是否倖存下來，就不得而知了。

農場裡也有一部分堅不認罪的「勇敢分子」，進行逃跑上訴。其中有一位名叫孫敬的甘肅廣播電臺的播音員，我們在一九五〇年時就認識了，當時他考演員被錄取，後來轉到電臺，給我的印象他是一個文靜書生型的青年，聽說他被劃為右派分子後送到敦煌棉花農場監督勞動。一九五九年某天我偶然在場部附近碰到了他，我很奇怪問他何以到此？他說因逃跑上告不成被升級到夾邊溝來，並表示還要上告，此後不久聽說他又跑了。我想此位老弟表面文靜而內裡卻很倔強，果然行如真言，到了一九六〇年人人自危的時候，我又一次在一個可怕的場面中看見了剛剛被「捆一繩」之後還在痛苦呻吟的他，面色灰黃，頭臉腫得像個發麵饅頭，幾乎無法睜開的眼角掛著的淚水，示眾後當即被再次升級到勞改隊去了。聽說送去不久就一命嗚乎了！這位年紀輕輕，普通話極為標準的男中音，人本相當聰明，這回卻疏於慎思，他哪裡想到當時在本省上訴就是犯罪嗎？

還有一位原甘肅省檢察院的幹部張雨沛，也和孫敬一樣不服處理，屢次逃跑上訴。矛盾逐漸深化，對抗愈演愈烈，最後因嚴重觸犯刑律而被處決。這件事是我們基建隊被派往外地勞動時發生的。後來是由一位一直在農業、勞動的邢鶴告訴我。邢鶴也是在甘肅省廣播電臺被打成右派的，他是一九三七年十二、三歲時參加八路軍的紅小鬼，原來在音樂協會工作，是從夾邊溝抬回來的，出來後在甘肅省廣播電臺當記者，第一次海灣戰爭時去世了。邢鶴和孫敬同在省電臺工作，我們在一九五六年年在文聯相識，他說張雨沛和孫敬的不同在於張懂法，所以他理直氣壯的搞對抗，結果落得個蟲蛾撲火，其實肇禍的根源正是他自以為懂法所致云云，因為事發時我們在外地勞動，對全部情況不甚了了，不過我想在那個特定的年月，因懂法而違「法」也是可能的，如果張雨沛不是一個認死理的「法呆子」他肯定會想到那個時期是法外有法的所謂「朕」既是法。我提的這個朕，不是字典上通常注釋的由秦始皇首創的那個朕。我是用它來概括對權力使用的隨意性。不是嗎？在本省就有大小不等的各種「朕」。省上有，河西地區有，具體到每個單位也有。這裡有一個最典型不過的例子，它可以說明那個「朕」的權力，對社會對家庭、個人會造成多麼大的危害。

有一位上海青年技術員（不記姓氏），他首先在荒野上捕捉螞蚱，收穫甚豐。眾人效法，我也跟隨而去。食法簡單，只需將螞蚱穿在鐵絲上置於火上烤熟就得。第一次吃時我是閉起眼放在口中的，經過咀嚼才知其味絕佳。可惜好景不長，秋去冬來，螞炸也愈益難捕了。這位青年又想到了別的獵物——體形較大的一種野鼠。他的確是一位求生的能手。他將一條褲子的褲角紮死，把褲腰用枝條撐開，在褲腰內灑些誘餌，放在野鼠出沒的地方，然後耐心的等待只要鼠進褲內，立即收住腰口。碩鼠即掌中之物了。只見他用小刀在鼠嘴旁割一切口，然後把鼠皮自頭至尾毫不費力地剝下，手法乾淨俐落。最後一道工序就是燒烤，窯洞內香氣四溢，旁觀者饞涎欲滴。運氣好時一天可捕一、二隻，有時也空手而還。別人也去試捕，但甚少斬獲。時入嚴冬，野鼠絕蹤。此時沒有誰包括這位青年還有力氣能夠掘開凍土在穴中得鼠，只能望洞興嘆了，這位青年無任何外援，僅憑智慧和技能生存。他只好頑強地遠征覓食。一天不覺走到公社農田附近，發現一小塊地裡尚餘未起盡的蘿蔔，饑餓難耐就偷拔了四個。不幸被公社一位幹部發現遂被送到明水二部某幹事前。這位管教幹事，大概是考慮到農場和公社的關係，竟給偷食者捆了一繩。幹事也許只在公社幹部面前一次作秀，（據在場人說捆得很鬆）但是這位捕鼠能手卻怨憤不已。一頭躺倒鋪上，睜大雙眼望著窯洞穹頂一聲不吭。在約一小時後晚飯時別人呼他不應，始知他停止呼吸。

我趕去時，他已被置於這裡一種特殊的擔架上抬出窯洞外。我看到他那圓睜的雙眼少說也有核桃大小，似乎還在向蒼穹發洩胸中塊壘。我為他抹上了雙眼，默祈他平安上路。或雲「死不瞑目」大概此之謂也。

提到特殊擔架，有必要予以說明。那是把兩個鐵鍬倒頭連在一起，就成了簡易擔架。把死屍的頭放在這邊鍬頭，將腳置於那邊鍬頭。繩子一套，棍子一穿，兩人抬走。到了墳地，擔架一拆，又成了挖坑的工具。這是專職埋屍者們在實踐中得出的最省時省力的創造發明。關於專職埋屍者又有說詞，這是他們的專利，別人企圖插手而不可得。因為他們和醫生均被特殊照顧。每人可吃雙份飯，在我們吃沙棗葉時，他們吃的是糧食。想想也只能如此，不然愈來愈多的屍體將何以處置？

為了活命，不論吃老鼠、螞蚱、還是皮帶，皮鞋，或煮或烤都需要火。荒漠雖吝嗇無情，也還施予慷慨。稀疏的耐旱植被，可作燃料。後來人們發現更好的能源——牛糞。若干年前留在荒野的乾牛糞，幾乎可與無煙炭相媲美。於是相應的發明了燃糞爐：用一個較大的空罐頭盒，在頂上開一個洞算是爐面，在罐旁靠下方開一個小洞就是通風口，把一塊乾糞放入盒內點燃，那熊熊藍火足可燒沸一缸水。沖炒麵烤螞蚱得心應手。那麼水呢，遍野的積雪取之不盡。我妻來時看到這一產品，既傷心而又讚不絕口；其實我也是跟別人學的。

至於牛糞也並非俯拾即是。漸漸地由近到遠，有天為揀牛糞不覺走到公社附近。發現路旁一間簡陋的土房，我無意的從小窗洞裡一看，驀地嚇我一大跳，冷汗立時沁於額頭。原來屋內只鋪著破氈的土炕上，靠牆直坐著一位老婆婆，上身穿一件嶄新的大紅棉襖，緊閉雙眼，好像還有一絲微息，又似早已坐化。炕沿下直挺挺一具男屍。我心頭突突直跳，顧不得細瞧，惶惶而歸。靜下來後不免浮想老婆婆的大紅新襖，也許是鄉俗的壽衣。死者是她夫？還是其子？她家就兩人或是別人都逃荒去了？這是第二次看到公社農民的現狀。那板橋鄉打破瓦罐而不得食的老太太影像，悠然浮現於眼前。啊！原來罹此劫難的不僅僅是我們呀！

有些人居然膽大妄為，幹起了竊盜的營生。大動作每每得逞，有一位前火車司爐叫余增來，河北人，短小精悍。他對蘭新路各段路況瞭若指掌。他暗地裡相約了幾個同路人作為接應，瞅準運糧車爬坎慢行地段，以其敏捷的身手竄上火車。將糧袋蹬下車，然後趁車尚未加速時跳下，下面接應的幾個人，早已將糧袋揀到。事畢皆大歡喜，原來袋裡是白生生的大米，於是大家公平分成。以後盜技愈加熟練，部署亦愈得當。把盜得的大米掩藏起來，合理的享用一直到遣返。他們的行為顯然觸犯國法，但都保住了性命。或雲：「饑寒起盜心」，實不得已而為者，事後並未追究。

還有一位姓於的人，原某縣民政科長。自稱曾為八路軍偵察員，在抗戰時負傷截肢，只剩一單臂。他和在前幾節曾提過的杜圭臨鋪。杜圭發現於每當深夜必出，良久方歸，這引起他的懷疑，因而追問其故。這位於科長也很直率的回答：「只要你守口如瓶，我就每天送你一塊烤羊肉。」原來他翻穿一件西北特有的沒面的羊皮大氅，當後半夜人酣睡時，靜悄悄躲過看圈人，把自己裝作一隻羊混入羊圈。下一步就是把身邊羊的嘴用繩緊緊地捆住，使羊無法出聲。然後再用一根繩將羊勒死。最後把死羊悄悄拖出，運到他早已偵查好的所在。宰羊、剝皮、燒烤……吃畢把剩餘部分掩藏在連狼也找不到的地方。使人驚歎不已的是其精湛絕倫的技能，完全是由一隻單臂完成的。看來其偵察員的身份並非妄言。他把羊藏於何處，共盜了幾隻羊，都向杜保密。但他還是兑現了自己的承諾，每晚送杜一塊烤羊肉；這對杜的存活起到一定的作用。

一種不可理喻的事竟然在明水二部發生了，但又無法譴責。一個夜晚忽聽幹部在叫我，我急忙鑽出窯洞跟進幹部的土屋。燈光下我記得好像是李幹事，另外還有一位幹事。李對我指著放在土臺上的大臉盆說：「你看那是什麼？」我不知其意，揭開蓋著的報紙一看，原來是滿滿一盆下水。我暗自思忖，是否要送給我們一頓美餐，便隨口應道：「是下水。」「再看看是什麼下水？」「不是羊的嗎？」「羊下水有那麼大嗎？」我又隨口而應：「是騾子的吧？」，說著我挨近盆口聞了一下，這一聞不打緊，一股腥也不是臭也不是，莫名的一種惡穢氣味直沖腦際，一陣暈眩。李幹事見情忙告訴我：「你們組裡那個邱××（很可惜我實在記不準此人姓名了）現在還站在他的窯門，告訴他，他是從哪兒弄來的，乖乖地還送回那裡去。馬上就去！」這一來我如夢方醒，生平第一次竟遇上這樣的事。

我端著臉盆猶如負重百斤，雙腿顫抖不止，只有十幾米，似乎跋涉千里；我蹲在驢圈前一陣乾嘔。叫醒了睡在驢槽裡的另一位組長王國森，據說他是原張掖地委計委副主任；老成持重，多不輕言，平素我視其為兄長。我把幹事的交待向他重敘了一遍，他看我嘔吐不止，只好勉強答應，但還是大大地發了一頓牢騷：「我本來和安振（指張掖地委書記）平起平坐，今天竟落到這步田地。真他媽倒了血楣了！」雖然一萬個不快，但還是又叫了兩個人拿上鐵鍬帶著邱××而去。他們走後我還在那裡打哆嗦，把有限的晚餐都吐完了；不過十分鐘他們完事而歸。這麼快？他們是否物歸原處？這誰也不去聞問了。邱某約四十歲左右，河北冀中人，自稱曾參加過平原遊擊戰。我想他這一夜將會徹夜不眠，他幹了一件人類不齒，傷天害理的事。如果那位不得安息者的親人得知此事，他們一生都不能抹去那刻印在心頭的深深的傷痕。

第二天晴空萬里，在幹部土屋前召集了全體勞教人員大會（所謂全體即走得動者），會議的內容是行使公民權力，在選舉人民代表時舉起自己神聖的一臂。（沒有選票）農場經常有驚人之舉。三、四年來從未有過這種舉動。而今危機時期卻要行使公民權利，究屬何意百思不得其解。那個掘墓者（實際無墓可掘，只黃沙蓋屍而已），一步三跌的也被召來，真個的面如灰土。看來他也的確受到了良心的責罰，不住地自言自語：「我該死，我該死！」常說：「人之將死，其言也善」，應該相信他的自譴是出自肺腑的。舉完那神聖的一臂回到窯洞後，他就向酆都城裡報到去了。讓人慨歎的是他剛剛獲得了選舉權之後，立即失去了生存權。

無獨有偶，不久明水那面也傳來了同樣的信息，一位原熱情有餘而醫術不精的業餘郎中（我見過此人忘記姓氏），不幸死後他的大腿被三人分食。其中一人是我國前某領導人的遠方侄親。此等駭人聽聞之事大家都保持沉痛的緘默。尤其是病房中奄奄一息的人們，敢為自己的身後想嗎？

還有一位姓沙的右派，回族，生命垂危，家裡派他的外甥給他送食物來。他望眼欲穿地等待，正如西北小調唱的「一等也不來，二等也不來」最後精神的支撐點終於坍塌，在失望中死去。原來，他外甥給他帶了一大提包食物，從蘭州到明水車站下車時，小夥子才發現他放在行李架上的大提包不翼而飛了。無奈只好返回蘭州準備再去明水，但已悔恨莫及了。可惡的小偷充當了第二殺手。

有一位小學校長，兒子是教師，劃為右派分子後送夾邊溝農場。明水危機時，這位教師的生命也岌岌可危。父親雖年事已高，然而骨肉親情，還是想盡辦法親自帶食物來明水救兒一命。不料在明水下車通過荒野時，突然出現了幾個歹徒持刀威脅，不僅搶去了他帶的全部食物，而且將他全身衣服扒光，只留下一件褲頭。正是嚴冬，老人赤身幾乎凍僵。幸好跑回到車站，站上知情後送給他一條棉毯，免票送他返蘭。老人總算免過一難，豈知那殷殷待食的兒子卻是在劫難逃了。如果沒有這次事故，或者他再能撐持幾天，他肯定會活著遣返。

但是，是否遣返就能保住性命嗎？也不儘然。當然這和農場遣返工作的效率也有一定的關係。談不完的話，辦不完的手續，拖拖遝遝，這一點我深有體會。我妻曾兩次來明水接我，均未成行。他們一再留我，還關照要我作某一個新生劇團的編導，我力拒不從，最後不得已才准我遣返。其實我深知所以要留我到最後，主要是因為我還「走得動」還能做一些事情。有些人如果沒有延誤，及時處理，也許就保住了性命。

一九六一年二月初，我終於返回蘭州和親人團聚。妻子兒女悲喜交加，鄰里親朋也感慨不已。因為我別時少壯一頭黑，匆促三年兩鬢斑白了。時年三十八歲，我不禁也有「昨日流沙外，垂涕念生還」之歎。但我們還是由衷地感激遣返的英明決定，它保存了一部分同志的生命。當年五月上級黨委給我們五人摘掉右派帽子，之後也有了工作。據我所知有些單位也都對遣返人員妥善安置，分配了工作。但有些人仍然為生活而奔波。有的回了老家農村，有的幹起小販營生，有的仍被妻拒于門外，如前曾提過的那位陳同志，他只得賣苦力糊口……。我們這些人在「文革」中再次受衝擊，那已是順理成章的事了。甚至如毛應星烈士竟被處以極刑。

總之，夾邊溝農場把人不當人，慘無人道，絕對沒有人權，把人權踐踏到了極致。我能夠在一九六一年的二月從高臺縣的明水灘活著出來，是因為我愛人堅信我不是壞人，不是我愛人和我的女兒每個月從自己嘴裡節省口糧後給我寄四次炒麵（郵局每次只允許寄一公斤，每月寄來四公斤，但有時寄來的炒麵收不到），無所畏懼地給我送吃的，我也是回不來的。我在我愛人王箴身上感受到了女人的偉大，她和白塔山跟前金城關小學的回族校長馬震鵬的女人，以及郭懷玉的姐姐一同結伴到夾邊溝和明水去了幾次給我送吃的，不然我也活不回來了！

一九六一年五月，上級領導派我去夾邊溝農場取回本系統勞教人員的檔案（約十宗左右）。這次我以一個自由人的身份到了農場，給現任張場長遞交了介紹信。張場長是一位年紀不小的老幹部，和藹可親有長者之風。見面後他說：「說句老實話，是死人救活了你們。」話語雖短，意味深長，細細咀嚼，方品出這是一種直面現實而發出的富含哲理的感慨。因此我不但記住了他這句話，還記住他說話時的音容。我將檔案郵寄之後，抽空再一次憑弔了高牆，土房，磚窯，水泥廠等我曾為之含辛茹苦好好表現過的故址。我也帶著幾分好奇，走向原來多少有些神秘，我們曾為之卻步的地方——農場大會議室。今天當然沒有必要再在門外逡巡而逕直入內。使我吃驚的是時至今日這裡還留下了人未曾遣返。約有十幾個人圍坐在一個大臺案四周，各個埋頭書寫著什麼。沒有誰對我的唐突出現表示詫異，有幾位反而點頭作苦笑狀。我上前隨便一瞥，原來他們在填寫死亡人員的表冊，這使我特別注意死亡原因一欄，真讓人歎為觀止，這造假之冠！他們幾乎將中華醫典上的疾病名稱全部用上了。什麼肺癌、肝硬化、心肺病、腎衰竭、心肌梗塞、自殺……等等我曾聽到過的許許多多病名。還有一種我十分陌生的病名：「營養障礙綜合症」。我想大概就是餓死的代稱吧。病稱繁多不一而足。我只看了一兩張表，心裡再也不能平靜。「夾邊溝事件」已為眾所周知的今天，為了應付高層的調查，竟然還要留下一些右派們幫助有關當局製造謊言。硬是要用墨寫的謊言否定血寫的事實，把造假的手段發展到極致，這使我忽然想起那位勞改首長的講話：「就是要讓你們在這裡受折磨。」我覺得此公倒是有幾分真摯的可愛，因為他敢於說真話，為什麼現在就不敢了呢？如果把它當作單一偶發事件，系農場不得已而為，倒也可以理解。然而上有好者下必甚焉，如果形成一種意識、一種作風，這種病毒必將侵蝕社會肌體，吞噬人的良知，給我們民族造成深遠的影響。平民偽證尚繩之以法，執法者竟公然造謊，蒙蔽中央欺騙人民，難道不應該譴責嗎？

作者1985年在夾邊溝村一位老農的院子裏

作者1985年在夾邊溝的毛家山上

作者與曹宗華2001年到明水亂葬墳憑弔死難者

作者80年代在青海湖鳥島

杜圭1957年在西藏軍區

杜圭（土家族）

給杜圭打電話相約，但他一直不願見筆者。在一個清晨筆者早早地守候在了甘肅省委家屬院甲號樓一樓四室他的門外。他鍛煉身體回來，還是將筆者領進了他的家門。他是一個非常耿直的漢子，八字眉，黑臉，兩眼炯炯有神。

我是土家族，四川重慶市黔江人，一九三二年十一月出生。一九四九年黔江武陵中學畢業後，同年十一月參加中國人民解放軍。一九五三年在五十三師炮校學習進修兩年。接著，入十八軍五十二師一五五團駐紮在西藏，任班長、上士、司務長、排長、營參謀等職，在營裡當參謀時被打成了右派分子。

我被打成右派分子的原因主要是自己兢兢業業的工作，可是提升很不容易，自己心裡有情緒。內地一九五七年開始反右，在西藏是到了一九五八年才開始的。當時，部隊裡反覆強調「知無不言，言無不盡」、「言者無罪，聞者足戒」、「與組織交心，不加任何追究」，而且出了題目讓大家發言。在此之前我曾經探親回了一次家，於是就彙報式地說了些老實話。

我說，統購統銷政策很好，可是下面有些走樣。我舉了個例子，我叔父看我來時就自己背著口糧。我說，統購統銷不能將人情世故統掉。另外，針對中蘇關係問題，我也談了自己的一些看法。我說，任何事物不可能一成不變，說中蘇關係萬古長青，按辯證法這是不對的。

後來批判我時，上綱上線將我與章伯鈞和羅隆基聯繫起來，加上我出身在地主家庭，就被打成了右派分子。當時，從上到下就那種氣氛，專門給我們出題讓我們發言，不說就說我們對黨不忠。現在的甘肅作家協會主席高平當年也是在西藏軍區當創作員時被打成了右派分子的。高平五十年代在詩歌創作方面就取得了很高的成就，他的敘事長詩《大雪紛飛》曾引起全國詩壇的關注。文革結束以後，他發表了幾百首詩作，他的《川藏公路之歌》是一部系列詩，長篇敘事詩《西藏三部曲》是他較為宏大的藝術傑作。我在西藏軍區被打成右派分子後，於一九五八年八月被押送到了甘肅的夾邊溝農場。當時，從西藏軍區到夾邊溝農場勞教的有我、寧裡（山東人，畫家，活著回來了）、鄭憲中（死在了夾邊溝），還有兩個醫生去了勞改醫院。一九五七年反右時，幹部、知識份子就給戴右派分子帽子，戰士、工人則給戴壞分子帽子。

初到夾邊溝，我就被分配到了新添墩作業站基建隊勞動。陳時偉曾經和我在一個隊裡。我們先到北大河，接著到清水挖沙子，挖了後往火車上裝載。又到張掖板橋鄉挖石膏。強體力勞動非常繁重，憑著個人年輕拼著命幹。清水挖沙子時，如果火車半夜來了，半夜裡就得裝車。那個時候只有一個想法，也就是什麼時候能吃個飽肚子就好了。可是飯是喝得稀糊糊，但還要拼命勞動，加上有了病得不到治療，於是就天天大量死人。我和王志在基建隊當過小隊長，我們那個小隊四十多人，只活下來了七、八個人。

活下來的，一個必須要有外援，例如王志；再一個年輕些的可以偷著吃點的；還有就是吃什麼都可以消化的。沒有這些因素根本活不下來。例如，我那個隊有個叫任群牛的壞分子，這是個部隊下來的小夥子，身體好，吃得多，他在明水主要靠偷，晚上出去跑一百米沒問題。還有一個原甘肅省臨洮縣民政科長，好像叫於迪，他這個人是個傳奇人物，抗日戰爭時把胳膊打斷了；他老婆很年輕，經常來夾邊溝看他；他有一天睡在我旁邊悄悄說：「明天我請你吃羊。」我聽後很吃驚。他告訴我，他每次偷羊時將羊皮大衣翻穿了滾進場部羊圈，與羊在一起，悄悄把羊按住，纏住羊的嘴把羊整死，接著瞅準機會把羊背出來。然後把羊背到白天看好的溝裡，一隻手將羊皮剝掉，拿回來一些吃的，其他的用羊皮包住藏起來，慢慢吃。他每次拿來肉，讓人們燒水，他煮後分給別人。他的這種做法，當時確實救了一些人。和他住在一起的人都很滿意。他想，吃了我的肉，就不會告發我了。

在新添墩基建隊時，我和官錦文分別是兩個隊的小隊長。有一天蘭州來的一個姓王的，由於老婆要離婚，他跑了。中隊長讓我和官錦文從新添墩到酒泉去抓，我們抄小路到了一個十字路口，我想如果找不見人，我們就回。這時姓王的慢慢走了過來，官錦文把姓王的給捆了。王於是就告饒，妻子要離婚，孩子又有病，我不回去非死不可。我讓官錦文先走，王又向我告饒，讓我救他。我就把他的繩子鬆了，在酒泉把他給放了。隔了十分鐘，我就「老官，老官」地喊。官錦文來後說，他往哪裡跑了，本是往北，我說往南面跑了。因為沒有抓到，官錦文責怪我。我說，他要用石頭砸我，我沒有辦法。回來後，中隊長又要捆我，而且將我踢了一腳。我是出於我們都是受苦受難的人，同情他將他放掉的。

到了高臺縣明水大河農場後，由於天氣寒冷，人死後在地上刨個小坑埋進去，可是第二天風一吹就出來了。西藏軍區的鄭憲中，山東省即墨縣人，死得很慘。他本來身體就有病，又吃不飽，因為家在山東，沒有人給以支援。我當時也沒有辦法救他。他死在明水後，我挖了幾天才給他挖了個坑，寫了個紙條裝在了他的口袋裡。當時，沒有人管，因為死的人多，那些管教幹部已經完全麻木了。明水那個地方，活著出來了兩三百人比較可靠，可到那個地方差不多去了兩千人呀。慘不忍睹！我在任何書上沒有見過這種情況，這要比希特勒的奧斯維辛集中營和國民黨的渣滓洞要慘得多。

我能活著出來，主要是偷的人都給我分著吃點東西；另外，我的胃口好，割下一些羊皮煮上吃了也沒有問題。在明水時有一天我發現一匹騾子餓得躺在地上，半夜時我帶了一把刀子，從騾子的尻子上割下一塊肉來，整整吃了好幾天。說來也奇怪，有一次我帶了十幾個人去挖野菜，我坐在避風的地方翻本子，突然從本子裡掉出了五斤糧票，我當時那個興奮呀！那天我安排小隊的人去挖野菜，而自己穿上部隊的衣裳，走了十幾裡路遇了個道班工人，我掏出糧票，他給我煮了一斤小米，我將小米全吃完了。吃完他又給我帶了一斤小米。想起這件事我感到特別蹊蹺，我天天用的本子怎麼會突然掉出來五斤糧票呢？老天有眼，不多時間我第一批被遣返回來了。

現在來看，事情越來越清楚，反右運動是完全錯誤的，一九五七年的問題如果不徹底糾正，怎麼來體現以人為本，什麼時候才能把這個事情給我們一個公道。可是，現在的年輕人對一九五七年的反右運動不聞不問，而且至今上面還沒有一個人對反右運動說句公道話。

哎，我們自認倒楣，遇了毛澤東這麼個大獨裁。現在想起來，在毛澤東時代受傷的不僅是我們，像劉少奇、彭德懷、賀龍等都沒有閉眼，何況是我們呢？

益希朋措（藏族）

益希朋措1961年從明水回到蘭州所攝的照片。

找到益希朋措純屬於一種偶然。到西北民族大學去找夾邊溝一個女倖存者楊榮英時，無意間打聽到了益希朋措。他的女兒領筆者進了家門。他的妻子拉嘎就坐在旁邊，不時將水壺裡的水填到筆者杯子裡。益希朋措的臉很黑，雖然是一個典型的知識份子，但眼睛裡還是流露著藏族人那種豪放和桀驁不馴的眼神。拉嘎給了筆者益希朋措的一張照片，這是他出來後吸著兔子糞照的，另外，她給了筆者一張她和益希朋措結婚時的合影。拉嘎年輕時真漂亮。

我的漢族名字叫王珍，一九二六年五月二十三日生，甘肅省臨潭縣人，藏族。我是一九四三年考入蘭州一中的，一九四九年高中畢業，後即考入蘭州大學少數民族語言文學系，因休學一九五二年又轉入西北大學東方語言系。我的姐姐王哲，是一九四六年的地下黨員。我一九五二年十月四日又劃到西北民族大學春班學習，一九五五年畢業。一九五二年我曾經為甘肅省足球代表隊隊長，經常領著足球隊到外面參加比賽。大學畢業後被分配到《甘肅日報》社記者組。當時，阮迪民是《甘肅日報》社的社長，記者組組長是吳岳，當時，王景超也是記者組的組長。一九五六年，我被調到甘肅省民委第四科搞少數民族語言翻譯，職稱為二十級，與講師同級。我被送到夾邊溝，起因是我與甘肅省民委支部書記馬學海有矛盾，馬學海當時說，打蛇要打頭，可是我沒有言論，一九五七年我算是逃過了一劫。但是，前省民委支部書記孫石夫卻被打成了右派分子一九五八年送到了夾邊溝，後來從夾邊溝出來後回了河南，由於吃了一頓飽飯給脹死了。可最後我還是被馬學海報復了，他將印刷廠印刷的一個錯誤強加到了我的頭上，還說我隱瞞家庭成份（成份為中農），所以，一九五九年十一月的半夜荷槍實彈的武警戰士將我以現行反革命罪押送到了夾邊溝農場。

到了夾邊溝，我一直在農業隊，農業隊的大隊長是梁進孝。我們的小隊長是韓致祥，這是個勞教人員，武威人。領著我們幹活的是組長秦長貴。我們主要勞動是種菜，給番茄打杈，運送肥料。農業隊有個好處就是經常可以偷著吃些蘿蔔和其他蔬菜。我剛去時由於水土不服，就開始拉肚子，拉了兩個月就將身體徹底拉垮了，成了病號，但還要掙扎著去勞動。積肥在十五華里以外。夾邊溝的風刮起來昏天黑地，我們堆到一起的糞，風一吹就什麼也沒有了。

我記得我們有次偷吃了糠，拉不下來屎，大家互相用手去摳。我們餓急了什麼都吃，基建隊的一個小夥子就吃管教幹部吃著扔掉的向日葵盤子裡的軟棉花。我也吃過癩蛤蟆、蜥蜴和螞蚱，那個時候能吃上這些是不錯的。還有的人去挖死人，將死人的內臟或臀部的肉割下來煮著吃。有些膽子大些的人，去偷農場的豬崽，拿回來放在鐵鍬上燒著吃。他們告訴我，偷豬崽時要注意，這些豬娃子頭朝上時不叫，所以經常可以得手。我那時的心態比較好，這可能是由於我到夾邊溝的時間比較遲，所以，梁進孝隊長在黑板報上表揚我為「樂觀的紅旗手」。

到了明水時，我就住在地窩子裡，頭上有駱駝臥著，地下鋪的連草都沒有，潮濕給我身上帶的病至今還在折磨著我。喝了一個月的糊糊，我就走不動路了，整天躺在地窩子裡。那些日子裡，天天死人，大家都在等待死

益希朋措與拉嘎的結婚照

亡。與我關係好的段東陽就是一九六〇年冬至的那天死的，他是甘肅省靖遠師範學校的校長。那時候經常有母親來看兒子、女人來看丈夫來的，我們經常聽到母親由於失去了兒子而放聲痛哭，這種悲涼、悽惶的哭聲讓我們都偷偷哽咽著哭了出來。

搶救人命時，我們被接到鹹泉子高臺農場（勞改農場）的一個大房子裡，雖然在搶救，但還是天天大量死人，我也差點死在那裡。幸虧我的愛人拉嘎來得及時，她拿來了牛奶和炒麵，給我灌，把我救了過來。當時我雖然餓得動不了了，可是我的腦子還清楚，我對我的愛人說，不要給我吃乾餅子，否則會撐破了腸子和胃，給我餵稀炒麵。果然她給我灌了三天奶子炒麵，我就可以扶著牆站起來了。我愛人一九六一年元月將我和另外四個蘭州的犯人接了出來，另外四個人是場裡讓她附帶接出來的。到了蘭州將我送到了省民委，當時值班的是陳其玉。

我能從夾邊溝、明水灘活著出來，主要是我姐姐將菜曬乾和炒麵一起給我寄來，我的兩個外甥、妹妹和妻子都到夾邊溝和明水來給我送吃的；再就是我的心態好，我堅信我一定能夠活著出去。

出來後，因為我是反革命，沒給我安排工作，所以，一直當木工、瓦工。從街道辦事處開了介紹信，在蘭州市城關區勞動介紹所換個證明後，去找臨時工來幹。一九七八年，省委統戰部由馬有才等四人給我落實了政策、平了反。我的平反材料上有八個字「查無實據，恢復原職」。可是，這八個字卻毀了我的青春和大半生。其後上面安排我到西北民族學院當教師。當了九年教師，被評了兩次優秀教師，六十二歲的時候我退休了。

益希朋措的女人拉嘎接著說：

我是一九五六年年入黨的，在甘肅省天祝縣委婦聯會工作。後來張掖、武威、酒泉合併為一個張掖專區後，我就到了張掖專區工作。益希朋措被打成現行反革命送到夾邊溝以後，組織上一直讓我與他離婚，就連我到明水去探望益希朋措，高臺縣法院辦離婚的人仍然對我說，你和益希朋措不離婚，我們不讓你去。但是，我還是一個人去了。我走在空曠的戈壁灘的時候，手裡拿著一個石頭，我想假若遇到壞人和野獸我就用石頭對付他們，因為我小時候放羊的時候就經常甩石頭打鳥，我的石頭扔得很準。

到了明水，冷風在沙漠戈壁灘上吹動著，遠處看一朵朵白色的牡丹花在風中顫動著，到了跟前才看清原來是死人的衣裳的棉花「嘩嘩」地響著。那裡的人說，益希朋措已被接到了鹹泉子高臺農場。於是，我又走了一天，連夜趕到了高臺縣。我到了鹹泉子高臺農場時，益希朋措躺著起不來了，我一見他就哭了起來。我用茶缸子給他燒了些奶子，果然他一喝上就好些了。

在鹹泉子高臺農場我待了三天的時候，農場說有個政策，於是我就待了七天，將蘭州的四個人一同接了出來。農場給了每個人三個小餅子，說是三天的飯。上了火車，我們都躺在火車的過道裡，下了火車我把四個人的行李先拿下來，然後將他們一個個地背下了火車。我把他們都送回了家，但我已記不清他們的姓名了。我的益希朋措到家養了一個月就可以慢慢走動了。

張建中

張建中是筆者採訪中碰到的最幸運的一個倖存者。

我生於一九二六年十一月十日，蘭州市人，漢族。一九四二年我上了陝西漢中職業學校，一九四四年畢業。解放後，在七二一九工廠，也就是現在的蘭州軍區八一印刷廠生產科工作。由於我一直給黨組織寫入黨申請，但久久入不了黨，心裡總是感到不舒服，有許多話要說出來。一九五七年大鳴大放開門整風時，我就將自己的一些想法談了出來，給領導提了些意見，所以，在其後的反右派運動中，我被打成了極右分子，開除公職，送到了夾邊溝農場勞動教養。

我是一九五八年五月被押送到夾邊溝農場的，正趕上夾邊溝人員猛增的時候。此時，場裡選拔炊事員。因為我們家裡原先開過飯館，所以我一去就報了名，被分進了伙房。剛到夾邊溝的時候，這裡的生活情況很好，因為承繼了當時勞改農場的家底。不但有糧食，而且積蓄的清油足有幾大桶。遇上改善生活時，我們還做包子、油餅子吃。雖然管教幹部與犯人們不在一起吃飯，但此時人們並沒有多少怨言。夾邊溝農場的書記兼場長張宏對我們說：「你們來到這裡是改造思想的，勞動就是鍛煉身體，就是體驗生活。」我們聽後心裡都很舒服。

我們這些右派被欺騙慣了。當時到夾邊溝，大多數人是被騙著去的。聽說待個三兩個月，就可以回去繼續工作。可是，到了夾邊溝根本不是那麼回事。夾邊溝的場長也告訴我們要好好改造思想，安下心紮下根來，但實際情況勞教簡直是被判了無期徒刑。

當時的勞動強度非常大，抬糞時四個芨芨草編的筐子裝得滿滿實實；挖排鹹溝時是在寒冬臘月，不僅要赤腳站在鹹水裡，每個人還給承包了方數，讓拼命勞動；那個時候人人都在爭取表現，人人都想著早日出去，管教幹部也抓住我們的心理，煽著火讓勞教人員把力量使到極限。很多人就是這個時候把身體徹底累垮了。

在伙房做了一年多的飯，一九五九年六月我又被調到了磨房，一直到一九六一年五月返回原單位。我在磨房裡前後負責過四個磨，先是驢和騾子拉的磨，後來又改為電動磨。這裡，主要負責磨房的是一個勞改就業人員。和我在同一磨房裡的有一個西北畜牧獸醫學院的家禽專家老師，他給場裡養著七八十隻雞。每天早上，他將雞用筐子擔出去，到了晚上這些雞又回到筐子裡，然後，他再擔回來。有時候我還和另外一個醫生犯人劉逢舉聊上一會。

一九五九年國慶日的時候，三千多人的場裡只給三個人摘了帽子。記得摘了帽子的有一個人，原定西的地下黨員，他被摘帽後，在麥場裡看場。記得有很多人就到這個麥場上去找麥粒，人最多的一次，犯人們從麥草裡找了兩斤麥子。

我到了磨房後，夾邊溝饑餓形勢越來越嚴峻。反右傾運動開始，場長張宏也被打成了右傾機會主義分子。這時，場裡的管教對勞教人員越來越沒有了人性。他們把犯人隨便打罵，任意扣罰犯人的飯。有些人還發犯人的財，謀財害命，只要你有表和貴重東西，到了衛生所你就死得快些。剛開始還給死了的犯人釘個板箱當棺材，到了後來就用芨芨草編的筐子裝死人，再到後面乾脆連埋也不好好埋了，刮些風就可以看見裸露出來的死人。由於很多死者家屬來夾邊溝後根本找不到自己的親人的遺骸，因此就把死者的姓名寫在紙板上。可是到了後來根本沒有時間做這些事情了，因為那時候每天人死得太多了。我親眼見到的最殘忍的，也是印象最深的就是到了一九六〇年年底時每天要死幾十個人，要用馬車才可以將死人拉走。搶救夾邊溝犯人生命時，把犯人都接回原單位，可我繼續留下在磨房裡，為剩下的人員磨麵。

我是夾邊溝最幸運的倖存者，既沒有參加過強體力勞動，又沒有到明水去，而且從伙房到磨房，各方面與其他勞教人員相比，簡直到了天堂。因為，磨房伙房是一家，我沒有挨過餓，所以你採訪我，我沒有什麼說的，我只是為我的夾邊溝的難友悲傷。

李景沆與妻子趙立珍合照

李景沆

李景沆是虔誠的基督教徒，為天水基督教的掌門人。多次跟他在電話上聯繫過。他住在天水師範學院五號樓三樓。採訪的時候，李景沆的老伴也在場。他說，他的情況都在那本書裡，就按那裡面的見聞寫吧。李景沆寫過一本有關夾邊溝的書《蒙恩歷程》，裡面有一句話：「夾邊溝是我沒齒難忘的死蔭的幽谷，也是我蒙恩之地，更是與我工作了多年的一些良師益友的骷髏地。」此書扉頁有他給筆者的題字：「今日由郵局送上我的日記式的回憶錄，可作歷史事實的參考。」

我一九二二年八月十八日出生於甘肅省天水縣一個縣政府職員的家庭，幼時家境殷實。我八歲時，已到上學的年齡，父親深受封建思想的影響，執意要送我到私塾去念《四書》、《五經》。兩年後因親友勸說，父親才將我轉至離家較近的天水東關小學。一九三六年夏天，我小學畢業，同年秋季，報考天水中學，竟落了榜。落榜迫使我報讀了天水初級師範學校，別無選擇地接受了四年制的初級師範教育。一九三九年，我十九歲時去蘭州報考二年制的後期師範，在蘭州師範學校學習期間，我到學校附近天主教堂德國神父跟前學習了英語，這樣就奠定了我後來閱讀英語聖經的基礎。一九四七年我進入西北師範學院數學系學習。

解放後，我回天水在天水一中任數學教師。

一九五二年，甘肅省中等學校教師在蘭州集中學習兩個月，內容是向黨交心。當時我們住宿在蘭州一中教室內。每早集中聽報告，反覆交代「三不」政策。黨組織一再保證：一不抓辮子，二不打棍子，三不戴帽子。當時對我們反覆說，只要誠實交代心底話，一心投在黨的懷抱裡，黨會幫助你脫胎換骨，成為新人，為人民所用，為人民所愛。一項項的政策，一次次的報告，一句句的反覆啟發，大家分組討論了再討論，表態了再表態，最後每個人都寫出交心材料，以表向黨的耿耿忠心。我先交代我家是城市貧民，無任何舊社會的政治背景。但我寫了我的內心實情：「我心有餘悸的是我有宗教信仰，宗教遲早是要被消亡的，我當然是被消滅的對象。正因為如此，我對黨就有點懼怕了！」這樣誠實地交代出肺腑之言後，就在思想認識欄內寫明：「我要加強思想改造，把身心獻給黨，用自己的行動來表明我有接受黨的教育的至誠之心。」哪知我的誠心交代，成了我在五年後被定為右派分子的唯一根據。

一九五七年六月八日，毛主席起草了《組織力量反擊右派分子的猖狂進攻》的黨內文件，此後，反右鬥爭席捲了全國。接著經過一整年的反右鬥爭。北京六月份反右時，我們天水地區才開始讓人鳴放，誘知識份子當右派；共產黨的本質就是說假話騙人。我們北關高中部的四十二位教職工中，竟揪出了二十二個右派分子，我自然是其中的一位。按中央文件規定，揪出來的右派應占該機關總人數的百分之五，而我校右派比例竟高達百分之五十以上。這個超比例，就足以說明天水地區在當時形勢下「極左」到了何等程度！

當時，我們學校右派分子有兩條出路，一條是自動離校，自謀生路；另一條是接受勞動教養，勞動期限按其表現而定，表現好者，一年可返校複職，何去何從，自作決定。

附文：

蒙恩歷程（節選）

李景沆

我被打成右派分子的一個月後，選擇了去勞動教養。一九五八年五月中旬，我告別了年老的父母和妻兒，與十五、六個天水的右派分子在北道鎮天水火車站上車去了夾邊溝農場。

上火車後一位押送我們的工作人員抽出一支手槍，突然臉色大變喝道：「都站起來，快！」另外一個公安人員手中握著一支長槍，他們倆的槍口掃過我們每一個人的頭，並怒目叱責道：「坐在一起，不能亂走亂動！」這一聲大喊，驚動了全車廂的旅客，他們都慌慌張張地起來讓座給我們，我們十餘人在槍口的指揮下，狼狽地按指定位子坐在一起。那持槍的人員，在我們座位前後來回走動巡視，顯示出一副嚴密看守要犯的姿態。

火車在酒泉火車站停了下來，然後我們轉乘一輛敞篷貨車到了夾邊溝，貨車停在甘肅酒泉東北古城邊「地方國營夾邊溝農場」門口，一群幹部走近來命令我們打開行李，要作檢查。

檢查完幾位衣著講究早先來的難友，卑賤而膽怯的幾個人走近我們，伸著手討要我們隨身帶來的食品。這舉動使我頓時愣住了。隨即伙房的人提來一大桶很稠的麵片，我們緊張地在吃時，有幾位好心腸的人，便拿出一些糕點分給這三四位文明的乞丐，他們才一個個偷偷溜走了。

大概在五六天後的一個早晨，全場右派分子被集中在農場辦公室前大院裡，約有七八百人，在幹部的叫喊聲中，才知道是抓回了一名逃跑分子。原來是天水一中教師張君奇，他是被我校指定為壞分子而送來勞教的。來場不到一月，乘機潛逃時被抓住了。張老師被揪出來站在門前的高臺階上，狼狽不堪的樣子與他在校時的文雅神態相比，真是判若兩人。

張君奇老師是我們天水一中的歷史教師。他任高中班主任時，與該班一女生相愛，在領取結婚證後，申請去西安舉行結婚儀式，學校領導不給予結婚假。在未得學校同意的情況下，竟擅自離校去了西安，回校後又與學校領導發生爭執。先被公安局關押，後被學校領導定為壞分子，遣送夾邊溝農場勞動教養。在幹部的主持下，召開了第一場批鬥大會，殺一儆百，給全體犯人來了一個下馬威。

在這之後我們一批約二十餘人被轉移到了新添墩作業站。作業站勞動的大約有六百餘人，分為三個隊。一隊為基建隊，負責平整土地，開挖排鹼溝。另一隊為農業隊，負責耕種。再一隊為副業隊，負責雜活，如木工、運輸、醫務、做飯燒水、飼養牛羊豬等。每隊下面又分幾個小隊，小隊長由場領導指定的犯人擔任。小隊下面再分六至十個作業組，每組十至十五人，這種保甲式的層層管理十分嚴密，沒有絲毫人身自由。

到了新添墩我被分到了基建隊，第一週平整土地，第二週又去挖排鹼溝。由於自己從小沒有幹過體力勞動，加之自身體弱，而且餓著肚子，所以每日拼命勞動，仍然感到力不從心，還要受到小組長和小隊長的謾罵。這些日子裡，尤其難以忘記的是那放下鐵鍁再用手強行插入草墩縫中，刺痛的手，辛酸的淚，咬牙用力的痛苦情景。總之，我深深地體會到在體弱無力，被強制重體力勞動的痛苦，此生難忘！今日相隔幾十年了，我那痛苦狼狽的樣子，好像還是昨日發生的事，思之痛心！

有一日突然全體集合，院中站滿了右派分子，這又是一場令人難忘的批鬥會。不一會抓來了一個青年人，看樣子是一個青年學生，兩三個幹部緊抓著那人的肩膀進了場，在幹部報告後，才知道這青年被劃為右派送這裡勞教。但這人膽大包天，竟在夜間從庫房後牆的小窗戶爬入庫房，偷吃在庫房存放的饃饃，被發現後經過訓斥責罰，釋放不幾日，又爬進庫房偷吃饃饃。幹部們歷數其罪狀後，就在眾右派分子面前把這青年腳踢拳打，慘叫聲不絕於耳，氣氛十分緊張，但會場中無人呼喊「打倒右派分子！」之類的口號。最後這青年站立不住，跌倒在地上又被幹部抓起來拉走了，批鬥大會才結束。

我到夾邊溝一個月就身體不行，完全垮了。被調到了木工組，因我原來學過木工。在去高臺縣明水灘以前我一直在木工組。木工組組長是一個有木工專業的年輕人，也是右派分子。他讓我去灶房再打一份飯，我喜出望外地打來了一大碗剩餘的麵條。這頓早餐太美了，我雙手捧著這豐盛的剩飯，感恩地細嚼細咽，胃一下子覺得舒適多了，太滿足了！不久，這青年木工組長被調出場外另有安排，新任組長寇國英到任了。

隨著時間的推移和大田勞動強度的增加，右派分子們的表現也漸漸不再有外表的狂熱了。因為政治宣傳的鼓動，對體力嚴重透支的右派分子已失去了它的效力。我們當然要與家裡通信，但通信要遵守農場規定。隊長再三叮嚀，信上要寫吃得飽、穿得暖、睡得好、勞動也輕鬆，萬望家人不要操心，我們在黨的關懷下，一定要好好改造自己，爭取早日回家走上工作崗位。信寫好後，貼上郵票，但不能封口。先交給分場幹部，再由夾邊溝總場統一發出。這樣反覆強調寫信的原則，誰敢寫一句傷痛的話呢？若稍有出格之言，一經發現，就是攻擊黨，無異於自掘墳墓了。既如此，每個人就只好向家人寫虛假的政治報告了。因此，我很少與家人通信，要寫信只能告訴父母妻子，我還活著。

木工組四個組員與大家不在同一地點領取定量飯食，而是另外領飯，可額外多領一個小饅頭，份量約是每餐全量的一半，雖談不到吃得飽，但額外的恩賜已令眾人羨慕不已了。在木工組勞動了一段時間，我的健康日益好轉，不到一月已能應付每天的工作量。

我從一九五八年七月十五日進入木工組後，多半年內每死一人都有二公分厚的棺木埋葬。此後由於死亡人數太多，棺材供不應求，木工組再未做過一口棺材去埋葬這些冤魂。死了的人都是用自己的被子一包，直接埋入沙土裡。我記得第一個死的是一個蘭州市人，大高個子。

一九五九年深秋，天氣晴朗，我們木工組四人奉命去檢查農場附近灌溉渠道的水槽閘板情況，以作加固整修。我們四人走上高約二米多，寬約一米的田邊地埂。在步行間，發現前方地埂下的小渠中有一摞重疊相依的人，只見一人的身子直伸壓在另一人的半個身上，這樣重疊置放是兩具死屍嗎？為了探知真情，同工王善就向重疊的人身上投擲石子，正中上面一個人的頭部，哪知「死者」竟抬起了頭，毫無表情地看了看我們，又毫無氣力地躺了下去。又像兩具死屍一樣停放在那裡，一動也不動，沒有一點活人的跡象。這慘狀使我邊走邊想，小渠雖無水是濕地，那兩個人難道失去了對於幹濕的感覺？他們也可能是執行護閘的，完成任務後因勞累過度，饑餓難忍而昏倒在了一起？還是因疾病所致呢？我莫能所知。

這年深秋，場部通知今年的棉衣按各人需要領取，若有不需要者，可按棉衣價格折合成現金，交給本人作零用錢。這一宣佈，右派分子各有盤算，錢可以買到香煙和白糖等，絕大多數右派決定要現款，救一天命算一天。在高寒地帶隆冬氣溫常在攝氏零下二十三度左右，最低可至攝氏零下二十八度左右，誰不想得到一套新棉衣禦嚴寒呢？但較之充饑活命，穿棉衣之事顯然是次要的了。

一週後，要領錢者都領到一張紙條，並講明憑此條可在半月後領取棉衣款。可是，領款的日子過了，但無發放領款的音信，催問後的答復是「急什麼？」事後大家才恍然大悟，這是多麼巧妙的騙術。這等於既扣下了棉衣，又騙取了救命的錢。

好不容易熬到一九六〇年的春天，勞教的右派分子從外表看，衣著更加污穢襤褸，形態更加狼狽可憐，面部表情更加淒慘灰冷。人餓急了什麼都能咽下去。一天場裡押運來一車穀子，十幾個右派把它運到庫房裡。第二天意想不到的事情發生了，我看見十幾個右派在醫務室門口的場地上，把自己穿的褲子從屁股上脫在下半腿，跪下來背朝天，兩條前臂爬在地面上，頭額抵住地面，再把光屁股高高撅起，排隊等待治療。經詢問才知道，這些右派分子在運送穀子時，偷吃了生穀子，哪知帶皮生穀粒難消化，在腸內膨脹了，既消化不了，又排不出來，脹得死去活來，此時惟一的辦法就是求醫生把穀粒從肛門中往外掏。醫生叫他們排好隊爬在地上，他們只好撅起乾瘦的屁股朝天求救。醫生在一個個的肛門裡艱難地用手掏取，被掏的人因疼痛而大聲慘叫。當手術完畢時，他們一個個就無力地癱爬在沙地上。只見每個人的肛門血糞狼籍，失去人的常態，真叫人慘不忍睹。

在這農場裡，更令人不堪回首的事頻頻發生，一個青年右派因偷吃穀粒太多，致使下腹膨脹如鼓，疼痛難忍，慘叫不已。場部完全可以送到只有二十多公里的酒泉醫院進行搶救。但這些人卻視而不見，聽而不聞。這個年輕人整整哭喊了一天救命，最後硬是在絕望的慘叫聲中悲慘地死去了。另外，夾邊溝第二作業站的北沙窩，一日灶房裡一個右派站在灶臺上用力抬下一米多高的大蒸籠，一失足將兩腿滑進滾沸的水鍋裡，待人將他從鍋裡拉出來時，其慘叫聲撕破了每一個右派分子的心！管教幹部向大家要來一點藥膏，但點滴藥物怎能救護如此大面積的燙傷呢？這位好心的幹部雖急得眼中冒火，也束手無策，因場部無救護右派分子入院治療的規定，於是，眼睜睜地看著他在慘叫聲中死去。

這真是：人間慘事難道完，痛中之痛更難言。深望主恩臨啟汝，扶祂羊群過世間。一天，見一右派分子在太陽照暖的角落裡，摸抓自己的頸項。我無意識地靠近他，真嚇人，在他頸項上分明爬動著許多大蝨子，只要用手一抓摸，最少要有六、七個落地，可是這位右派分子卻不痛不癢，像失去知覺一般。

我們的飲用水是蓄水池中的「窖水」，這蓄水池不是用現代的水泥抹的，而是自然凹地形成的水池，面積十平方余米，上有木椽架成的草蓋子，以防雜草雜物掉入其中，池旁開有取水口。往池裡細看，水面有綠色浮萍，池水呈現淺綠色，凡開始飲用這水的人都要拉肚子，時間長了就慢慢適應了。這池水較充裕，不限制使用。用水既如此方便，而右派分子為何不講衛生，洗一下澡呢？原來在開始進場的第一年中，右派分子再疲勞，也得在不定期的休息日洗洗內衣，整理被褥等等，但由於長時間的超強勞動，體力消耗殆盡，一切都已顯得力不從心了。

這段時間，噩耗不斷傳來，甘肅省天水一中骨幹教師王錦、盧劍英、李紹侗在夾邊溝場部相繼餓斃，聞此噩耗，感慨萬端，使人傷心得無聲哽咽，無淚可流。

王錦老師才華出眾，風流倜儻，號稱天水才子。二十歲時任天水縣城斜巷小學校長，後到西北師院語文系深造，畢業後任天水一中教導主任。其母雖為家庭婦女，但滿腹詩文，苦教兒孫，是被鄉人交口稱讚的賢妻良母。王老師的思辯口才和多才多藝常常贏得學生的愛戴和讚譽。他為人敦厚、謙虛，深研寫作，在我的心目中是一位端端正正的師表，也是教育界的一代名流。待我生還後，我才從夾邊溝偷逃出來的右派分子口中得知，王錦老師去世前，無力行動，管教幹部認為他有意裝死，不聽指揮，就停止他的飯食供應。王錦再三求饒，喪盡天良的掌權者仍不給他飯吃，王老師就在這種滅絕人性的虐待中被活活餓死了。這樣天水一中除我一人生還外，其餘五人均成為死不瞑目的冤魂！

盧劍英老師祖籍河南，解放前畢業於清華大學，是天水一中最受尊敬的教師之一。盧老師才智雙全，有口才，有文人氣慨，教學業務造詣深，為人謙和，其缺點是太耿直，太信任朋友，以至遭人陷害。後來，在《天水日報》上幾次出現過盧劍英老師的成名學生為他和王錦老師寫的紀念文章。本地鄉親都把他們的死難視為天水文化界的巨大損失而感歎不已！

死在夾邊溝的冤魂楊坎生又名楊陽穀，與我同齡，小學同班，在西北師院教育系學習時，曾與同班趙禔參加全國性的抗日青年軍，抗戰勝利復員之後回西北師院學習，畢業於北京師範大學，畢業後任天水師範教師。楊陽谷與趙禔均是我們同齡人中的佼佼者，學識和為人都很突出。他大哥楊兑生曾與當時郵局局長慧某的女兒慧照蘭結成婚眷，成為天水城的一個佳話。楊兑生在大學階段時，參加共產黨地下組織，不幸被國民黨暗害，而他的胞弟楊坎生卻死在了夾邊溝農場。

一九六〇年秋末冬初，我們要由新添墩作業站遷到高臺明水灘這件事已由傳言變成了事實。高臺縣是遠離夾邊溝的一個縣，遷居那裡對勞教人員來說凶多吉少。尤其是河西走廊的冬天來得早，這大隊人馬將怎樣安排。面對嚴冬即將來臨的大轉移，誰不提心吊膽呢？況且右派分子的健康狀況日益惡化，如同風地裡的殘燈敗燭，哪能經得起這不測風雲呢？

這一天終於到來了。這是一個森嚴可怕的早晨，每條樹枝，每個屋頂，整塊地面都壓上了一層厚厚的冰霜，路兩側和房前屋後的草叢都成了帶霜的銀條。場地一帶空間都被霧氣塞滿了，天地間好像都被冰霜封死了，只要你一開口，眼前就是一團白霧。

全體右派分子集合了，個個都帶著忐忑不安的心情在隊長命令下，一排排、一行行整齊地坐了下來。領導進場了，穿著厚厚的綠色軍大衣，站在設有椅子的條桌後面，七八個幹部都拉長了比往常更加嚴肅的臉，個個手中拿著公事包，側立左右。隊長開腔了：「右派分子們，解放十年來，我們貧窮落後的甘肅省，發生了翻天覆地的巨大變化，為了進一步加強我們河西走廊『米糧川』、『花果山』的建設，我場接到省委通知，我夾邊溝、新添墩、北沙窩的一部分人員要遷往高臺縣，利用這個冬季，要作好明春的春播大戰工作。現在要宣佈前往人員名單，凡聽見自己名字的站起來，坐在那一邊去。」他大聲說著把手指向他右側的一片冰雪空地。

一個幹部從側面走到桌前，展開名冊，大聲喊了起來。被叫的勞教人員其神情、面色好似要被處決的犯人，戰戰兢兢從原位上站起，搖晃到所指定的冰霜雪地上，呆滯地坐下。喊得那麼清晰，聽得那麼明白，情緒是那麼緊張，全場鴉雀無聲，只有自己的名字在這冰天雪地上撕裂著勞教人員們的心。終於我被點名了，列入被遷往的行列中。犯人們誰都清楚，新添墩雖不好，總有個遮風的房子。大家都能擠在一起，還可抵擋住酷寒的摧殘。雖是長期受餓，每日還有半斤多的口糧供應，勉強維持半生不死的生命。現在是前途未卜，那只有聽憑命運的安排了！接著，走路搖搖晃晃，風都可以吹倒的骨瘦如柴、弱不禁風的右派分子們，被裝在敞蓬的貨車裡，在凜冽的寒風中，一車車離開新添墩農場，又駛往高臺縣。不到幾日，全場寥寥無幾了。我被通知坐最後一輛車。在離開新添墩的前一天早晨，天雖陰沉，但無呼嘯的寒風。在開始有六百多人的新添墩作業站，經過兩年多的殘酷折磨，近百人已含冤死去！今日全站空空蕩蕩，除辦公室尚有幾人外，只有我這個唯一的右派分子了。我用隨身帶有的木工常用的火柴，把它燃點起來，這點燃的熊熊火焰，頓時給這陰冷死寂的環境增添了一線生機，此刻我不禁想起自己坎坷曲折的世途經曆，它一幕幕又閃過我的腦海。我更為這些含冤死去的同伴們憂傷悲痛，禁不住的淚水灑濕了衣襟。

明水河勞教農場的幹部住宅，都是軍用帳篷。勞教人員們的灶房是臨時搭起的草屋，住宿地是非常奇特的穴洞。在長久乾涸的河岸邊沿，選擇三米多高的河床壁，再從河床壁向裡開闢出長約二米，寬不到二米的與河床平齊的通道。在這通道的末端，又分別向左右各開闢出五至六米長，三米多深的溝槽。這溝槽形狀如「丁」字形。「丁」字形的「上橫」為槽身，在槽底靠後壁留有高約五十公分的長土臺，上面鋪有一層薄薄的麥草，這就是犯人們睡覺的床位。土臺前是寬約一米的通道。槽的上方是露天的，為了遮風擋雨就用木椽和麥草作頂蓋，同時洞口掛有草簾，以擋風雪。裡面沒有任何照明設備，即使烈日當空的正午，洞內仍是漆黑一片。人從外面進去時，必須站立一會兒，才可以辨認出各人的睡位。這種住處本地人叫地窩子。

由於犯人多，地窩子一時開挖不及，所以，在為數有限的地窩子裡，擠滿了像沙丁魚一樣的犯人，一個挨一個擠在一起，根本無法睡覺。

在遷到高臺縣前一月多，由於犯人們的身體極度虛弱，疾病傷殘與日俱增。於是，場部決定犯人們可以向家裡求援，以前是決不允許的。這一恩賜是給大家開了一條活命的路，我當然也隨大家一同向家裡求援了。我先後接到家裡的支援救濟共三次。我給家裡發信不到二十日，就接到一大郵包，是五斤多油茶麵粉，並有三斤黑糖，這珍貴的救命食物驚動了大家。待我生還後，我才弄明白那郵包上只標明寄出地，而無姓名的食物，是我的表弟魏明寄給我的。他是我親姑母的獨生子，是由天水鐵路局調至山西太原鐵路局的職工。他接到我父親的求告信之後，夫妻倆就立即給我寄出了這及時的救命之物。後來表弟魏明也調回天水，令我傷心的是，二十多年後他竟然過早離世而去。此後的一月多，我第二次接到從家寄來的炒麵，有二斤重。

第三次，也是最後一次，也就是從新添墩遷到南華鎮後，家裡郵寄給我的支援，竟被別人偷去了。

我們生活在這天寒地凍的洞穴裡，破爛的棉衣遠遠不能遮擋高原的嚴寒，犯人們的口糧減了又減，聽說已減至每人每月十二斤原糧。犯人們人數逐日減少，當然是凍、餓死了，死了再無棺木，只用死者的被子一卷，往沙丘上一埋了之。

能走動的犯人到各處挖尋可充饑的東西；我在一麥地裡好容易從沙粒中挖出十餘粒麥子，當每一粒送進我的口中時，我深信它能供應我生命所需的熱量。我小心翼翼一粒一粒地咀嚼著這比金子珍貴的麥粒。我看到一個右派手中掌著肉已吃盡只剩半尺長小蛇的骨架，他邊走邊晃，要摔倒的樣子。注視著這殘餘的骨架，我生性膽小，急抱住頭，不願再看這人間慘象。

這天，天色陰暗，寒風刺骨，在一陣突襲而來的風沙旋渦中，我急忙拉緊自己縫補的不成形的棉帽，走在高五、六尺的大沙埂腳下。為了遮掩人的視線，就跪在一低凹處，帶著戰慄急迫的心，向上天呼求說「天地的主啊！求你憐憫我，賜我力量來依靠你，賜我信心仰望你。」

我拖著寸步難行的浮腫的身子，想在荒野間找點菜根給空空的腸胃做點交代。雖然每次都是失望，但總比在這羊圈裡等死的好得多。忽然我看見不遠處，一個人在搖晃，一細看，啊！王某某怎麼斷了兩隻手？他把兩隻紮了白紗布的木棍樣的上臂高高舉起，晃來晃去地慢慢移動。見此景象，酷似抗日戰爭電影中，在敵我廝殺中而被救護過來的傷員。經詢問，才知道這位常遇見的右派分子王某某原是蘭州火車站某段列車長，他中等身材，思維敏捷，因忍受不了折磨，便去臥軌自殺。幸而被人及時拉出，他雙手緊抓軌道，致使雙手截斷。後來，他還是臥軌自殺了。一個精明能幹的列車長，他的前途無量，且家有老小，為什麼要臥軌自殺，了此一生呢？

這種慘絕人寰的事，其中原因個個都清楚明白。人在飢餓難忍時，什麼文明都能喪失。如此殘忍的現狀，是人類史上罕見的。殘酷的現實竟將文明的人變成了相殘、相食的動物。後來我發現我們中間：吃蛇者有之、吃鼠者有之、吃別人大便中未消化的穀粒者有之、如今吃人肉者更有之。在這裡，野蠻、兇殘、搶奪、偷盜、陷害、自殺，這一切滅絕人性的殘酷行為就是我們的勞教現實生活。我常常看到，一個人走得好好的，突然一跌倒就死了。在這裡死一個人，好比飄落一片樹葉，無人關心，至多給沙丘添一個小小的沙堆。

我所在的地窩子裡住著四十多人。每人有半米寬的鋪，鋪是挖成的土臺，上面撒有麥草，我們個個頭朝裡腳向外睡，個個衣裳襤褸，花的紅的藍的五顏六色套在一起。與叫花子不同的是有些人戴著眼鏡，大多數戴著名貴的手錶，一個個用毛巾捂著頭，再戴上一頂不像樣的大棉帽，僅露出一雙失神的眼睛。棉衣上露出了贓兮兮的棉花，腰裡紮著一根繩子，一個個縮頭彎腰，在寒風中戰慄著。這些人不論天再冷、風再大，只要能移動腳步，還要在沙田沙埂乾涸的河床凹陷處，希望能意外尋找到可下嚥的任何東西，塞進轆轆饑腸，以維持奄奄一息的生命。那裡河中無水，水從何來，我也不知。一大盆清麵湯，已足夠每日水量了，就毋須尋找飲水。我從新添墩離開後，再未洗過臉，刷牙是從未有過的事，其他勞教人員的臉更髒更難看。

一九六〇年十月中旬的以後，死亡到了最嚴重的階段。死神也緊緊抓住我了，於是，我不得不祈禱主耶穌基督。為了紀念這蒙恩的日子，我在這節聖經頁邊上記明「一九六〇年十二月四日」的字樣。太陽已高高升起，我移步走出了地窩子，爬上另一側沙丘，打算依崖而坐，曬曬太陽。不料，在我左上空飛來四隻麻雀，落在離我不遠處，我立即反應出昨夜是三隻，今早為何又來了四隻？這三年來，我從來未見過任何鳥雀。正當如此推想時，忽然聽見坡下有聲音在喊：「老李，李景沆，你妻子來了！」

等我轉身時，我妻趙立珍已到了我身旁。她緊緊握住我的手，悲喜交加，扶我依崖而坐。她立即拿出二十多斤雜麵麵粉，一小瓶清油，四個雞蛋，兩個約有四兩重的小麥餅。我迫不及待地把饃饃放進嘴裡，再問問父母兒女的情況。這時，我身旁的一位師大校友，是我在前半月傳福音給他，是三年來我唯一結的果子。我看他把眼神盯在我的饃饃上出神，我便把一小塊饃饃塞進他的手裡，他立即走開了。

我妻子沒有詳細告訴我家中的情況，只掩掩飾飾地說：「大人娃娃都好，等你回去哩！」直到一九六一年我生還後，我妻才告訴我：自我離家後，所生男孩為了保全他的小生命，只好送了人。隨即十三歲大女兒綠竹，因病無錢治療，回家去了。此後的生活越過越困難，實在無力再支援我了。兩次給我寄的炒麵都是從老小口中的供應糧中擠出來的。她告訴我：自接到我的病危電報後，只能求救她獨居養母和如同骨肉的王建基弟兄，在他們的資助下，她才帶著虛弱的病體不顧死活地來到了明水河。她從明水河返回天水後，一直睡了半月，才能上班。她告訴我：她感恩的是在蘭州至新疆的火車上，遇見一位勞教人員的家屬，她丈夫由夾邊溝遷到高臺縣的明水大河農場，此去也是專送食物的，待她找到她的丈夫後，在多人的幫助下才知道我在距離高臺農場還有三十餘裡地哩。好不容易乘上往明水河送煤的一輛馬車，才找見了我。

我妻來南華鎮的明水河後，她只能在我身邊過夜。每夜她緊緊自己的外衣，依身在土臺邊沿來作床位。我的土臺睡位正對著地窩子洞口。夜間人靜，本窩子的一個犯人乘人不防，竟將我妻頭枕的手提包搶走，然後直奔出了洞口，我妻立即追趕，那人丟下提包不知跑向何處？令人傷心難忘的是那一夜正是大雪紛飛，地上雪已深至半尺。我同室的這位難友，為了活命雖有如此之舉，但不知如何熬過了那一夜。

人非草木，孰能無情，想到這裡我心中怎能不痛。次日傍晚我低聲哼吟聖詩：「壓傷的蘆葦他不折斷，將殘的燈火他不熄滅。」窩子裡的一年輕右派分子在我背後的角落裡高聲問我：「老李，你怎會唱教會的歌曲呢？」他自我介紹說，他是南京某大學歷史系畢業生，二十七歲。他傷心地感歎道：「人，怎麼落到這個地步？」正要開始交談，一位幹部進來粗暴地喊叫：「說什麼，快點睡！」這位年輕人悻悻地走過去爬上了自己的土臺。

就在這個深夜裡，我在熟睡中被喊聲驚醒了：「不要動！」三個人抬著一具光溜溜的屍體掠過我的頭頂。我知道這是每日司空見慣的事，不足引起同室人的驚奇。天一亮，我妻發現有五具用自己的被子捆著的死屍，堆疊在一起，像堆疊麵粉袋似的，在等待裝車運走。運走前，我看見在屍體旁立放著幾根短樹枝，這枝條的上段削出一個平面，上面寫著某人的名字。從這名字上知道他是和我談話的那位主內弟兄。

我們進場時，聽說每人每月口糧四十斤。以後一減再減，現在已減至每月折合十二斤麵粉的原糧，即十三斤原糧。聽說上面新的規定，不足部分由農場自己種糧養活自己。可是，在這大沙漠鹽鹼地上，春小麥畝產幾十斤，甚至有種無收，怎能解決幾千人的口糧呢？這樣的政策規定，實際上是一種自欺欺人之談，唯恐剝奪不了犯人們的口糧。這樣每天四兩麵粉，一天吃兩頓，每頓二兩，只能做點糊糊喝。起初每天兩頓糊糊湯，大家都早早地排成長隊，各人抱著自己的飯盒子默默移動著腳步，有的拄著木棍，有的一蹲下來就很難爬起來了，這情況是來明水河十多日的事。後來，我們再沒有力氣到伙房去排隊領飯了，只能由灶房大師傅將清湯送至地窩子，分送給每個人喝。

一天傍晚，我聽見一名死者的母親在嚎啕大哭，她哀哭的情景，想兒之心紮人肺腑，在那死寂沉沉的寒風裡顯得十分憂傷。「我兒啊，你為什麼不等我，叫我看你一眼啊。」這哭聲中的字字句句都刺痛著我們每個勞教人員員的心。我們個個垂頭閉目，流著共鳴的熱淚，各有所感，各有所思，各有所憂，各有所痛！我們彼此相問，才知道這位老母親從遠道而來，要看他的兒子，誰知道她剛踏進離我們不遠的她兒子所在的地窩子時，恰是她兒子斷氣的時刻。命運給這位遠道而來母親的安排是何其殘酷啊！

我生還後，第一次見到蒲一葉時，他曾說：「我們在地窩子最困難的時候，有一天排隊打飯時，我前面站著李紹侗老師（天水一中蒲一葉的高中語文老師），他佝僂著腰，頭髮很長，面色蠟黃而又浮腫，舉步十分艱難，說話也只是嗚、嗚、嗚地聽不清楚，又冷又餓直打哆嗦。那時我打了一碗麵糊糊，兩手捧著盆子，趕快端回地窩子裡準備慢慢喝。回頭時看見他，手捧著碗，一口喝了個底朝天，接著又踉踉蹌蹌地往回走，進門時被草簾子掛倒了，掙扎著爬不起來。這時後面來了一個人，朝他身上踹了一腳，還罵道『裝什麼死！』這時，我急忙把他扶起來，他好像毫無知覺似的搖搖晃晃爬上了鋪位。」蒲一葉說的這段情景，我全然記不清了，這是當時的生活實況，這種事情比比皆是。蒲一葉還告訴我，沒過幾天李紹侗老師也含冤九泉了。李紹侗，甘肅省甘穀縣人，西北大學中文系畢業，是甘谷縣知識份子中的佼佼者。他和王錦、盧劍英三人是五十年代天水一中高中語文教師中的精英，頗受學生愛戴和歡迎。

不多日，我們又搬遷了。但這次搬遷比以前的幾次搬遷更緊張更雜亂，因為各個管教幹部的神色都很緊張，他們步履已慌亂不穩了。這個新地窩子又潮濕又黑暗，剛搬進的第一、二日內，有位右派分子被安置在我腳下邊二、三尺遠的過道側棱上，不知是沒有地方安置，還是因其他原因而不予安置在妥當處。他全身覆蓋著大厚被子，終日不停地哼哼地呻吟著。無一人去救治他，更無一人去過問他，管教幹部不給他一點應得的飲食。他哼哼的叫聲，我聽得清清楚楚，淒慘極了。我除了為他傷心難過外再無一點援助之力。他那樣一直哼哼了兩三天，才悲慘地斷了氣。大家知道這位右派分子是個未婚的四十多歲的幹部，職位和來自何地我一概不知，只好稱他為無名的死者。這位被活活餓死的人，農場幹部和炊事員都不屑一顧。死不瞑目這四個字，不足說明這位死者的含冤慘狀。

蒲一葉給我說過使他非常傷心的一件事：在他的地窩子裡，與他臥鋪相鄰的有一個外號叫「小開」的二十三、四歲的上海青年。他成天昏睡著，一醒來便放聲大哭，不停地喊叫著「媽媽啊！媽媽啊！」直喊叫到困乏昏睡為止。過了一兩天，蒲一葉一覺醒來，發覺鋪位已空，「小開」可能是昨夜死去後被拖出去了。

在我們這個地窩子裡發生了一件慘不忍睹的事：每天當門上草簾未掀開時，窩子裡總是黑得伸手不見五指。我們犯人們整天蜷伏在鋪位上不停地呻吟著，都在等待著自己的悲慘結局。在這些日子裡，我們長久不大便，大概是因吃麵粉太少的緣故吧。但每夜卻大量排小便，這是以前從未有過的現象。因此每個人都有兩個盆子，一個小的是領麵糊糊的飯盆，一個大的是作小便用的便盆。一天，兩個炊事員掀開草簾子送飯來了，提飯桶的和拿勺子的動作，在射進窩子的光線中看得非常清楚。我看見一個炊事員，當接過正對門睡的一個犯人的飯盆舀上兩勺糊糊後，竟將舀進的一個胡蘿蔔用手揀出來，放進自己的口裡。另一個動作是當他接過另一犯人的飯盆時，發現盆中有大便，這炊事員就順著身子，把這盆子在門口土壁上一抖，抖下了大便，竟將麵糊糊直接舀進這個不加沖洗的飯盆裡，再送給那個犯人。而那個犯人竟毫不遲疑地端起來就喝了。

我生還後，從其他生還回家的勞教人員口中，聽得也有些犯人在夾邊溝農場時，斷定自己沒有活的指望了，就破口大罵。不怕一切後果地罵出他自己的冤情。像天水一中校長任紀文就是其中一例。兩年多來，使犯人們感到勞教無望，生命無保，政府無靠，親人無援，從精神上肉體上徹底斷絕了他們的生路，於是，在臨死前絕望地向天地喊出積壓在自己心底的冤屈和苦愁。原中央統戰部部長王傑三在《全國改造右派工作會議上的講話》中總結說，右派分子有「五大愁」，即：「摘帽無期；改造無頭；老婆離婚；飯吃不飽；熬不到頭。」

又有一天，距我不遠的一右派分子在大喊大叫著說：「我的妻子是甘肅省財政廳的，快快通知她救我一命啊！」可是，不管他怎麼喊，根本沒有人管。按理，這是場內幹部的責任，我真不明白黨對右派分子的政策到底如何，但是這裡的幹部連一點人性也沒有了！他就在這樣無人過問的喊叫聲中悲慘地離開了這個世界。

那個年月是道德和人性扭曲的時代。死人的事竟是那麼容易，那麼簡單，說死就死，死亡的幽靈時時籠罩在右派分子頭頂，死神時時守候在每一個犯人的身旁，死亡的恐懼緊緊抓住每個犯人的心。犯人們在臨睡前常常有這樣的乞求：「朋友，你若醒來，搖搖我。」言下之意是看看我，是死了還是活著？一九六〇年十月中旬，這是河西走廊將近最冷的季節，瀕臨死亡的犯人們都蜷伏在自己的被筒裡。有四分之一的人連翻身也都困難了，真像醫院重病號那樣衰竭無力。誰死誰活，除非靠緊各人身旁的人能發覺外，其他人都無從知曉。即使在白天死了，也只能在夜間偷偷地移出去。因此，我感到房子裡的人，在逐日減少，而減少的人數，我們不知道，也無法知道。死亡最厲害的是一九六〇年十一月份，平均每天死四十多人，最高峰時達到六十多人。白天不挪，每天晚上將死人拉出來，碼在地窩子門口，然後讓人拉走、運走，後期埋不及，就將人碼起來有一、二百人。在明水時，地窩子裡人死得少了，再集中到另外一個地窩子，死得再少了又集中到另外一個地窩子，連續將我們換著集中了三四次。我的老師溫德清原來是天水一中的外語教員，後來調到了鐵路中學。他父親解放前任過縣長，解放軍當年路過他父親住的村莊，把這個縣長給殺了。反右運動裡，溫德清也被劃為右派分子，送到了夾邊溝。他後來病了，我經常去看他，重病號不給加飯，一九五九年初死在了夾邊溝。搶救人命時，最後把我們集中到一個學校辦公室，我們那個房子裡當時有二、三十個人。

我生還後，見到楊世華老師，他原是天水一中的史地老師，後調至三中，劃為右派，送夾邊溝勞教因逃回才保全了性命。他告訴我，除夾邊溝的新添墩作業站外，還有另一個作業站在北沙窩的「梧桐園」，梧桐園地處夾邊溝與新添墩兩地所形成的三角形的另一端點上。在遷往高臺明水大河農場前，這三個場地每天都死去三、四人。他還說：「老李，你太幸運了，在木工組時間長，哪能知道外邊的悲慘事情，我是場方的廣播員，與幹部接觸的機會多，當然別人不知道的我能知道。」從他口中我瞭解到我無法知道的許多鮮為人知的事情。

一、一九六〇年七月，有個北沙窩的賀守瑛，是從地質隊送來的，他吃下家中寄來的包穀米後，大便下來未消化的顆粒，立即被一個從甘肅省定西糧食局送來的勞教右派分子邢樹義撿起來，用水沖一下，就急忙送進嘴裡咽了下去。

二、一九六〇年八月，我在北沙窩勞動時，有一個從甘肅省臨澤縣送來的右派中醫大夫鄧立之，原籍山東，大個子，臉紅紅的，胖胖的，人很老實，由於長期饑餓死去了。可是，剛剛屍拋沙丘，就被三個勞教人員刨開沙子，割掉了鄧大腿上的肉。吃人者之一就是與我同帳篷住的來支援大西北的天津青年「吹跟鬥」（諧音），他是從甘肅省天水地區某縣文教局送來的。晚上三人合夥割鄧立之的肉吃，剩餘的拿來藏在「吹跟鬥」睡的被窩裡。第二天，他們同住的人，都發現「吹跟鬥」的被窩裡有很多粘稠的血跡。此人被管教幹部叫到隊長帳篷裡審問的時候，我曾打過他兩耳光。他生還後，我在天水城街上見過「吹跟鬥」一面。

三、在夾邊溝管教幹部中有一位公安廳來的年輕隊長白連奎，大個子，胖胖的年輕人，待人熱情、善良，帶領勞教人員搭地窩子，他是親自帶頭實幹的好幹部。

四、一九六〇年春天，在夾邊溝以北的北沙窩，有一個和我一同從地質隊送來的非常精幹而漂亮的小夥子項文林，當時只有二十多歲。一日，因他沒有完成每人每天翻一畝沼澤地的艱鉅任務。被代嚴隊長監工的勞改釋放犯（後為就業工人）蘆福保檢查發現，然後報告給嚴隊長。在當天下午打飯時，嚴隊長就扣了項文林的晚飯。項文林抱著飯盒一直等到全隊都打完了飯時，嚴隊長還不給這夜飯，項文林跑回我們住的帳篷。我們都給項文林出主意、想辦法，叫他去給嚴隊長求情，甚至下跪也行。果然項文林這樣去向嚴隊長下跪求情，結果無效。當時，項文林勞累了整天，饑餓難忍，實在沒有辦法，熬不住了，便跳在一口大家飲用的約有六、七米深的闊口水井中。第二天一早，炊事員打水時，發現有人死在了井裡。我心裡一驚，在項文林的草鋪上尋找他，沒有人，大家在井中將屍體撈出後，發現果然是項文林。就這樣一個年輕的生命，在蘆福保和嚴隊長如此無情的克扣、脅迫下，活活地被逼死了。

五、我於一九六〇年夏天，在北沙窩勞動時，我同組的一個右派分子是從甘肅省徽縣文化館送來的，叫李崇厚。一次他的愛人唐鳳梅（徽縣煙酒公司門市部主任）來北沙窩看他，有人通知他去接愛人。可是，李崇厚下午出去，一夜沒有回來。第二天，他們天明才回來，原來在這荒無人煙的沙丘地帶迷了路。後來，這個李崇厚也餓死在了北沙窩。

六、據調查，一九五七年甘肅省各地送來的勞教人員中，有不少人是單位領導公報私仇，以個人恩怨打擊報復栽贓陷害，誣陷為「右派分子」、「壞分子」、「歷史反革命分子」、「帝國主義分子」、「反動分子」等。例如，天水一中校長任紀文的「右派分子」罪名就是這樣的，將他押送到了夾邊溝進行勞動教養，後來不幸成為冤魂中的一員。後來聞知，一九六二年整理死者檔案時，任紀文竟無關於右派的任何檔案材料。又如天水一中教師張君奇因與他的學生戀愛而結成親眷，雖有結婚的合法手續，也被以「壞分子」的罪名送夾邊溝勞動教養。張老師後來經數次逃亡，才得以保全了性命。

以上是楊世華老師給我講的，他親眼目睹死亡者的又一活見證。日後，根據天水地區檔案館有關資料記載：自一九五八年五月八日起，天水地區遣送夾邊溝勞教的犯人共計二百三十八人，包括我一九六一年一月十三日由我姐夫從夾邊溝接出來，天水地區生還了二十二人。按當時甘肅十個地、州、市估算，甘肅全省葬身夾邊溝的人數至少在兩千人左右。

蒲一葉

從李景沆家裡出來，筆者就給蒲一葉去了電話進行聯繫，按約定在天水街頭兩棵大槐樹下麵碰頭。我們一見如故，便一起走進了他家古老的四合小院。

我生於一九三七年元月二十日，甘肅天水市人。那時家裡只有三口人，爸爸媽媽和我這個獨生兒子。爸爸在西北鐵路幹線工程局技術處工作，媽媽在街道上工作。一九五五年，我在天水一中高中畢業，成績優異，滿心希望考上北大、清華。誰料想體檢中發現我有心臟病，於是沒有取得高考准考證。我當時難過到了極點，正在這時學校黨支部動員參加工作，我只好聽從組織安排，被分配到共青團天水市委工作，擔任團市委秘書。那時，團的工作十分活躍，團市委更是青年們仰慕熱愛的地方。但是，又誰料到我卻命運多舛，從此踏上了一條多災多難充滿荊棘的坎坷之路。

一九五七年春夏之交，我正在西安醫學院附屬醫院準備做心臟手

蒲一葉（左）與李景沆（右）攝於2005年

術，卻被爸爸媽媽硬拉回了天水，因為他們害怕手術出問題。一回天水，正好碰上大鳴大放，我還沒有完全回過神來，就一腳踏入了陷阱。在不斷鼓動的整風鳴放中，我們人人爭先，心情格外激動，為了維護黨的光輝形象，我們把批評的矛頭直指天水市委那個無上權威的劉書銀書記和其他幾個領導，無情地揭露他們的缺點和錯誤。我呢，為了爭取火線入黨，更是不遺餘力奮勇向前。過了幾天，根據大家的發言內容，由團市委組織部部長王文斌執筆，給天水市委寫出了八張大字報，題目叫《向市委進一言——市委在危機中》，署名叫「共青團天水市委黃蜂」。為什麼叫「黃蜂」呢？因為我們知道黃蜂是很厲害的，但是卻沒有想到黃蜂是有毒的，可見當時我們年輕幼稚十分可笑。大字報貼出後，全市轟動，人們無不拍手稱快，可是有的人卻憂心忡忡地說：「共青團的這些年輕人要招大禍了！」然而我們卻以為在整風中立了大功，還興沖沖地等待市委領導作檢查呢。不料風雲突變，時間不長我們一個個都被打成了「右派分子」。

我們天水團市委一共有十五人，除調到省團校學習、下放蹲點的外，在家參加鳴放的共十一人，這些人裡年紀輕的二十歲，大的也不到二十五歲。我們這些人裡，除了我參加工作不久正在申請入黨之外，其餘的都是清一色的共產黨員，都是從各條戰線上選拔出來的有一定特長、在青年中影響比較大的優秀分子。我們十一個人中，除了二個按有右派言論處理之外，其餘九個人都被打成了右派分子，而且還捏造出了一個「黃蜂反黨集團」。

我們「黃蜂反黨集團」當時共有九人，主要骨幹為王文斌（天水團市委組織部長）、蒲一葉（天水團市委秘書）、張冀敞（天水團市委宣傳部長）、王世祺（甘肅省學生聯合會主席）。還有胡執中（天水團市委書記）、孫殿福（又名孫典夫，天水團市委青工部長）、聶滋蘭（天水團市委少年部長）。以上七名被劃為右派分子，骨幹為極右分子。另外，李守基（天水團市委學生部長）和張淑英（天水團市委組織部幹事）被定為有嚴重右派言論。另外，張培銘（天水團市委軍體部長）鳴放期間調到了天水市政府（當時稱為天水市人民委員會），沒有參加天水團市委的鳴放，不在黃蜂集團之內。但其後由於說了一句話「天水團市委的幾個年輕人給市委寫的大字報厲害得很。」被揭發出來後，打成了右派分子。劉集中（團市委副書記）鳴放期間已調任天水市西關區委書記，也因同情這些所謂的「黃蜂反黨集團」的年輕人，被打成了右派分子。這樣，《向市委進一言——市委在危機中》的大字報共被打成右派分子九名。

這裡，張冀敞是由小學校長調團市委工作的，是全天水市小學教師裡發展的第一個共產黨員。

那年九月，時任團中央總書記的胡耀邦赴蘇聯參加世界青年聯歡節之後返回途中，從新疆飛抵蘭州停留時，團省委書記申效曾向他彙報了天水團市委在反右運動中全軍覆沒的情況，胡耀邦聽了之後連連搖頭，當即質疑說：「我們團的幹部，都是各級黨委從各條戰線上選拔上來的先進分子，怎麼會有這麼多的右派？可能嗎？你們下去瞭解一下！」可是在那籠罩全國的紅色恐怖中，誰敢過問？誰又能過問？

我們那八張大字報，到底是什麼內容呢？怎麼會引發市委領導的震怒，下黑手往死裡整我們這些年輕人呢？現將大字報全文附在後面，請讀者評判分析。

大字報裡共有十一個小節，全文約三千一百字，所揭露的全部是證據確鑿的事實，講的全是人們敢怒而不敢言的話。團市委書記胡執中主持鳴放會時，儘管看到我們已經激怒了市委領導將要大禍臨頭，但遵照市委規定，沒有表態，也沒有阻撓引導發言，只有乾著急不敢勸阻我們；只是大字報寫好後說了一句話：「把是領導不學無術中的是字，不能改成市字嗎？」就這一字之改，他也成了右派分子。因為那些反右積極分子一口咬定，「你只改一字，說明其餘的內容你都同意，大字報上的論點就是你的論點，而且團市委的這一群黃蜂你就是養蜂人。」

當時，上綱上線誣陷我為右派分子的有五條罪名：

一、瘋狂反對黨的領導，要求把黨的領導人統統送到黨校學習，然後將黨的領導權由他們取而代之。

二、肆意醜化黨的形象，污蔑黨的領導不學無術，不務正業，變相貪污。

三、惡毒攻擊黨的幹部制度，說市委秘書室是領導幹部家屬的儲藏室，市婦聯幹部是封建社會大家庭裡的妯娌們，成天無事生非的鬧家務。

四、極端仇視社會主義制度，倡導資產階級生活方式（這裡指團市委幹部響應團中央號召，為了美化生活帶頭穿了花衣裳）。

五．和大右派林希翎（中國人民大學女學生）遙相互應，妄圖在天水製造「匈牙利反革命事件」。

一九五八年春天，團市委新上任的張文玠副書記宣佈：對王文斌等九人全部戴上右派分子帽子，開除黨（團）籍；（王文斌去夾邊溝勞動教養的介紹信已經寫好，可是後來卻換上了我的名字）處理決定為：

王世祺戴右派分子帽子，開除公職，送夾邊溝農場勞動教養（王世祺在臨近遣返時凍餓而死在了夾邊溝）。蒲一葉戴右派分子帽子，撤銷原職，保留公職，送夾邊溝農場勞動教養。胡執中戴右派分子帽子，撤職降薪，行政降五級工資，下放基層監督勞動改造。張冀敞戴右派分子帽子，撤職降薪，監督勞動改造。王文斌戴右派分子帽子，從寬處理下放基層街道工作（我們這些人都死不承認有錯誤，唯有王文斌認罪態度好，且能揭發他人言行，反戈一擊，立功表現被市委樹立為「火線起義者」）。聶滋蘭戴右派分子帽子，下放到印刷廠車間勞動改造。孫殿福戴右派分子帽子，遣送回鄉勞動改造。張培銘、劉集中戴右派分子帽子，下放勞動改造。

另外，張淑英有右派言論，下放電池廠車間勞動改造。李守基有右派言論，但運動中被調到天水一中參加反右工作組，倖免於難。

我聽了張文玠書記的宣佈後，頓感被人推下了萬丈懸崖，昏天黑地一直往下墜，我想我有什麼罪要遭如此重的處罰，組織也太無情了，我不由怒火中燒，橫下一條心厲聲質問：「啥時走，多長時間？」這個偽善的張書記裝出一副悲天憫人的樣子回答：「過幾天就走，有三個月就可以回來重新工作。」我一想，只有三個月，九十多天，沒啥了不起，誰料這一去竟是三年時間，還幾乎一去不歸、命喪荒漠。

一九五八年五月八日那天，桃紅柳綠天氣已開始暖和了，我卻淒淒惶惶背著沉重的行李，含著淚水被押往夾邊溝農場。押送我們的是公安局的蔣萬程，人還和善，有兩名武警胸前掛著衝鋒槍，橫眉立目如臨大敵，煞是可笑。我們一起去了十三個人：李景沆（天水一中教師）、蒲一葉、周宜昌（天水市建一小學教師）、李世德（小學教師）、童作敬（天水郵電局）、蒲庶（銀行）等。帶隊的蔣萬程拿著我們的檔案。我們誰也沒有想到，這一去竟如「豬羊向屠戶走去，一步步臨近死亡」。

當時，天水地區共劃了一千一百四十六個右派分子，遣送夾邊溝勞教的共計二百三十八人，生還了二十二人。我剛去時，在夾邊溝農場場部，過了不多幾天又到了新添墩作業站基建隊。李景沆在新添墩作業站副業隊木工組。新添墩作業站有一個基建大隊，下設五個小隊；有一個農業大隊，下面有三個小隊；有一個副業大隊，下面包括：灶房、木工組、醫療室、理髮室、運輸組（主要是牛車）。

我一直在基建隊勞動，直到最後出來。基建隊的任務是挖排鹹溝，農忙時割麥子、送糞，活很單調。我雖然有心臟病身體不好，但是聽話，遵守紀律，就讓我當了組長。但是，由於我無法帶頭幹活，所以我的組長當得不好。當時農場領導對我們說，誰表現好就釋放誰，這和張文玠書記告訴我只鍛煉勞動三個月一樣，全是假話。我骨瘦如柴，提一桶水都搖搖晃晃氣喘如牛，怎麼會表現好呢？一九五九年國慶日前夕，劉振玉場長宣佈了一條特大喜訊，將要解除一部分人的勞動教養。我們當時感到大限即將到頭喜不自禁，然而摘了帽子的僅有三個人，卻仍然不得離農場半步，我們這時才發覺又受騙了，才覺得這個勞動教養遙遙無期。

一九六〇年十一月，我被轉移到了高臺縣明水灘。一九五八年剛到夾邊溝農場時，每月伙食定量四十多斤，一般都能吃飽。可是，到了高臺縣明水灘後，降到了每月十二斤口糧，就開始大量死人，差不多全軍覆沒。我住的地穴裡，晚上還睡得滿滿的，半夜裡一個接一個被拖了出去，第二天醒來一看，一大片人沒有了。大量死亡的原因是：饑餓、絕望、寒冷。那個時候，人們都絕望了，只等著一死了之。現在，還有人認為我們就是右派，人們說，國家都給右派平反了，你怎麼還將這些被錯劃為右派的同志當成右派呢？這沒辦法，這些人始終擺不脫當年反右的陰影。

我的情況比那裡大多數人要好一些。一是我年輕；二是我瘦小，勞動量相對小一些；三是我父母經常給我寄東西，有炒麵、葡萄糖、乾饃、炒黃豆。因為我是獨生子，母子相依為命，我一死，母親他們也活不了。母親在明水灘大量死人時，冒著風雪千里迢迢來看我，她帶來了很多吃的東西，不然再過幾天我也就沒命了。她來後找了趙來苟，趙幹事讓她見了我。我掙扎著起來與母親說了幾句話。我問父親怎麼樣？然後催母親趕快去搭順車走了。沒有多說話，母親只問：「你什麼時候能回來？」我不知道怎麼去回答母親，只有哄她快走，讓她悲痛欲絕的心裡多一絲安慰。母親當時自己挨餓，卻從嘴裡一口口省出來一些乾饃，炒了些熟面，救了我的命，我不知用什麼來感謝母親和父親對我的愛。

農場黨支部書記梁步雲曾經直接去找那位炙手可熱、大紅大紫的安振書記，向他告急求援。儘管夾邊溝、明水灘已屍橫遍野，隨時都在死人，可是這位權貴在梁書記苦苦哀求之下，仍然無動於衷，不耐煩地說：「死幾個犯人怕啥？幹社會主義哪有不死人的？你尻子鬆了嗎？」這樣，我們就陷入了絕境。

一九六〇年十二月，錢瑛和中央工作組到了明水。我記得錢瑛來後不幾天，大轎車就將我們拉到了鹹泉子高臺農場一個教室裡。好像有三十多人，拉了幾趟不太清楚。此時，我們就可以吃上白麵饅頭喝上乾蘿蔔葉子煮成的湯菜了，伙食好多了。走不成路的人給注射了葡萄糖水。有幾個上海來的女孩子成天照護著我們。接著，農場幹部立馬讓我們給家裡寫信，叫家屬趕快接我們回去。我父親當時從新疆哈密趕來接我時是一九六〇年十二月二十八日，我們坐火車在蘭州住了一夜，次日正好是一九六一年元旦。我們在蘭州久負盛名的悅賓樓搶了一個座位，父親站著我坐著一起吃了八兩麵的包穀麵發糕，喝了一碗熱氣騰騰的蘿蔔湯。這時，我不由得回想幾天前明水地獄般的日子，真感到恍若隔世似在夢中。

人們說，殺人償命，那麼夾邊溝幾千條人命誰來償呢？怎麼償呢？罪魁禍首是誰？後來都不了了之了。夾邊溝到底有多少不可告人的內情呢？黑幕後面隱藏著多少秘密呢？至今已經過去了半個世紀仍然被捂著、瞞著。

回想反右運動實在太可怕了，剛開始我們年輕氣盛少不更事，好像要為國家和民族獻出自己的一切。但誰也沒有料到後果有這麼慘重，為了幾句話竟整了二十多年。而且，這種影響並沒有因為一九七八年的改正而完全結束。雖然被打成右派的同志基本上都獲得了昭雪，恢復了名譽，恢復了黨籍和工作職務，有的甚至擔任了國家總理，可是對我們整個社會家庭以至我們每個人心理的影響不知還要延續多少年、多少代。

附文：

附蒲一葉給筆者的信：

趙老師：

近來好！您為了伸張正義，撥亂反正而四處奔走，歷經艱辛，實在令人感動，這裡謹向您表示親切的問候，並致崇高的敬意！

給您補充一點資料及照片，供參閱。

一、給我們定為「黄蜂」反黨集團的唯一依據，就是我們寫給市委的那八張大字報，現將底稿全文寄上（原件存市檔案館）。為什麼稱為「黄蜂」反黨集團呢？那是因為我們這八張大字報的落款為「共青團天水市委『黄蜂』」。當時大字報寫好後，想安一個筆名，匆忙之中我脫口而出「用個『黄蜂』吧！」，我認為黄蜂很厲害，卻沒想到「黄蜂」是有毒的。

二、後附的那張照片是我與李景沆老師的合影。

三、一九五七年九月中旬，團中央總書記胡耀邦同志率團赴莫斯科參加第六屆世界青年聯歡節之後，從新疆返回，在蘭州停留時，聽到天水市團委在反右中幾乎全軍覆沒的彙報後，當即向團省委書記申效曾等同志發問：「我們團的幹部都是各級黨委從各條戰線選拔上來的優秀分子，怎麼會有這麼多右派？這可能嗎？請你們瞭解一下！」（據當時《甘肅青年報》記者鐵矛來天水時給我們講的。）

四、我在夾邊溝能夠倖存下來的原因：一是年輕、未婚，身體瘦弱不能從事特重的勞動，消耗較小，而飯量自然也不大；二是思想負擔較輕，對前途一直抱著希望，心沒死，精神沒垮；三是無後顧之憂，家庭經濟狀況尚好，父親在鐵路局工作，母親在街道工作，家中只我一個孩子；四是母親在我幾次瀕臨絕境的關頭親自冒著風雪嚴寒，給我送來了救命的食物，如炒麵、炒黃豆、乾饃等。

五、我的個人簡歷：

一九三七年生，家中三口人（父母和我）。一九五五年高中畢業，因患心臟病未能參加高考，即於次年在團天水市委參加工作。

一九五七年五月下旬，本來要在西安醫學院作心臟手術，因為怕出危險，即趕回天水，不料卻迎來了更危險的時刻。

同年六月八日全國大張旗鼓地開始反右，我們卻在六月十一日開始興沖沖地大鳴大放幫助黨整風，一個個爭先恐後地跳入了陷阱。

一九五八年五月八日至一九六〇年十二月三十日在夾邊溝（一九六〇年初冬遷至明水農場）。

從夾邊溝被遣返回天水後，次年被摘掉「右派」帽子。

之後，曾在民政局、文教衛生局、環城公社、工商局、商委等處工作。一九九七年退休。退休前任商委業務科（保衛科）科長，兼工會主席。

現在，兒子們都已另立爐灶，有的遠在廣東安家。孫子孫女們有的上學，有的已開始工作。我和妻子二人一塊生活，大體平安無恙。不時回想起夾邊溝的經歷，就好像讀了一部驚險小說，甚有趣味，又想起反右時驚惶萬狀的情景，不由啞然失笑。

不知您還需要瞭解什麼情況，請告知為盼。

願大作早日問世，再創輝煌。

祝

春節好，全家幸福，萬事如意！

蒲一葉

二〇〇八年一月十一日

附文：

寫給天水市委的大字報：

向市委進一言

通過鳴放，我們感到全市黨的心臟——市委在危機中

劉（書銀）書記驕傲自滿，楊（俊川）書記缺乏修養

劉書記以功臣自居，自高自大，作報告就是誇功，不是延安時期的抗戰生活，就是太行山上的戰鬥歷程。講艱苦，以為自己走在頭裡，道學習又好為人師，彷彿馬列主義已經完全學通。作報告不求質量，信口開河，任意講來。出五關斬六將，講得津津有味，但每次超過時間，解決問題不大，浪費時間不少。

楊書記雖然提升不久，但架子的確十足，國民黨作風嚴重，以貴族老爺式的態度來對待幹部，隨便亂罵，有流氓習氣。罵某些幹部是「吃瞎帳的」、「吃公糧的」、「吃冤枉的」。彙報工作，故意不適當地扣數位、為難幹部，顯示自己的「才能」。罵二鄉鄉長說：「連黃世仁都不如，騎上馬收租子，橫行霸道。」難道我們的幹部真的在吃瞎帳嗎？真的連剝削成性、強姦婦女的黃世仁都不如嗎？每次彙報，輕則一場訓話，重則加以斥責，打擊基層幹部的積極性。在今年二月二日組織全市幹部宣傳預防腦脊髓膜炎時，楊書記在市人委禮堂對幹部說：「你們下去把尾巴夾緊，不要像瘟神爺一樣亂跑。」為什麼要侮辱幹部人格呢？從楊書記來說，如此缺乏共產主義道德修養，人們懷疑這樣的人能當領導嗎？

特權思想興風作浪，古怪事情層出不窮

領導利用職權為私人辦事。一般幹部夫妻調在一處工作要費九牛二虎之力，提意見還要受批判。而領導在愛人的工作調動卻隨心所欲。劉書記結婚後調到市人委不久，愛人即隨之前往。楊書記調到市委後，愛人也馬上到達市委。市委批評其他機關人浮於事，幹部不好好工作，但市委書記的愛人一年只工作二十八天，其餘時間就可以天天吃藥看病睡大覺。藉口有病卻能看電影，這難道不是吃瞎帳嗎？楊書記愛人還未從學校畢業，工作就在等待，而現在工作究竟如何呢？

書記診病驚動全市

市委書記去西安看病，愛人陪同前往，通訊員又隨駕侍候，市委辦公室也前去西安住了幾日，這不是誇耀威風嗎？書記就能夠這樣隨便浪費人力嗎？在西安四十餘日後起程返回前，從西安發來長途電報，市委的秘書們就以一輛新發來的吉普車前往迎接書記並夫人，這難道不是古今奇事嗎？

變相的貪污，巧妙的盜竊

領導在利用職權將大批的幹部生活補助費收入自己的腰包，任意揮霍，隨意使用，顯得痛快淋漓。從一九五六年年六月到一九五七年五月，就有四十三個幹部得到了一百五十至一百七十元的生活補助費，補助費的多少和官的大小成正比。楊書記夫婦每月收入一百六十餘元，每人平均四十元，但這次補助就是一百元；劉書記夫婦每月收入二百多元，每人平均一百〇二元，但也補助了一百元。當這些大員們盡情揮霍國家財產的時候，多少市民、多少幹部正受著生活的脅迫、忍受著饑餓的煎熬。如一個民辦小學教師每天只吃兩頓飯卻得不到補助。

身為文教部副部長的王甫，用補助作了一件美觀的皮大衣，披在身上感到舒坦而幸福的時候，自由路小學馬老師卻因為沒有棉衣過冬，忍受著嚴寒的侵襲。請問，這難道是合理的嗎？

王保正之死

一位剛從黨校回來的幹部王保正，吊死在市委的樹上結束了匆匆的一生。市委領導對他的死覺得就那麼一回事，不追究自殺原因。當市委擴大會上有人提出意見，劉書記卻高談共產黨員自殺就是背叛革命。但王保正為什麼會自殺？是不是與工作分配不適當，受到刺激而自殺，領導上的官僚主義不是一個原因嗎？

很特殊

市委領導叫別人艱苦樸素，吃苦在前享受在後，然而他們自己卻可以隨心所欲地過幸福生活；教育別人要積極參加組織生活，而首長們自己卻可以隨便；要求別人進行思想檢查，而市委委員們卻沒有一個作自我檢查的。我們不明白，領導上果真特別嗎？

提拔幹部隨心所欲，黨的政策拋在腦後

把德才兼備的幹部提到適當的崗位上是作好工作的需要之一。

市委領導提拔幹部忽視了德才二字。能說會道、阿諛奉承者則步步高升，忠實于黨的工作者卻不能重用。劉宇東因為巴結楊書記，由秘書升為辦公室主任。楊罵幹部是大少爺，劉則跟著說是盧世寬。王甫在小學工作時作風惡劣，對女教師嬉皮笑臉，行為放蕩，但因為會說，則由文教科長升為文教部副部長。同樣的將鐵匠出身的孫興中提拔為領導幹部學習馬列主義、宣傳黨的政策、向群眾進行教育工作的宣傳部長，職務和能力多不相稱啊！何鎮伯驕傲自滿，工作並不好，就因為能奉承丁書記，一躍而為副市長。

發展黨員，私人感情用事

團市委的幹部XXX（女）本來不夠黨員條件，但因和市委組織部XXX談戀愛，就以組織部的名義督促團市委的支部匆匆討論通過入黨。張清泉關係未轉到團市委，卻參加舉手通過。後來討論了三次才吸收入黨。黨的原則到哪裡去了？惠彥雲表現平常，距黨員水平很遠，但因為是何鎮伯的夫人，丁書記就催促草草吸收入黨。這能叫做為革命負責嗎？

是領導不學無術，有特權可以驕傲

市委的不少領導幹部不學無術，不精業務，不知如何提高水準，但卻驕傲得不可一世。孫興中原搞文教工作，連學校教育的全面發展方針都理解不夠，做報告質量很差，說明不了問題，反而神氣十足，披著衣服、吸著紙煙教訓人。劉宇東無學識、無專長，只會說漂亮話而已。市委某些部長不叫職務還不高興。辛開元不叫主任還不行。去年在籌備先進生產者代表會議時，因準備工作沒做好，會議延期三次，最後因大會報告未寫成又順延十餘天。

大少爺作風的由來

市委領導者經常板起面孔批判幹部的大少爺作風，訓斥別人、教訓別人，但他們並不深入下去工作，工作忙亂被動，沒有條理，會議和文件把他們包圍了起來。就以農村工作來講，下去幹部不少，骨幹也強，書記部長親自負責，市上各單位大力給予物力和人力支援，但結果搞得並不好，而常常受批評。呂二溝是全區水土保持重點區，人家搞了好幾年，而且登上了報紙，市委才知道和重視了。檢查幹部的大少爺作風，應該先從市委開刀。

青婦工作無人過問

市委對青年和婦女工作，從未在市委會議上研究討論，送上計畫又不表示態度、不作指示。從去年以來黨中央政治局、省、地方都研究團的工作並作指示，但市委從未過問。對青年的獨立活動不支持，青年宣傳隊演出《劉胡蘭》後的座談會上，幾次請劉書記都不參加。「六一」少先隊檢閱，請楊書記參加，楊架子十足不願參加，而地委吳書記卻能參加，平時只是要數位、要材料，根本不重視團組織的助手作用。

市委面臨著危機，轉化成為官僚主義機構的可能性正在成長。我們每個人以一顆革命者的良心，不能不為天水市的工作憂慮。天水市委向何處去。

共青團天水市委「黄蜂」

一九五七年六月十七日

甘肅省天水市團市委部分幹部：王文斌、仲同聖、雷俊峰、蒲一葉、張淑英。前蹲者為孫殿福。攝於1957年2月共青團天水市委。

邢德

找到邢德的家頗費了一番周折，上了一個大坡到他家後他卻不在家。於是，只有在他家門上等候。大約過了半個多小時，他拄著拐棍從石階上走了上來。筆者做了自我介紹後，他就拉住筆者的手從院裡進了他的家門。

邢德

我生於一九二二年五月七日，北京市人。原在北京市市立三中二年級學習，「七七」事變後輟學。一九四六年前，我在國民黨軍隊平涼師管區當軍需官，當時的師管區司令是肖作霖，他重用我，調我當督導員。我查處了靜寧、隆德、莊浪國民黨駐軍貪污、擾民問題，有些團級頭目都受到了處分。後來，肖作霖調西安，又調來陝西籍司令張坤生，原來受過處分的幾個團級頭目恰恰也是陝西人。他們誣告我，給我造成威脅，於是，我棄職回了天水縣，在寶天鐵路天成公司當了會計，後又到舊政府稅務部門當了職員，直到天水解放被新政府錄用。我的正式工作時間是一九四九年八月十六日，通過短期政策培訓後，我被分到了工作隊，隨當時的領導王青華跟上解放軍解放徽縣、成縣、兩當縣。三個縣解放後，成立了三縣的稅務、銀行、鹽務局三個單位。

中華人民共和國成立後在甘肅省徽縣我任第一任稅務局長，當了三年。徽縣有個隴南地下黨，其黨員有排外思想，於是我在一九五二年調天水地區稅務局工作。在「三反」、「五反」運動中，我任「打虎隊」隊長，天水市五反委員會工作中我任第一大隊大隊長。在此期間我查處過原天水光華火柴公司、安仁大藥房等偷稅漏稅問題。一九五四年，上級組織從政治上對我的歷史問題進行了調查甄別，結論為「可以留用」。其後，一九五五年我又被調到了天水市稅務局。一九五六年年天水市成立五金、交電、化工、民用二級站。因為，我學過成本會計，在天水市會計訓練班任教員，對象高級店員，兼任稅務系統查帳工作。在市工會裡，我培訓過很多期財務人員。一九五六年年，成立天水五金交化站時，我調到天水五金公司二級站從事財會工作。我是組建並擔任財務統計科科長。因單位有人貪污行為，被我查處，為此我和有些中層幹部結下了怨恨。

反右運動中，上級下達反右指標，我被列為指標對象。一九五八年因我在清查運動中交代了自己的歷史問題，將我以歷史反革命分子于一九五八年四月送到了夾邊溝農場勞動教養。

我先在夾邊溝總場的伙房裡，後又轉到新添墩作業站伙房裡做飯，一九五九年任伙房的組長。後來成立了病號灶、農業灶、基建灶、幹部灶，我在裡面幹得都很好。

我在伙房裡時主要可以偷著吃些東西。伙房裡六、七個人領菜、領麵、蒸饅頭，別人吃什麼，我們也吃什麼，但可以多吃一點。我們這些大師傅，主要晚上偷著吃，白天吃飯做個樣子。

一九六〇年，我到嚴管隊伙房裡當組長。此時，我在幹部灶幫過幾頓。但是，這時候伙房裡被管教幹部監視著，再也偷著吃不上了。因為我比較胖，打飯最公道了，所以，犯人們讓我給他們打飯，叫我為「邱什卡」；「邱什卡」是俄語裡的豬。我在伙房裡當大師傅都浮腫了幾次，別人怎麼不餓死呢？後來到了高臺縣明水大河農場時，我仍然在伙房，最後釋放大家回家時，我還給大家做了一頓糊糊飯。

我沒有埋過死人，冬天時分四個病室，快天亮時，一明一黑的時候，三點多鍾就開始死人了。死了的人用單子一裹，兩頭一捆，兩個人提上抬出去，一堆一堆地扔到外面。我在新添墩作業站和明水時，我老婆各看過我一次。

副場長劉振玉在一九五八年的一次講話中說，列寧說過為了達到革命的目的，可以不擇一切手段，槍斃人還要浪費一顆子彈呢。聽了這話當時我就想，這話再明白不過了，就是要讓我們死在這裡哩。後來果然如此，他們就是要讓這些人死在這裡哩。我印象最深的就是把我們這些人根本不當人看，說的是敵我矛盾按人民內部矛盾對待，實際上就是把我們按敵人對待。

我那時發現，發好了的麵，幹部們用鐵鍁挖了拿去自己做著吃。而犯人經常也有人到伙房來偷吃的。因為我們用的是汽燈，蒸汽冒著有時候看不見人，犯人們生的、熟的都偷著吃。

我在天水稅務局工作時，有個天水專區秘書叫袁克義，他也到了夾邊溝。當時，我在新添墩作業站，他在總場農業隊。有一次袁克義給我帶條子，說念我們過去的情誼，讓我給他弄一些鹽，我沒有給他，我說你已經浮腫了，給你鹽相當於給你毒藥，會加速你的死亡的，所以，我沒有給他。因為，我想這樣會把他害死的。我記得李景沆的老婆看他去，帶來的大油讓人給偷了，李景沆當時哭了。那個時候呀，人已經餓瘋了，吃的東西互相偷。

說到這裡他停了一下。接著說道：

因為現在共產黨還給我發養老費呢，所以，很多事情我不敢說呀。太慘了！太殘酷了！人死得太慘了！我幸好在伙房裡才沒有被餓死，不然我也早就沒命了。一九六一年，我隨同天水二十多個倖存者一同返回了天水。

趙振芳攝於1956年

趙振芳

在天水市時主要是由趙振芳陪筆者進行採訪的，他熱情開朗。他的女人也很好客，支持他。在他的幫助下筆者得以順利地完成了天水地區的採訪工作。

我生在一九二六年農曆的十月十九，陝西省漢中洋縣人。一九四三年，我在省立西安一中初中畢業，然後到西安國立七中第一分校師範部學習。隨後我就被抓了壯丁，但在途中我瞅了個機會跑了出來。跑出來後我就考入了寶雞陸軍特種兵軍官學校學習，日本人投降後，因為母親病重，我就回了家，再沒有回到軍官學校去。接著，我就在寶雞新市鎮中心小學當教師，後來又到汗幹水鄉中心小學教書。

一九五七年，先是大鳴大放幫助共產黨整風，讓給領導提意見。我當時是天水地區中國人民保險公司天水中心支公司的業務股長，我就給領導提了些關於生活作風的意見，可沒想到緊接著就是反右派運動。認為我攻擊黨，我說我沒有反黨呀？他們說黨離開了具體的人就成了空架子，你反對黨的領導幹部就是反黨。我就是在天水地區中國人民保險公司天水中心支公司被打成了右派分子的。

一九五八年五月處理下來了，將我定性為右派分子，保留公職，送夾邊溝農場勞動教養。當時告訴我，如果不願意去，可以自謀生路。於是，我就回了老家。我回家後看到鄉間大煉鋼鐵，農民已經吃不飽肚子了。我們回來說了看到的情況後，就將我和妻子蘆芳倩、還有一個部隊轉業的湖南人賀紹雄打成了反黨集團。妻子蘆芳倩被定為中右，賀紹雄給戴了右派分子帽子。

一九五八年中秋節以前我們到了夾邊溝農場，我們一起去了十二個人，教師最多。我妻子蘆芳倩被下放到甘肅省清水縣去當教師。我們這十二個人裡活著回來了五個人，這五個人是蘭景榮（廣西人，天水市服務公司的，轉業軍人被打成右派分子的）、谷惠民（河北人，天水市第三中學教師）、周孝禮（天水市人，逃跑了出來，到了青海）、牛化岐（陝西人，天水醫藥公司的），還有我。

剛進場到了夾邊溝，眼望白茫茫的一片戈壁沙漠，蘆葦草長得很多，真是不毛之地。我被分配到了場部基建隊，蘭大副校長陳時偉也在基建隊，我在基建大隊二隊。陳時偉和我一個隊，每天不讓他勞動，讓他記工分。我們挖排鹹溝、修毛渠、割蘆葦。割蘆葦是為了將蘆葦草賣給造紙廠。那裡有個北大河，河邊上有大片的蘆葦地，北大河水從祁連山流出來到金塔縣，入了沙漠。

幹了三個月後，場裡把我們抽出來去大煉鋼鐵，這時已到了冬季。我們從張掖梨園鐵礦進到祁連山去挖鐵礦石，挖了整整一個冬天。回來後，我又到高臺縣石膏山挖石膏，挖了兩個月。在此期間，天水市建設路第一小學校長張修被石膏山滑坡後壓死了。一九五九年八、九月份，我又到清水堡清水車站給導彈發射基地挖沙子、挖石頭，挖好後往火車上裝車。當時，場裡糧食緊張，部隊給我們補貼一些糧食，由於勞動強度特別大，我們還是吃不飽。一九五九年冬天在北大河挖石頭，還是供發射基地修建用。我記得傅作義部下鐵道兵團鐵甲列車大隊長趙育才（趙振英）那時不到六十歲，可是他在夾邊溝就算年紀大的了，也死在夾邊溝。另外，傅作義的弟弟傅作恭，這個打成右派分子的林業專家是在一九六〇年死的。一九六〇年初，我的肺結核病犯了，於是讓我幹一些輕體力的勞動。可是，吃得卻越來越差，每日裡只喝一些糊糊湯。病重得厲害後，我就躺在大炕上起不來了。病房裡一個挨一個，一個房子裡睡著三、四十個人。緊挨我睡的是天水一中的王錦老師。王錦老師對我說：「我餓得很呀，老趙你給我要些糊糊去呀！」當我要了一些糊糊來後，他卻死了，他就死在了我的身旁。可惜呀！王錦老師是我們天水最好的老師。

剛到農場時，糧食由酒泉地區供應，還可以勉強吃飽。可是到了一九五八年底，上面來了指示，勞改、勞教人員國家不給供應，要自給自足，所以，夾邊溝農場的犯人就開始了餓肚子，發展到以後大量的死人。人死了後被裝到大軲轆車上用人拉，車上一次裝三、四個人。埋死人的一次可加兩瓢糊糊湯，或者加一個包穀麵卷野菜的饃。有時候，我們一晚上要埋六、七個人。

唉，我們受下的罪真是一言難盡！有些人餓得太厲害，家裡寄些吃的來後，死命地吃給撐死了。那個時候，場裡採取的辦法是以右治右，有些右派為了表現自己，早日解除勞教簡直是不擇手段。有個蘭州鐵路局的勞教人員，打了我一頓，這個人當上了小隊長。我當時想到過自殺、也想跑，可是，看守得太緊，跑不了。另外，我們確實時時抱有幻想，都想為了解除勞教、早日回到單位，跑了害怕影響不好。有知識的人有時候很愚，個個都很自覺，所以，夾邊溝有知識的右派分子幾乎沒有活過來幾個。

搶救人命時，我愛人從天水地委組織部開了介紹信，來農場裡接我這個浮腫很厲害的人。我記得很清楚，這一天是一九六〇年十二月二十日。

趙鐵民

趙鐵民

與趙鐵民老師是用電話先聯繫的，到了他的家裡還沒與他談話，他就哽咽著泣不成聲了。

我生於一九二六年十一月五日，河北省張家口人。一九四六年因為成績優秀，被學校保送到北京大學數理系學習，一九五〇年畢業。

我畢業後先被分配到北京外貿部工作，一九五一年支援大西北，到天水鐵路職工子弟中學去教數學。由於我一來就教高中，而且爭強好勝，加之學生對我崇拜、尊敬，所以，引起了一些人的嫉妒，另外，當時自己年輕氣盛，說話不注意得罪了一些人。

一九五七年時，學校劃了兩個右派分子，一個是物理教員楊國俊，另一個是教地理的副教導主任李立楷。李立楷是陝西人。這兩個人都是一九五七年被送到甘肅省河西走廊的勞改農場的，而且，都死在了勞改農場裡面。接著，學校團委對老師們不放心，派學生監視老師，像一個個便衣警察。後來，學校因為上面下達的任務完成不了，缺一個名額，於是，學校就投票選舉了我，說我與學生談戀愛。當時，學校領導找我談話，說你不是想到下面鍛煉嘛，有個好地方，你去後半年就可以回來原當你的老師，怎麼樣？我想還可以回來，真不錯，我要在哪裡摔倒還要在哪裡爬起來，於是我就堅決要求到那個好地方去。而且，走以前我還不斷催著組織上能讓我趕快走。

到了夾邊溝農場，才知道那是個勞教農場。我想是不是讓我送我們學校的事務員王之門的，當我要走時他們說，你也是被勞動教養的。

我在夾邊溝農場的一個大草房裡住了下來。這時，一個人盯著我說道：「老趙，你怎麼也來了？」我一看原來是天水一中的副校長任繼文，沒想到我與他在這裡成了患難之友。

到了夾邊溝，我與李景沆關係很好，因為我們兩人都教數學，他教三角，我教幾何，我們兩人都在天水市作過數學教學的公開課，都是天水市數學教學的佼佼者。另外一個認識的是董晴野，他在天水市文化館被打成了右派分子。

剛到夾邊溝時，農場吹牛不要國家的糧食，糧食要自給自足，可沒過多少時間，到了一九五九年就開始喝糊糊湯了。那裡的麥子長得很短，麥穗上只有兩三粒麥子，哪能夠自給自足呢？我到新添墩基建隊沒有幾天，就去到嘉峪關栽電線杆，還到清水北大河挖鋪路的沙子。

一九五九年春耕以後就開始死人了。我見到的天水難友第一個死的是溫德清，這是天水鐵路中學的外語教師，是在清華大學畢業的。溫德清死前拉屎時，人就起不來了，我看他先扶住地，然後慢慢扶著牆站起。我看他胳膊細，腿子粗，人像個木頭人，死得很慘！我們那時種洋芋去時，就將洋芋籽種吃了；種葵花時，把葵花籽芯吃了，把皮子種在地裡。那時，有很多女人拼命去救自己的男人，陳時偉的妻子左宗杞當年曾經說過，「我就是把家當花完，也要讓老陳活著回去。」所以她經常給陳時偉送來吃的。

我們都是被組織上騙去的，剛去時都想半年就可以回家，可是，過了一兩年還沒有一點放我們回去的跡象，而且，好好的人一個個的都死去了，人們就感到遙遙無期，前途渺茫。大家從希望變到失望，又從失望變到徹底的絕望。精神整個兒垮了，又餓垮了身體，人就一天天推日子，去等著死了。那時，天天喝的糊糊能看見自己的影子。有個從東北來的女人，聽說他的男人已經死了，哭嚎著說，我也不活了，我就死在這裡，給我定個罪吧。場裡就勸她回去，她最後說你們答應我的要求，給我香、紙，我燒了後就回去，場裡後來就答應了。當時她哭，我們也哭，我們把冤屈和苦水都哭了出來。

有個姓高的人來看他的兄弟，來後他的兄弟已經死了，他走時我把他送了一段路，他就將十幾個饅頭、二十斤糧票、兩斤多炒麵給了我。我給他磕了頭，就是這些吃的在我最困難的時候救了我的命，讓我吃了一個多星期。

在高臺明水時，每天都大量死人，死了的人堆到門外，場裡就把地窩子、洞穴裡活的人集中到另一個地窩子，再死再集中，經常這樣集中轉移。人啊，在堅強時那樣的堅強，脆弱的時候卻是那樣的脆弱，人的生命太脆弱了。

一次我偶然收到了一包寄來的東西，於是，我就向北京我的姐姐求救，向張家口的老丈人、姐姐和弟弟要吃的。這樣，他們隔三差五給我寄來些東西。有時雞蛋煮熟寄來都臭了。我當時有個信念，我覺得我死不了。

我第一次逃跑是一九五九年四、五月份，我一直走到清水車站，人家一開門我就爬了上去，沒想到正好碰上了閆幹事，他朝我走來，給我戴上手銬將我抓了回去。

但是我想，要想活命必須再逃跑，在這裡必死無疑。一九六〇年我從高臺縣明水灘跑了，但火車來後我根本上不去了，我記得很清楚是一個女列車員扶著我上了車。上了車她要我買票，我說我沒有錢。她一看我是一個文雅的念書人，於是她不但沒讓我買票還給我吃了饃。這些記憶我至今仍然歷歷在目。

我逃到北京後，姐姐對我說，你是我弟弟，留你吧怕居委會的人發現，不留你吧，你是我的親弟弟。姐姐說了這個話我就到門前兩個食堂去乞討要飯，別人剩下的東西我撿來吃，有時吃不完還拿回去慢慢吃。這樣僅僅一個月我就能騎自行車了，於是我就騎上自行車到很多食堂去要飯。過了些日子，我在北京聽到消息，中央正在瞭解甘肅夾邊溝的情況。所以，我在一九六〇年十一月份原返回了高臺縣明水大河農場，去後發現還沒餓到動不了的人在洞穴門口土坡上抓蝨子、曬太陽。我去後農場也沒有對我怎麼樣，但很快釋放我們的命令就下來了，有些人聽到命令激動得高興死了，而且由於激動死了一大批人。一九六一年二月份，大兒子把我從高臺縣接了回去。

到了天水後，我已經沒了單位，我所在的原單位已經搬到烏魯木齊去了。上面就給我介紹工作，讓我到車站去接受收容人員，我沒有去，這樣每月就給我三十元的生活費，一直給了一兩年就不給了。於是我為了生活，挖過野菜、在貨場裡背過糧食、做過小工，一九六二年至一九七四年我用架子車拉土坯、到河壩裡拉沙子和石頭，總之，沒有吃的苦都讓我給吃盡了。我從一九七五年至一九七九年，到原單位跑了三十二次，要求給我平反，落實政策，恢復我的工作。可是至到一九七九年才對我的問題進行了平反改正。

趙鐵民近照

宋守勤攝於1957年

宋守勤

與宋守勤聯繫後，他答應得很痛快，欣然說可以接受採訪，而且說要自己來。他到了筆者家裡，穿著一件紅色的夾克衫，曾經是舞蹈演員的他，身材精瘦麻利，眼睛炯炯有神，看上去是那樣的年輕。他現在是中國戲劇家協會會員、中國電視劇藝術家協會會員、青海省第一屆電視劇藝術家協會理事。

我一九三六年三月出生在濟南市齊魯醫院，河北省唐山市人，漢族。我的父親宋汝舟為西蘭公路工程師，一九三七年濟南淪陷後我隨父親到了唐山市，一九四三年又從唐山到了甘肅。我是一九四四年入陝西省耀縣扶輪小學上學的，一九四八年又上了陝西省蔡家坡扶輪中學（現為西安市鐵路一中），一九五一年畢業。我在一九五一年考入西北公安幹校，畢業後分配到西北公安政治部文工團，為舞蹈演員。一九五五年公安政治部文工團撤銷後，調入公安文工團。因為，我在學習彙報會上說當時主持會議的主席獨裁，但卻將我的這話斷章取義為「主席專制獨裁」放進了我的檔案裡，所以將我從北京文工團退了回來。一九五五年五月一日，有關部門將我的這句話審查清楚後，將我調到了蘭州軍區文工團，為副排級。一直到一九五九年，我一直在蘭州軍區文工團舞蹈隊當演員。

一九五八年藏民造反時，我們被調去平叛。當時，打得很殘酷，一個村一個部落人幾乎被全部打死了。我跟著部隊從甘肅一直打到了青海。這個時候主要是走路非常辛苦，與我關係很好的戰友楊文生被打死了。楊文生的犧牲與我們的隊長李戰山有直接關係，但他卻說，我們隊裡出了一個烈士。我聽後很生氣，我說，拿別人的鮮血去染紅了自己的帽頂子。

我們當時只知道燒了藏民的寺院將銅鐵交到上面，而不清楚社會上的形勢。可是，這個時候部隊裡已經開始了反右傾，要在部隊裡抓小彭德懷。隊長李戰山就說我反黨，說我反對他就是反對軍區領導，反對軍區領導就是反對中央軍委，反對中央軍委就是反對毛主席。因為，毛主席領導著中央軍委，中央軍委領導著軍區領導，軍區領導領導著我，所以，他就給我下結論我就是反對毛主席。李戰山還說他們已經看了我的檔案，說我早就有反對毛主席的言論。於是，進行車輪戰，對我輪流批鬥，讓我承認反黨反社會主義、反對毛主席的罪行。最後把我打成反黨小集團的骨幹軍師。一九五九年十二月一日，正式宣佈定我為右傾機會主義分子、階級異己分子，開除我和趙淼的軍籍、共青團團籍，送夾邊溝農場勞動教養。而我是一九五九年二月六日結的婚，大姑娘十一月十二日才出生，十二月份我就到了夾邊溝。

我一九五九年十二月一日離開了我戰鬥和工作的蘭州軍區文工團，離開了我的各位戰友，被押送往夾邊溝。當時，我們一同到夾邊溝去了五個人：一個是營教導員，山東人，在當年蘭州市雁灘放衛星時，他說：「你們別光看好的，你們怎麼沒有看到豬娃子餓得吱吱叫。」。於是，他被打成了右傾機會主義分子，就因為這個原因送到了夾邊溝；一個是連指導員；再就是我和趙淼，還有一個部隊使用的工人。是三個戰士押送我們去的。我們走的時候文工團食堂管理員給我們拿了幾個餅子讓我們帶到路上吃。這個食堂管理員是個好人，他知道這個時候吃的比什麼都重要。到了酒泉，我們先去了勞改局，然後用拖拉機送我們到了夾邊溝。

到了夾邊溝，我和趙淼被分到了基建隊，隊長姓薛，是個瘸子。我們的班長是西北師範學院中文系的教師朱金慶，這個人不錯。我們班裡有西北師範學院馬列教研室的王烈駿。還有一個西北師範學院外語系畢業的朱軍，這個人五短身材，個子不高，是個秦腔業餘愛好者，在蘭州市很有名氣，習仲勳當年看他的秦腔演出時，他說了幾句英語，習仲勳很不高興，後來被打成了右派分子；朱軍有潔癖，為了乾淨，夾邊溝時他一個人在門口睡；他的老婆是蘭醫二院的大夫，來夾邊溝看他時他躺在病房裡，他將老婆帶來的兩斤點心一晚上吃完後，給撐死了。另外，我們班上還有一個華明，這個人是公安系統的，是原酒泉一個最大勞改農場的政治部主任。我們班裡此時敢說話的也只有這個華明了。

到了這個班以後，我買了一個盆子來打飯，我每次喝不了那麼大一盆子糊糊湯，朱金慶就到我的跟前要，我們每次吃完飯都把盆子舔得乾乾淨淨。我們此時都抱著一種贖罪的心情，為了母親，為了妻子，為了孩子和家人，我們必須好好改造，所以，我們個個都表現得特別積極，壞脾氣和性格都變了。

緊接著春節就要到了，我們這個時候也能咽下這裡的飯菜了。可在這冷月寒天裡仍然不休息，挖排鹹溝。這種排鹹溝寬十五米，兩三個人深，有南乾溝、北乾溝。小的排鹹溝像蜘蛛網一樣，還有毛渠。大家你追我趕，天天晚上向場部報喜。我和趙淼都被抽去搞宣傳隊。我是歌舞，朱軍是秦腔。當時宣傳隊裡有四個女的，我和閔惠平演《小拜年》二人轉。其中快板是我說的，裡面有「南乾溝，北乾溝，溝溝都是我們修」。

趙淼是我的戰友，我們關係很好，也是我們反黨集團分子之一。趙淼來夾邊溝以前一直供他妹妹上學，可他到了夾邊溝以後妹妹嫁了人，而且再也沒有了妹妹的消息。趙淼來夾邊溝以前一直和西北師範學院的學生黎曉珍談戀愛，兩人愛得死去活來，但到了夾邊溝再也沒了她的消息。他後來找了我，他說他對不起他的父親。趙淼的父親原來是傅作義手下的一個營長，起義後帶著兩把槍回了家，後來他的父親將槍扔進了水井裡。趙淼參軍後，在一九五三年鎮壓反革命時檢舉了他的父親，立了三等功。可是，他的父親由於他的揭發給判了二十年的徒刑。

趙淼在臨死時告訴我，說他對不起他的父親，對不起他的妹妹。他說，你還有個家、有親人、還有人給你送來吃的，我什麼都沒有了。我現在想起來，趙淼這個人很單純，他是一個很聽黨的話的人，黨叫他揭發他爸爸，他揭發了自己的親生父親；黨讓他平叛，他表現得很勇敢積極，立了三等功；他是蘭州軍區戰鬥文工團舞蹈隊團支部委員。在蘭州軍區文工團時就死練功，來夾邊溝前留下了他的一輛「白山」牌自行車和一個「美多」牌收音機，羅馬手錶他帶了來。

趙淼後來死在高臺縣明水灘，他死後這塊羅馬牌手錶也找不見了。趙淼的妹妹十三歲嫁給了公社糧食局幹部，當時就是為了給哥哥湊東西吃，後來他妹妹找不到了，不知是餓死了還是另有原因，趙淼後來平反按烈士處理時，單位將他妹妹一直沒有找到。我記得他堂哥叫趙嘉興，是甘肅省話劇團搞道具的。

夾邊溝有個專門發死人財的寄賣所，經常將勞教人員們的貴重東西低價收進去。收後錢不完全給犯人，只給十元錢，其餘的存到摺子上，但很多人死後，錢和東西都沒有了下落。有一個汽車司機是四川人，專門跑西藏的，由於他跑西藏違反了政策，送到了夾邊溝。他跑西藏存下了好多歐米茄的手錶，人死後這些錶都不見了。

蘭州越劇團有個拉二胡的，上海人，也送到了夾邊溝。因為，越劇團多是女的，他是男的，將他以壞分子送了去。由於他原來沒有勞動過，勞動時起不來了，管教幹部讓人們把他的手腳捆上，抬到了工地上，最後還是死在了夾邊溝。

甘肅省戲劇研究室有個姓王的，陝西人，戴著眼鏡，高度的近視眼，剛大學畢業就被打成了右派分子，也死在了高臺縣明水灘。

蘭州鐵路局有個姓潘的，不孝順父母，打了母親一個嘴巴。他母親將他告了，派出所將他送到了夾邊溝。他母親後來非常後悔，到了派出所給民警下跪求情，說我不告了，兒子沒有打我，我是胡說的。派出所說，夾邊溝不屬於我們管，去了我們再沒有辦法。這個人後來逃了出去，他母親卻因為這件事情傷心而死了。

華明那時愛說些實話。他說，當年修建蘭新鐵路時死了很多人，蘭新鐵路是用勞改犯的白骨堆起來的。他後來跑了。因為場裡知道他要跑，那天晚上將他和另外一個人銬在一起，後來他們兩人同時跑了。第二天，只找見了銬子，可是人再也沒有找見。

有個蘭州大學的大學生，十八、九歲的年紀，四川人。他是四川省考到蘭州的狀元，不是化學系就是物理系的。他剃著光頭，和集中營裡的犯人一模一樣。他說：「我是吃黨、喝黨，又反黨的，是黨用乳汁把我餵大，可是，我又反黨。」所以，這個學生心理壓力特別大，最後死在了夾邊溝。

我之所以沒有死，一個原因是我的肚子不大、飯量小，還有一個原因是我去的時間比較遲，勞動時間短。我和王志一起出來的，比王志遲一天。那個時候最痛苦的不是死，而是餓，我餓得不行以後，就給我愛人寫信要吃的。我愛人李潤媛就帶了一皮箱吃的，有兩小桶奶粉、一小桶煉乳，還有炒麵、饃饃。另外，還裝了一大包饃饃乾，饃饃乾是我媽媽一口一口省下來的。還有五、六塊點心。

夾邊溝的時候，每個星期有兩次到夾邊溝郵局領包裹。我們每次去領包裹的都有三四百人在那裡等，可是，每次領到包裹的頂多也只有二三十人。晚上下工後七八點到郵局去，不叫到最後一個人，大家是不會走的。拿到包裹的人興奮萬分，拿不到包裹的人沮喪痛苦，精神上受到很大刺激。

我記得有這麼一句話：如果你改變不了環境，就讓環境去改變你。那個時候是一種生存競爭、較量，說不清楚誰是好人，誰是壞人，人人都為了活命而想盡一切辦法。我把我愛人帶來的煉乳送給了薛隊長。這樣我就被安排當了工具保管員和統計；這就讓我舒服了幾個月。為了生存的需要，我也學會了巴結領導。我再也不會說領導「拿別人的鮮血去染紅了自己的帽頂子」這樣的話了。我由於把煉乳送給了薛隊長，所以安排我當了工具保管員和統計，把別人搞了下來。後來，別人又用同樣的辦法把我的工具保管員和統計給搞掉了，而且因為失去這個舒服工作，我差點兒丟了性命。

我到高臺縣明水灘時，有個大師傅叫牛傑。每次到井裡挖水，我挖上幾鍬，可以加吃一勺糊糊，然後第二天再挖，再加著吃點東西。因為，我練跳舞時練過功，我可以做到，別人做不到。另外，我去埋死人，四個人去埋，每次埋完可以加半瓢糊糊飯。我看到餓成骷髏的犯人們在坡上曬太陽抓蝨子，此時，我就想起了德國納粹的集中營。

那時，每人一瓢糊糊湯，一個小窩頭。糊糊湯可以照見自己的影子。窩頭是用糜麵包穀麵混合做的，分稍大、中、小三個等級。等級都是跟據勞動表現每次由班長報上而分的。大家拿到窩頭後捨不得吃，等人們走後，放到火裡烤黃了慢慢一點點吃下去。在那個時候我們說得最多的就是吃，一說一兩個月，說到最好吃的還是媽媽做得紅燒肉好吃；另外，人在快死時最思念的還是自己的母親。現在人們才知道，要把生存放到第一位，不要把主義放在第一位，到了那個環境中才可分出好壞來。

人性善和惡是環境造成的，善和惡只有一步之遙。人在臨死前，才知道什麼人好什麼人壞。有個姓韓的回民，也吃豬肉；我問他怎麼也吃豬肉？他告訴我，先知穆罕默德說過人在危難時是可以吃豬肉的。他說他愛上了一個漢族女人，但現在那個漢族女人早把他忘了，還是他的那個原配回族女人好，她是最好的。他們單位有個人在大鳴大放開門整風時要發言，他老婆說，把你的嘴夾嚴，好好過你的舒服日子。現在看來，是他的老婆救了他，不然和我一樣。

毛澤東為了達到自己的目的不擇手段，打天下時用的都是些泥腿子，這些人素質很低，治天下時怎麼不將事情搞壞呢？

趙炳堃

對趙炳堃的採訪只進行了一半就中斷了，這主要是因為他身體虛弱，說話困難。

趙炳堃攝於1956年

我生於一九二二年農曆十一月初，屬狗，天水市人。一九四五年，我考入西北師範學院理化專業，一九四八年肄業。其後我在天水市第三中學任數學老師。我被劃成右派分子的主要原因有兩個，一是我曾經說過，共產黨的經是好經，讓歪嘴和尚念歪了。另外，我的家庭成分是地主。所以，當時單位人數湊不夠，完不成任務，我就被湊了單位右派分子名額任務，一九五七年被完任務劃成了右派分子。

我是一九五八年元月到了夾邊溝勞教農場的，一九六〇年初，因為我有修理機床的特長，被調到了蘭州新生機械廠（蘭州大沙坪監獄），專門修理機器。所以，我有幸活了下來，可是，我的同胞弟弟趙炳祿卻死在了夾邊溝。

周孝理

周孝理攝於2007年

我生於一九三一年農曆十二月二十三，天水市人。天水縣中初中二年級肄業。我由於一九五七年在天水市百貨公司給領導提了意見，單位上一些人抓住這些意見有意誇大，給我編了很多罪名，最終我被打成了右派分子，於一九五八年六月二十五日送到了夾邊溝農場進行勞動教養。去後我一直在場部基建隊勞動，先是挖排鹹溝，後來到清水栽電線杆。

場長劉振玉在一九五八年的一次講話中說，列寧說過為了達到革命的目的，可以不擇手段，槍斃人還要浪費一顆子彈呢。聽了這話我就心裡發毛，於是我暗暗下了逃跑的決心。後來我看到場裡的所作所為果然是這樣，他們要用饑餓和強體力勞動把我們這些右派分子用這樣一種辦法消滅在這裡。於是，我瞅準機會跑了。我逃跑的時間是一九六〇年初，是在清水扒火車跑到西安市的，這樣我就沒有去高臺縣明水，躲過了一劫，不然我是活不出來的。在西安市我被收容所收容了進去，送到了陝西省銅川的馬欄農場勞動教養，一九六三年才解除勞動教養放了出來。我不想再提起這些事了，太殘忍，我們這些右派死得太慘了！

提鍾政回訪當年受難的地方

提鍾政

準備採訪提鍾政有很長時間了，但總是陰差陽錯與他失之交臂。一天和鳳鳴來電話，說蘭州醫學院的鄒世敏老師與他有交往，可帶你去見他。

提鍾政人瘦小精悍，目光炯炯，說話聲音有些嘶啞，但風趣詼諧。提鍾政送給筆者一本他的《血淚驚魂夾邊溝》，並說他的血淚全在這裡面。

我生於一九二八年元月二十六日，父親是十六歲從滄州到天津打工來的，所以，我出生在天津。一九三七年在天津今是小學上學，一九四三年小學畢業。在小學時我好學、愛看書、愛寫東西，考試都為第一名。畢業後在日本人的東亞海運株式會社家屬宿舍當勤雜工（百役），主要從事燒鍋爐、燒澡堂、打掃庭院和廁所等勞役工作。

一九四五年八月，日本人投降後，我又在美海軍陸戰隊第一師臨時醫院當房間清潔工，一直到一九四七年。在此期間，我學習了日語、英語，我的日語和英語說得都很流利。一九四七年，我考取成為天津工人日報記者，就在這一年我成家結婚。後來又到青島美國在伍軍人俱樂部任侍者，主要幹跑堂端菜工作。

一九四九年四月，我考入華北大學。中華人民共和國成立後，分配我到《甘肅日報》當記者，接著又調到甘肅人民廣播電臺當記者、編輯、播音員，任甘肅新聞系統團支部書記。

一九五四年我在甘肅省和政縣寫了廣播通訊《好生活是從一九四九年開始的》。到夏河縣後，我還錄製了很多歌頌黨的藏族歌曲。那個時候我的積極性很高，我多麼想把青春熱血獻給我親愛的祖國。

一九五七年鳴放期間，我擔任單位鳴放小組領導成員，負責《鳴放簡報》委員會的工作。我到各個基層單位進行採訪，整理、發佈鳴放言論，擇其要點摘錄發表。當時，蘭州大學副校長陳時偉、西北師範學院副院長李化方、還有社會名流水梓等等我都採訪過。另外，我也在會上發過言，對肅反運動中的錯誤做法提了意見，認為肅反不尊重人權，在肅反中用的都是打手。對領導我也提了意見，認為他們中有些人有「順我者昌，逆我者亡」的作風。於是，在批鬥我的時候對我的這些右派言論進行了激烈批判。讓我每天挖豬圈、修技術室、燒鍋爐，幹一些雜役工作，不許我和任何人交談說話。

當時，我們甘肅人民廣播電臺被打成右派分子的有：提鍾政、王達、邢鶴、張亦銘、王化通。還有一個孫敬被打成了壞分子。

一九五八年十月，我被送到了夾邊溝農場基建隊五小隊；我們的小隊長是王成芝。那個時候我們勞動都很積極，都想早日回到人民的隊伍中去。我參加了青年突擊隊，晚上我們挑燈夜戰，雖是十一月份天氣，可是我赤膊上陣，衝鋒在前。另外，我自己親手刻印生產簡報，宣傳我們五小隊。

在搶救人命的時候，由於我頂撞了場長劉振玉，在宣佈遣送人員時，他將我卡了下來。於是，我將我的行李讓地質隊的人給帶了回去。而我則在一九六一年元月五日晚上逃跑了，我扒上一輛貨車到了張掖，然後從張掖轉車到了蘭州。到了蘭州我當天晚上就找了甘肅省廣播電臺臺長陸寰安，這樣第二天人事科就對我作了安排。

夾邊溝古今中外罕見。不僅是死人如麻，關鍵是對人在精神和肉體的摧殘令人髮指。我的心態好，那麼多人死了，可是我一直堅持著，始終嚮往著有一天從這地獄裡出去，我終於走出來了。

附文：

血淚驚魂夾邊溝（節選）

提鍾政

轉眼間到了一九五八年國慶。節前一天，電臺人事科突然找我談話。「你回去收拾一下，帶上行李，去夾邊溝勞動。」李玉龍科長對我語氣和緩地說；他是一位調到電臺不久的部隊轉業老同志。

「李科長，請告訴我，我是按哪一類處理？」我提出這個問題是想知道組織究竟是按第一類開除公職、勞動教養，還是第二類保留公職、監督勞動？李科長說是讓我去夾邊溝農場。我事先已經知道這是一座勞動教養農場。因為電臺在處理右派時，文藝部音樂組長邢鶴就是被送往夾邊溝農場勞動教養的。

「不要問這個了。你快去準備吧！今天晚上的火車。」李科長還是平平和和地向我說。「李科長，我有一個要求……。」我說。

「什麼要求？」他以為我答應今晚就走，臉上露出一絲笑容，親切地問我。「政策上不是有一條，可以『自謀生活』嗎？」我囁囁嚅嚅地小聲問道，同時用眼睛偷看他有什麼表示。「啊！自謀生活？」這位部隊時的大校，轉業後的科長滿臉不以為然的表情。「你想想，自謀生活就是脫離革命。那你還有什麼前途？你呀，也不想想，離開革命，離開組織，以後怎麼辦？」李科長以他長期革命的切身經驗向我真誠地啟發著。

是啊！我上革命大學，從遙遠的天津來到大西北，不就是為了革命嗎？假如我真的自謀生活，不就成了一個不革命的普通的老百姓了嗎？離開了革命隊伍，什麼理想都完了。我陷入了極端的矛盾之中。

李科長看到我默然不語，若有所思的樣子，趁熱打鐵地向我繼續啟發勸說：「要相信黨的政策，下去好好勞動，幾個月一年半載以後回來，再努力工作。你還年輕嘛！再說你已經是幾個孩子的父親了，也要為他們著想才對。」

我完全被李科長說服了。他說得對。要相信黨的政策：「懲前毖後，治病救人。」

我真的有一個小小的請求，我向他提出：「李科長，我去夾邊溝。可是，今天走太倉促了，我總要有幾天洗洗被子，收拾收拾，家裡也要安頓一下，您看可以嗎？」這時，李科長沉吟了一小會兒，說：

「可以考慮。幾天不行，臺裡決定『十一』以前一定要走。」

我想了想，今天是三十號了，一個下午，明天就是國慶節，十月一日，晚上十一點的火車，只有一天半的時間了，我還想有一點通融的可能，試著問：「科長，您看二號晚上走行嗎？」他面無表情斬釘截鐵地說：「這事我已經很為難了，就是『十一』走，我都不好向臺裡邊交代了，還不知道上邊准不准；別再爭了，就這樣！明天正好有個記者去河西採訪，一路上還有個伴兒照顧你。你現在就回家趕緊收拾一下。」

我昏昏然走出人事科辦公室，拖著沉重的腳步到了孩子保姆徐大媽家。大媽很驚異地看著我說：「喲，今天怎麼還不到中午就回來了？」「啊！放假了。」我不經考慮地漫應著。「等會兒瑩瑩媽下班回來再吃飯」大媽也沒在意我那副失魂落魄的樣子，仍在一個心思地縫著什麼。我一頭倒在床上，閉上眼想休息一下，緩一下我快要裂開的腦袋。千頭萬緒，好似一團亂麻，理不出個頭來。我去夾邊溝，妻能夠承受得了嗎？我走了以後，她一個人要負擔起除我之外幾個孩子和保姆的生活，這重擔她能擔得起嗎？她本來柔弱多病的身體，能接受這個嚴酷的現實嗎？她心眼小，肯定經受不了這麼大的打擊。

自從我被打成右派以後，妻內心裡是極為驚恐的。可對我是百般體貼，悉心呵護，看到我疲憊不堪的樣子，非常心疼。

我回憶起去年那天，我在電臺打雜，幫伙房揀菜、洗菜，提水燒火，忙活大傢伙晚上聚餐。我忙前跑後，好不容易收拾停當，已是晚間十點多了。我急忙返回家中。一進門，妻忙起身問道：「怎麼這麼晚才回來，我都快急死了！我以為出什麼事兒了，快坐下喘口氣兒吃飯。」說著她從廚房端來幾個小碟，一個一個打開，香噴噴的，有下酒的涼菜，還有紅燒肉、熬魚、炒芹菜，她回手又拿出一瓶紅葡萄酒。斟滿酒杯，桌上還有盒牡丹牌香煙。此時的我，積鬱滿腹的屈辱一下子都忘掉了。這溫馨的小屋，妻的一腔柔情愛心，給了我極大的安慰。啊！這內中包含著多麼巨大的鼓舞力量啊，還有什麼磨難能摧垮我呢？還有什麼劫數我不能挺過呢？

妻中午下班回來了，打斷了我甜蜜的回憶。她滿臉疑團：「今天怎麼這麼早就回來了？」我從床上急忙坐起，謊說臺裡國慶提前放假，她信以為真，就再也沒問什麼。下午，妻又去上班了。我滿心離緒，萬般別情，蒙頭大睡……

由於我的「右派」牽連了妻，組織上不讓她搞原來的工作。保姆徐大媽帶著我一歲多的小兒子，其他三個孩子因為我被停發了工資，只得送到北京的姥姥和天津的爺爺奶奶處，請老人替我們撫養。十歲的大女兒，一直生活在北京外祖父那裡。還在她一歲多的時候我就離開家，參加革命，到大西北工作，她現在是什麼樣子了？我只能靠想像了。

晚上回到了家。夜晚是多麼寧靜。在昏暗的燈光下，我與妻相對而坐，默默無言。此刻我心中一直在捉摸，用什麼話作開頭把組織上決定要我去夾邊溝的事告訴她，既不能讓她感到太突然，更不能嚇著她。於是，我以十分輕鬆的口吻提議：「明天是國慶日，咱倆上午去看場電影，然後到徐大媽家吃午飯，怎麼樣？」這多天來，妻從來沒有聽到我提說要看電影、聽戲這類輕鬆的話題了，便立即附和地說：「好啊，明天上午七裡河電影院正在上演《英雄虎膽》。」

「太好了。幾點的？」「九點多。我們明早起來，吃點啥就去看頭場！」望著她多少天來沒有過的笑容，我心裡想她哪裡知道「生離死別」的場面即將出現在我們的面前！「宜勤，我還要告訴你件事：明晚我同我們臺裡叫魏光楣的記者去河西。他去採訪，我去農場勞動鍛煉，就是邢鶴去的那個農場。」

聽到這話，妻呆了，半天沒有說出話來。我一時也心慌起來，只怕這突如其來的打擊給她帶來意外。

「明兒晚上？幾點的車？」她從驚雷般的震撼中恢復過來，立即問我。「你怎麼不早說，我好給你準備準備呀！」「還早呢，晚上十一點多的火車。」我故意滿不在乎地。「有啥準備的。帶上被褥，再把棉衣、絨衣絨褲帶著就行了。還早呢，不忙。」儘管我作出若無其事的樣子，但妻已經翻箱倒櫃，忙活起來。於是我也動手找鞋子、牙具、書籍……。兩個人整整折騰了一個多鐘頭，才打好了一個老大的行李包，裝好了一隻大牛皮箱，累得倆人汗涔涔的。整個晚上我們彼此雖都心事重重，卻都裝出一付十分平靜、安然的樣子。多少話兒此刻皆難出口，多少眼淚此刻也都只往肚子裡流。

次日，國慶九週年。回想一九四九年的十月一日，中華人民共和國誕生那一天，我們華北大學一千多名學員正在西安等待組織分配。那天每個同學都穿上白襯衣，頭上包著羊肚子毛巾，一律灰色粗布褲子、圓口布鞋，組成浩大的秧歌隊，整整一天在西安幾條大街上載歌載舞。剛剛解放不久的西安城街道兩旁萬頭攢動，人人歡呼雀躍，個個喜氣洋洋。那時的我正是二十年華，豪情滿懷，意氣風發。作為一個初踏入革命征途的青年，是何等的驕傲，何等情懷！誰曾想，九年後的今天命運把我拋到了另一個世界，與那時相比真是天壤之別，兩樣境況。想當年是一腔革命豪情，到此時卻是愁腸百結。國慶這一天，當人們在盡情歡樂之時，又有多少像我這樣頭戴「右派」帽子的家庭面臨厄運的襲擊，甚至家破人亡的悲慘境地呢？

傍晚，徐大媽的女婿丁大哥為我餞行，席間我強顏歡笑，頻頻舉杯，熱酒入愁腸，暫時忘卻了一切……。

時間快到了，妻要送我去車站。我無法想像當汽笛長鳴，車動人去，離別之時，她將如何忍受那情景。於是我提議不讓她送了，理由是行李不多，車站上還有魏光楣與我同行。說著，我走到床邊抱起正在熟睡的小兒子，在他那胖乎乎的小臉蛋上輕輕地吻著，淚水滴在小小的面頰上，此時妻已是淚流滿面。徐大媽哽咽著說：「快走吧，別誤了車。」

丁大哥幫我提著皮箱，我拎著行李走出小院。我不敢再回頭看一眼，因為身後傳來了號啕痛哭的聲音，那是丁大媽、丁嫂和妻那撕心裂肺的哭聲。縱觀古今中外歷史，朝代的更迭，榮衰的轉換，哪有這般突兀的變化啊！然而夾邊溝這戈壁荒野、不毛之地卻獨創出如此人間奇跡！大躍進的熱浪，在遠離人寰的夾邊溝也被烤灼得火燒火燎。農場號召：大幹加巧幹，掀起翻整荒地的高潮。

我改造心切，力爭在勞動中有立功贖罪的表現，第一個倡議成立「青年突擊隊」，請求農場領導派我幹最苦、最累的活兒。於是進入冬季的河西走廊，儘管嚴寒刺骨，滴水成冰，我作為青年突擊隊的隊長，卻穿著背心，短褲，揮鍬如梭，抬筐如飛，大汗淋漓，聲音嘶啞，還在高喊加油不已！五小隊的夥伴用紙糊的喇叭對我表揚了又表揚，這下子人更「瘋」了！

收工了。渾身骨頭都快散架了。在返回的路上，心裡卻只有一門心思：糊糊稠不稠？今天評「加飯」，有沒有我的份兒？什麼叫評「加飯」？標準：每天出工幹活兒誰磨洋工了，誰沒有完成任務指標了，扣飯。怎麼扣呢？值日把一滿勺糊糊在桶邊磕一下，那勺裡的飯就磕掉一部分，打的糊糊自然就少了。這種扣飯最要命了。因為幹了一天的特重勞動，就是吃一滿勺都不飽，要是再扣去一部分，對於餓急了眼的人來說，那不是要命的事嗎？

凡是被扣飯的人不外乎是那些老弱病殘者。試想，幹的是一樣的活兒，分的是一般多的勞動定額，自然是身強力壯、年輕點兒的人完成的好。比如抬一百斤重的大筐，我當時就能抬得動；而體弱一點兒的使出全身的力氣，也只能抬八十斤，再多了抬起來就晃晃悠悠，邁不動步了！而被罰扣飯的正是這些弱者、病號。

加飯，是什麼標準？一般完成勞動定額，任務一點沒落趟子的還不行，更要看你的「表現」。就像我，喊的邪乎，又是赤膊大戰（如能像當年羅通那樣盤腸大戰，就更好了！），揮汗如雨，奔跑如飛，拼上一條命那樣幹，有了這個「標準」才行，才能評上加飯這個讓人人都眼紅的殊榮。在當時，我為什麼會有這樣驚人之舉呢？原因有二：一是真心想好好勞動，爭取早一天改造好，早一天回到蘭州。可是不聲不響勞動再好，別人（主要是領導）看不見不行，瞎使勁不行，得讓人看得出來。既然出力了，為什麼不表現得有聲有色呢？二是耍小聰明，嘩眾取寵。假如能在小隊上混出個脫離重勞動的輕差使，則是我所盼望的。

為了表現自己，我每晚在一盞煤油燈下刻臘版，印《勞動簡報》，整座房裡四、五十條大漢鼾聲如雷，屁聲如鼓，此起彼伏，甚為「壯」聽！

我沾了當過幾年編輯的光。邊構思邊刻寫，空話、假話、套話，一個勁地瞎吹牛，標語口號羅列成行，成績一、二、三，歸功紅太陽，歸功場領導，勞教人員有改造的決心，早日「脫胎換骨」，云云……。

於是乎，我名聲鵲起，譽滿夾邊溝，連管教隊長、一位老公安，見了我都面帶微笑，大有讚賞之意（真的，他們多希望我這樣的人多有幾個啊。）。

大躍進興了一陣子「拔白旗」。據說高級官僚誰跟不上形勢，思想保守，就拔誰的「白旗」，官職由高降低，由大降小，直至「撤銷黨內外一切職務」。這股子風也刮到了夾邊溝。農場也興起了「拔白旗」。可是這裡的人早已被罷官免職，吊蛋精光，無官無僚。有的只是一群被剝奪了基本人權的各類「分子」，對他們還有什麼可「拔」的？但是農場場部下達的「任務」完不成又怎麼行？

於是，每天晚飯過後，各人在自己的被褥卷上半倚半坐，個個眼皮朝下，不吭不哈，經過這好一陣子的冷場，最後只得由某個「積極分子」或小隊長「點」某人的名字，於是大家對他一通不痛不癢的「批判」，接著就不斷有人發出斷斷續續的鼾聲，或長或短，或響亮或低沉的屁聲，每逢這種交響聲起，就引起一陣哄笑。也就在這時會有人喊：「睡覺吧！」於是人們如遇「大赦」，都長長地籲了一口氣。今天終於過完了。可是明天呢？……這一「拔白旗」的運動持續了好幾個月，我們也就每晚「空對空」地「批判」了好幾個月。

我一直默默地觀察著來夾邊溝勞教的各色人等。看他們的言談話語，行為舉止，待人接物，真是各具特點，千姿百相。我有心無心地為他們分了類，一類是：安分守己、老實勞動、接受改造型。這一類人是大多數，而在這一類人裡邊，大多數又是年歲大些，結了婚有兒有女的人。一切行動聽指揮，規規矩矩、一板一眼地勞動，領導怎麼說就怎麼幹，盼的是早日脫胎換骨，摘帽回家早日和家人團聚。

二類人：抵觸型。這類人又分公開抵觸和消極抵觸兩種。在這類人中，心裡有個疙瘩，我怎麼啦？我犯什麼法啦？不明不白，無憑無據，你們還講理不？不行啊！胳臂終歸擰不過大腿。因此，氣不順，經常是處處頂著幹，明頂、暗頂，摔摔打打、罵罵咧咧，看誰都不順眼，總想找個喳兒，發作發作。

三類人：混型。混日子、混時間，既來之、則安之。今天混過混明天，混到哪天算哪天，混到哪年算哪年！鬥不過，躲得過，行吧？一天吊兒啷噹，無所用心，混過一天算一天，吃不飽肚子，勒勒褲腰帶，悶頭睡大覺，不飽也得睡呀！

四類人：投機取巧、偷盜詐騙型。這類人不多不少，原先本不屬這類型的人，不知怎麼搞的，竟然也變成奸滑偷盜之輩了！這類人沒有改造好，反而越改越壞了，其實，這類人在這個大環境中，得到的淨是實惠的東西，你拼著命出力幹，出大汗、受大累，熱能消耗了多少；他們呢？一會兒上廁所，一會兒肚子疼、一會兒屁股疼，偷奸耍滑，裝病裝死，節約熱能，保存了實力！饑餓大潮來了，這些人敢偷、敢摸，先填飽肚子再說，那些餓死事小，失節是大的老實人，不偷、不摸，每天喝兩頓稀豆麵糊糊，節操保住了，小命嗚乎啦！這理，你跟誰去講？

夾邊溝的眾生中，都有喜怒哀樂，都有個人秉性，都有愛愛恨恨，都有生的憧憬，也都有個人抱負，最後呢？未來等待你們的又將是什麼命運呢？

看過十八世紀英國作家福笛的世界名著《魯濱孫漂流記》的人都知道，魯濱孫在荒島上收了一個土著野人作僕人，並給他起了「星期五（Friday）」的名字。而我在夾邊溝勞教期間，竟有幸也有自己的「星期五」。他的本名叫趙覺民。

趙覺民就是前面提到的那個對我極為熱情的小夥子，在很長的一段時間裡，他成了我的勤務員和朋友。他二十剛過，父母都在東北瀋陽老家，他隻身一人在蘭州鐵路局當一名工人。此人其貌不揚，又很邋遢，冬天了，還穿著一雙「空前絕後」露著腳趾頭的破布鞋，一件藍色的舊鐵路服破得「百孔千瘡」，腰上系著一根草繩，褲子已經破得一綹一綹，很難遮擋住那玩藝兒，一年到頭蓬頭垢面，拖著長長的清鼻涕。睡覺的時候更是可憐，無被無褥，在零下二十多度的嚴寒夜晚，只靠在兩旁人的被褥夾「擠」中取暖。我看他實在可憐，送他一件絨衣，一雙舊皮鞋，一條舊美國海軍軍用毛毯暫歸他用，這使他對我感激涕零。也許是為了答謝我，每天跟前跑後，端水洗碗……。他口袋裡隨時都裝著火柴，每逢看到我從衣袋裡往外掏出煙盒準備吸煙的時候，早為我劃著了火，於是我抽一支，他也會得到一支。因為他從來就沒有錢買煙，這樣，我的煙的消耗量也就因此增加了一倍。

在閒聊中我問他是為什麼來這裡勞教的。他兩眼眨了又眨，無所謂地說：「嗨！為啥？我一點也不知道為啥來的。」——「啊？我是說，你是為什麼問題；給你戴的什麼『帽子』？」

「帽子？沒帽子。我跟你說吧，我這個人平常愛散漫，不愛學習，一學習就打瞌睡；再呢，愛和領導『頂牛』，他說東，我偏西。還有，工會有個女的叫宋玉蘭，跟我同歲，我想跟她好，可她總是帶答不理的。有一天，她在辦公室值班，我拉著她的辮子跟她逗著玩。沒想她大聲嚷起來，其他人都跑了過來，以為發生了什麼大事。這時小宋索性順坡而下，說我調戲她了。這一下我是渾身長滿了嘴也說不清了。

小趙連比劃帶說，一臉的無可奈何。我問他：「後來呢？」「我以為單位頭頭要找我呢，心裡一直七上八下，等著挨『批』。可好多天過去了沒人找我，心想可能沒啥事兒了，又嘻嘻哈哈、大大咧咧起來。這回壞事兒了……」

「怎麼啦？」我焦急地問他，以為他又捅了什麼「漏子」了。「有一天，我正在辦公室跟同事們嘻嘻哈哈扯閑淡，我們頭兒進來了，一腦門子的『政治』，沖著我說：「你來一下！」我悄悄地跟他進了他的辦公室。一看，有保衛科的倆人，當時也沒在意。頭兒對我說：「趙覺民，你跟他倆去辦個事。」我問辦什麼事，頭兒也不說，只是低頭看報。我心想，管他的，是福不是禍，是禍躲不過。就跟著他倆出了辦公室。他們連宿舍都沒讓我回，就把我押上火車，直接給送到這兒來了。

天哪！怎麼能這樣處置人？我心裡不禁為小趙鳴不平。當時我又想：在夾邊溝農場被勞教的人，每個人都或多或少，或大或小有冤氣。可不管冤或不冤，到了夾邊溝你就只有認命吧！

一九五九年冬天，在全民大饑荒中，小趙死在了夾邊溝農場。他是因饑餓難忍，吃田裡的死老鼠和戈壁灘上的蜥蜴不幸中毒，口吐鮮血倒在荒灘上的。沒有花圈，沒有親人的眼淚，只有戈壁灘上的陣風卷起縷縷黃沙，發出嗚嗚的聲音，像聲聲哭泣在為他送行，為他不平。

五十年代，省電臺有位男播音員叫孫敬。當時他三十剛過，小夥子個頭接近一米八，長相也無可挑剔，可謂是「一表人才」，偏偏又幹的是許多人，特別是姑娘們都羡慕、喜歡的「播音員」工作，於是乎異性「自動上門」者趨之若鶩。但這位富裕家庭出身的「孫大少」是個遇事優柔寡斷又愛面子的人，面對眾多愛情追求者，既沒個準主意和其中的哪一位「談」，又不好意思回絕其他的任何一位。於是晚飯之後，業餘之時，尤其是節假日，「來訪者」絡繹不絕，「大少」迎來送往頻頻不斷。這在當時的政治氣候和思想觀念下，自然是容不得的。加上他平日對待工作是得過且過，「不求有功，但求無過」，毫無「積極」可言，是個領導和群眾心目中的「落後分子」。

「愛美之心，人皆有之。」孫敬平日裡特別講究衣著外表，穿衣服從來都是整整齊齊，不折不皺，褲子上的兩道褲線筆挺筆挺，腳上的皮鞋無論新舊總是鋥光瓦亮；至於他的愛乾淨、愛漂亮是臺內有了名的，並且已經成了「潔癖」。給人的印象是：衣冠楚楚，溫文爾雅；幹活辦事磨磨蹭蹭，慢慢騰騰。是脫離群眾，獨來獨往，離群索居，清高孤傲的「落後分子」；「孫大少」的綽號也就在全臺傳開了。

由於孫敬對政治毫無興趣，五七年初開始的「整風」運動中也就一言未發，大字報一張未貼。但在那個年代裡，「欲加之罪，何患無辭」，以孫敬平時的表現，早就在領導心中掛了「號」，因此在運動後期機關幹部下放勞動中，他自然而然是首當其衝，第一批下放名單中的成員，被下放到玉門花海子農場帶工資「勞動鍛煉」。

勞動條件的惡劣，生活條件的艱苦，以及精神上的巨大壓力，不久他就患了腎炎，便血、浮腫，體力不支。但是當時農場領導上的極左認識，從思想上把這些下放幹部都看成是「沒戴帽子的」右派、反革命，是來接受

「勞動改造」的，因此各方面的對待都很苛刻，甚至是殘酷。加上「大少」本人本性難移，在勞動中從來沒有較好的表現，因此農場領導認為他的病是「裝」出來的。

一個人最大的不幸莫過於自己不被周圍的人所理解。而孫敬當時就正處在這樣的環境之中。於是他被迫走了極端，未向領導說明理由，擅自離場，回到了蘭州，住在中山路的一家旅店樓上。也許是確有其事。旅店女服務員向領導反映說，住在某某號房間的姓孫的有「流氓行為」（用現代語言說就是他對她有「性騷擾」）。這一下把天給捅了個窟窿，事情非同小可。旅店經理先把他送進了派出所，一查他是電臺的，接著一個電話打到了電臺。電臺派人把他「領」了回去，不容分說，給他改換「門庭」，由「勞動鍛煉」升格為「勞動教養」。

這樣，孫敬到夾邊溝的時間是在一九五八年的十一月間，比我僅僅遲來了一個多月。那是一天下午四點左右，我們正在大路邊一塊地裡幹活兒，遠遠地看到有兩個人朝這邊走來。近了一看原來是孫敬和另外一個人。只見他身著一件軍大衣，一身平展展的灰色嗶嘰布中山裝，腳上一雙亮鋥鋥的舊黃皮鞋，大背頭梳得油光閃亮，高昂著頭，款款而行，大有來此參觀訪問的派頭兒。

我忙走過去和他打招呼：「孫敬，你怎麼也來了？」「沒啥。說我自由散漫，作風不好。」「你怎麼不帶行李呢？」「行李？唉，都在花海子呢。」他慢條斯理地答道。「天已經冷開了，你沒有行李晚上蓋啥？」我焦急地問道。「那……農場不發被子嗎？」對他的天真反問，我只有抱以苦笑道：「你想得倒美，農場還給你發個老婆呢！」看到他那失望的樣子，我就說：「你先到隊部報到。等一會兒你到五小隊來，我給你一條被子。」晚飯後我給了他一條綠花布舊被子，和一條包行李的灰棉毯。

第二天我聽李保管說，孫敬被分到新添墩分場了。從此以後，我們就再也沒見過面。後來聽人說，他的病一天天地嚴重了起來，受不了那裡的超強勞動，曾兩次逃跑，但都被抓了回來，關在禁閉室裡。後來不知怎的就死了。一個風流倜儻的男子漢、大丈夫，一個永遠面帶微笑的老好人、窩囊廢。活著的時候從不與人爭高下，死的時候也不作任何掙扎，任憑命運的擺佈，領導的安排，悄然地離開這個世界。

孫敬這樣一個人，一表人才，從事的又是令人羨慕的播音員，本可以與一個傾慕他的漂亮女孩結為親眷，生兒育女，幸福甜蜜地生活一輩子。可是，他落了個光棍一條，拋屍荒漠，也許，在他臨合眼那一刻他想了很多，很多，遠在福建的父親令他思念難舍；蘭州知友小高讓他憶起深厚的友情；在心中還有某位令自己愛慕的女友，待有一天重返蘭州時向她吐露心中的戀情。然而，這一切都如夢、如煙逝去了！如今，近半個世紀了，他埋身之地年年草青、草敗，歲歲花開、花落，伴他春秋更替直到無盡無休，啊！老天作證。

我們五小隊曾經發生過一件使人不可思議的特大事件。隊裡有個姓石的小夥子，個頭不高，卻很粗壯，一看就知道是個農村長大，從事過重體力勞動的人。他幹活麻利，又肯出力氣，幹得比旁人又快又好，是我們五小隊公認的積極分子。我的祖籍也是滄州，他和我同為滄州人，「人不親土親」，彼此間有一種很自然的老鄉親切感。

小石因為每次都是超額完成所分配的任務，幾乎每天晚上收工後打飯，總是會得到「加飯」的獎賞，比旁人多喝點兒糊糊。可他也有個「特點」，那就是飯量特大，比其他人都餓得快，一開口就喊餓。看他的眼神就和旁人的不同，兩隻眼凹陷著，總像是在搜尋著什麼，令人產生一種莫名其妙的不安。

有一天，農場的嚴隊長去酒泉城裡採購東西，命小石跟著去當搬運工。小石回來的時候已經很晚了，其他人早已睡下了。半夜裡大家被小石的呻吟和喊叫聲所驚醒。小隊長王成芝點著了窗臺上的煤油燈，披著衣裳走到他的鋪位旁。此時大家也都陸續起來圍到小石身邊，一看他臉色蒼白，嘴角上鮮血殷殷，被子上、地下也都是血，火坑下邊的臉盆裡吐了將近一臉盆的血和吃下去的食物。

看到小石成了這個樣子，大家都驚呆了！小隊長一邊讓人去醫務室找大夫，一邊和其他人忙著收拾吐在臉盆裡的血和嘔吐物。不大一會兒，劉逢舉教授急匆匆地趕來作了檢查後，讓人把小石背到醫務室去了。這時大家才紛紛議論開來。有人納悶小石去酒泉時還是好好的嘛，怎麼一下子成了這個樣子，吐了這麼多的血？更多的人分析小石可能在城裡猛吃猛喝，把胃撐壞了。大家七嘴八舌頭，你一言，我一語，分析猜測了一會，然後各自鑽進了被窩睡了。

第二天一大早，大家剛起床，王小隊長從醫務室回來告訴大夥：小石死了！聽到這一消息人們大驚失色，難以置信——死了！一個身體這麼棒的小夥子說死就這麼輕易地死了？王成芝小隊長整整一宿沒闔眼。他一直幫著大夫搶救病人。「小石真是不要命了！跟著嚴隊長去酒泉城，你們猜他一頓晚飯吃了多少？這位小隊長先給大家來了個「懸念」，看著大家眼睛直勾勾地一齊望著他，焦急地等待著答案的神色時，接著說：「好傢伙！半斤一碗的炸醬麵幹了三大碗，還有十幾個炸油餅！劉教授一檢查，胃漲破了，沒治了！天沒亮人就完了。」

他說到這裡，突然想起了一件事。走到小石的鋪位旁，在靠牆的地方翻騰著在找什麼。這時，我看見他尋到了一個舊毛巾包，裡面包著幾個黃色的油餅。「看，昨晚上小石人都不行了，還叮囑我今天把這幾個油餅給他拿去，他還想吃……。」說著他把手中的油餅放在了屋子中間的一張破桌子上。正在此時，院子裡值日的喊開了：「打飯嘍——。」於是人們都忙著取飯盆奔出屋外……。

吃罷飯要出工的時候，王小隊長忽然想起了那放在桌子上的油餅包，急忙進屋來找，此時那毛巾連同內中包著的東西卻早已不翼而飛了。集合點名出工前，王成芝盯著隊裡的幾個人，沈著臉說：

「死人丟下的油餅子也偷，能吃得下嗎？不怕也像小石一樣撐死嗎？誰偷的，我可以猜個八九。晚上開會再說。出工！」

我的滄州小老鄉，二十剛過的小青年小石，你雖然死得很慘很慘，可是我們中的許多人從心底裡卻是那樣的「羡慕」你。為什麼？因為他們自從來到了夾邊溝以後，就沒有吃過一頓飽飯，終日裡饑腸轆轆，難忍難挨。多少人都是禁受不住饑餓的折磨癟著肚皮去見上帝的，唯有你不是「餓死鬼」。你是腆著肚子，甚至是撐破了腸胃的「飽死鬼」，這樣，你在閻王爺面前就會說：「誰說餓死人了！您看，我不是因為吃得太飽了，撐破了肚皮才來見您的嗎！」

農場有個醫務室。醫務室的大夫是蘭州醫學院的一位教授，公共衛生系主任劉逢舉。劉逢舉教授與我有一段工作上的接觸。五七年春，在大鳴大放中，我作為電臺記者採訪對象是在蘭州的各高等院校和民主黨派中的高級知識份子。而蘭州醫學院和電臺正好兩對門，只是隔一條馬路，前去採訪又近又方便。當時醫學院的鳴放會上給我印象最深的是兩位國內外知名的教授：其中之一就是公共衛生系的劉逢舉。在大鳴大放時，我錄過劉逢舉的發言錄音，還播發過採訪他的新聞，通過幾次採訪，我跟他的關係也就很熟了。

以後反右開始，在報上也知道幾乎我採訪過的教授學者、民主黨派社會知名人士，差不多無一倖免地都被打成了右派分子，劉逢舉當然也就「在劫難逃」了。我與這位大教授在夾邊溝的不期而遇，說來挺有戲劇性。那是我剛到夾邊溝不多天，因為勞動過重，缺乏營養，痔瘡又犯了，於是去醫務室看病。一進門看見劉逢舉教授穿了件白大褂，正在寫著什麼。我頓時一驚，怎麼他也勞動教養了！而劉教授則抬頭看見了我，除了驚訝之外，竟幽默地對著我說：「喲！我們電臺的大記者怎麼到這兒採訪來了？」劉教授說罷爽朗地大笑起來。「這叫『千里有緣來相會』、『他鄉遇故交！』嘛！哈……」我也順嘴謅了兩句，互相笑了起來。劉教授在夾邊溝可以稱作是一位大知識權威了。

另一位知識權威是病理解剖系的馬馥庭教授。當年馬老在鳴放會上的發言，極為幽默辛辣，語多譏諷自嘲，可謂「妙語驚人」。比方，他形容知識份子當時的心境、處境時，說：我們這些知識份子，工作上恪盡職守，勤勤懇懇，儘量為人民多作貢獻；思想上努力接受改造，願意跟著黨走。如果把我們比作和尚的話，總是認認真真地「當一天和尚撞一天鐘」的。可是「運動」一來，就「如履薄冰」，惶惶然不可終日。這時我們這些知識份子自己就像一口鐘了，於是就「當一天鐘，挨一天撞」。馬老之妙語驚了四座，得到了多數與會者的共鳴。可是「極右」的帽子也就理所當然地扣到了他的頭上。直到二十二年後馬老才得以「改正」，可他人卻已垂垂老矣！

囚禁于夾邊溝的知識界權威中，還有位鼎鼎大名的頂級權威人士，此人便是國內數得著的名牌重點大學——蘭州大學副校長陳時偉博士。陳博士來到夾邊溝接受勞動教養，在農場領導的「關懷、照顧」下，的確也算是「發揮」了他的專長。這位著名化學家每天「改造」的任務是：拿一把小鏟，背個小布口袋兒，在一片又一片地裡取土，然後進行化驗：酸性乎？鹼性乎？每日與戈壁沙土為伴，孑然一身，獨來獨往，早出晚歸，大才小用。

堂堂一位名牌大學校長，當年該是何等躊躇滿志，意氣風發！陳博士學貫中外，專業有成，解放初期匆匆回國，一心教書育才，報效祖國；身負校長重任，正欲大展宏圖。孰料一失言成千古恨，墮入「陽謀」之網罟，永劫不復，好夢成空。如今又丟下一位學富五車，享名國際化學界的愛妻左宗杞。左教授不圖國外優厚待遇，放棄在美國的富裕生活，懷拳拳報國之心，與丈夫同歸祖國，為建設新中國，發展祖國教育作貢獻。可惜的是，她與乃夫命運一樣，同被劃為右派。孤身只影，在蘭州過著度日如年、以淚洗面的日子。夫妻離散，遙隔千里，兩地魂牽，難得相見。這樣一雙享譽國內外，具有淵博知識的高級知識份子，雙雙遭此噩運，既是他們個人的大不幸，更是國家、民族的大大不幸！不是嗎？

在夾邊溝被勞動教養者中還有一位甘肅省社會名流，此公乃是甘肅省民革常委，回族馬廷秀。馬老先生學識淵博，金城縉紳，是位社會上響噹噹的知名人士。整風中馬公也因言多招禍，正所謂「言多語失」、「禍從口出」，不知哪句話觸及大諱，捅了要害，犯了大忌，以致失足落水淪為右派，送至夾邊溝勞而教之。對於這樣一位統戰人士、社會名流，看來與一般勞教人員是有點特殊優待的，最大區別就是用不著跟一般人那樣出工受累，可以幹點輕活兒。馬廷秀被分到農場副業隊，他的勞動還帶有點技術：釀醋、賣醋。雖每日被醋酸味熏得牙倒、胃翻，卻倒也安逸坦然，而且逃開了那散骨斷筋的勞役之苦，可謂幸運哉！

除此而外，河西某縣的縣委副書記吳毓恭，不知因何也來到自己的領地受苦受教。如此看來，在這山高皇帝遠的戈壁荒灘上，區區方圓幾平方公里的「改造」之國，聚集著一批共產黨和國家的高級幹部、有功之臣，民主黨派的頭頭腦腦、社會人士，以國家幹部為主，黨、政、工、團、士、農、工、商，三教九流，五行八作；他們都學有所長，各都身懷絕技；他們來自五湖四海，地北山南，為了在中國大地上實現社會主義，在各自的崗位上勤勤懇懇，兢兢業業，只因為「嘴邊沒有把門的」，一言既出，大禍臨頭。但絕大多數人仍對共產黨懷著一顆赤誠的心，對國家民族寄予無限厚望。於是，在虛心檢討，低頭認罪之後，由四面八方來到這彈丸之地接受勞動改造。最令人不解的是還有一群「女教民」們，幾乎百分之百的機關幹部，知識份子，在副業隊自成體系，終日推磨篩穀，縫補漿洗，幾千人的偌大農場，自有那些婆娘們幹不完的活計。

說起夾邊溝的「女教民」，她們大多數都是上海、天津、北京等沿海大城市來西北支邊的女知識份子。她們熱情奔放，多才多藝，能歌善舞，思想開放，不像西北的女孩較為保守，難免行事出了點兒格，難免表現有些越了點兒軌，在愛情上不太循規蹈矩，於是乎，被保守的領導視為「壞分子」送來夾邊溝農場勞教，叫她們改造成「好分子」。天哪，今天世紀之交的城市女孩們的表現來對比，那些曾被定為「壞分子」的女人豈不冤枉乎也？她們之冤是生不逢時，誰讓她早生了二十年，怨就怨她們的爹娘吧！除此，她們敢怨誰呢？

夾邊溝，你這彈丸之地，荒謬灘野漠，曾有過人才濟濟、群英薈萃一時之威，怪不得老甘肅人對你那般熟諳！如今年在六十歲左右的甘肅人一提起夾邊溝這個字眼時，都有毛骨悚然之感呢！

一九六〇年十一月十日，我父親和我的愛妻吳宜勤到高臺縣明水農場一個原始洞穴裡看我來了。滿頭白髮、滿面皺紋的父親，完全不像當年我離開天津時那樣臉龐胖胖的，他消瘦了許多，臉上也增添了不少的皺紋。看到了我，不禁老淚縱橫，說不出話來。

十一年前那個炎熱的夏季，我們華大同學奔赴大西北，從天津西站坐火車到山西榆次，然後步行到西安。出發前，父親到車站送我，那年他五十剛過，幾乎看不到白髮。他看著我們這一群革命熱血青年，為解放大西北英姿勃勃，戎裝待發，非常高興，因為自己的兒子也已成為一個革命者了，他為此感到光榮和自豪。他囑咐我好好幹革命，不要惦記家裡老小，要聽組織的話，注意身體。臨登車前，他從懷裡摸出五塊銀元，悄悄塞在我手裡，讓我在需要的時候防備萬一。汽笛響了，火車開出老遠了，我看到老父親還在向列車揮手。

我的妻子吳宜勤，與老父同來看我。她是五〇年來蘭州參加革命，從事打字工作的。她圓圓胖胖的身體如今變成了瘦子，人也憔悴了許多。她一個人的工資擔負著蘭州全家生活的重擔，困難可想而知；還終日裡為我擔驚受怕。因為受我的牽連，她現在被調離原單位，到飼養場餵豬。這一切對這位心地善良，從未經受過政治挫折和生活磨難，膽小怕事的年輕婦女，真是太不容易了！

他們爺倆來到明水，就幫著我把鋪蓋搬到原來我住過的「洞穴」裡，鋪好了行李，又把我攙扶著入了「穴」。這樣我們三口就把這座洞穴當成了臨時的「家」。坐定之後，他們把帶來的炒麵、饅頭、餅乾、大餅等等吃的東西全打開擺在面前，我們爺三個一邊吃著，一邊說著，一邊哭著，好久好久才逐漸安靜下來……父親看到洞穴口上沒有遮擋，天這麼冷，怕我們凍著，就獨自到附近荒灘上弄回一大捆雜草，堵住洞口。

三個人擠在小小的洞穴裡，我向他們講述著這兩年的種種遭遇；向親人一五一十地訴說著來農場後這裡的管教人員違反黨的政策，對我們這些人亂施淫威，打罵凌辱的種種情況。年邁而剛強的父親氣憤地說：「孩子，我要是你，我就跟他們拼了！你為嘛不告他們去？」告？！天高皇帝遠。這裡就是他們的天下，你要告他們，那真是「以卵擊石」，自取滅亡。你敢告他們，那你就是「抗拒改造」，他們就可以動用「專政」的手段，對你實行「鎮壓」，輕則整你個半死，然後送你進勞改隊；重則隨意羅織一些罪名，開個公判大會，當場判處你的死刑，容不得你申訴，就將你「就地正法」，然後向你的親人家屬收取五毛錢的子彈費。你敢告嗎？

愛妻宜勤向我訴說著她的委屈：「你哪知道，咱爸到蘭州，爺倆剛一見面，劈頭就質問我：鍾政快死了，你知道不知道？你為嘛不去看看他去？我說，我一點兒信息也不知道。好多天一直沒接到他的信，我天天干著急，去了信他也不回，我這裡都快急瘋了。」說著眼淚又簌簌地流了下來。

父親告訴我，有一天，家裡來了一位姓高的老頭，是濱江道一個藥店的職工。他一進門就說：「快去高臺明水救兒子去！去晚了恐怕就見不到人啦！」這可怕的消息把全家人都嚇得半死，急得要瘋了。怎麼辦？二弟急中生智，立即脫下身上的舊皮夾克，拿到外面賣了七十元錢，交給父親買去蘭州的車票；接著又去親友家東借西湊，連夜準備了些錢和吃的，老父親帶著就到了蘭州。

老父親一生做事精明、周到。到了蘭州，搞清了情況，消除了對兒媳的誤會，又考慮到情況緊急，怕我堅持不住，發生意外，於是連夜給我發了電報，叫我安下心來，堅持等待。的確，這封及時來到的電報，給我垂危的生命注入了一針強心劑，使我振作了精神，心中有了盼頭，才戰勝了死神的威脅。

說話間，我貪婪地吃著他們帶來的糕點。剛下肚兩三塊，老人家就不讓我再吃了，告訴我，長期饑餓過度的人，要少量分次進食，突然過量納食，腸胃過度膨脹，就會發生嚴重後果。我雖然連連稱是，卻實在忍耐不住，過了不大一會兒，就又央求父親再讓我少吃一點兒。要是當時老人家不在場，我自己放開肚皮，恐怕我也會像五八年在夾邊溝那個滄州小老鄉那樣，撐破肚皮，吐血而亡。

一連吃了兩天飽飯，加上兩位親人的到來，我感到身上有勁兒多了，頭昏眼花的現象也減輕了，臉色開始有了一些紅潤，精、氣、神也來了，真是「人逢喜事精神爽」！

爸爸見到這個情況，高興地嘴裡不住地念叨：「這回我兒子死不了啦！」……他問我能不能到洞穴外面轉悠轉悠？我說沒問題。於是三個人邁出洞穴，剛要遠去，我突然想起，洞穴內那許多的食品，沒有人看守怎麼行。於是我對他們說：「咱爺仨不能都走。家裡得留人。要不，這些吃的準得讓別人給『劃落』光了！」父親聽了點頭稱是：「對。我留下來看東西，你跟宜勤在近處走走，別太遠了。」說著，老人家就在附近活動腿腳。洞穴太小，三個人待在裡面根本伸不開腿。

從一九五八年十月一日那天，離開妻子到現在，已經兩年多了。今日夫妻二人走在這白雪皚皚的莽原大地上，心中湧動著千言萬語，卻怎樣也不知從何說起。宜勤攙著我在厚厚的殘雪中漫步，倆人相依相偎，默默無言。多年夫妻的情感，千百日牽腸掛肚的思念，盡在「此時無聲勝有聲」中。

走著走著，她猛然發現潔白的雪地上，沿著我們走過的路徑，一滴一滴鮮紅鮮紅的血跡。忙問我：這是哪兒來的血？此時我也感到下身有些隱隱的刺痛，一下子明白了：是從我的褲腿裡流出來的。因為無法就醫，我的痔瘡已經相當嚴重，一遇勞累血就順腿而下。我對妻說：「哦，是我的痔瘡流的血。不要緊的，沒事兒。」妻心疼地對我說：「一路上流這麼多的血還說沒事兒！咱別走了，回去吧！」

於是，我倆又順著原路往回走。一邊走著，她一邊向我述說著家中和社會上這兩年來發生和出現的各種各樣的事情。其中有些在社會上早已是街頭巷尾婦孺皆知的，而我卻聞所未聞，做夢都想不到。例如：從五八年開始，全民大煉鋼鐵，沒有原料，就把家家戶戶的鐵火爐、鐵鍋，甚至連門拴門吊也全都收走，結果都煉成了爐渣似的燒結鐵，變成了一堆堆廢物，拋棄在路邊田野；全國城鄉到處鬧糧荒，由於吃不飽，各地都出現了大批盲目流入城市的農村「盲流」，社會秩序也異常混亂。我省的通渭等地，由於領導虛報糧食產量，強行收走農民的口糧，致使群眾大批餓死。縣委書記等領導無顏以對，引咎自殺。而身為甘肅省委書記的張仲良，不顧全省人民的死活，向中央浮誇虛報，邀功求賞，給全省廣大群眾和工農業生產造成了嚴重損失。中央領導人中，有人在「廬山會議」上說了實話，結果都被罷了官，彭老總成了「右傾機會主義分子」等等。

我一直是個堅定的革命人。堅信有馬克思列寧主義理論，有中國共產黨、毛主席的英明領導，高舉「總路線、大躍進、人民公社」三面紅旗，就一定能夠打敗帝國主義，建成幸福美好的社會主義社會，進一步實現全人類的偉大理想——共產主義。又誰知，竟有那麼一批「歪嘴和尚」，把真經念成了「邪咒」，說假話、說大話、說空話，欺騙黨中央、欺騙毛主席、欺騙全中國人民，寧「左」勿右，搞得全國人民瞪著眼睛說胡話，說鬼話，不敢說真話。天災人禍一齊壓在百姓頭上，全國人民都缺衣少食，在艱難地過日子。

父親來到明水的第三天，場部領導派人把老人請了去談話。我和宜勤覺得這可能是個好兆頭。猜測著：會不會是讓我與他們爺倆一起離開明水回蘭州養病？假如是這樣，那可真是天大的喜事了。可轉念又一想：不大可能。原因是不久前高壽慈的父親來明水，走時並未將高帶走，說明此事沒有先例。再說，農場的人都死了一大半了，他們都無動於衷，豈能對我網開一面，獨發善心！

我們兩人正在胡思亂想瞎猜測著，父親回來了。看起來他很激動，還沒等我們問話，就先問我：

「你們這兒有個鄧大夫嗎？」「有呵。是個中醫大夫，也是勞教的。他死了。」「怎麼死的？」「聽說得的是急病。當大夫的在這裡餓不著，吃的肥肥胖胖，可不知怎的突然死了。」「剛才場長和幾個幹部對我說，農場裡有人造謠，說是這裡的鄧大夫死了，有人把他的肉煮著吃了，這完全是胡說八道，讓不要相信；還又一再囑咐，讓我千萬不要把這事傳了出去。」

「那您是怎麼說的?」我焦急地問,生怕老人家脾氣直,給他們下不來臺。「我說,你們放心。我這麼大歲數了,舊社會有人吃人的事。現在是什麼社會?是新社會。我不信新社會會有人吃人的事。說完,我就回來了。」「爸爸,此刻沒有外人,咱說實話,這事兒是真的。吃了鄧大夫肉的那幾個人,現在都正關著禁閉呢!其實,這有什麼奇怪的!二次世界大戰期間,太平洋上有個小島,島上面有好幾千日本兵,讓盟軍給包圍了好多天,日本兵彈盡糧絕,最後把島上的四腳蛇抓到了就活活往嘴裡填。眼下我們這裡也是一樣,不少人餓急了什麼都吃。什麼死耗子,蠍虎子,草蛇,哪樣沒吃過?」聽了我說的話,妻瞪大了驚異的眼睛,心事重重地說:「這地方可真不是人待的!太嚇人了。」「不行。我回去就找政府,告他們!」父親十分激動而又氣憤地說。

「那不行,爸爸。您來了,咱們見了面了,我也死不了啦,這就謝天謝地。您可千萬別再亂告狀,弄不好又給咱們惹大禍。」我央求地安慰父親。「我看這樣……」妻氣憤地說:「回到蘭州,我馬上去找電臺領導,讓他們聽一聽鍾政現在是怎麼活著的!每天遭的是什麼罪!讓他們來人接你回去。要是他們也不管,人死了,叫他們償命!」爸爸每天去伙房打三個人的飯,一天兩頓,頓頓都是每人一勺豆麵糊糊。說實話,這三個人的三勺糊糊不夠我一個人喝的。原來這豆麵熬的稀糊糊,稍一放涼,上面就分出大約三分之一的清水來。就是這個,他們二人還捨不得,只是作作樣子,喝上兩口,就都倒在了我的碗裡。帶來的食品他們一點不動,為的是讓我多吃一口。在明水的三天,他們是忍著饑挨著餓度過的。

為了不讓爸爸和宜勤繼續在這裡忍饑挨餓;也為了不再讓他們繼續眼睜睜地看著我受罪。第三天晚上我們決定:他二人明天一早動身返回。

洞穴裡沒有燈,也不能點燈。冬天也黑得早,我們爺仨摸著黑早早就躺下了。老父親上了年紀,連續多日顛簸勞累,早已困頓不堪,加之見到了活著的兒子,心裡的石頭落了地,故而躺下不久,就鼾聲大作。睡眠中時而在磨牙,時而又含糊不清地喃喃囈語著什麼。接著又聽到他老人家長長地出了一口氣。在這互相交替發出的聲音中,我明白了老父親是在夢中咬牙切齒地詛咒他們對自己兒子的不公;長長地出氣是在歎息自己無力改變兒子眼前這種悲慘至極的境地。此刻，我心中也在默默地痛恨自己嘴巴不嚴，招來這場慘禍，讓年逾花甲的老父親經受這般心靈的痛苦與折磨。

不過，親愛的爸爸呀，儘管您的兒子落到今天這種地步，前途未卜。但是您的兒子確確實實沒做什麼錯事。他是在按照您的教誨清清白白地作人，認認真真地做事。要說有錯有誤的話，那就是孩兒我還年輕，太天真，太幼稚，不知道人生路途上有陷阱，不懂得人世交往中有險惡。離開您身邊十多年，您每回的來信，總是諄諄告誡我要聽黨的話，努力為人民服務。我是在聽黨的話呀，是在努力工作的呀！但我一個年輕人，涉世不深，哪裡曉得那麼多的政治與權謀呢？怎能知道偉人的頭腦裡想的是什麼呢？爸爸，莫說我年紀太輕，搞不清陰謀與「陽謀」，再看看我周圍的難友，有些已經含冤死去；活著的也在陸陸續續地走向死亡。他們中有許多曾是學貫中西，名揚中外的英才權威；許多曾是學富五車，技藝超群的專家學者。他們是我們民族的精英，國家的棟樑。為了中華民族的復興，共和國的強盛，億萬人民的幸福，作出過許多寶貴巨大的貢獻。可他們也都因言獲罪，在劫難逃，更何況一個小小的我呢！親愛的爸爸，不要憤恨，不要歎息，只要老天睜眼，孩兒能活著出去，我當汲取這次教訓，今生今世永遠牢記「禍從口出」這條古訓。

一條棉被緊緊地裹著我和宜勤。這是兩年多來我們夫妻第一次相擁相抱。這使我想起我倆的新婚之夜。當賓客散盡，我倆同床共枕的時刻。那時她少女的羞顏未退，以手遮面，任我千呼萬喚，始終不肯答言；還不時用她的手無力地推擋著我的撫摸和親昵，那嬌羞之態令我長久難以忘懷。待以後時間長了也就成了彼此間打趣的笑料。每逢說到這裡，她就會用手指在我的額頭上輕輕一點，吃吃地笑著罵我一聲：「壞！」當記者的要經常下鄉下廠進行採訪，每次出差前她總是千叮嚀萬囑咐，讓我辦完公事早早回家。而我每次回到家來，迎接我的總是孩子的歡樂，和她胖乎乎的笑臉；當然更少不了我最愛吃的菜、愛喝的酒。此前她還要把小屋細心地整理一遍，擺設整齊，打掃乾淨。進得門來，立時有一股小家庭的溫馨，夫妻久別的溫暖撲面而來。夜深人靜，我倆沐浴在愛河之中，真正領會「久別勝新婚」這句話的真諦。而今在這個原始的洞穴中，我們倆又相擁相抱了。妻的手慢慢地撫摸著我有皮無肉的脊背和根根兀突的肋骨，我也撫摸著她瘦了許多的胴體……逐漸妻的呼吸急促起來，我也有些衝動。此刻我理應盡丈夫之道，行夫妻之實。但是，天哪！此刻我好像是在攀登一座無比陡峭的山峰，任我怎樣也爬不到山頂。我使出生平最大的力氣努力再努力，我知道山頂上將會是激情飛越，天人合一，但是，我卻怎麼都抬不起那沉重的雙腳。

良久，妻的肩膀在我的懷中輕輕地抽動，我知道她在哭泣。我有些不知所措，俯在她的耳邊輕輕地說：「宜勤，請，請你原諒。我，我……」妻忙用一隻手堵著我的嘴，湊到我耳邊說：「別這樣說。我是看到把你整成這個樣子，我心疼！」停了一會，她把我的手拉過去放在她的胸口上，又說：「鍾政，你千萬要頂住，要活著回去。不然我們娘兒幾個……」說著忍不住又小聲地抽泣起來。我怕老父親聽見難過，就把她的頭埋在我的懷裡，像拍打小兒入睡一樣輕輕地拍打著她的背，漸漸地哭泣停止了，呼吸也變得均勻了，她睡著了……。

此刻，這一老一少——我在這人世間最親密的人都在這小小的洞穴中，在我的身邊睡著了。只有我思緒萬千，心潮難平，無法入睡。荒原上嘶叫著的寒風，撲打在洞口草堆上，發出嘶嘶的聲響。隱隱約約，一個古代人物在我的腦海裡閃現出來，那就是漢朝「五將失邊，陵獨遇戰」的李陵大將軍。他在大漠中與匈奴浴血奮戰，勇猛頑強。但在那天蒼蒼野茫茫的塞外荒原上，他的部隊前無救兵，後無糧草，得不到任何支援，終因寡不抵眾，全軍覆沒，他也被生擒活捉。敵人被他的勇猛所折服，為他的忠貞所感動。不僅沒有在人格上凌辱他，肉體上折磨他，而且還待之若上賓，供之以厚祿。幾千年前一個愚昧落後的部族人，就已經懂得對敵人施以教育、感化，「化敵為友」，轉變矛盾，直至量才使用，發揮他的才能。後人覺得，李陵之所以被俘後能活著，與其說是他的偷生變節，不如說是北國首領的寬懷大量。匈奴人可以寬容欲征服他們的敵軍將領，可現實卻不寬容我們這些因言獲「罪」的低頭認罪人。眼看著在夾邊溝接受勞動教養的數千名「右派」，已經或將會一個個餓死、凍死、病死。之後一床薄被，幾截草繩，將他們捆緊了送進那無聲無息的世界。

提鍾政近照

李陵將軍對他在匈奴的生活描述為「韋韝毳幕，以禦風雨」、「羶肉酪漿，以充饑渴」。他住在圓圓的皮革毛氈帳篷裡，既擋風又遮雨；吃著新鮮的羊羔肉，喝著香濃的乳汁，猶感北國生活艱苦，不堪忍受。而今我們饑不擇食，吃著拉不下大便的草籽野菜，與土撥鼠同住在崖坎下的洞穴裡，眼睜睜地凍餓而死，又能向誰述說呢？上帝啊！你看到這一切了嗎？我們即便犯了「錯誤」甚至是犯了「罪」，但我們是人，是有血有肉、父精母血孕育而成的人啊，我們也該享有做人的起碼的權利。這樣對待人的生命是公平的嗎？

親人們的到來，啟動了我麻木的腦神經，越思越想越難以入眠。夜深了，風更大了，洞口的草堆，被風吹開了一個豁口，冷風灌進了洞穴，針刺般地紮在皮膚上。我爬到洞口抬頭看看外面的天，只見一彎清月懸在冰冷的天空，幾顆孤星無力地眨動著眼睛。我攏好了洞口的草堆，翻身鑽回被窩，順手摸出一支煙，叼在嘴上。在劃著火柴點煙的一剎那，不經意地看了一下睡著的妻，像是有什麼東西在她臉上，借著火柴的光亮看去，原來那是兩顆晶瑩的淚珠掛在她的眼角，可她熟睡的臉上卻又蕩漾著淺淺的微笑。我用舌尖輕輕的舔去妻的淚珠，一絲淡淡的鹹味停留在我的舌尖上……。

王成芝

我一九三一年三月十六日出生在家鄉河北省欒亭縣閆各莊鎮，家庭比較貧窮。一九四二年，我十一歲時上學。小學二年級時，由於參加抗日兒童團，我的學習時斷時續，成績受到了很大影響。當時我們主要在據點周圍對日軍進行騷擾。一九四五年日本人投降後，家裡害怕中央軍抓兵，就將我送到了錦州叔伯家。一九四八年，錦州解放以後，我參加了村裡的民兵組織。

後來因大西北需要人，我於一九五一年十一月來到了甘肅省天水縣北道西北幹線鐵路局從事商店營業工作。五十年代時，運動一個接著一個。我是單位工會小組長，每星期要組織人們開一次活動會，主要進行批評與自我批評。在這個會上，我實事求是地對平時的所見所聞發表了一些自己的看法，結果得罪了一些人。於是，一九五五年被這些人抄了家。另外，因我妻子與李黎（因歷史問題也被送到了夾邊溝）關係密切，並且借了她的十元錢，於是，就懷疑我妻子與李黎有聯繫。因抄我家時搜出來了一些花布、舊電線和一瓶汽油，就說我們密謀搞反革命破壞，這些就成了反革命罪證。

一九五六年年，我被調到了鐵道部蘭州管理局生活供應站，在採購東西時由於一個搭配的收音機的事情，我被誣陷挪用公款，要將我法辦。後來反覆鬥爭我，我實在熬不住了，就違心地承認了。於是將我開除公職，以壞分子名義（落實政策時檔案裡面什麼也沒有）送夾邊溝農場勞動教養。

一九五八年七月一日，我被押送到了夾邊溝農場。我們蘭州管理局生活供應站和我一起去夾邊溝農場的有：李黎（女，歷史反革命）、楊希才（由於抓了段書記的老丈人偷東西，得罪了段書記，被送到了夾邊溝。後來從夾邊溝逃了出來）、孫祥（採購員，歷史反革命，夾邊溝時在伙房當炊事員）。我們一個商店就去了四個人。我們鐵路系統總共到夾邊溝去了二十多人。

我去後一直在基建隊勞動，從玉門到酒鋼挖坑、栽電線杆、拉高壓線，還去挖沙子等等。總之，我們主要搞基建，挖排鹹溝，在外面搞副業，農業生產做得很少。我剛去時當過小組長、伙食委員，後來又當了小隊長。我們那個時候誰也不問誰的情況，只是管好自己，恐怕接觸人讓別人懷疑，因為這樣的虧我們吃得多了。一日被蛇咬，十年怕井繩！到了高臺縣後，我們只能喝些糊糊湯，天天死人，我們已經完全麻木了。我那時經常去埋死人，之後可以加吃一些包穀麵的糊糊湯。也有能走動逃跑的，但是被抓回來就不得了：要挨打、被捆綁、還要被扣飯。

我帶的那個隊裡的人基本上死完了。我們五小隊有八十多人，提鍾政就在我們那個隊裡，後來活下來的只有五、六個人。我能夠活著回來，主要是我的心情開朗，不死鑽牛角；另外，我們家裡剛開始給我郵過七、八次吃的；再就是我的飯量小；還有我當著組長、小隊長，相對比別人消耗的體力少。

一九六一年元月檢查了身體後，我從高臺縣背上行李坐上火車回來。回來後單位領導對我說，因為要湊夠單位下達的指標讓我去夾邊溝的，我不去別人就得去，沒辦法只有這樣。話說得很輕鬆，可它毀了我的前途，耽誤了我的青春，讓我顛沛流離坎坎坷坷了多少年，這又讓誰去還這個帳呢？

張開麗

在天水市費了一番周折才見到張開麗。他已是九十多歲的人了，但是，思維清晰，聲音洪亮。張開麗說，如果不是筆者的到來，他們這些原先打過日本人的國民黨軍人，解放後遭遇到的天大冤屈可能都要帶到棺材裡去了。

我出生於一九一五年三月二十二日，天水市人，畢業於國立第五中學。我在解放前是國民黨二十七軍少校速記員。日本人在山西省太行山把二十七軍打敗，我是死裡逃生過黃河回來的。二十七軍在河南重新整編以後，從河南又到了山西。我後來離開了部隊。

後來，我來到了延安，在延安抗大學習過，參加了保衛大武漢的戰役。當時，募捐是丁玲領導的，其後武漢失守退回來後，我們的軍隊被日本人打散了，我沒有了軍隊，就回了家。因此，後來被說成是背叛革命。

在肅反運動裡，對我的歷史做了結論，是一般歷史問題，主要是

張開麗

因為我在國民黨部隊一直打日本人。肅反運動中，我沒有戴上歷史反革命帽子，反右我也沒有戴右派分子帽子和歷史反革命帽子。當時，甘肅省新華書店給我編了個結論：反動軍官，惡霸地主，參加革命，背叛革命。因為，我的家庭成分是地主。甘肅省出版局局長後來到省文化館館長的房間裡，交代省新華書店人的情況時將我叫了去，對我說：「你是最明顯的一個冤案。」

說到這裡，張開麗說道：「趙老師，你終於來了，你不來我可能要把這個冤屈帶到棺材裡去了，我們這些原先打過日本人的國民黨軍隊裡的人，解放後都遭遇了天大的冤屈呀！」

我是在蘭州市被送去夾邊溝農場勞教的，當時我在甘肅省新華書店工作。我沒有任何帽子，主要因為我歷史比較複雜，所以將我於一九五八年八月送到了夾邊溝農場進行勞動教養，一直到一九六一年二月才被審查後放了出來。我剛去時在農場農業隊勞動，由於吃不上東西很快就走不動路了。我記得很清楚，那天我搖搖晃地往前走，碰見了農業隊大隊長梁進孝。「你幹啥去？」我說：「梁隊長，我勞動去。」「你這個樣子還能勞動嗎？」梁隊長問。「我走不動路了。」「你跟我走。」梁隊長把我扶到一個草鋪上睡了下來，給我開了三天病假，安排了病灶房。他當時讓我睡在草上，給我打了一碗稠稀飯。

後來，梁進孝就把我調到了磨房。我沒有去過高臺縣明水灘，一直在磨房當組長，這是我活著回來的關鍵，是梁大隊長救了我的命，我這個正直但沒什麼能力的人遇到了一個大救星。

剛到磨房時，我寧肯餓死也不動場裡的一顆糧食，所以餓得兩眼昏花。我當磨房組長，也餓得不行，所以，人們就罵我說：「張開麗，你餓死在糧食堆裡，沒有人會同情你。」我說：「我一吃生糧食就拉肚子，沒辦法。」實際上我真不想偷，我從小受得教育就是要讓我們為人誠實。我這個人主要是老實，老實才讓我當了磨房組長，老實也讓我吃了很多虧。

我記得夾邊溝總場周圍駐紮的是騎兵。後來，我給場領導推薦把一個犯人調到了鐵磨房，他在磨麵的漏斗邊上挖開一個小洞，磨麵的時候一些麵粉就漏了出來，他把漏出來的麵烙了餅子，給我送些餅子，我就趕快跑到磨房裡悄悄把餅子吃完。

從那以後，我和這個人合作，他偷我掩護，兩個人最後都活了回來，他去了武威，我回了蘭州。這個人是武威金沙糖廠的廠長，姓什麼我已忘記了。現在回想起來，我的命也是他搭救的，因為我老實，沒有那個膽量偷著吃，就像前面我說的那個人罵我，「張開麗，你餓死在糧食堆裡，沒有人會同情你。」傅作恭跑過幾次，都回來了，不知是抓回來的，還是自己回來的。子女們和家裡人都說，你肯定有什麼問題，不然怎麼會去夾邊溝的。我從來沒有把這個冤枉告訴過家人，因為，家人們是不相信的。

後來，甘肅省新華書店把我從夾邊溝領了回來，我給你剛才說了，我回來的時間是一九六一年二月。回來後，我在甘肅省新華書店鐵路沿線負責業務工作，工作地方一直在蘭州市。

計德成

在西安市採訪丁寧後見到了計德成，他瘦削的身材，挺拔的胸脯，令人感到他曾是一個勇敢的軍人。果然他說話直爽，將經歷的事實和盤托出，不似知識份子要再三斟酌辭句。

我生於一九三一年九月二十一日，河南開封市人。一九四八年十二月參加中國人民解放軍，在二十軍團六十八軍二〇三師六〇七團任文化教員。一九四九年七月入黨，一九五〇年十月入朝，抗美援朝時在六〇七團三營任通訊參謀。一九五二年在長春第二航校畢業，轉為空軍，在中朝空軍聯合司令部前方指揮所任幹部助理員。停戰後一九五四年回國。一九五五年調蘭州軍區第二速成中學任隊列科助理員。一九五六年年轉業到甘肅省體委工作。我因為在國民黨學生兵裡幹過，肅反運動中有人揭發了我，而且整了我。

以後，我又說過幹部們都好好的，肅什麼反。還在平時開玩笑說過，男女關係算個啥，劉少奇還娶了幾個老婆呢。因此，我於一九五七年八月被開除黨籍，劃為右派分子。開始，我被留在蘭州紅山根勞動改造，由於我不服，又把我送到黃羊鎮農場監督勞動改造。黃羊鎮農場是一個部隊農場，我不服就跑了。然後，又被抓了回來加重處理。一九五八年，我被訂為極右分子送到夾邊溝農場勞動教養。我去夾邊溝是單位派了保衛幹事押送去的。一去就被分到了農場基建隊勞動，挖排鹹溝、打土坯、到玉門栽電線杆。我們當時的基建隊長是白連奎。

世界上再沒有比夾邊溝這麼殘酷的地方了！從古到今也再沒有比毛澤東再殘暴的暴君了。抬筐運肥打擂臺，一抬三筐、四筐的摞起來，五、六百斤，還要喊號子「嗨吆嚎，嗨吆嚎」。把人壓得起不來，還要進行勞動競賽。挖排鹹溝，每天跳到零下三、四十度的排鹹溝裡挖沙子，挖上一陣子自己的腿不知道是自己的，勞動回來後吃的又是菜卷子。挖排鹹溝是有定額的，挖不完要扣飯。我們當時都落下了後遺症，現在還經常發作。

夾邊溝農場的閆隊長最壞：把我用繩子捆時，捆的是蘇秦背劍，戴銬子也有蘇秦背劍，花樣多得很，什麼四馬蜷蹄，五花大綁等等。捆人的繩子筷子一樣粗，捆上後扔到太陽底下讓曬著，慘無人道！因為這裡原來是個勞改農場，場裡的管教幹部都是管勞改犯人的，所以對待勞教人員也像勞改犯人一樣，甚至比對勞改犯人還要嚴厲。因為，當時在《右派就是反動派》的形勢下，管教幹部把我們恨不得趕快消滅為好。夾邊溝這樣的不毛之地，根本養不活勞改犯人，把右派送去純粹是讓去受罪。

我第一次逃跑是一九五九年的春天，當時正在挖排鹹溝。我先是跑到酒泉，然後坐火車回了家，在家裡被居委會主任檢舉揭發，派出所派人將我押回了夾邊溝。

第二次我是在北沙窩開荒時逃跑的，也是在酒泉扒火車回了西安。總結第一次被揭發的危險，我白天待在西安解放市場，晚上偷偷回家。後來因自己沒有出路，自己坐火車又回去了。

第三次逃跑是因為我在北沙窩開荒時餓得實在受不了。那晚我在北沙窩跑了一夜，沒有吃的，我脫下衣服在農民跟前換了個饃吃，後來迷了路，轉了一夜。天亮後在伙房被抓了，管教將我捆了一繩子。這一次管教讓我在全場做了報告，現身說法講逃跑是沒有出路的。

第四次逃跑是在一九六〇年元月，當時我在玉門挖埋電線杆。我每次都不在酒泉火車站上車，而是再走上幾裡路，在酒泉往東一個小站上車。這次我沒有回家，而是在外面想辦法自謀生路，活了下來。

夾邊溝讓我刻骨銘心的是：一、挖排鹹溝；二、北沙窩開荒。北沙窩那個地方風沙已經快將長城埋了，晚上睡覺時沙子把被子都快掩埋了，早上起不來。晚上不敢出門，在盆子裡大小便，第二天早上把盆子用沙子一擦，又在裡面打飯。盆子既是飯盆，又是屎尿盆，又是洗臉盆。

在那裡一年四季沒有休息日，吃不飽飯，勞動強度太大，生了病得不到及時治療。所以，經常早上起來到處是死人，而且每天都有人死去。和我一個單位去的孫興志，是被戴了壞分子的帽子而送去的，去後時間不長就死了，甘肅省體委到夾邊溝就去了我們兩個，我能活著出來，關鍵是我跑了出來。他媽的，老子在朝鮮戰場美國鬼子把我沒打死，到共產黨的勞教農場裡，我不能把命送到那裡。要不是逃跑，我的命也沒了。關鍵是我沒有堅持到底，沒有最後在釋放回家時出來，連著跑了四次。軍人嘛，性子烈，就活著出來了。

1980年的劉而森和周淑珍

劉而森

我家原籍山西太原，祖上清朝時隨綠營軍到了現在寧夏回族自治區的銀川花馬池，任從三品武官「遊擊」，相當於今日的團長。我家的老墳在今日蘭州市第二熱電廠廠址處，抗日戰爭時蘭州建飛機場時，我家的老墳被占去了。我的爺爺劉翰華是清末年間的貢生，民國以後由於字寫得好，國民黨蘭州地方法院讓其任錄事，這是一種抄寫判決書的工作。爺爺劉翰華有四個孩子，我父親劉崑玉是老二。父親小時由於家境困窘學了裁縫，後來由於甘肅高等法院錄用人，父親用爺爺劉翰華的名字也成了錄事。我的大伯劉文玉解放前逃荒上了新疆，後來一直沒有音訊，直到一九五四年才來過一次蘭州。總之，我們家解放前非常貧困，解放後定為城市貧民。

我一九三〇年在蘭州市媽祖廟小學上學，也就是現今的蘭州市秦安路小學。我記得當時學校要求統一的校服，我們家交不起服裝費只有自己做。我母親王秀貞的娘家在蘭州市雁灘，條件比較好，當時我們家中的生活主要靠母親外家接濟。

一九三六年，我小學畢業後考進了蘭州師範學校簡師。這裡全部為公費，吃穿全包，我在上師範學校時與你尕爺趙廷祺是同學。一九四〇年我在蘭州師範簡師畢業後由於學習成績好，與其他六人被留用當上了小學教員。當了一年教師後我又考入了甘寧青郵電管理局，從此我成了郵電工作人員。一九四七年，我與小我七歲的周淑珍結婚，她雖然解放後通過掃盲只有小學文化程度，可為人心底善良。一九四九年八月二十六日蘭州解放後，我作為留用人員留在郵局繼續工作。

一九五〇年初，我們郵電局搞了擁侯倒曹運動。侯為侯廉，是個大學生，山西人。曹為曹世華，老八路，土包子。這兩個人都是當時郵政系統的軍代表，可是這件事卻使我們郵電系統捲進去了一大批人，我也是其中之一。事後就送我們捲進去的人到了西北人民革命大學郵電人員訓練班進行學習，這是我們郵電局自己辦的，其目的就是要在這裡對我們個人的歷史進行審查、甄別。我們的班主任叫李有全。在這裡讓我們交待個人歷史，交待家庭情況，交待社會關係。讓我們學習洗腦了六個月。

我在歷史上曾在上師範學校時集體參加過三青團。當時我們師範學校的校長叫王維墉，解放初鎮壓反革命時被槍斃了。師範學校的班主任叫陸松齋，地下黨員。集體參加三青團時，由於胡大祥、楊立仁兩個同學不願意參加被開除了，我就是在這種情況下參加了三青團，這成了我歷史上的污點。另外，集體參加後被別人填了個三青團的小隊長，相當於小組長，可這些我自己根本不知道，所以我就沒有交待。

解放後我參加了郵電局成立的宣傳隊，和我在一個宣傳隊的姜崇高給我談話，說我沒有交待參加過的三青團分隊長。我想這可能是送我到夾邊溝農場的原因之一。

一九五二年，我從甘寧青郵電管理局調到了西北區郵電管理局人事處任教育助理員。這樣我在一九五二年五月到了西安，可是同年十一月大區撤銷，本來要讓我留學校任教，我不願意，這樣我就原回到了蘭州。我先到了甘寧青郵電管理局計畫處，後又到了郵政處。在這裡我參加了歷次運動，我在單位工會兼職文娛委員，又是郵政部門的工會主席。在三反、五反運動裡我都是積極分子。

一九五七年是個不平靜的一年。年初整風運動裡，組織上反覆動員我給黨提意見，讓我們幫助共產黨。於是，我提了兩條意見：一是共產黨只有入了黨才進行提拔，黨外人士根本得不到提拔；我舉了我們單位辦公室主任張子貴和總務科長劉光輝兩個例子。二是我說甘寧青郵電管理局像衙門一樣；我說我們下到基層單位，基層單位對我們很熱情，可是基層單位到了我們這裡連個凳子都沒有，讓人家站著。這兩條意見都是逼著我提的，處理時我都不甚清楚，可他們放到了我的檔案裡，一九七九年對我的問題改正、甄別時我才恍然大悟。

這樣我一是歷史問題，二是反對黨的幹部政策，三是污蔑革命機關。一九五八年三月，組織上以甘肅省勞動教養委員會名義宣佈：劉而森你聽著，你已經被甘肅省郵電管理局開除公職。根據中華人民共和國勞動教養條例，甘肅省勞動教養委員會收容你進行勞動教養。

當時我已有五個孩子，我不願意去，要求自謀生路，但保衛處處長高樹魁對我說，因你有歷史問題，且有反黨言論，你必須進行勞動教養。他說，這種勞動教養只是個行政處分，到了農場半天學習、半天勞動，你只要好好勞動，好好學習，改造好還可以回來嘛。

一九五八年三月二十日，我與單位市話科主辦科員山西太原人趙揚靈被單位保衛科幹事孫百里押送到了夾邊溝農場。趙揚靈後來死在了夾邊溝。我記得我們是三月二十日住在了酒泉縣郵電局，第二天早上坐著由酒泉縣到金塔縣的敞篷車到了夾邊溝。我們在夾邊溝的河沿下了車，自己背著自己的行李，走了十五里路才到了夾邊溝農場場部。一進場部收了我們的剪刀、刮鬍子刀、捆行李的繩子，所有能自殺的物件統統被沒收了。這時我才意識到根本不像來時保衛科科長對我們說的。問題嚴重了！我頭上的壓力也一下大了起來。

我被分到了夾邊溝農場農業隊三隊。農業隊的隊長梁進孝對農業非常在行，我對他非常佩服，他給我們教如何去封堵渠裡流淌的激流，此人就是我初來夾邊溝時檢查了我行李的人。農業隊收工後鐵器農具全部要上交統一保管。我所在三隊是個小隊，小隊長都是由勞教人員擔任。我剛去時三隊隊長是關俠，這是在華北人民革命大學畢業的。接著三隊隊長姓柴，是古浪縣糧食局的幹部。後來換上了在甘肅省省委黨校劃成右派的程時雨，這個人在解放前是蘭州《民國日報》社和《經濟日報》社的記者。我到夾邊溝農場時全場只有一百多人，農業隊一隊、二隊都是河西三專區送去的。我們是蘭州市第一批到了夾邊溝的。

為什麼夾邊溝死了那麼多的人呢？一是這裡自然條件太惡劣了；一場風刮來將地裡的麥子全部連根拔起；鹽鹼地、風沙大。二是勞動強度特別大。三是人們吃不上多少糧食。四是甘肅遇了個張仲良，張掖地區遇了安振，這都是非常左傾的人物。據一九五八年的《夾農簡報》報導，這一年打了二十萬斤糧食；一九五九年報導打了十萬斤糧食；一九六〇年報導打了四萬斤糧食。這些數字都是虛的，可是夾邊溝農場卻源源不斷往裡進人。人送到高峰時，晚上睡覺人與人之間只有三十公分，於是人們只有打顛倒睡覺。

一九五八年情況較好，雖然勞動強度大，但我們吃著四十八斤糧；此時場裡放衛星，每人限定每天深翻地一畝，勞動回來還要進行學習到十二點，這純粹是折騰人。好人也會被折騰死的。當時有個人號稱每天可以割麥子三畝，實際上他一個人割麥子，有十幾個人為他割的麥子捆得捆、擺得擺，都在侍候他。到了一九五九年先是每月吃糧降到了四十二斤，接著就三十斤。吃糧陸續地遞減，到了一九六〇年我們每天吃的只有十四斤原糧了，這一年從湖南省調來了些乾菜葉子加到清水糊湯裡讓我們喝。一九五九年七到八月份，一半人去了新添墩作業站。

我記得一九六〇年四月份，夾邊溝農場整整斷了三天糧。於是第一天給我們吃穀糠拌紅蘿蔔，第二天每人發了五十個煮熟的蠶豆，第三天將麥草切碎炒熟拌了些爛菜葉讓人吃。於是人們就拉不出屎，互相掏，互相摳，大量地開始死人。剩下的人六月份整個兒也就勞動不成了。我一直在夾邊溝，沒有去新添墩作業站，也沒有去高臺縣明水灘。

我能夠活著出來主要得益於我有唱秦腔的喜好和長處。一九五八年六月份，農場管教股黃股長找我談話，讓我組織以秦腔為主的夾邊溝農場劇團，除演秦腔外還演其他的節目。此前勞改農場時這裡有些戲裝，勞改人員曾經演過戲。我稍有推脫黃股長當即將我訓斥了一頓。因我是秦腔票友，在檔案上曾參加過秦腔演出。國民黨蘭州市市黨部組織秦腔劇團，我在其中。當時這個劇團裡有西北師範大學畢業的朱軍，朱軍在蘭州市文化局被打成右派也被送到了夾邊溝。於是我就開始組織夾邊溝農場劇團。

一九五八年國慶日劇團開始第一場演出，這次主要是清唱。到了年底才搭了戲臺大張旗鼓的演出。當時和我同臺演出的有閔惠平、朱軍，有一個叫王彥山的二胡拉得很好，這是山丹縣中學的一個音樂老師。蘭州市音樂指揮邢鶴胡琴拉得很好，這人是甘肅廣播電臺的，當時給我們進行指揮。我們的演出以秦腔為主，還演山東快書、小合唱、男女獨唱等，我們在高臺縣、新添墩作業站等地都進行了匯演，每到一地就是兩個晚上。

我沒有餓死，與在劇團關係很大，因躲過了高強度的體力勞動，每天晚上還給我們加夜餐。酒泉文化館的館長劉德成是酒泉師範畢業的，這是個酒泉人，被打成了右派分子在這裡當伙食管理員，他是秦腔的好家，給我幫助很大。

我沒有餓死還與埋死人有重要關係。一九六〇年四月夾邊溝開始大量死人。一九六〇年九月初，夾邊溝農場能活動的約有二千人被抽出到高臺縣明水灘去，我和劉德成到酒泉火車站去送這些人。從酒泉回到夾邊溝，農場就將我抽出來專門埋死人，號稱為特工。我是埋死人的負責人，也就是特工負責人，王俊峰是我的助手。王俊峰喜歡烹飪，我在埋死人時閒下來就教他烹飪技術。這時夾邊溝農場成立了一個小醫院，將危重病人不斷地往醫院送。醫院裡死得人多，我就在醫院專門埋死人，王俊峰在隊上埋死人。在這裡經我的手就埋了大約有三、四百人。夾邊溝農場場部、新添墩作業站死亡人數一千多人，這就是甘肅省委最後公佈的一千一百六十五人，說明他們沒有將在明水灘死亡的將近兩千人算到裡面。剛開始時，我將死了的人名字刻在磚上，刷了紅油漆與死人埋在一起，並標出第幾排第幾墓，還要在本子上進行登記。我走時將本子交給了王俊峰。我們單位的薛克釀和一個叫劉名讓的轉場到清水時，兩人休克了趕快讓拖拉機拉回了場部，薛克釀灌了些水後活了過來，可劉名讓死在了回來路途的拖拉機上。我們埋的死人中有一個叫周禮南的，原來是我們郵電局的，後來到了商業局，這人原來是三青團的負責人。

他死後他的女兒到場裡來要將他的屍體運回，當時場部就給了我一桶煤油，大約有十公斤，我又找了些柴草。我和王俊峰將周禮南的屍體挖出，把死人放到柴草上。這裡的死人都是用自己的被子裹了的，在腿肚子、屁股蛋、肩膀上各紮了三道草繩。我將裹了的被子打開，在屍體上倒上煤油。此時人已經成了乾骨架子，一個人都能提起。燒了一會兒屍體上的頭就斷了，滾到了地上的柴火中。過了一會兒，人就成了焦黑的棒子骨。棒子骨主要是胳膊上和腿子上的，小骨頭都被燒化了。我讓家屬在農場小賣部裡買了紅布，我將其包好讓家屬拿了回去。

傅作義的弟弟傅作恭一九五七年在甘肅被打成右派分子送到了夾邊溝農場。傅作恭在夾邊溝農場新添墩作業站勞動改造，一九六〇年五、六月份傅作恭病危一天晚上被送到了場部小醫院，因小醫院裡已經人滿為患根本沒有了位子，於是將傅作恭送到了夾邊溝農場農業隊三隊，與我住在一起。傅作恭臨死時在三隊進行搶救，沒有搶救過來，死後是我和王俊峰將其埋到了夾邊溝農場場部跟前的毛家山上。

蘭州大學副校長陳時偉在夾邊溝農場場部專門製造細菌肥料，我認識他。他從夾邊溝回來後，我們單位去了夾邊溝農場周懷義的兒子在蘭州大學念書，陳時偉將自己的一間房子空出讓這個學生住。據周懷義的兒子說，因一九七三年文革時，陳時偉美國的同學要來蘭州大學看他，蘭州大學就給陳時偉安排了一間很闊氣的房子，陳時偉因同學要來一高興得了心肌梗塞去世了。

我能夠活著回來主要還是我的愛人周淑珍。一九五九年四月二十日她到農場來看我，我當時正在開荒，她就坐上農場的拖拉機到了開荒的地方去找我。因為一九五九年五月一日場裡要演出，我愛人來後場裡就讓她和我一同回了場部。

這一次來她就對場裡挨餓的情況瞭解了，於是她回去後從一九五九年五月開始就給我一直寄吃的，每個月給我寄來四五斤的糧食。因為郵局裡我有些朋友，家中的接濟就這樣救了我。另外，我自從埋死人後就不勞動了，還可多吃些埋死人的糊糊湯。

一九六〇年十月，農場管教股股長黃幹事對我說，讓我家中人在蘭州給我辦個保外就醫證明。因為黃幹事讓我負責場部劇團後，我給他把劇團辦得很好。我馬上給家裡去了信，家中於一九六〇年十二月在派出所給我開了保外就醫的證明。我女人周淑蘭拿著證明到了場裡，她在場裡和我一起住了一個多星期，等酒泉勞改隊批准後將我接了出去。我記得我回到蘭州是一九六〇年十二月二十八日。

我回來後時間不長夾邊溝農場也就開始釋放人了。甘肅省會寧縣的副縣長劉瑰堂曾和我都在夾邊溝農場農業三隊，一九六一年元月一日他到了蘭州後，還到了我家。當時被釋放的人住在蘭州市人事局在蘭州邸家莊紅軍大院隔壁的招待所，而我家就在邸家莊。

我們甘肅省郵電管理局送到夾邊溝農場二十人，最後活著回來了六人。這六個人是：周懷義、賈少寅、賈翊、高克清（其叔為原甘肅省委第二書記高健君）、劉而森、王兆寬。我因為浮腫一直在家休養，單位每月給我發三十元的生活費，我的糧戶關係也轉了回來。

因為我的子女多，家庭負擔重。一九六一年九月，我自感身體已經恢復了正常，我就開始自找謀生出路。某日在蘭州市王家莊煤建公司門市部遇見了難友谷震拉煤走了出來。谷震是原甘肅省農牧局的職工，因打成右派分子被送到了夾邊溝。他告訴我，他拉煤每月能掙六十多元錢，每年十月至來年二月旺季每月差不多能掙二百至三百元的錢。他問我架子車自備願不願意幹。我想，再也沒有出路只有幹這個活還能養家糊口，於是就決定參加，請他給以介紹。這樣我就托蘭州市五金公司的同學朱積中想辦法為我幫忙買了一輛架子車就開始了拉煤掙錢度日。

一九六二年六月，單位通知我們開甄審工作會，會上宣佈我們從夾邊溝活著回來的六個人，四人按公安六條規定系外專人員不予接受，我和王兆寬二人屬內專系人民內部矛盾重新錄用，以往工齡不算。工資按原工資降五級。我的原工資是一百〇八元的主辦科員，降為六十一元辦事員標準。一九六三年四清運動中，我又成了四不清人員，又對我進行批鬥交待新的問題。

一九六六年文化大革命開始後，我又變為歷史反革命勞改釋放犯。戴高帽子、挨打挨罵、關牛棚、遊街、批鬥，經過無數次的折磨後，一九六八年三月，又將我送進了蘭州市紅古機關農場進行改造。一九六八年六月，因父親病危才特許我從牛棚出來為父親送終。父親的喪事完畢，馬上讓我打掃機關大樓，並清理八個男女廁所。

一九六八年八月，專政組負責人李智恭通知我，奉上面指示將我作為十種人要被押送農村安家落戶，可以自選地點，沒有去處的送往天水專區清水縣下面公社接受貧下中農的監督勞動改造。我只有採用拖得辦法，果然過了些日子此事也就不了了之了。這樣我就一直在單位被批判、鬥爭、清理廁所、打掃衛生，也到單位房建隊工地當泥瓦工。文革十年是我們這個國家的災難，我這個牛鬼蛇神也在這十年裡受盡了各種想像不到的磨難，但我總算是活了過來。

一九七九年國慶日前後，專案組負責人袁志軒找我談話，說我的問題已經查清並做了結論，按中央八屆十一中全會平反冤假錯案的精神予以改正，撤銷原來的處分，恢復原工資級別。此時我才弄清楚了在二十多年前整風運動中自己所謂的錯誤言論以及自己莫須有的擔任三青團分隊長的罪名。從此，我由一個打入另冊的階級敵人變成了一個真正的人。我終於可以抬起頭來、挺直腰板做人了。退休後我又被單位聘用，一直幹到了七十二歲。

周惠南和周指南

想與周惠南見面，拖了十多年，才在他家中與他和他的妻子高桂芳見了面。他家住在蘭州大學後面的糧食廳家屬院，簡陋的房屋顯出了他處世的平淡和人生的隨安。他和同胞弟弟周指南都被打成右派分子送到夾邊溝，弟兄兩個都是他妻子高桂芳從死人堆裡救出來的。

周惠南攝於1954年8月

我是陝西省子洲縣人，生於一九二二年一月三日（農曆一九二一年十二月初六）。我家祖輩為教育世家。一九三五年至一九三七年，我在陝西省榆林中學學習。一九三七年初中二年級時，我參加了抗日救亡運動，赴綏遠東勝等地，後輾轉至西安戰時幹部訓練四團學習，一九四二年入三原駐軍搞政治工作。一九四四年隨軍豫西陝縣靈寶豫、後越秦嶺經商洛出武關淅川一帶參加抗日戰役。我是從舊社會過來的人，在胡宗南的部隊裡參加過三次戰役。第一個是青化砭戰役，第二個是羊馬河戰役，第三個是蟠龍戰役。一九四七年春隨軍進犯延安，五月四日在延安東蟠龍被俘，俘後送到陝西短期學習，主要學習毛澤東的《新民主主義論》，後又到山西省嵐縣學習，一九四七年被安排到解放軍軍官教導團、陝西王曲軍校工作。一九四九年轉入甘肅省天水中國人民解放軍第一步兵學校工作。一九五四年八月轉業到甘肅省糧食廳油脂公司秘書科和調運科。

因為我是從舊社會過來的人，解放軍對我不殺不辱並給生活出路，內心萌生出對共產黨、對人民政府的感恩戴德思想，認為共產黨寬大俘虜，還給我們安排了工作，所以對共產黨特別崇敬、迷信。於是我積極工作，一九五三年榮獲三等功，被選拔使用。我原在解放軍的部隊裡是很受器重的，主要在天水搞文化教育工作。轉業到了地方以後，由於對共產黨感恩、崇敬，加上自己性格耿直，敢說一些實話。所以，在整風運動中，為了報答共產黨的恩情，實事求是地說了一些實話，而且有些話涉及到單位領導和黨支部。另外，在反右運動中，我說抓右派為什麼非要定個百分之五，若是百分之十還按照這個比例辦就不合適，應該實事求是。於是，一九五七年在甘肅省糧食廳油脂公司我被打成了右派分子。我是一九五八年三月先到夾邊溝農場總場，一九五八年冬季到新添墩作業站的。

我的弟弟周指南生於一九二四年六月十一日，屬鼠的，比我小三歲。一九三七年至一九四八年在陝西省榆林中學學習，中間曾停學，一九四八年畢業。在上學期間聰慧異常，數學老師不能解的難題，他都能解出。一九五三年他在蘭州市城建局工作，很快熟悉了業務，擔任了道路設計組組長。工資一次就提了兩級，成為一級助理技術員。他工作特別認真，工作不到五年時間，就四次獲獎。局內的專家對蘭州市的市政建設規劃作出後，周指南作為一個普通工作人員看了，認為部分應該予以修改，把自己的修改意見彙報給局長任震英（國家工程設計大師，城市規劃一代宗師），當時的建築專家任震英對他的意見非常重視。就因為這個原因引起了什麼也不懂的領導嫉妒，得罪了這些小領導。一九五七年鳴放時，周指南被打成右派分子接受批判，但他不認錯，經過四十多次大會小會的批判鬥爭，決不承認自己反黨反社會主義，於是被蘭州市建設局打成了極右分子。他是二〇〇五

周指南

年十一月二十五日去世的。一九五七年的時候，周指南單位的劉光基認為將周指南劃為右派不合適，於是，劉光基也被打成了右派分子。這樣我和弟弟周指南，還有我的表兄欒世勳，以及劉光基都被送到了夾邊溝農場。周指南在我去之後兩三個月才去的夾邊溝。任震英後來也被定為右派分子。我們甘肅省糧食廳油脂公司打成右派分子的還有張靖亞（送到了敦煌棉花農場）、梁寒冰（去了夾邊溝）、許俊臣（降級在單位改造）。

兄弟兩人去夾邊溝的還有姓席的兩兄弟；母子兩人去夾邊溝的是蘭州醫學院的幹部由天和他兒子宋雅傑；父子兩人去夾邊溝的是周禮南與其兒子，石佩久與其兒子；夫妻兩人去夾邊溝的是臘靜華和她丈夫，臘靜華和她丈夫都是公安系統的。

我去後在夾邊溝的新添墩作業站當著個小隊長，我當時非常同情和我一起到夾邊溝的犯人。所以，平時買來理髮推子給犯人們理髮，過年時買來東西與大家一起過年，工作中要求每個人根據自己的體力量力而行。有一個叫牟芳溪的犯人，他是從甘肅銀行系統送來的右派，我照顧他讓他拾糞，自由些，活著出來後對我非常感激。這個時候我與王永興、劉文漢交往比較多，他們那時在新添墩的蔬菜隊，隊長是吳毓恭。我弟弟周指南那時在基建隊。

我記得新添墩的趙來苟是個黨員，而場長劉振玉的黨籍還沒有恢復，兩個人有些矛盾。那個時候，每次勞動都要表態，搞競賽，但我按每個犯人的實際身體情況給以安排，於是，沈指導員宣佈我思想右傾，撤了我的小隊長的職務，安排我當小組長。後來又讓我和為了幾十元錢被戴了壞分子帽子的劉光祖一起看守水庫。但是，到了明水後，我又當上了小隊長。我能夠活著出來，多虧了我的妻子高桂芳。一九五九年夏天，她籌措了些路費，一人到夾邊溝新添墩去看我和周指南。當時家裡困難，她只帶了一斤餅乾，由於疲勞過度，睡著後餅乾在路上被人偷走了。她到新添墩後，周指南出工在外，她沒能見上，但她與我生離死別的一夜，讓她下定決心，一定要讓心愛的人平安地回到家裡。

我們家裡親戚多，姐姐、妹妹都給我和弟弟送吃的。我老伴高桂芳在明水最困難的三個月和外甥張彪、長子安林等去了五次明水來送吃的，周指南的愛人去了一次，我的大兒子去了四次，來時都給我們送來吃的。那時明水的難友越來越少，大家奄奄一息，都動彈不得，但我還能走動，於是就讓我在明水當了小隊長。那是什麼小隊長呀，因為天天死人，洞穴裡、地窩子裡躺得都是病人，我這個小隊長就成了給大家打飯、伺候大小便的服務員。

那個時候很多人沒有料到還能活著出來。一九六〇年十二月初，中共中央西北局蘭州會議作出搶救人命的重大決策。我於一九六〇年十二月三十一日，第一批從明水灘遣返回了蘭州。但當時我的弟弟周指南還沒有回來，於是作為嫂子的高桂芳又坐上火車到了明水，將骨瘦如柴、形同骷髏的周指南扶著拽著接到了火車站，可是，周指南已經抬不起腳了，於是她幫著周指南一隻腳一隻腳慢慢邁上臺階，用手推著、肩頭頂著將他送進了火車廂。到蘭州後，找了個架子車，由家人拉著回到了家裡，周指南昏睡了三天才醒轉過來。而高桂芳上火車時，因擠不上去火車，吊在火車車門上行了數裡險些送了性命。我們弟兄的生還在倖存者中創造了奇跡，這個奇跡一是我二姐夫張友生精心策劃適時指派家人搶救的結果，再就是我老伴高桂芳，她不僅挽救了兩條人命，而且挽救了兩個家庭。一九六二年夏，我被下放到延安南泥灣農村，周指南被下放到了子洲縣原籍老家。一九七九年右派改正時我們弟兄兩人才回到了蘭州。關於明水死人的事，我就不說了，太慘了！

另外，我與弟弟周指南到了夾邊溝以後，家中年近七旬的父母與妻子兒女，就靠二姐周震南、三姐周建南、四妹周循南支援維持生活。三姐建南除給我家中購糧的現金外還讓七個孩子每人每日從嘴裡節省一兩糧給我家中。但各種支援主要還是投向搶救我和周指南兄弟兩人的性命。我父母為了支撐一口之家的生存，在家中養了一窩「力克斯兔」繁殖補助家用。周指南的妻子董芝芳打草簾子、納鞋底到外面換來點吃的，我妻子高桂芳幫二姐、三姐撫養孩子讓我的三個孩子寄食她們家。總之，我們在地獄般的夾邊溝活過來了，我感謝我的妻子和我的姐姐妹妹！我現在已八十八歲，妻子高桂芳也已八十九歲，我們的婚齡已過了七十二週年，我們還想繼續努力，婚齡八十年時希望趙老師您能參加我們的婚慶。

筆者與周惠南夫婦合照

司繼才和妻子周仁華攝於1954年

司繼才

「人們都說我是一個紅色知識份子。」這是筆者到了西安司繼才對筆者說的第一句話。他是目前尚在人世的對夾邊溝情況最瞭解的人。因為他當年的一個下屬薛戰雲在夾邊溝農場當管教，照顧他，所以他倖存了下來。司繼才以前在夾邊溝搞宣傳，做過很多具體瑣碎的事情，知道很多鮮為人知的秘密。

我是一九二八年七月十四日生的，原籍山東省青州。一九四一年入陝西省三原第三中學學習。一九四三年初中畢業後，到了陝甘寧邊區，在延安第二高級師範學校畢業。一九四三年參加了八路軍。一九四四年七月十三日參加了中國共產黨。一九五二年進中共中央馬列學院學習，一九五六年年畢業。一九五六年是中國人民解放軍第四軍第十師二十八團宣傳股長、師宣傳科科長。同年，我在蘭州講師團任團長，一九五七年任中國國家建築工程部蘭州西北第三工程局黨委宣傳部部長。

我的前半生是很順利的，不然那時人們怎麼說我是紅色知識份子呢？爭著搶著要我呢？一九五七年時，我被捲進了「以劉志強為首的右派反黨集團」裡。大鳴大放時，從中央到地方鼓動人們放下包袱給黨提意見，當時反覆說，知無不言，言無不盡；言者無罪，聞者足戒。我當時是整風運動辦公室主任。我們宣傳科的杜克發言說，黨委有官僚主義，不深入基層；黨委裡有宗派主義；黨委會裡不純，有一個委員是漢奸。緊接著反右運動開始，杜克被揪了出來。我和劉志強自然就成了主謀和支持者了。這個劉志強，是山東人，五十多歲，大個子，人長得氣派，為人耿直。一九三六年參加革命，原膠東遊擊支隊政委，他的大兒子和我同歲，在他打成右派以前大兒子是中國人民解放軍北海艦隊政委。劉志強在一九五七年時任中國國家建築工程部蘭州西北第三工程局組織部部長，國家十三級幹部。這是一個經歷過抗日戰爭的遊擊縱隊的縱隊長，一九三六年的老黨員、老紅軍；他原是哈爾濱建築一公司的黨委書記。我們中國國家建築工程部蘭州西北第三工程局當時的經理是英國劍橋大學畢業的早期地下黨員高元桂，他在此之前是北京大學建築工程系系主任。

一九五七年七月，劉志強讓其秘書別國煌給其寫申訴材料，別國煌寫出後到我們單位局黨委書記秦烈英處連夜反應彙報，說劉志強準備要告你呢。於是派出所第二天就將劉志強抓了起來，關進了蘭州市暢家巷派出所。

在去夾邊溝農場以前，有三個公安人員去我家抄了我們家，檢查了所有人給我的來信，然後，一個人站起來說道：司繼才，黨委決定開除你的黨籍，送你去夾邊溝農場進行勞動教養。

當時，我們反黨集團的骨幹成員為：劉志強（黨委常委、組織部部長、反右領導小組成員）、司繼才（宣傳部長兼中國國家建築工程部蘭州西北第三工程局辦公室主任、整風反右辦公室副主任、反右領導小組成員）、張靜（山西人，一九三六年入黨。抗日戰爭時牙齒都讓日本鬼子用撬杠撬掉、但打得死去活來也沒有給敵人吐露半點黨的秘密、後被遊擊隊從大牢裡救了出來。文化部部長，老紅軍）、徐福林（團委副書記）、杜克（女，宣傳幹事）。這個右派反黨集團裡有劉志強、張靜兩個老紅軍，有司繼才、徐福林、杜克三個老八路。

我和劉志強、杜克是同時被送到夾邊溝農場勞動教養的。我們單位當年劃了一千四百多名右派分子，送到夾邊溝農場的就有一百四十四人。在此期間逮捕我們，押我們去夾邊溝農場的是機關黨委幹事亢伍，他帶了我們的檔案材料，將我們全家搜查的也是亢伍。我是一九五八年的六月十五日離開蘭州的，十六日甘肅酒泉市勞改局派三名警員押送我們三個在酒泉勞改局看守所住了一夜，一九五八年六月十七日酒泉勞改局派了一輛囚車將我們送到了到了夾邊溝農場。這天我給家中寫了一封信。可是，我此時越想越冤，我對劉志強說：「我們到底犯了什麼王法？為什麼要送我們到這裡來。」劉志強說：「杜克的發言沒有錯。用大棒打我的秦烈英不是第一兇手，打我的兇手在上面，上面有政策。」我和劉志強悄悄商量，不能就這麼冤枉了、就認了，給黨中央毛主席告狀去。於是，我們商量怎麼逃跑，怎麼去告狀。當時我倆分了工，劉志強準備路上吃的，我準備了告狀材料。過了幾天一個下午大約三、四點鐘，我們從夾邊溝跑到了酒泉火車站。因為我們來時，農場已經把我們的錢和糧票全部搜了去，所以，我們就扒了一列向東走的貨車。上了貨車，我們把穿著的農場棉衣藏到車廂的角落裡，當時我們只報著一個信念，共產黨不會冤枉一個好人。

我們是在蘭州西站下車的。劉志強到杜克家和徐福林家共借了五、六十元錢，因為錢不夠，就先買到了鄭州。到了鄭州，逃難的人很多，我們在火車站上又被抓盲流的給抓了。我們想這可怎麼辦呀？此時我們發現廁所裡面有棵樹可以上爬到牆上。於是，我們假借上廁所，我先從樹上爬到牆頭，然後將劉志強拉了上去。出了牆外，伸手不見五指，黑忽忽的不知東南西北。我們就順著火車叫的地方走，這樣我們又到了鄭州火車站。到了鄭州火車站害怕又被抓了，胡亂上了一輛車就往東走，這一下我們上錯了車，火車將我們拉到了蘭考火車站，於是，我們下了車，扒了一列由南京到北京的火車，從北京崇文門車站下了火車。

到了北京，到了毛主席住的地方，當時我們望著藍藍的天，心裡不知有多麼高興啊！總算可以見到黨中央和毛主席了，我們的冤枉也可以訴說了。可是我們想，北京是毛主席住的地方，我們可不能胡跑亂走呀，於是，我們就打問北京市公安局的地方，準備先到公安局給報個到了再說。

到了北京市公安局，我們進了一個崔教導員的辦公室。在那裡不上五分鐘，進來一個人把我們帶了出去，鎖到了一間房子裡。在這間房子裡我們等了八天，沒有任何人給我們談話。第八天房門被打了開來，我們一看，夾邊溝農場的趙來苟、王幹事、孫幹事都走了進來，我倆看到這個情景一下傻了眼，兩個冰冷的銬子分別戴到了我們的手上，然後將我們拉了出去。這樣我們又被押回了夾邊溝農場。

到了夾邊溝，突然，一個管教拉住我的手說道，「老指導員呀！老指導員，你怎麼來到這地方了？」我定睛一看，原來是我在中國人民解放軍第四軍第十師二十八團一營任連指導員時手下的一個排長薛戰雲，他在部隊復員後，分到了勞改局，是個管勞改犯的幹部。就是這個薛戰雲照顧，我在夾邊溝農場又幹起了宣傳工作。我們辦起了《夾農簡報》，和我一起辦報紙的有蘭州師專的謝磊和劉光祖，還有段照熙。劉光祖是單位上的人給誣陷的，為了幾十塊錢的事情捏造後被打成了壞分子送來的。段照熙是原勞改農場留下在這裡就業的。段照熙字寫得好，專門給我們刻蠟版。後來我們也想通了，來夾邊溝的哪一個不是冤枉的，這天底下哪裡有訴說冤屈的地方呢？有一個甘肅省臨洮縣油脂公司的經理史占春，地下黨員，老紅軍，他在反右運動前有一次說道：「這是什麼社會主義，原來油多著都賣不出去，現在油都沒吃的了。」於是，史占春被打成了右派分子，送到了夾邊溝農場勞動教養。還有甘肅省天水市商業局局長、地下黨員、老紅軍李庭光也被打成右派送到了夾邊溝農場。所以說，夾邊溝這麼個不起眼的地方，當年將很多甘肅的精英關押在了這裡。

夾邊溝這個地方經常刮黃風。大黃風來時發出一種尖嘯，地底下好似有千軍萬馬殺了過來，令人毛骨悚然。接著烏雲滾滾，昏天黑地，卷起的沙子風過後埋了我們辛辛苦苦挖得排鹹溝。有一次風過後十三個人就消失了，但我還能動，我又爬了起來，整個天過了三、四個小時才清爽開了。這裡有一句民謠：「走安西，過玉門，不成地面，一個月刮大風二十八天，留一天不颳風還是陰天。」在夾邊溝這個鬼地方被黃風埋了有誰能知道呢？

一九五九年初，夾邊溝農場搞了兩件大事。第一件事是，搬沙填海，造十萬畝良田。也就是把沙漠裡的沙山，往水溝裡抬填。寒冷的冬天抬著大筐子裡裝滿的沙子，來回跑，有些人就被活活累死了。有一個天水鐵路中學的教師張樂民，抬到第三天時不能動了，衣裳與肩上的肉粘在了一起，肚子和腿全是青的。這都是為了立功早回家帶來的後果，張樂民那一天抬了差不多三百筐。我去看他時，他躺在鋪上落淚了，他讓我看了他妻子剛給他來的一封信，信上寫道：你放心，家裡人都好，我和孩子都好。你的身體不好，要注意身體，少勞動，保存體力。在政治上表現好一點，爭取立功贖罪，我們早日團聚。我們這裡已沒有糧食，給你無力寄來吃的。

後來，趙振忠隊長這個山西人從家裡拿了點吃的給了張樂民。我們那時就到處跑著進行宣傳，辦壁報、油印報紙，我每天拿著喇叭到處大喊大叫鼓動宣傳，搞得熱火朝天。當時，謝磊進行採訪，我們編《夾農簡報》鼓勁。都是寫讓大家好好勞動，脫胎換骨，爭取早日出來的報導文章。由於我從小在農村幹活，延安時我也割過麥子，所以我割麥子的速度快誰也比不上我，有一天我一個人就割了五畝四分地，人們都說我是割麥子的狀元。第二件事就是挖排鹹溝。

夾邊溝農場自殺的我知道的就有五六個。有一個姓王的上海人，小個子，由於餓得不能勞動，幹不動活，完成不了任務，人們打他，用腳踢他，一天人們發現他在菜窖裡自殺了。還有一個瘋子，四十多歲，天天拍著手到處喊：「毛主席萬歲！共產黨萬歲！」

我在這裡先給你說說傅作義的弟弟傅作恭，他是在搬沙填海和打擂臺抬草垡子時累餓而死的。傅作恭比我到夾邊溝農場早去兩個月，他到夾邊溝農場後將夾邊溝的渠道整理得溝渠井然、很有條理。傅作恭四十多歲，黑黑的皮膚，性格內向，不善言談，大個子，肩寬體壯。這是個甘肅省農林廳的工程師、林業專家。傅作恭對我說，「讓我說假話我不會說，但說實話你們又不聽。」在反右運動中，他認為引洮工程根據甘肅當時的實際情況，物資、經濟、技術都不具備條件，引洮工程是異想天開。可是，當時任甘肅省委書記的張仲良浮誇的厲害，這些話根本聽不進去。另外，他與甘肅省農林廳的副廳長與正廳長都不和，反右運動中就被打成了資產階級右派分子、反動學術權威。於是他就向中央寫信反映，他說，甘肅地區貧窮落後，一無材料，二無資金，三無人才，四是地理環境條件不允許。另外，將別人開的玩笑話「引洮工程是銀河工程，大禹治水都沒有治出來，共產黨能治出來嗎？」這是他在休息時別人對他說的，後來都成了他的罪名。這樣他就被定為極右分子，開除公職，送到酒泉夾邊溝農場勞動教養。

在新添墩作業站時我與傅作恭在一起。我記得將沙山搬掉、平田整地的搬沙填海的三個月裡夾邊溝就死了一百多人，那時傅作恭就暈倒了多次。因為，傅作恭勞動太老實，整天埋著頭幹活不說話，那時勞動強度太大，傅作恭又是個大飯量，經常餓著肚子。接著是一九六○年的春天，挖垡子、抬垡子又開始了。新添墩作業站要將蘆葦沼澤地裡的根泥挖出來曬乾後燒成灰了當肥料，這叫挖垡子。而將根泥塊裝在筐中抬，稱為抬垡子。我們那時一般每筐裝四塊草垡子，人們一摞就是七八筐，用人工抬到地裡，也有用拖拉機拉的，在地裡先摞起來，等風乾後再用火來燒。當時，傅作恭在胡家穎的隊裡，胡家穎是小隊長。

那個時候場裡反覆說誰勞動好，就給誰摘帽子，誰就可以先釋放回家與老婆、娃娃團聚。所以，人們就拼命表現，積極爭取早日走出夾邊溝。抬垡子打擂臺，每隔二百米路分一節，兩個人抬上七八個摞起的滿筐跑過去，放下，再把上一節的空筐轉回來。這種打擂臺，哪一節若慢了，垡子就被倒在地下堆起來。堆積了垡子抬得慢了的人，收工後就要被扣飯，而且還要繼續幹完。而張幹事有意識的把身體弱的犯人分到後節，後面的路長一些。當時，傅作恭分在第三節，那麼大的個子每天只吃一個小餅，況且已被連續扣了三天飯了。有一天，我看見傅作恭暈倒在了一棵沙棗樹的旁邊，趙振忠隊長過去問道：「傅作恭你怎麼了？」傅作恭說：「我抬不動了，我餓了三天了。」那天下工後，傅作恭已走不成路了。

我趕快叫來了段照熙大夫讓他進行搶救。趙振忠隊長是個好人，他說趕快送醫務所；他讓四個人送傅作恭，每兩個人抬一根扁擔，一根扁擔上放傅作恭一個胳膊，傅作恭是被架到醫務所的。醫務所隨便處理了一下就送回了宿舍。過了一個晚上，第二天一早胡家穎小隊長點名，他說：「傅作恭怎麼沒有來？」有人說：「傅作恭死了。」我進去後看傅作恭身子斜靠在牆上，頭偏在一邊，一搡，他確實死了。我記得傅作恭挖排鹹溝的時候腿子就整個兒爛了。現在關於傅作恭死的說法很多，都不對，傅作恭是在搬沙填海和挖垡子中連餓帶累而死的。

那個時候不但場裡的管教經常打罵勞教人員，場長劉振玉和閻隊長就隨便罵我們是「驢球日的」。留場的勞改就業人員和一些為虎作倀的勞教人員也打罵自己的同類。夾邊溝農場小隊長權力大得很，隨意扣飯，經常打罵犯人；另外，農場讓勞改釋放犯人去管右派勞教人員，這些人對右派的打罵和克扣是令人髮指的，然而管教幹部卻不敢制止，都害怕扣上右傾機會主義的帽子；也有幹部隨意打罵犯人的。

那個時候，場裡一些管教隨便找茬進行捆人練習、比賽，很多犯人被捆成了殘廢。我記得那時有個小年輕張幹事，是個天津人，他和閻隊長比賽捆看著不順眼的犯人，看誰捆得利索。閻隊長捆過原定西糧食管理所的王所長；王所長是部隊轉業幹部，打成右派後被送到這裡，搬沙填海時由於幹得慢了些，被閻隊長將胳膊捆斷了。這個張幹事就把一個勞教人員給活活捆死了。

有個叫王仁傑的勞教人員，這是個上海人，為支援大西北來到了蘭州，後被劃為極右分子送到了夾邊溝農場。因為被扣了飯幹不動活，病得不能勞動了。一天在外尋找野菜途中路過菜園子，順手拔了一個蘿蔔，土還沒有擦淨就塞進了嘴裡，還未來得及咬一口，就讓在這裡守園子的勞改釋放犯盧福保抓住拳打腳踢，並將他拉到了場部。張幹事不問青紅皂白拿起一條繩子就把王仁傑給捆了。當時我就在跟前。他將細麻繩在王仁傑的兩條胳膊上一繞，然後用腳一蹬，只聽王仁傑慘烈地叫了一聲「哎！」趙來苟說：「你捆得太厲害了，慢些，慢些。」此後再沒有聲音了。人們就將段照熙大夫叫了來，段大夫來後說，趕快抬，趕快抬，往醫院抬。但是，最後還是沒有將此人救了過來，就這樣一繩子把人給捆死了。這個犯人王仁傑是被管教當著他探親來的妻子面捆死的。王仁傑的妻子見自己的丈夫被折磨成了這個樣子，雙腿一軟倒在地上暈了過去。當天晚上王仁傑的妻子就吊死在了菜窖的門口。哎，一個蘿蔔兩條人命呀！

有一個叫劉繼堯的犯人寫了一篇關於人性論的文章，被扇了耳光，打得死去活來，這個人也被打死了。死後在他躺的鋪牆上寫著「坐以待斃」四個大字。

那個時候，夾邊溝農場正式幹部不多，主要以右制右，讓犯人管犯人。剛去時每月還供應三十六斤糧，到了後來每月只有原糧十五斤了。農場管理幹部自己多吃，他們的家屬從挨餓的農村都被接了來，也吃。為什麼那麼多犯人死了，但幹部和他們的家屬竟然沒有一個人死呢？就是這個原因。

夾邊溝農場的郵件原先是讓勞改釋放留場犯人管理的，那些人對知識份子有一種天生的仇恨，他們將勞教人員的信件進行檢查、郵包扣起來不發給本人，有些郵包裡的肉生了蟲埋掉也不發給挨餓受饑的勞教人員。後來由於下面反映太強烈，場裡就讓我和謝磊管理郵包。每天下午大車在酒泉郵局拉回郵包和信件，我和謝磊就進行登記，拿毛筆寫成大字貼在牆上。我記得每次發郵包時，早早等候的勞教人員眼巴巴地望著我們，收到郵包的人一邊吃一邊流著眼淚，沒有收到郵包的人整個兒精神垮了，並伸出手向收到郵包的人要吃的。哭的哭來笑的笑，那個場面好不淒慘。有些浮腫的人用手拌開眼睛，跪下來伸出手要吃的，同情的給上些，不同情的吃了後反覆舔自己的手。

我們是一九六〇年九月去甘肅省高臺縣明水的。在我們之前先去了幾百人到黑河去修水渠，那些人蓬頭垢面，上廁所還要人攙扶著去，怎麼能夠勞動呢？於是，黑河管理局不要我們了，就把人們全部拉到了明水大河農場。這裡原先也是個勞改農場，地很不錯，土層厚。但明水這個地方離祁連山的雪線只有十四米，雪線以上一年四季冰雪不化。我們去那裡時天氣已經非常嚴寒，但是沒有房子住，於是就拔了草先睡在曠野裡，第二天我們才開始挖洞。我們這些餓鬼們是在祁連山雪水沖出的兩道溝裡挖洞的。我們把溝坎邊的溝壁削齊，挖七八米深的槽溝，上面用茅草蓋起來，人拔了茅草鋪在地下睡在裡面，一個地窩子睡七八個人。還有的人在溝坎邊上挖出了大大小小洞穴，住在裡面。

到了明水後，伙房裡給犯人們做得糊糊主要是沙棗粉、草籽粉，供應的白麵主要讓管教幹部的家屬們給吃了。我們當年打日本鬼子時，都能吃飽肚子，心情很愉快，可是在這裡真是進了人間地獄。那些日子裡，犯人們把蘆葦根拔出來就地吃。地下揀到爛的、好的蘆葦根，統統都吃。明水這個地方老鼠很多，我們吃黃鼠、蒼鼠。剛開始還有個別榆樹，剝了皮曬乾後砸了吃。有個蘭州鐵路局的黃少文到食堂去打榆樹皮熬的糊糊，糊糊裡下了幾個沙棗。炊事員將此糊糊舀上來時，糊糊很粘，須用刀子割斷。黃少文餓急了，一打上就喝了下去，當場被活活燙死了。段照熙趕來搶救時，在他肚子上一摸，他的肚子似火爐一樣燙人的手呢。

我們在明水的那些日子裡，每天早上天麻麻亮，段照熙就在每個洞穴和地窩子里拉人的腿，查看人死了沒有，如果死了就抬出去放在門口，趁天沒亮就趕快讓馬車牛車拉上去埋。段照熙每次到我的洞穴里拉我的腿，故意開玩笑，「這個人死了。」我說：「還沒有死呢。」他此時才說：「是老司呀。」到了把伙房裡的炊事員也下放到洞穴裡的時候，明水人吃人的事情就多了起來。

那個階段人已經埋不及了，我們住的明水溝的下面崖坎底下碼得全是死人，白天亂扔著，晚上狗呀、狼呀都來吃。有一天我出去，看見那裡幾十上百人，有一個死屍的屁股和大腿上齊齊地被割下了一條肉，肚子也被割了開來。我回來後給趙來苟彙報說：「趙幹事，事情危險了。」趙來苟說：「危險啥，你沒吃的了？」我說：「吃人了。」趙來苟說：「我看去。」趙來苟說：「狼吃了吧。你給誰也別說，抓。」過了兩天，我和官錦文在地窩子裡躺著，這個地窩子裡就住著我們兩個人。這個官錦文原名叫上官錦文，四川人，彝族，一九四四年在晉察冀晉綏時當警衛團團長，解放後在蘭州時是西北軍區天水步校中校教育處長，是被打成了壞分子送到這裡的。我突然聞到一種怪味，我說：「這是什麼味道？」官錦文說：「我們看看去。」

官錦文和我的家裡經常寄來吃的，我們的情況要比別的人好。我們順著怪味飄來的地方走去，只見張維佐和一個姓曹的犯人朝我們看了看，他們在段照熙衛生所旁邊一個角落裡用臉盆煮著黑乎乎的一臉盆東西，這些東西還不太熟，但他們已經在大口大口地吃。我們過去後他讓我們一同來吃。我們一攪，裡面全是人的內臟和肉。因為我們倆是小隊長，所以把這件事情向趙來苟做了彙報。

接著開了鬥爭會，把這兩個人在一個大窯洞前進行了批鬥。孫幹事說：「把這兩個狗日的捆起來。」於是，孫幹事和幾個人把這兩個人捆了起來。這兩個人是從伙房下放出來的炊事員，身體比別人要好些，所以沒有被捆死，如果換了別人那早就死了。唉，誰願意吃人肉呢，可是他們要活命呀，他們是實在沒有了辦法，是這個社會把他們逼成了這樣的。

有一天晚上，天上下了雪，雪不太厚。在我們這個地窩子裡，我睡的位置已經死了七個人，官錦文睡的位置也已死了六個人了。那時候，死一批人，然後把各洞、各地窩子裡的人重新進行一次集中，再死一批，再集中一次。我的好戰友劉志強原先他兒子是北海艦隊的政委時，還可以多少給他帶來些吃的，這時候由於受了他的影響，他的兒子也被下放到農場去了，他沒有一點接濟了。劉志強病倒後被送到段照熙的草棚裡養病。這天天已完全黑了，劉志強爬到了我的地窩子裡，我一看他滿臉的鬍子，兩隻眼睛深深地陷了進去；我趕快將他扶了起來。劉志強說：「老司，這是我的冤案材料，我回不去了，請你回去後交給黨組織。」我聽到這個話眼淚一下流了下來，我看見他當年打日本鬼子時被打斷手指頭的那個手顫抖著。他隨後又給了我一個東西，他說：「這是醬油糕，你餓了就舔一下。老司，我再給你八張郵票，請你出去後給我代交我的黨費。」說完他就要走，我把他送了過去，可是，劉志強回去不到一個小時就死了。他的屍體害怕讓狼吃了，放到了南面的一個土洞裡。我聽到他的死訊後，趕快到了那個土洞裡。我望著他那滿臉鬍子瘦削的臉，握著那被日本人的子彈打斷指頭的手，淚水由不得地流了下來。我想，我的好戰友啊，你怎麼死到了這個地方，而沒有死到日本人的手裡呀！埋劉志強的時候我去了，那麼一個山東大漢此時只有幾十斤重了，一個人都可以輕輕提起來。段照熙當時和我在一根木棒上刻下名字「劉志強之墓」，我說，我們把坑挖深一點。當時，我多了一個心眼，在一個石頭上用紅油漆寫下了他的姓名、職務、經歷，枕在了他的頭下面。然後，埋了後在他的墳前插了木棒。文革結束後，劉志強的家人就是通過紅油漆字找到劉志強的屍體的，因為這裡寒冷、乾燥，他的屍體還好好的，頭上的頭髮還在。我走出夾邊溝農場，我把劉志強的申冤材料交給了當時正在開會的楊鎮鎬，我是打斷他們開會這樣做的，還交了劉志強的八張郵票的黨費。

我們能夠從夾邊溝農場活著回來，多虧了當時的錢瑛。錢瑛建國後，一九五四年出任中華人民共和國監察部第一任部長兼黨組書記。她堅持真理，不避風險，平反甄別了被定為「鐵案」的錯案。錢瑛有句口頭禪：「不怕鬼！」不論在任何情況下，她決不趨炎附勢，也不隨風轉舵，而是一如既往，堅持真理，修正錯誤。她在辦案時總是深入細緻地反覆核對，不妄斷，不輕信，也不苟同。一九六〇年冬，錢瑛又接替謝覺哉擔任國家內務部部長。她身居高位，不忘群眾疾苦，每年都有一半時間下到基層調查研究，檢查工作。我們都把她看作我們的救命恩人。

那個時候，鄧寶珊是甘肅省省長，張仲良是甘肅省委書記，到處吹牛每畝地可打千斤、萬斤、十二萬斤糧食，娃娃可以在麥穗上打滾、睡覺。一九五六年年以前，由於農民分到了土地，糧食當時吃不完。可是，打倒了小地主，來了個大地主。一九五八年人民公社這個大地主把農民的土地全部搶奪了去，把農民變成了比長工還要長工，農民成了農奴。那些公社各級領導成了新興的剝削階級。農民幹活不敢得病，得了病還要給負分。不讓農民家裡兩頭都冒煙。不准家裡冒煙，只准食堂冒煙。農民的雞下了蛋，還成了資本主義。反右運動實際是剿滅知識份子，還附帶讓一些人借助反右剷除了異己。當時的口號是「寧要無產階級的草，不要資產階級的苗。」當年所謂的右派，就是在一種大鳴大放、知無不言、言無不盡的背景下，設下圈套關住門來打狗的。棍子也打，辮子也抓，帽子也戴。當時說，工人、農民、學生中不抓右派，可是反右運動工人、農民、學生都沒有漏掉。

錢瑛發現夾邊溝農場的犯人，純屬一種偶然，並不是像人們說的錢瑛直奔這裡來的。夾邊溝農場和其他關押右派的勞教農場的情況，甘肅省一直對外是絕對保密的。錢瑛當時到甘肅張掖地區檢查災情、進行視察，準備到高臺縣去。那些日子她一個村一個村的查，發現有些村裡人都死完了。現在才知道三年災害時，甘肅餓死了一百四十多萬人。那日天上飄著雪花，地上白茫茫的一片，由於下著小雪，司機開著車迷路了，車裡坐著錢瑛和警衛員，還有一個張掖地區幹部，一共是四個人。他們突然發現前面溝裡有煙輕輕飄出。他們就開著車往有煙的地方走去，到了溝邊上一看，溝坎下面橫七豎八的足有二、三百具屍體，這些屍體被碼著摞著。錢瑛的警衛員就在溝坎上面喊：「你們這是什麼單位？怎麼這麼多死人？」有個管教幹事說：「我不知道，你問場長去。」當錢瑛他們繼續往溝裡走時，農場哨兵就大聲喊，不能下去！我和官錦文聽到喊聲，趕快走了出去，因為我的洞穴直接對著錢瑛他們。這時只見劉振玉穿著羊皮大衣往錢瑛他們那裡走了過去，一邊走一邊吆喝著說：「把這些人趕走。」錢瑛就問那個農場哨兵：「這是什麼地方？」農場哨兵答道：「不知道，保密！」這時劉振玉偏著頭趾高氣揚地走到錢瑛面前吼道：「你們幾個是幹什麼的？跑到這兒做什麼來了？」錢瑛說：「我們是去高臺縣辦公務的，下雪天迷了路，見這裡冒煙，找人問路就到了這裡。」接著又問：「你們這是什麼地方？什麼單位？」劉振宇罵道：「什麼單位，你管得著嗎？」錢瑛聽劉振宇在罵人，拿著拐棍就將劉振玉抽了起來。劉振宇氣急敗壞地命令哨兵：「把這幾個人給我捆了！」持槍的哨兵正想動手，錢瑛的警衛把槍一下拔了出來，對著劉振玉說道：「你知道這是誰嗎？這是中央監委書記錢瑛同志。」劉振玉一聽是錢瑛，一下慌了，蹲在雪地上說道：「錢部長對不起，我不認識你。」官錦文此時大聲喊了起來：「錢大姐，快救我呀，快來救救我們吧！」錢瑛朝官錦文看了一眼，然後說道：「這是誰？」後來才得知這是在長征路上給自己當過勤務員的官錦文。錢瑛於是讓官錦文領著在各洞穴和地窩子裡查看，發現這裡還躺著很多人。錢瑛問劉振玉還有多少人？劉振玉說，還有五、六百人吧，需要五個車皮；實際上明水這時根本沒有五、六百人。錢瑛於是馬上給酒泉地區打電話讓把那裡的公交車全部調來，並且宣佈第二天就全部放人，趕快救人救命。

接著她跟劉振玉走進了他的房間，她覺得屁股下面很軟，讓人一查，劉振玉的房間裡有九條毛毯，在他的箱子裡搜出了一百多個各式手錶，在劉振玉老婆的房間也搜出了幾十條毛毯。錢瑛走到劉振宇床邊給張掖地委書記安振掛通了電話，命令安振立即釋放明水大河農場全部在押的勞教人員。但是，錢瑛走後明水和夾邊溝又進行審查甄別陸續放人拖延了差不多一個月，才將勞教人員全部放了出去。到了離開明水的那一天，有個鐵路局當過列車長的王芳明上不了車，我們就將他攙扶了上來，睡在轎子車的最後椅子上，車都很空，已經沒有多少人拉了。王芳明在半路上死在了打柴溝，從火車窗戶裡扔了下去。當時，劉振玉報了五個車皮，從蘭州調來後頂多只有二、三百人。夾邊溝農場前前後後送著去了大約三千二百多人，我在一九五八年十一月發冬季衣裳時，具體人數是三千一百三十六人，名單是我們刻印出來的，我這裡還有當年保存的日記；在這之前自殺死了很多人，以後還陸陸續續送到那裡有很多各式各樣的人，但是，從明水活著回來的人超不過三百人。

我能活著回來主要有兩個原因，一是我的愛人周仁華、岳母鄧佩文和家人經常給我寄來吃的；另一原因是我的戰友，原先的下級薛戰雲照顧了我，讓我在夾邊溝農場當了比小隊長還有實權的一個小頭頭，這樣從各方面來說我要比其他人強得多。我剛被釋放後，我妻子和我弟弟司繼發到場裡去看我，一個幹事說，你們來的遲了嘛，他昨天已走了。弟弟以為我死了，身體軟得一下蹲了下去。

我是一個研究黨史和馬列的人，這段歷史是實實在在存在的，從一九五七年到文化大革命結束是中國最黑暗的一段歷史。對不同意見的人戴上各種各樣的帽子，毛澤東應該負主要責任。反右運動之前的開門整風是毛澤東發起的。反右運動責任在毛澤東，鄧小平是關鍵人，鄧小平後來說反右運動是正確的，只是擴大化，這是給自己開脫罪責。反右運動給全國無數家庭帶來的災難是說不完的，我到夾邊溝後，我的兩個女兒得了病送進醫院，由於是右派狗崽子醫院胡亂應付不給好好治療，大女兒司麗娜就死到了醫院裡，我的二女兒司琳娜還是院長沙景山說了話才給救過來的。儲安平的四十八個句子都是正確的，但是，共產黨一黨專政不可能接受。現在來看歷史，《論聯合政府》看起來是當時的權宜之計，主要為了奪取政權。可是，奪取政權後，軍隊、法院、檢察院都在共產黨的手裡，怎麼不腐敗呢？我們當時把蘇聯的那一套全搬了過來，失敗，失敗，再失敗。

郭振乾

郭振乾穿空軍服攝於1956年

雖然與郭振乾在電話上有過多次交談，但兩次到西安去採訪那些夾邊溝的倖存者，都遺憾地與他擦肩而過。但他是一個有血性、有正義感的倖存者，《夾邊溝慘案訪談錄》不能沒有他。「五一」節前夕的一個早上，我在夢中突然聽到了電話的鈴聲，郭振乾告訴筆者，雖然小孫子調皮糾纏他，但他還是抽空寫了十多頁。筆者聽後非常感動，一個年近八旬的老人，在這麼短的時間裡，寫出這麼多的文字來，是需要多麼大的勇氣和毅力。

我爸爸是一個老中醫。我奶奶活到了八十多歲，我媽媽活到了九十多歲。我於一九五一年在抗美援朝運動中，從天津南開大學報名參加了軍幹校。參軍後，我工作極其努力，曾立三等功一次。一九五五年在肅反運動中，我由於同意胡風的很多觀點而受到批鬥和整肅。我的肅反結論是：思想反動，政治落後，並有一系列修正主義的觀點。對於這樣的結論我拒絕簽字。奇怪的是我沒有受到任何處分，只是被調換了工作崗位，還被授予空軍少尉軍銜，在團支部內繼續擔任組織委員。

一九五七年的整風運動，我極其謹慎，對於大是大非問題我從不表態，而且還剛剛被空軍第二速成中學選為社會主義建設積極分子，作為立功人員的代表，在慶功大會上講了話。可是，我仍然被劃為右派分子，被送往甘肅酒泉夾邊溝農場進行勞動教養，這在當時是處分最重的了。

一九六一年元月二日，我被中央檢查團以搶救人命的名義接回蘭州，結束了我兩年半苦難的勞動教養生活。一九六二年，我被摘掉了右派分子的帽子，變成了一個摘帽右派。這時的我已經三十多歲，正是急於找老婆的時候，可是我遇到了很大的麻煩，雖然我當時年輕是個很帥氣的小夥子。與女方一見面，都說：「同意。」但一聽說是個摘帽右派，轉身就走。我被一直拖到了三十六歲，才鑽了國家「二元制」的空子，在農村找了一個女人，於是娶妻生子。唉！她們比我們還要可憐。為了能夠跳出「農門」，她們什麼都不顧了。毛澤東喊得最響的是要依靠「貧下中農」，可他在農村除了依靠極少數的地痞流氓之外，把貧下中農整慘了。

在城裡大家都知道我是個右派，可是有的女青年還是要愛我，同我談戀愛，但絕不可以談婚論嫁，因為她們戴不起那頂「右派夫人」的桂冠，那就意味著終生的屈辱和苦難。一九七九年，在胡耀邦的主持下，對全國的右派分子進行改正。胡耀邦是個好人，做了好事，是個真正的共產黨員，歷史會記住他。我在這個時候又由摘帽右派變成了改正右派，但在社會上仍然很臭。最近我一直在思考這樣一個問題：右派分子為什麼會這樣臭？比勞改犯人還要臭，而且臭的時間也持續的這樣長？我認為有以下原因：一、右派分子是封建專制主義的死敵，所以封建專制主義對我們恨之入骨，必欲置我們於死地而後快。不能整死你，就拖死你。二、在定右派時，毛澤東制定了一整套固定的程式：黨委內定——小組批鬥並揭發檢舉——大字報和各種漫畫鋪天蓋地，極盡歪曲醜化之能事，侮辱人格，互相往頭上潑髒水。發言不積極者，立時就會補定右派或中右。喊得聲音越大，謾罵得越厲害者越是革命派。——對右派大會小會輪番批鬥，要讓被批鬥者說出違心的話來，最終要讓你低頭認罪——監督勞動，讓右派幹最髒最累的活。哪個單位如果劃不夠右派，則書記就可能是右派。這些程式都是我們所有的右派難友所經歷過的，也是毛澤東這個風流才子發明創造的。三、在改正錯劃右派後，除個別人之外，絕大多數人都沒有官復原職、補發工資。這也表現出政治上對我們的歧視和不公平。

我有一個初步的結論：史達林主義和毛澤東現象是馬克思主義與東方落後生產力相結婚產下的一個怪胎。在毛澤東他們奪取政權之前，它們都能緊密聯繫群眾，也能聯繫實際，否則他們就不能生存，就要吃敗仗。但是在奪取政權之後，他們憑藉著在人民群眾中享有的崇高威信，經過短時間的肅反和鞏固政權的工作之後，本應該迅速轉到「對外開放，對內發揚民主，大力發展經濟，提高社會生產力，和提高人民生活水平」的軌道上來。中國共產黨第八次全國大會，劉少奇在會上所做的政治報告，就是一篇好文章。可惜的是，他們幾乎都沒有這樣做。他們往往低估了幾千年封建勢力對於整個國家和整個民族的深重影響；他們往往低估了小資產階級和廣大農民成份參加革命之後，對於革命隊伍所產生的負面影響；他們尤其低估了在奪取政權之後，非常容易產生的驕傲自滿情緒和在自己的頭腦中所存在的封建主義的糟粕。於是，他們很快走向了自己的反面。他們打著革命和為人民服務的旗幟，強調穩定高於一切，實際上他們是為極少數人服務的封建專制主義和封建官僚主義。他們的實質是反人民的和反社會進步的。無論是在國內和國外，這樣的例子就太多了。在奪取全國性的政權之後，這些專制者以鞏固革命政權為名，將無產階級專政的這把刀肆意地揮向人民，無產階級專政這把刀上沾滿了太多太多革命同志和善良人民群眾的鮮血！

我愛我們的國家，一九九七年香港回歸時，當時我在電視上看到我們的駐港部隊進駐香港，坦克兵在行進的坦克上向香港市民行軍禮時，我痛哭流涕，老淚縱橫。我也熱愛我的人民，當看到聽到弱勢群體又受到封建專制主義的欺凌和壓榨時，我怒火填膺，恨不能用我這條老命來與他相搏。

附文：

趙旭先生：您好！

當我攤開稿紙來寫這一段回憶的時候，心潮澎湃，思緒萬千，內心裡湧起極度的痛苦和悲傷。我首先代表夾邊溝的倖存者和那些難友們的家屬對您表示衷心感謝！

我經常在想，時間雖然已經過去了半個世紀，但是自一九五七年底到一九六一年初短短的三年時間裡，由於受到政治迫害、凍、餓而死在酒泉夾邊溝和高臺縣明水大河農場的近三千位難友，何人去為他們伸冤？何時他們的冤屈才能夠得到徹底洗雪呢？

記得我們從夾邊溝出來七、八年後，有些難友的家屬去了夾邊溝和高臺縣明水灘，想找回他們親人的屍骨。可是，他們兩眼茫茫，當時的房屋已被推平，所有遺址遺跡均不復見。荒草地、戈壁灘上一座接一座的成片的墳塋都不知道到哪裡去了。甚至連原來的一些大樹都被連根拔去了，見到的只是一排排新長出的樹苗。這一段歷史似乎已被人為地抹去了。

如果說一九五七年的反右派運動和夾邊溝農場的非正常死人事件並不影響中國經濟的騰飛和中國政治的民主，不影響中華的崛起，那我們就認命了，我們這一大批人所經受的苦難和所做出的犧牲也就算了。然而，今天的大陸，信仰的淡漠，道德的淪喪，謊言的肆虐，腐敗的氾濫，特權階層的無知和貪婪，社會矛盾的逐漸激化其根源無不由於一九五七年的反右運動，甚至更早。一九五七年的反右運動是說假話的人整說老實話的人的運動，是壞人整好人的運動，是糊塗人整明白人的運動。

當年的胡風反革命集團得到了徹底平反，絕大多數的右派分子也都被認為是錯劃了，得到了改正。但歷史的檔案都沒有公開，他們這些所謂的反革命分子和右派分子到底都說了些什麼？都做了些什麼？是誰搞了這麼多的冤假錯案？當年整人的人和幹了壞事的人是否都受到了應有的懲罰？而這些當年受迫害的人在平反和改正以後的處境也都不好，這又是為什麼？

在中國大陸的政治生活中有幾個絕對邁不過去的死坎，也是絕對繞不過去的，一九五七年的反右運動就是其中的一個。如果誰要真想把中國的事情辦好，反右運動這個坎你是絕對不能繞過去的。

我是一九三二年四月二日生於河南省開封市的。日軍佔領開封後，我於九歲時逃難到了西安，入陝西省第一實驗小學，小學畢業後入西安市潞河中學。一九四五年抗日戰爭勝利後回到開封市，入黎明中學和開封中學高中部。一九四八年到了西安入東南中學。一九五〇年我考入天津南開大學，一九五一年七月我自願報名參加了軍幹校，入空軍，任文化教員。一九五三年曾立三等功。由於自己個人歷史和家庭社會關係都很清白，所以我積極靠攏組織，要求入黨。一九五六年年在空軍二速中曾被選為社會主義建設積極分子。

我最早瞭解中國共產黨是在西安臨解放前時。我父親有一個朋友叫葉守紀，是西北大學教授，民盟盟員，曾留學日本帝國大學，解放前參加過一些政治進步運動。他給我父親及一些朋友在我們家講中國共產黨的統一戰線政策和《新民主主義論》。聽了他的講解之後，大家對中國共產黨有了一些初步的認識，對國家的未來充滿著美好的憧憬，對新社會充滿著熱愛，對毛澤東充滿著崇拜。

參軍後，我在各方面表現得都很積極，但也逐漸感覺到史達林主義對中國共產黨有極其深刻的影響，使我感到極其迷茫和困惑。一九五五年我在報紙上看到了胡風所寫的三十萬言建議書，我同意其中的許多觀點。但當時胡風已被定性為反革命集團，我感到極其痛苦，當即向組織上進行了思想彙報，本想會得到組織上的教育和幫助，結果卻受到了極其嚴厲的審查和整肅。由於沒有審查出任何政治和歷史問題，最後不了了之了。但肅反結論為：思想反動分子，並有一系列修正主義思想。以後我就像是背負著一個沉重的十字架在部隊中工作和生活。

奇怪的是一九五六年年我又被授予空軍少尉的軍銜，這說明當時中央在執行政策上有所搖擺。在一九五七年整風運動的大鳴大放中，我基本上沒有說什麼。我經過了一九五五年的肅反運動之後，也不可能再說什麼。當運動進行了一段時間，那些積極分子在鳴放會上一再啟發我發言，我仍什麼也不說。實際上，這時根據我的檔案已經內定我為右派分子。最後問我：「你對一九五五年的肅反運動有什麼看法？」我說：「肅反是必要的，但把我搞錯了，應該向我道歉。」就因為這句話我被打成了右派分子，在大會小會上對我進行批判鬥爭。

當時，全國批鬥右派的程式是千篇一律的老一套。先由黨支部或黨總支根據總人數五%的比例研究決定誰是右派分子，然後拿到群眾中去進行批鬥。如果在人數上達不到五%的指標，那麼黨支部書記或是黨總支書記就會被定為右派。那些積極分子對右派分子羅織各種莫須有的罪名，使用漫畫、大字報、廣播等各種手段，進行大肆地污蔑醜化和人身攻擊，將右派分子批倒批臭。在那些批鬥會上，只准積極分子使用極左的語言胡說八道，而不能讓人們說一句實話，誰若說上一句公道話，立刻就會將此人補定為右派分子。批鬥結束以後，就讓右派分子去打掃廁所，或是派人監督去幹一些最髒最累的體力勞動。

我是在一九五八年的五月九日和空軍二速中訓練處的胡家穎、錢湧兩位難友，一起被學員隊的兩個指導員用槍押上火車去夾邊溝農場勞動教養的。當時天正下著瓢潑大雨，風刮得連傘都打不住，而且雨下得一直不停。火車到了酒泉火車站以後，我們下車往西北方向走了很長的時間，天快黑時才到了夾邊溝農場。那兩個押送我們的指導員把我們三個人往場部一交就回去了。首先是農場管教人員對我們三人進行了搜身。刀子、繩子、存摺、手錶統統都被收走了。接著，我被分到了基建隊；錢湧被分派到農業隊；胡家穎被分派到了副業隊，去趕馬車。

錢湧全家人都是工人，是黨的重點培養對象，十四歲參軍，被授予空軍中尉軍銜，送往南京市解放軍政治學院學習。在學習期間，他聯繫實際，對部隊的政治工作提出了自己的意見和建議，用十個信封寄給了胡家穎，讓他轉交給單位黨委。因為此事他和胡家穎都被定為極右分子，送夾邊溝農場勞動教養。

農場裡的幹部也經常組織學習，搞階級鬥爭，也反右傾抓右派，所以，他們也害怕自己成了批鬥對象。於是他們對待我們這些勞教人員，都以極左的面目出現，都是心狠手辣，不敢給我們施於一點照顧和仁慈，不敢給我們露出一些笑臉。我們處於完全無任何權利的奴隸地位。自從到了農場我們就沒有吃過一頓飽飯，長期的饑餓又沒有一些副食，沒有營養，沒有熱量，整個兒摧垮了我們的身體，這樣我們不到半年的時間就開始出現了死亡。老弱病殘先開始死亡，然後範圍逐漸蔓延擴大。

一九五九年反右傾以後，隨著政治形勢的嚴酷，農場為了加強對勞教人員的管束成立了嚴管隊，老紅軍團長官錦文為嚴管隊的隊長，在這裡可以用繩子捆人，可以把人用繩子吊起來，可以挑動勞教人員去打勞教人員，可以扣飯。所以，人人提起嚴管隊就膽戰心驚，都視嚴管隊為畏途。

我在基建隊挖過排鹹溝，挖過草垡子，收過麥子，還出外挖石膏，到清水河挖過沙子，在北大河抬過石頭。我們有時就和勞改隊在一起幹活，所不同的是：勞改隊有武裝看管，我們則沒有；勞改隊的勞動時間比較短，天大亮才出工，天不黑就收工，而我們勞動時間比較長，如果完不成定額，要加班加點一直勞動到深夜；勞改隊是有期限的，而我們則是沒有期限的。有一位難友小董說了個「一一五七」（這是「遙遙無期」的諧音），還受到大會小會的批鬥。

我們開始到夾邊溝的時候，不論在什麼時候都極其容易逃跑，但在開始的兩年時間裡卻很少有人逃跑。因為我們對中國共產黨抱有幻想，還想通過一段時間艱苦生活的改造、重新回到人民的懷抱。尤其是一九五九年在北大河挖石頭，場部在現場搭了擂臺，提出要大比武打擂臺，給右派分子摘帽子。當時，大家冒著嚴寒，光著膀子，抬的石頭筐子比人都高，在工地上來回奔跑。實際上這是一場騙局，最後只給王慶福等三人摘掉了帽子，待遇仍然不變。而有的難友卻為這種超強度的勞動付出了自己的性命。

慢慢地大家認清了事情的本質，紛紛給家裡寫信讓寄來吃的。錢湧家裡都是工人，給他來信讓他要聽黨的話，好好改造，不應該向親友要吃的，結果錢湧餓死在了夾邊溝，臨死前全身浮腫。我也連著給家裡寫信讓給我寄來吃的，開始父親來信說：「要聽黨的話，好好勞動改造，寄吃的對思想改造不利。」我看到這些話，都快急哭了。我說：「老爸呀！你好糊塗，你這不是要你兒子的小命嗎？」接著我通過各種渠道千方百計將實情告訴了家裡，從此家裡和眾親友動員一切力量給我寄吃的，每個月能往農場寄兩、三個大包裹。包裹裡有廣東月餅和牛骨髓炒麵等。可是我的那些家境普通一些的難友啊！我的那些中小學教師的難友啊！誰的家庭能有這樣的實力呢？他們一個個在這裡倒了下來，僅農場隨意克扣那一點糊糊飯食也只有死路一條。到了後期，農場對勞教人員的家屬往場裡寄來吃的也不阻止，每逢發放寄來的包裹時，農場就像過年趕集一樣的熱鬧，領到包裹的興高采烈，領不到包裹的人則垂頭喪氣。可是有的郵電所卻卡得很嚴，不准往農場寄吃的。

由於農場裡的死亡現象越來越嚴重，農場向上級反映了情況。張掖地委書記安振的答復是：「搞社會主義，還不死上幾個人？有什麼大驚小怪的。」從一九六〇年初開始，由於死亡現象越來越嚴重，難友們為了能夠求得一線生路，紛紛給甘肅省委書記張仲良寫信，給國務院總理周恩來寫信，給中共中央主席毛澤東寫信。為了防止各級組織扣壓信件，這些信件都是托人從蘭州、或是北京發出，有些信件乾脆就是通過內部的關係直接轉交的。一封、兩封、十封、二十封、三十封，但都沒有任何回音。但是，難友們對於毛主席、周總理和黨中央還是信任的，他們還是不停地寫信，向中央反映情況。

可是，一九六〇年的七、八月份，甘肅省委突然做出了一個決定：要在高臺縣建立一個機械化的大農場，讓夾邊溝農場全部遷往明水灘。我是在一九六〇年的九月份跟隨大隊徒步走向明水的。明水那裡原來是高臺縣的機關農場，很小，只有幾間破房子，僅夠管教幹部和重病號住，要啥沒啥。我們開始都給自己挖地窩子睡覺，連身下鋪的麥草都沒有。口糧也很快降到了每月十五斤原糧，這時已沒有人參加勞動，大家都是病號。

明水農場基本上是北高南低的一大片荒灘，但距離鐵路很近，只有五、六里路，客車像一條火龍，定時由南邊東西方向經過。這時農場裡一個是死亡嚴重，一個是逃跑嚴重，大家已經再也不相信那些思想改造的空話，有人跑回了家，有人則跑到了國外。跑回家的人能夠吃頓飽飯，求得活命；跑到國外的人則把夾邊溝的情況捅了出去。

一九六〇年十一月，農場把我抽調到第一病房去當護理。這是三間地窩子，一溜土炕，上邊一個挨著一個睡滿了重病號，約有三、四十人。土炕的前邊用磚和土坯盤了個大火爐，爐裡燒著煤塊，白天晚上都燒著。平時我們護理負責給病號打飯、倒屎、倒尿，沒有事情的時候，我就在火爐上煮炒麵吃。高臺農場還給每個病房派來兩位女難友當護理，她們的年齡都不大，是由上海送來被強制勞動的。

我們病房有時一天死幾個，死人抬出去，又會有新的病號補充進來。人在死亡之前有的會說胡話，而甘肅省天水市第三中學的語文教師李紹侗則是背誦一些很優美的文章：「…春天來了，小麻雀在外邊的窗臺上跳著，嘰嘰喳喳地叫著…。」蘭州軍區戰鬥文工團的舞蹈演員趙淼就是死在了我的病房裡。一個很年輕的生命嘎然而止。每天死了人，我們首先向管教幹部報告，他們來清點遺物，然後我們就用死者蓋的棉被把他一裹，用三根麻繩在頭部、腰部和腳部各一捆，四個人用兩根棍子一抬，到附近的戈壁灘上草草挖個坑一埋，用一塊磚頭寫上本人的名字，往墳頭上一放。這一切都是敷衍了事地去做，因為天太冷，地又硬，我們每個人都沒有力氣了，所以挖的坑連死人都蓋不住。墳地裡經常有野狼在嚎叫。管教幹部從來不跟隨去抬埋死人，是一個叫崔金門的天津支邊青年的難友領著我們去埋死人的，每人每次可以給加上一瓢稀糊粥湯。

第二病房就在我們對面，當中夾著一個小院。他們那裡也是天天死人。有時有些難友的遺物就胡亂地堆放在小院子裡。我從其中揀了一床棉被，一雙長筒氈靴和一付美國製造的刮鬍刀。在我回到蘭州以後，我還繼續使用了很長的時間。派到我們病房護理的那兩位女難友都是上海人，其中有一個還是個姑娘，另一位是一個少婦，兩人長得都非常漂亮，說話慢條斯理，文質彬彬，對人處事都很有禮貌。即使是穿著破舊的衣服，她們也總是把自己收拾得整整齊齊，乾乾淨淨。我無心去打問她們的來歷，尤其是經過在夾邊溝農場長期的饑餓之後，我對於異性已經不產生任何興趣，整天只知道圍坐在火爐旁煮食家裡寄來的炒麥和點心。她們好像是已經知道了我們要被接回蘭州，都主動同我搭話，我也只是一般地應付著。但她們給我留下的印象卻極其深刻，在以後的歲月中我經常會想到她們。她們的命運可能比我的命運還要悲慘，她們可能一輩子再也回不到上海了。

一九六一年元月二日，管教一大早就通知我帶上自己的行李到前邊的大院子裡去集合，我的行李比較多，一個大皮箱，一個行李和一個木頭書箱，裡面裝的都是馬列著作、毛選和政治哲學書籍。我起得比較早，一件一件地往院子裡提。大院子裡只有稀稀拉拉的幾個人。河西走廊剛剛下過一場大雪，大清早寒氣逼人，我在大院子裡站了一會兒，不見有任何動靜，就把行李拖到一個臨近的一間空房子裡。空房子裡沒有生火，黑黑的，有一長溜可以睡上三、四十個人的土炕，停了一會我才看見裡面已經有四、五個難友，他們也都拿著行李，或站或坐著。我問他們：「到底發生了什麼事情？」他們說：「不知道。」其中有一個很隨便地說了一句：「可能是好事吧。」又等了一會兒，來了兩輛「四平牌」的大轎子車，我們就趕快把行李拖到了院子裡。管教幹部趙來苟拿著花名冊點名，點一個名字就往車上走上去一個，並在車頂上裝上自己的行李。我上車比較早，坐在右邊中間靠窗戶的一個座位。由於大家都是病號，所以每輛車上還配有醫生和護士。

當汽車開動的時候，我用臉貼著冰冷的窗玻璃，深情地望著窗外的積雪，內心裡百感交集，「難道這一切都是真的？」「再見了，夾邊溝。」「再見了，明水。」汽車開到高臺火車站的時間大約是下午五、六點鐘，我看見有五、六個難友已經不能走路，都用擔架抬著，有的還打著點滴，有的家屬跟著。我環顧了一下周圍的環境，鐵路的路基要高出地面十幾丈。這裡有五、六家賣小吃的飯鋪，有兩家雜貨鋪，還有一個小小的郵電所。我突然想，要趕快給家裡發一個電報。於是我趕快跑到那間小郵電所，電報的內容只有短短的四個字：「即返蘭乾。」電報是在半夜兩三點鐘送到家的。郵差敲了幾下門，大聲地喊：「電報！」把家裡人嚇了一大跳，通常在晚上收到電報，往往是噩耗。父親拿到電報一看，對母親說：「是好事，回到蘭州了。」

當時我和我的家人都沉浸在興奮、喜悅和幸福之中。我們都太膚淺和幼稚了。我千不該萬不該，我在興奮之時忘記了這是三千名難友的死換回來我們極少數人的生。如果我今日不能替他們說上幾句公道話，我還算個人嗎？我如果不能將這段歷史如實地告訴世人，我對得起這些死去的難友嗎？尤其是那些中小學的老師們，他們是那樣的善良和軟弱，我深深地愛著他們，同情著他們。

我敢說，在夾邊溝農場裡的難友們沒有一個是堅決的反共分子。如果他們是堅決的反共分子，在大陸解放以後，他們會把自己隱藏得很深，你很難抓住他的把柄。他們都是善良的軟弱的，他們都對中國共產黨抱有幻想，或是曾經對中國共產黨抱有幻想。

2005年郭振乾與南開大學青年校友合影

一九五七年，國際共產主義運動中正在反對史達林主義，正在提倡發揚社會主義的民主，這是一股進步的世界潮流。我的難友中許多人是受到這股進步潮流的影響，出於對中國共產黨的關心和熱愛，切中時弊，才在大鳴大放時給黨提了非常真誠、中肯的意見和建議。這些意見和建議歷史證明都是正確的，是經得起時間檢驗的。要將他們置於死地而後快的人，歷史證明才是逆歷史潮流而動，是真正反動的。

我們被接回了蘭州，只是為了搶救人命，但事情並沒有結束，我們這些人仍然在政治和經濟上受到迫害。使我沒有想到的是，這個統治集團還要在逆世界潮流而動的道路上走很長很長的路。我堅信，歷史可以曲折，但不能倒退。熱愛生活，熱愛真、善、美，熱愛真理的人們，一天也沒有停止過戰鬥。而且年輕一代又起來了，他們比我們更加堅強、更加智慧、更加策略。我堅信，總有一天一九五七年的檔案會統統公佈出來，讓事情的真相大白於天下。歷史的罪人最終會受到歷史的嚴厲審判和懲罰。

親愛的難友們、同志們，你們安息吧！

最後順問您全家幸福、平安！

夾邊溝農場倖存者：郭振乾

二〇〇八年四月二十九日

傅作恭

傅作恭先生在夾邊溝農場被強勞、饑餓、打罵折磨而死，像一塊石頭一樣一直壓得筆者喘不過氣來，因為他不僅是抗日名將傅作義將軍的叔伯兄弟，他還是一位任勞任怨、敬業無私給生我養我的甘肅和蘭州森林、綠化做過傑出貢獻的林業專家。經過多年的走訪和查閱大量的資料，尤其查閱了傅作恭的檔案，才對他有了一個全面的瞭解，現將這位令人尊敬的科技工作者和實事求是的基層林業領導坎坷的一生介紹如下：

傅作恭，字靜之，男，漢族，山西省榮和縣（現臨猗縣）第三區（孫吉鎮）安昌村人，生於農曆一九二〇年三月十五。父親傅慶玉（子崑），繼母傅張氏，愛人潘翠竹，有三子一女為傅錦蓉、傅錦國、傅錦民、傅錦科。一九四五年五月成都金陵大學森林系畢業，曾任甘肅省農林廳林業局造林科科長（行政十五級）農林工程師（三級工程師），具體負責甘肅省的植樹造林工作。傅作恭在個人檢查中說道：「我是一個技術幹部，我到西北來就是想為綠化西北盡自己一個螺絲釘的力量，為社會主義建設盡一份力量。」他經常深入到甘肅河西走廊和甘南和隴南林場一線進行植樹造林的指導並做了大量的調查研究。當時，中山橋北面的白塔山光山禿嶺與蘭州南山的五泉山形成鮮明對照，五泉山上鬱鬱蔥蔥，而白塔山卻滿目荒山、樹木稀少。在和科研人員一起反覆研究調研的基礎上，利用黃河水在白塔山上植樹造林，在蘭州南北兩山挖溝植樹，取得了顯著的成效，新聞媒體對此進行了專題報導。然而傅作恭這麼一個正在事業上蒸蒸日上的科技工作者和踏實肯幹的領導幹部卻在一九五五年的肅反運動中被審查，一九五六年十月被免去造林科長職務，一九五六年十二月三十日甘肅省農林局做出結論意見為：「一般歷史問題」。一九五七年七月二十七日經甘肅省人委整風領導小組批准被劃為右派分子，保留公職，勞動教養，一九五八年三月被押送到夾邊溝農場，於一九六〇年五月死于夾邊溝，屍體被草草埋在了夾邊溝農場的毛家山后。

林業局退休高級工程師金昨非告訴筆者，他生於一九三一年，一九五四年在山東農學院林學系畢業，畢業後分到甘肅省委農村工作部工作，在農村工作部時他與傅作恭經常打交道，傅作恭對工作的認真給他留下了深刻的印象，一九五八年初傅作恭離開林業局押到夾邊溝勞教後他被調到了造林科工作。曾在一九八三年至一九九三年在甘肅省林業局任局長的蒲澤告訴筆者，一九五七年時他在甘肅省文縣任稅務局長，當時文縣往夾邊溝農場送去了三名勞教人員，其中的文縣財政局長廖宗乾由於罵了縣委書記郭志高，被打成反黨分子送到了夾邊溝，夾邊溝農場遣返倖存的勞教人員時，蒲澤派縣上的劉樹蘭去接廖宗乾，可廖宗乾被接到酒泉火車站後就死去了，沒有接回到家裡；他說文縣供銷社的李野先被打成右派分子也死在了夾邊溝。

傅作恭從小即無母親，繼母對其經常虐待，而其父則不聞不問，使其心靈受到了很大創傷，這是他以後性格孤僻、脾氣暴躁的主要原因。一九三七年盧溝橋事變以前，他家中有四十五口人，三院房屋、土地三百餘畝、木船二二個、商號五所。一九三九年八月，其家被日寇焚毀，木船、房屋均被燒掉，片瓦無存，全家逃難陝西省西安市，家境窮困，靠做買賣維持生計。他的大哥傅作仁（叔伯哥哥），管理家中全部財產，有兩個兒子，大兒子傅璞，日本士官學校畢業，曾在二十三兵團任少將教官；二兒子傅琓，黃埔軍校第十九期畢業，曾在二十三兵團司令部任少校參謀。二哥傅作義（叔伯哥哥），曾任中華人民共和國水利部部長，有兩個兒子；女兒傅冬菊西南聯大畢業，共產黨員，中華人民共和國成立後，曾在越南做地下工作，特長法文，任《人民日報》編輯兼外勤記者。三哥傅作禮，從小耳朵聾了，未念過書，在家閑住。四哥傅作信，日本帝國工業大學畢業，曾任北京石景山煉鐵廠總工程師。七哥傅作良，延安抗日大學畢業，曾任二十三兵團司令部中校團長。十弟傅作讓。傅作恭與傅作義雖是叔伯兄弟，但他們生活在一個大家庭裡，從小都和睦相處似親兄弟一般。

傅作恭一九二六年即開始在私塾讀書，一九二七年至一九三五年六月在山西省榮河縣立第三高級小學學習畢業，其中曾與七哥傅作良和侄子傅正印到山西省太原學習。一九三五年至一九三八年六月在天津南開中學初中部畢業。他的《自傳》中寫道：「我夢想將來成為一個了不起的人物。但日寇天天在學校附近打靶演習，打破了我的夢。日寇在租界內的橫行無忌激起了我的俠義愛國熱情，於『一二九』運動中，我冒著敵人的刺刀、水龍頭、大刀、機關槍，衝破了敵人全副武裝的彈壓隊及鐵絲網在日租界大喊：『打倒日本帝國主義！』『打倒軍閥！』我們並列在火車路上臥軌、派代表請願，這是我向惡勢力鬥爭的第一次。」一九三八年至一九四〇年六月，傅作恭在重慶南開中學高中部畢業，後因貧血病在家休學一段時間。一九四〇年至一九四一年在金堂銘賢中學習畢業。一九四一年至一九四五年五月傅作恭在成都金陵大學森林專業畢業（抗日戰爭時南京金陵大學遷到了成都）。畢業後一九四五年九月至一九四六年十月他任綏遠臨河奮鬥學校農場副主任。一九四六年十一月至一九四九年六月又任綏遠狼山綏西軍耕農場副場長（場長為武善立）兼綏遠臨河奮鬥學校農場副主任、奮鬥學校名譽校長。一九四九年八月至一九五〇年二月傅作恭任綏遠省立第二農事試驗場場長。一九五〇年三月至一九五〇年七月任綏遠省立林業試驗場場長。

一九四九年九月十九日綏遠和平解放前夕，傅作恭曾多次勸說董其武等走北平和平之路，指出「那是最光明的一條路」，並參加了後來的綏遠和平起義。一九五二年四月傅作恭在綏遠涼城縣請長假從綏遠到西安看望父親，又去北京看望二哥傅作義。在這裡他遇到了時任甘肅省政府主席的鄧寶珊。一九五二年六月經鄧寶珊介紹到甘肅省農林廳林業局工作，並於一九五三年至一九五六年年十月一直任林業局造林科科長。家住蘭州市城關區山字石街（西街）十七號。

一九五六年年肅反後甘肅省農林廳結論意見為：「傅作恭同志的問題，經查證，劉滿蒼（因牧羊懇兵武占元偷了綏遠狼山綏西軍耕農場羊賣給劉滿蒼）證明傅作恭打了他的耳光，沒有打他的父親，劉仲元（劉滿蒼之父）

是以後因病而死去的。傅作恭原先的手槍問題，經劉明證明是經王錫端出售屬實。至於脫離綏遠涼城縣工作，系請准長假脫離的。」

據傅作恭檔案記載：一九五七年五月二十九日農林廳召開民主黨派成員座談會，傅作恭說：「現在對知識份子重用不夠，改造多，重用少。」並且在平時閒談時說過：「把人分成中間、落後形成拉攏一批，打擊一批，工資改革對你們所謂的積極分子的提高，所謂的落後分子的打擊，統戰政策是上統下戰，下面戰而不統，牆和溝是共產黨造成的，把舊社會過來的人一律另眼看待，對舊知識份子的重用一筆勾銷。」「局裡有壞蛋（指黨員積極分子），不趕出去工作搞不好，逢迎拍馬，想升官發財，看領導眼色行事，順風倒，加入黨是為做官，一朝權在手，就把命令行，彙報時加油加醋，這次整風為什麼還叫這些人來領導呢？」「他媽的，還沒鳴哩，現在就壓開了，你們整黨哩，還是整我哩？」「不做工作，不犯錯誤，否則將來坐監獄還不知道為的啥。」由於這些言論反右運動中傅作恭被劃為右派分子，並被押送到甘肅省夾邊溝農場勞動教養。

傅作恭去夾邊溝農場時，家中有妻子和五個孩子。最大的女兒傅錦蓉十四歲，當時在蘭州五中上學，由於家中沒有了收入經濟無著只好退學。最小的老五剛滿月，老五後來在貧病交加中十三歲夭折。一九六〇年傅作恭的妻子潘翠竹帶著五個孩子被迫回了老家農村山西省臨猗縣南趙公社安昌村，憑親友接濟到處借債生活。由於傅作恭的右派問題孩子們被株連不能升學、入團、參軍、參加工作，妻子潘翠竹忙了外面忙家裡，裡裡外外一把手，負債累累，勞積成了駝背凹胸。

初到夾邊溝農場時，傅作恭給農場提了很多寶貴意見，農場採納他的意見後，不論植樹造林和農業生產都有了很大起色。可他耿直的性格和實事求是的科學態度很快引起了場裡那些虛報浮誇領導的反感，因為他的建議和科學態度與大躍進胡報亂吹和急躁蠻幹破壞生態的現實是格格不入的。另外，這樣一個國民黨時代過來的知識份子，在那個右派就是反動派的年代裡自然就成了這些人莫名其妙仇視的對象。當年，傅作恭在農場時對自己的自我評價是「優點：一、性情耿直，忠誠坦白，從來不說一句謊話。二、對壞人壞事恨之入骨，能和壞人壞事做堅決的鬥爭。三、能遵守場內一切規定和制度。四、簡樸節約，能體驗出勞動人民生活。五、在學習方面，開會時發言，愛看報紙，注意時事。六、有以場為家的思想，能對場幹部和工人提出技術方面改進意見和合理建議。缺點：一、勞動力不強（一個文弱書生，而且他當時在夾邊溝農場屬於年紀比較大的勞教人員，身體自然不如別人），不主動。二、沒有涵養，性情粗暴愛和人爭吵。三、聯繫群眾不夠，性情孤獨。四、愛受人恭維，不愛受人批評、指責。」

他在夾邊溝農場一九五八年七月十二日的檢查中寫道：「當被批准勞動教養之時，林業局黨組曾徵求我的意見，願意自謀生活也可以，而我覺得這是兩條道路之鬥爭，我應當跟著共產黨走，所以黨總書記劉德珍同志很滿意的，再三表示，家中生活完全由黨負責，兩個月後，並把家給我送來，我提出我素來體弱多病，恐對勞動力太強之工作不堪勝任，劉書記再三表示，可以把我體質太差之情況，向此間組織反映，可給予餵豬、養羊之輕勞動，我到場後編入基建隊，我之情緒很不正常，覺得力不勝任，每日疲乏不堪，雖盡最大之努力，而同志們之意見非常之多。」

由於傅作恭耿直的性格，自己有豐富的林業知識和管理農場、林場的經驗，看到夾邊溝農場無法無天、違反科學的做法他就要說，對農場胡幹蠻幹摧殘勞教人員身體的做法很有意見，這就給自己埋下了殺生之禍的隱患。我採訪了傅作恭當年所在小組的小組長孫紹斌和與他在一個嚴管隊裡的羅舒群，以及當年農場的管教朱照南，還有司繼才、張開麗、王忠毅、劉而森等人，當我默默地聽他們訴說當年傅作恭被人用草繩套在脖子上像牲口一樣拽拉，被繩子捆、戴手銬、罰扣飯、扇耳光，我的眼淚像泉水一樣流了出來，我哽咽著再也無法進行採訪了。夾邊溝農場這個人間地獄要讓一個人死非常容易，隨便找一個藉口，就會將你折磨死的。夾邊溝農場檔案中記載：「傅作恭一九五九年九月逃跑一次」，「一九五九年十一月十九日逃跑一次」，「傅作恭一九六〇年三月五日，打人兩次，無悔改，罰戴手銬三天」，「傅作恭將平田整地的搬沙填海運動、抬侎子打擂臺和迎接國慶日十周年大幹苦戰亂髮怨氣說成為疲勞掙扎。」夾邊溝農場領導將他發配到到新添墩作業站基建隊勞動改造，這是一個改造右派分子的強勞隊，在這裡身體好的人都被累垮了身體，何況他是一個渾身有病的病人。

在將沙山搬掉、平田整地的搬沙填海的三個月裡夾邊溝就死了一百多人，那時傅作恭就暈倒了多次。因為，傅作恭勞動太老實，性格也太倔強，整天埋著頭幹活不說話，勞動強度太大，傅作恭又是個大飯量，經常餓著肚子。接著是一九六〇年的春天，挖垡子、抬垡子又開始了。新添墩作業站要將蘆葦沼澤地裡的根泥挖出來曬乾後燒成灰了當肥料，這叫挖垡子。而將根泥塊裝在筐中抬，稱為抬垡子。那時一般每筐裝四塊草垡子，人們一摞就是七八筐，用人工抬到地裡，也有用拖拉機拉的，在地裡先摞起來，等風乾後再用火來燒。當時，新添墩分隊長管教趙來苟唆使小隊長胡家穎用芨芨草擰搓的草繩挽個套子，套在傅作恭的脖子上，前拽後推，剛走兩步，就一頭載倒在地上，口吐白沫，不省人事。過了一會逐漸蘇醒過來，由兩人架著拖到場裡。傅作恭所在小隊一九五九年時小隊長為孫木章。檔案裡說他「當眾破口大罵小隊長是大壞蛋，小組長是男盜女娼，沒有人性是牲口。」在傅作恭夾邊溝農場小隊組裡的鑒定材料中這樣寫道：「傅作恭對所犯錯誤無絲毫認識，畏罪潛逃，拒絕改造，抗拒勞動，破壞生產和各項運動，開口罵人，動手行兇，不滿社會主義，堅決仇視我黨，死不悔改。」

那個時候場裡反覆說誰勞動好，就給誰摘帽子，誰就可以先釋放回家與老婆、娃娃團聚。所以，人們就拼命表現，積極爭取早日走出夾邊溝。抬垡子打擂臺，每隔二百米路分一節，兩個人抬上七八個摞起的滿筐跑過去，放下，再把上一節的空筐轉回來。這種打擂臺，哪一節若慢了，垡子就被倒在地下堆起來。堆積了垡子抬得慢了的人，收工後就要被扣飯，而且還要繼續幹完。而張幹事有意識的把身體弱的犯人分到後節，後面的路長一些。當時，傅作恭被分在第三節。那麼大的個子每天只吃一個小餅，況且已被連續扣了三天的飯，搖搖晃晃站都站不穩。有一天，傅作恭暈倒在了一棵沙棗樹的旁邊，趙振忠隊長過去問道：「傅作恭你怎麼了？」傅作恭說：「我抬不動了，我餓了三天了。」那天下工後，傅作恭已走不成路了。司繼才趕快叫來了勞改農場時留下來的段照熙大夫讓他給傅作恭進行了搶救。趙振忠隊長讓四個人送傅作恭，每兩個人抬一根扁擔，一根扁擔上放傅作恭一個胳膊，傅作恭是被架到醫務所的。醫務所隨便處理了一下就將傅作恭送回了宿舍。

一九六〇年五月份傅作恭病危連夜從新添墩作業站送到了夾邊溝農場場部小醫院，因當時這裡勞教人員由於饑餓和強體力消耗已經人滿為患，根本沒有了放病人的地方，於是將傅作恭送到了夾邊溝農場場部農業隊三隊，與劉而森住在了一起。傅作恭臨死時就在這個三隊進行搶救，沒有搶救過來，死後是劉而森和王俊峰將其埋到了夾邊溝農場場部跟前的毛家山後面。一九六一年夾邊溝農場迫於上面的壓力給每一個死去的勞教分子編了一份死亡報告，傅作恭的死亡報告也被編寫出來放進了檔案袋。

一九七九年二月十日，根據中共中央（七八）五五號文件精神和《中共中央「關於劃分右派分子的標準」的通知》，經甘肅省林業局黨組一九七九年二月十日會議研究，傅作恭的右派問題得到了改正，按幹部正常死亡處理了善後工作。

附文：

傅作恭旁證材料

傅作恭於一九五九年十一月十九日晚下兩點鐘逃跑，隨身帶包袱三個，其中小包袱兩個大包袱一個，跑到途中我捉住後，將三個包袱送給小隊長孫木章，並將發生的情況彙報給小隊長。

上述都所屬實。

旁征人：馬守義

一九五九年十二月三日

傅作恭死亡報告

傅作恭，男，三十八歲，山西省人，於一九六〇年五月患病死亡。患者在五八年去場時自訴有肺結核、脫肛史，平時經常腹瀉，曾經以健胃、收斂劑治療，並休息及輪勞照顧。自五九年冬身體逐漸消瘦，曾昏倒一次，急救清醒後給予休息和治療，病情有好轉。

於六〇年五月發生嚴重腹瀉，即入病室修養治療，患者伴有咳嗽、氣喘、體質瘦弱、心音弱，心動緩慢，給予營養、強心劑、健胃收斂劑及抗癆藥物，中西醫結合治療，病情稍有好轉後回隊休養治療。在六〇年基本未參加勞動。患者雖經常內服營養劑，但體質逐漸消瘦、衰弱。五九年十一月十一日患者私自外出，發生昏迷，經發現後即大力搶救，但終因病情嚴重，急劇惡化，搶救無效而停止呼吸。

死亡診斷：急性心力衰竭（埋葬本場山后）
主治醫師：陳造堂
勘驗機關：酒泉人民檢察院
一九六一年十一月八日（蓋章：中國共產黨地方國營酒泉夾邊溝農場支部委員會）

（這是傅作恭檔案裡的一封夾邊溝農場在傅作恭死亡一年多後的死亡報告，這樣的報告夾邊溝農場其後編造了很多，一是為了應付尋親的家屬，二是留作檔案證明死亡的合理、農場的仁至義盡。但從此報告所說五九年十一月十一日就搶救無效而停止呼吸，六〇年五月怎麼再能夠發生嚴重腹瀉，從這一點你就可知這些人們編造時的素質和無恥。）

附錄十一：甘肅省委關於夾邊溝勞教人員清理情況和幾個問題的請示報告的批復及附件

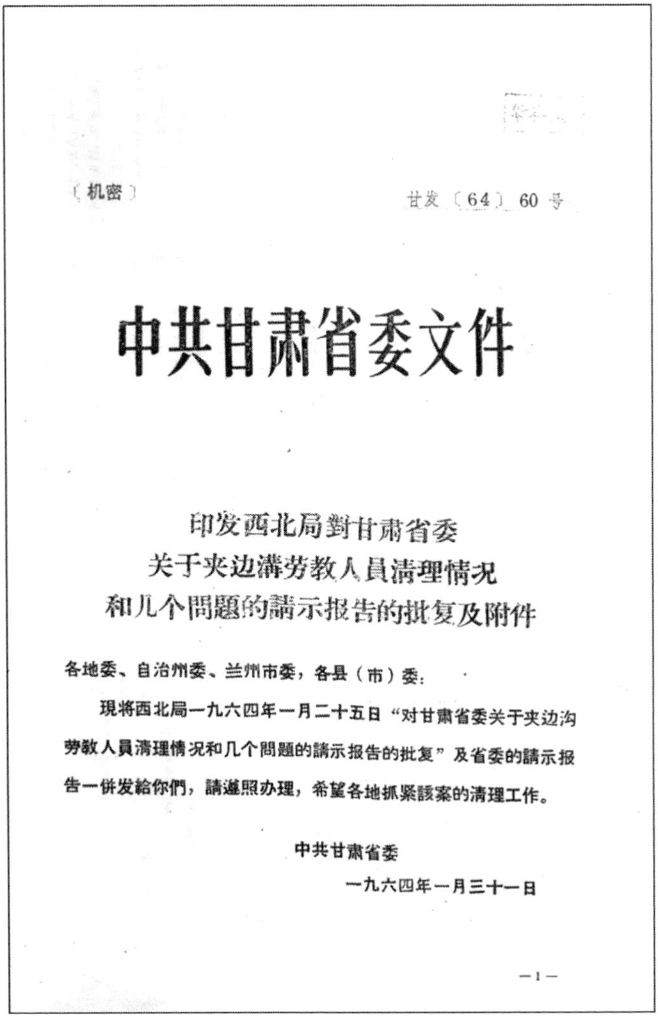
〔机密〕 甘发〔64〕60 号

中共甘肃省委文件

印发西北局對甘肃省委关于夹边溝劳教人員清理情况和几个問題的請示报告的批复及附件

各地委、自治州委、兰州市委，各县（市）委：

現将西北局一九六四年一月二十五日“对甘肃省委关于夹边沟劳教人員清理情况和几个問題的請示报告的批复”及省委的請示报告一併发給你們，請遵照办理，希望各地抓紧該案的清理工作。

中共甘肃省委

一九六四年一月三十一日

—1—

西北局對甘肅省委關於夾邊溝勞教人員清理情況和幾個問題的請示報告的批復及附件

对甘肃省委关于夹边沟劳教人員清理情况和几个問題的請示报告的批复

甘肃省委：

一月四日电悉，西北局同意省委关于夹边沟劳教人員清理工作中几个問題的意見。

中央西北局

一九六四年一月二十五日

甘肃省委关于夹边沟劳教人員清理情况和几个問題的請示报告

西北局：

为了从酒泉夹边沟劳教人員大批死亡的事件中，認真总结經驗教訓，遵照西北局的指示，于去年四月开始，对該場的全部劳教人員的定性和处理，采取內部清理的方法，列为专案，进行了清理。目前清理工作仍在进行。原送該場劳教的共二千三百六十九人（其中反革命分子八百九十八人，坏分子四百三十八人，右派分子八百八十七人，反党、反社会主义分子六十八人，貪污、違法乱紀分子七十八人），已經清理了一千三百九十四人的問題，占总数的百分之五十四。对这些人的清理結果：原定性和处理都正确的为一千一

百三十四人，占已清理总人数的百分之八十一点三四；原定性或处理有錯誤的为二百四十八人，占百分之十七点八，其中，定性和处理都錯了的为一百四十五人，占百分之十点四，定性正确，但不应該劳动教养的一百零三人，占百分之七点三八。

这一时期，各地对清理工作一般是重視的，有的地方前一时期进展較慢，省委已要求各地継續抓紧进行，并派干部下去作了督促检查，爭取尽快完成任务。据汇报和檢查，在清理工作中，还有几个問題需要进一步加以明确，现将这些問題和我們的意見报告如下：

（一）关于清理的方法問題：从这一段清理的情况看，多数人的档案材料比較齐全，可以通过审閱材料弄清問題，但有相当一部分人（約占百分之三十五左右）的档案材料很不齐全或者关鍵性的問題不清楚，还有根本沒有档案材料的，給清理工作带来了一些困难，問題很难落实。有的地方提出，是否可以公开进行清理，即除了翻閱材料外，采取类似甄別案件的作法，材料不清楚的，通过調查、找本人談話等方式加以落实。我們考慮到，这样作虽然可以搞得細一些，但是很可能引起一九五七年划的其他右派分子借机翻案的后果，对工作是不利的，因此，仍应坚持內部清理的原則。对于少数档案材料不齐全和无档案材料的人的問題，主要依靠原处理单位的党組織、領导干部和当时主管反右派斗爭的同志座談了解，力爭把問題搞清楚，但不对外公开。

（二）完全搞錯了的是否公开宣布改正？現在已經查清有少数人完全搞錯了，公开宣布改过来，也可能有某些副作用，但是既然已經查清完全搞錯了，不改过来，也是不好的。我們意見，对这类人应当本着实事求是的精神加以改正，个別的向本人宣布，恢复名

譽，其中已經死亡了的，也应当向其家属宣布，以維护党的政策的严肃性。对于原定性正确、不应該劳教的人，可以宣布解除劳动教养，按規定适当从寬予以安置，原处分决定不再改变。

（三）关于鉴別原定右派分子错与不错的政策根据問題。我們認为应当按照一九六二年十月二十日中央批发中央統战部关于第二次全国改造右派分子工作会議的报告中的有关規定精神办事，即："对于其中个別确实完全搞錯了的，即确实不曾有过右派言論、行动的，才作为个別人的問題，实事求是地予以改正。"至于什么是右派言論、行动，什么不是右派言論行动，应当按照一九五七年十月二十五日中央关于划分右派分子的标准的通知衡量。但是对原属可划可不划而已經划为右派分子的，不再改变，表現好的，可以摘掉帽子。

（四）对已經死亡的右派分子，除了生前在劳教中抗拒改造、表現极坏的以外，一般都可宣布摘掉右派帽子，以利于教育爭取其家属。其他右派分子摘帽子問題，按照中央規定的三条标准办事。

以上妥否，請指示。

中共甘肃省委

一九六四年一月四日

已抄：各常委、孝慈、練成、成湘、国瑞、秘書長、各部委办，各党委、党組，存档。

共印一〇六〇份

中共甘肃省委办公厅机要室　　一九六四年二月三日印

附錄十二：酒泉專員公署公安處、國營夾邊溝新建勞改農場計畫任務書

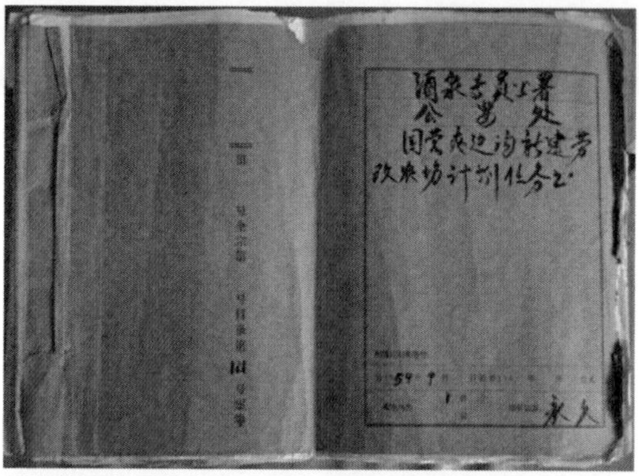

酒泉專員公署公安處、國營夾邊溝新建勞改農場計畫任務書

附錄十三：國營夾邊溝新建勞改農場計畫任務書

國營夾邊溝新建勞改農場計畫任務書

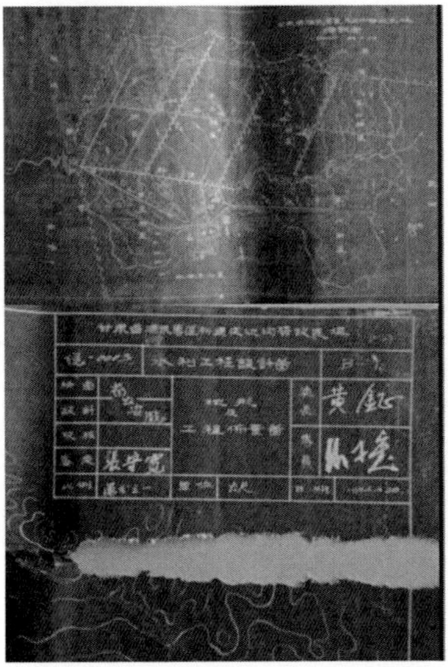

附錄十四：關於夾邊溝農場的問題向省委的彙報——王秉祥

王秉祥

關於夾邊溝農場的問題向省委的彙報

一九五八年到一九六一年春，由於當時甘肅省委領導，犯有虛報浮誇、盲目冒進的嚴重錯誤，甘肅農村許多地方發生了嚴重的生活困難、人口外流和非正常死亡現象，勞改農場是由於生活困難，勞動過重發生了大量死亡。酒泉夾邊溝勞改農場是死亡嚴重的單位之一。由於這個勞改農場收容勞教的人員，絕大多數是來自機關、企業、學校當時認定犯有各種錯誤的職工，也有一批高級知識份子，因此，這些勞教人員的死亡，在幹部和群眾中的影響很大，對黨的工作造成了嚴重損害。

夾邊溝農場起初是為安置刑滿留場就業人員，於一九五四年四、五月間籌建起來的，隸屬酒泉勞改分局。隨之建起的還有邊灣、黃泥堡、下河清、城郊、飲馬等十幾個農場。一九五七年後半年，為了收容機關、企業、學校在反右派的肅反鬥爭中，給予勞動教養處理的歷史反革命分子和右派分子，夾邊溝農場改為勞教農場。先後出任農場場長的有趙乃章、張宏、劉振玉等。一九六〇年十二月西北局蘭州會議後，西北局決定我帶工作團去河西地區搶救災荒，讓我處理夾邊溝農場問題。該場一九五七年至一九六〇年，共收容勞教人員二千三百六十九人。其中由機關、企業、學校收容的二千一百三十四人（中央在蘭單位一百八十四人，省級四百五十二人，蘭州市三百四十二人，各專區一千〇六十人），由社會上收容的二百三十五人。當時，這些人的原定性為歷史反革命分子八百九十八人，右派分子八百八十七人，壞分子四百三十八人，反黨、反社會主義分子六十八人。

一九五八年開始出現農場勞教人員死亡問題，到一九六〇年發展到極其嚴重的程度。一九五八年死亡二十一人，一九五九年死亡五十七人，一九六〇年死亡九百五十六人，一九六一年死亡一百三十一人，共計死亡一千一百六十五人，占農場勞教人員總數的百分之四十九點一八。死亡人員中，原定性為歷史反革命分子五百六十二人，右派分子三百七十五人，壞分子一百五十人，反黨、反社會主義分子二十五人，貪污、違法亂紀分子五十三人。其中，原由機關、企業、學校收容一千〇八十一人，有原縣委書記、縣長、副縣長各一人，省級廳局的科處長九人，大學教授一人、講師兩人、工程師四人，中學校長兩人，區級幹部三十六人，一般職工一千〇二十四人；占死亡總人數的百分之九十二點七九；原由社會上收容的死亡了八十四人，占死亡總數的百分之七點二一。

農場勞教人員的死亡問題，省委分管政法工作的同志曾向省委作出彙報，也曾向主持檢查並召開專門會議研究措施。但在當時左傾錯誤指導下，沒有有效解決。尤其是中共甘肅省委的主要領導同志，長時期拒不承認全省糧食供應已經發生的嚴重問題，不顧實際情況，張掖地委主要負責同志提出縮小供應面，降低糧食定量；同時在黨內外實行過火鬥爭，許多能如實反映糧食和死人問題、敢於堅持實事求是的同志，在反右傾鬥爭中受到批判鬥爭。有人調查後報告死人原因是「營養不良、勞動過重」，被省委指責為「攻擊黨的糧食政策，否定農業大豐收，隱瞞糧食」張掖地委第一書記安振，指責反映犯人和勞教人員口糧低、發生死亡問題的同志是「替犯人喊冤」。這就更加助長了漠視人命的錯誤思想和作法，「農村也死人，死幾個犯人有什麼了不起」，「死一個，少一個反革命」。由此，在多次減少勞教人員口糧的同時，生產任務卻層層加碼。

夾邊溝農場勞教人員口糧，一九五八年每人每月四十九斤，一九五九年全省糧食定量調整時降為四十二斤，一九六〇年春天張掖地區降為原糧三十斤，同年十一月又猛降為十五斤。一九五九年農場實有勞動力一千八百多人，耕種土地面積九千五百多畝；一九六〇年主管部下達一萬畝，張掖農墾局和酒泉市委增加到一萬八千畝，酒泉市委工作組又加到兩萬畝，比一九五九年增加了一倍多；按當時實有勞動力計算，每人平均負擔二十八畝半，比一九五九年增加了四倍多。農場為了完成任務，就拉長工作時間，加大勞動強度，每天勞動在十個小時左右，有時要幹到十四個小時。口糧的嚴重不足、勞動強度急增，使勞教人員疾病和死亡日趨嚴重。

直到一九六〇年十二月西北局蘭州會議後，我率省委工作團到河西宣傳貫徹西蘭會議精神，搶救人命。省委工作團聽了夾邊溝農場勞教人員死亡的嚴重情況，立即報告省委建議將農場余留人員儘快送回原單位或本人家庭休養治療。當時有些同志尚有顧慮，認為是右派、反革命，為什麼要送回，我當時堅決地指出，不管是什麼問題，當前首要的問題是搶救人命，問題留在以後再說，並同時與省委秘書長葛維璽同志聯繫，請他轉報省委批准了這個決定。葛維璽同志請示省委後同意這個意見。說現在只能採取這個辦法，送回原單位，先把命留下，後聯繫一列車把尚健在的人全部送回。劉瀾濤同志指示要將夾邊溝農場場長劉振玉判處死刑。王秉祥同志經實地調查後，認為造成嚴重死亡的原因很複雜，主要責任應由上級承擔，便同張掖地委書記王耀華同志（安振被調回省委）一起向劉瀾濤同志報告說，劉振玉到任時間不長，農場死亡問題是在他到任之前就發生了，主要責任不在他。由此免去了劉振玉的死刑。

夾邊溝農場勞教人員余留部分，絕大多數被送回原單位和本人家中，逐漸恢復了健康。當時對病重不能行動的，送附近醫院集中治療一段後，亦陸續送回原單位和本人家中。極少數留在農場的人員，增加了口糧、副食、蔬菜和急救藥品等。到一九六二年二月，死亡現象完全消除了。

※王秉祥，男，漢族，甘肅省寧縣人，初中文化，一九一六年一月生，一九三三年秋季在其家鄉參加革命活動，組織群眾武裝，一九三五年七月加入中國共產黨。中華人民共和國成立後，任甘肅省政府常務副省長、黨組書記，中共甘肅省委書記、顧委副主任。政協甘肅省委員會主席、黨組書記。政協全國委員會常務委員、經濟委員會委員，甘肅省地方史志編纂委員會主任。

附錄十五：《人民日報》社論《這是為什麼？》

這是為什麼？

《甘肅日報》一九五七年六月九日轉載《人民日報》一九五七年六月八日社論

中國國民黨革命委員會中央委員、國務院秘書長助理盧郁文因為五月二十五日在「民革」中央小組擴大會議上討論怎樣幫助共產黨整風的時候，發表了一些與別人不同的意見，就有人寫了匿名來信恐嚇他。這封信說：「在報上看到你在民革中央擴大會議上的發言，我們十分氣憤。我們反對你的意見，我們完全同意譚惕吾先生的意見。我們覺得：你就是譚先生所指的那些無恥之徒『典型』。你現在已經爬到國務院秘書長助理的寶座了。你在過去，在製造共產黨與黨外人士的牆和溝上是出了不少力量的，現在還敢為虎作倀，真是無恥之尤。我們警告你，及早回頭吧！不然人民不會饒恕你的！」

在共產黨的整風運動中，竟發生這樣的事件，它的意義十分嚴重。每個人都應該想一想：這究竟是為什麼？

盧郁文在五月二十五日的發言中說了些什麼呢？歸納起來，一是告訴人們不要混淆資產階級民主和社會主義民主，不要削弱和取消共產黨的領導；二是說國務院開會時應該有事先準備好的文件，以便討論，免得像資產階級國家的議會一樣每天爭吵，議而不決，不能說就是形式主義，就是不讓大家討論；三是說他自己同共產黨員相處得很融洽，中間沒有牆和溝；如果有些人和黨員中間有了牆和溝，應該「從兩面拆、填」，雙方都要主動；四是說共產黨人對某些批評可以辯駁，這種辯駁不能認為是報復打擊；五是對黨外人士如何實現有職有權的問題提供了一些具體意見。我們和許多讀者一樣不能不問：發表這樣實事求是、平易近人的意見，為什麼就是「為虎作倀」，「無恥之尤」？為什麼要「及早回頭」，否則就「不會饒恕你」？

把盧郁文的發言說成「為虎作倀」，共產黨當然就是寫信者們心目中的「老虎」了。共產黨在領導中國人民對中國人民的死敵帝國主義和封建勢力作作戰的時候，的確和老虎一樣勇猛，沒有任何力量可使它畏懼，屈服。但對中國人民來說，共產黨卻是最好的朋友：它幫助人民推翻了壓著人民身上的反革命勢力，幫助人民收回了土地、工廠等生產資料，使人民擺脫了剝削階級的殘酷壓榨，把自己的歷史命運掌握在自己手裡，現在正朝著人民富裕、人民幸福的社會主義和共產主義的遠大目標邁進。最廣大的人民從來沒有像在共產黨領導的時代這樣充滿光明的希望和生的樂趣。共產黨也犯過錯誤，也有缺點，共產黨的整風運動正是要整掉這些錯誤和缺點。一切對黨和社會主義事業抱有善意的人們，都在積極地提意見幫助共產黨整風，以便加強社會主義事業，鞏固黨對於人民群眾的領導。在這樣的時候，卻有人把維護社會主義民主、維護共產黨的領導權的言論稱為「無恥之尤」，「為虎作倀」，把共產黨人比作可怕吃人的「老虎」。這種人的政治面目，難道還能不引起人們的警惕麼？這些人警告盧郁文「及早回頭」，請想想他們所說的，究竟是向什麼地方「回頭」？當然，這些人在另外的地方，口頭上也會說他們怎樣才是真正擁護社會主義，擁護共產黨云云。但是，難道還能相信對勞動人民的先鋒隊如此仇視的人們，是在那裡幫助共產黨整風，是在那裡擁護社會主義事業麼？

我們所以認為這封恐嚇信是當前政治生活中的一個重大事件，因為這封信的確是對於廣大人民的一個警告，是某些人利用黨的整風運動進行尖銳的階級鬥爭的信號。這封信告訴我們：國內大規模的階級鬥爭雖然已經過去了，但是階級鬥爭並沒有熄滅，在思想戰線上尤其是如此。革命的老前輩何香凝先生說得好：「今天是新時代了，在共產黨和毛主席的領導下，我們走上社會主義。難道在這個時代，也就一切都是清一色，再也不會有左、中、右了嗎？不會的。」她指出，有極少數人對社會主義是口是心非，心裡嚮往的其實是資本主義，腦子裡憧憬的是歐美式的政治，這些人就是今天的右派。在「幫助共產黨整風」的名義之下，少數的右派分子正在向共產黨和工人階級的領導權挑戰，甚至公然叫囂要共產黨「下臺」。他們企圖乘此時機把共產黨和工人階級打翻，把社會主義的偉大事業打翻，拉著歷史向後倒退，退到資產階級專政，實際是退到革命勝利以前的半殖民地地位，把中國人民重新放在帝國主義及其走狗的反動統治之下。可是他們忘記了，今天的中國已經不是以前的中國，要想使歷史倒退，最廣大的人民是決不許可的。在全國一切進行整風運動的地方，這些右派分子都想利用整風運動使共產黨孤立，想使擁護社會主義的人孤立，結果真正孤立的卻是他們自己。在各民主黨派和高級知識份子中，有少數右派分子，像盧郁文所說，還想利用辱罵，威脅，裝出「公正」的態度來箝制「人們的言論，甚至採取寫恐嚇信的手段來達到自己的目的。但是這一切豈不是做得太過分了嗎？」物極必反，他們難道不懂得這個真理嗎？

非常明顯，儘管有人叫共產黨「下臺」，有人向擁護共產黨的人寫恐嚇信，這些決不會使共產黨和人民群眾發生任何動搖。共產黨仍然要整風，仍然要傾聽黨外人士的一切善意批評，而人民群眾也仍然要在共產黨的領導下堅持社會主義的道路。那些威脅和辱罵，只是提醒我們，在我們的國家裡，階級鬥爭還在進行著，我們還必須用階級鬥爭的觀點來觀察當前的種種現象，並且得出正確的結論。

附錄十六：《人民日報》社論《為什麼說資產階級右派是反動派？》

為什麼說資產階級右派是反動派？

《甘肅日報》一九五七年九月十七日轉載《人民日報》一九五七年九月十五日社論

【新華社北京十五日電】本報在今年七月一日的社論《文匯報的資產階級方向應當批判》中曾經說：「資產階級右派就是反共反人民反社會主義的資產階級反動派，這是科學的合乎實際情況的說明。」為什麼說他們是反動派呢？

什麼是反動？反動和革命是矛盾鬥爭的兩種傾向，反動就是逆革命之潮流而動。歷史是向前運動的。按照歷史發展的方向，堅決地打破舊制度，創建和發展新制度，把社會推向前進，就是革命。違反歷史發展的方向，在新制度產生以前頑固地維護舊制度，在新制度產生以後破壞新制度，企圖恢復舊制度，把社會拉回後退，就是反動。所以，劃分革命和反動，在不同的歷史時期有不同的具體標準。

在封建主義沒落和資本主義興起的時期，反對封建主義而發展資本主義的資產階級曾經是進步的階級。在資本主義腐朽和社會主義興起的時期，維護資本主義而反對社會主義的資產階級就成了反動的階級，在中國的新民主主義革命時期，中國需要擺脫的是半封建半殖民地的舊制度，需要建立的是新民主主義的新制度，這是客觀歷史的要求。在這個時期，無產階級堅決地反對半封建半殖民的制度，領導全國人民為建立新民主主義的中國而鬥爭，因此它是最革命的階級。買辦階級和地主階級在外國帝國主義的支持下頑固地維護半封建半殖民地制度，竭力阻擋歷史前進，因此是最反動的階級。民族資產階級是具有兩重性的階級：它在一定時期和一定程度上能夠參加或者同情反對帝國主義、封建主義和官僚資本主義的革命，這是它的革命性的一面；它害怕革命的基本力量即工農大眾，沒有徹底反對革命敵人的勇氣，這是它的妥協性的一面。在今天，在社會主義革命時期，什麼是劃分革命和反動的標準呢？現階段中國前進的方向是徹底完成社會主義革命。因此，反對資本主義道路，擁護社會主義的革命事業和建設事業，就是把社會推向前進，就是革命；堅持資本主義道路，敵視和破壞社會主義的革命事業和建設事業，就是把社會拉向後退，就是反動。在今天，工人、貧苦的農民和革命的知識份子是革命派的主力；而反對社會主義的資產階級右派就是反動派。

那麼，為什麼還有人弄不清呢？有一部分人弄不清，是因為他們還用資產階級民主革命時期的舊標準來劃分無產階級社會主義革命時期的革命派和反動派。他們忘記了現在革命的任務不同了，性質不同了。在民主革命期間，資本主義還有一部分積極的作用，站在資產階級立場還可以參加這個革命或者保持中立。在社會主義制度已經建立、資本主義所有制已經改變的現在，資本主義在我國歷史上的積極作用已經發揮完了，它已經不能再幫助生產力發展，反而要阻礙生產力發展，要使社會倒退。在這樣的時候，堅持資產階級立場而反對無產階級的分子，就不但不能參加社會主義革命，而且勢必成為社會主義的敵人了。我國的人民民主統一戰線，是在資產階級民主革命時期建立起來的。在那時，統一戰線的政治基礎是新民主主義，這個統一戰線包括了民族資產階級在內。民族資產階級和工人階級有共同的要求，這就是反對國民黨反動政權，因此他們能夠加入這個統一戰線。工人階級和民族資產階級在當時也是有矛盾的，各有不同的階級要求。不過，在新民主主義階段，這種矛盾一般地還不至於超過共同要求之上，還可以獲得調節。但是，在當時，資產階級政治活動家和資產階級知識份子中的許多人對於民主革命就是不堅決的，甚至是不贊成的。他們所宣傳的改良主義道路和「第三條道路」的反動幻想，就表示了他們對於民主革命的抵抗。他們在民主革命過程中已經不能避免新的政治上的分化，在社會主義革命的過程中自然更不能避免新的政治上的分化。在原來的資產階級分子和資產階級知識份子中，在無產階級的影響下，已經開始形成一個堅決擁護社會主義的左派，但是在他們中間還只是少數。

另一部分人繼續堅持資本主義立場，反對社會主義，這就是現在的右派，也只占少數。多數資產階級分子和資產階級知識份子還沒有堅決的立場，他們是中間派。但是這種中間狀態只是一種過渡狀態，是不能持久的。在資產階級民主革命時期，每一個人所必須考慮的只是在國民黨反動派政權和新民主主義（在新民主主義社會中，資本主義還是可以存在的）兩者之間作一抉擇的問題；在無產階級社會主義革命時期，每一個人所必須考慮的卻是在資本主義道路和社會主義道路兩者之間做一抉擇的問題。在前一個階段，資本主義的道路，資產階級共和國的方案，勉強還能在形式上同國民黨的反動路線、共產黨的革命路線並立，保持一個「中間道路」的假象。在現在，這種「中間道路」就連名稱也不能成立了。或者是堅持資本主義，這就要推翻無產階級和共產黨的領導，推翻社會主義的所有制；或者是堅持社會主義，這就要擁護無產階級和共產黨的領導，粉碎一切企圖恢復資本主義的勢力。當前的問題就是這樣簡單明瞭地擺著。在社會主義道路和資本主義道路之間，沒有折衷的餘地。它們之間的矛盾是對抗性的、不可調和的、你死我活的矛盾。

無產階級社會主義革命也需要一個由工人、農民、知識份子和一切接受社會主義的愛國者組成的統一戰線，這個統一戰線的政治基礎就是社會主義。堅持資本主義立場的人可以參加資產階級民主革命的統一戰線，但是不可能參加社會主義革命的統一戰線，因為在他們和廣大人民之間沒有共同的政治基礎。中國一定要走向社會主義，這是全國絕大多數人民的意志，並且已經莊嚴地記載在我們的憲法之中。誰要是反對這個立場，誰就是違反了我們國家的根本大法，誰就是甘願做一個抵抗歷史潮流的反動分子。這難道不是清楚而又清楚嗎？

或許有人會說：資產階級右派至少還是反對帝國主義、封建主義和官僚資本主義的呀，把他們看做反動派，不是跟國民黨沒有區別了嗎？

我們說：如果有資產階級右派上臺，如果他們的政治陰謀能夠實現，那最後的結果就不會同國民黨當政有什麼根本區別。而且在實際上他們如果一定要推翻無產階級和共產黨的領導，他們就非依靠帝國主義和國民黨不可。因此，要他們繼續反對帝國主義等等是不可能的。

在中國歷史發展的實際道路上，不僅現在沒有什麼中間道路，就是過去也沒有。有的只是兩條道路：一條是在共產黨的領導下，經過新民主主義而發展到社會主義的道路；一條是半殖民地半封建的道路。所謂資產階級民主（亦即資產階級專政）的道路，好像是在中間，而實際只是半殖民地半封建的道路的改裝。

我們只要看一下這個事實：那些醉心資產階級民主的人物，那些所謂「民主個人主義者」，那所謂「第三條道路」的號召，首先受到了誰的支持呢？正是美帝國主義。難道美帝國主義真希望中國得到自由和獨立嗎？當美帝國主義認為單靠蔣介石不能解決問題的時候，他們就看中了這些人。這是為什麼呢？事情是很明顯的：要反共，就勢必投入帝國主義的懷抱，不會有別的出路。

所謂資產階級民主的方案，不但早為毛澤東同志在他的許多著作裡從理論上駁倒，而且也為全部中國革命的過程從實際上推翻。一九四九年，在新民主主義革命取得了基本的勝利以後，毛澤東同志總結了中國革命歷史的經驗，在「論人民民主專政」裡這樣寫道：「就是這樣，西方資產階級的文明，資產階級的民主主義，資產階級共和國的方案，在中國人民的心目中，一齊破了產，資產階級的民主主義讓位給工人階級領導的人民民主主義，資產階級共和國讓位給人民共和國。」

所以，企圖現在在中國恢復建立資本主義制度，不但是要毀滅社會主義建設的成就，而且是要斷送新民主主義革命的成果，把中國拖回到半封建半殖民地的老路上去。

「反共不等於反社會主義，反社會主義不等於反人民。你們為什麼要把『反共』、『反人民』、『反社會主義』連在一起呢？」有的右派分子這樣說。

社會主義並不是任何階級任何黨派都可以服用的什麼藥丸。社會主義是無產階級聯合廣大的勞動人民在共產黨領導下戰勝資產階級、推翻資本主義的結果。它要消滅資產階級，改造小生產者，並且杜絕產生資本主義的可能。沒有共產黨的領導，就不會有無產階級的勝利和無產階級的專政，也就不會有社會主義。正因為這樣，全世界一切社會主義國家都是共產黨領導的，也只能由共產黨領導，而全世界一切反共的資產階級政府和資產階級政黨也都反對社會主義。由此可見，共產黨的領導是建設社會主義的最重要的保證。反共必然反社會主義，反社會主義必先反共。擁護社會主義的，不但有無產階級，而且有最廣大的勞動人民，其人數達全人口的百分之八十至九十。反對的，或者暫時不贊成的，或者勉強贊成而實際不贊成的，只占人口的極少數。社會主義是當前全國最大多數人民的最高意志和最高利益，所以反社會主義就是反人民。「反共」、「反社會主義」、「反人民」這三件事本來是一種必然的聯繫，不是什麼人可以任意聯在一起，或者可以任意不聯在一起的。

「我的動機是愛國的。」有的右派分子又這樣說。

愛國不是抽象的東西，它在不同的歷史時期有不同的具體內容。在今天，愛國就是愛我們由勞動人民當家作主的社會主義祖國。我們的國家走上繁榮富強的道路，是同我們國家社會主義制度分不開的，是同共產黨和無產階級的領導分不開的。反共、反社會主義就是違背我們國家的根本利益，就將使中國重新陷於被奴役的地位。難道這還是「愛國」嗎？

「他們不過是對黨的某些政策和國家的某些制度提出一些批評罷了，也許批評得過火一些，但是給戴上反共反人民反社會主義的大帽子未免有些冤屈。」這又是一種看法，右派分子也用這種說法來為自己辯解。

共產黨可不可以批評呢？當然可以批評。共產黨需要而且歡迎群眾對它提出批評，幫助它改進工作。凡是善意的批評，即使言詞有些過火，或者批評錯了，都是用得著「言者無罪，聞者足戒」這條原則的。但是右派分子是根本不要共產黨的領導，不要社會主義，根本背叛人民的事業，那麼，即使他們的某些話在形式上也好像很堂皇，很客氣，也不應該為了擺出「雅量」而認敵為友。右派分子中有各色各樣的人。有的是赤膊上陣硬打硬沖的，這種人的面目容易認清；有的是富於政治經驗的老奸巨滑，暗中活動而不露聲色，甚至還能裝出一付老實可憐相的，這種人就比較能迷惑人。一般地說，右派分子都知道，公開提出反共反社會主義的口號是危險的，是於自己不利的，所以他們的辦法是從具體問題著手來展開進攻。這就是說，對於黨的領導和社會主義的道路，抽象地肯定，具體地否定，「原則上」擁護，實質上反對，表面上贊成，暗地裡搗亂。黨的領導和社會主義的道路，不是空洞的口號，而有具體內容的。

如果說，共產黨員擔任領導工作就是「黨天下」，那就是不要黨的組織領導；黨不應該拿出成品來，要成立「政治設計院」，那就是不要黨的政治領導，不要進行思想改造，認為馬克思主義講多了就是教條主義，那就是不要黨的思想領導；要黨退出這裡，退出那裡，說黨不能領導這個，不能領導那個，那就是要黨放棄對各個部門的領導權；叫嚷肅反搞糟了，統購統銷搞糟了，其他等等都搞糟了，那就是黨根本不應該領導無產階級專政和社會主義改造。試問，把這一切具體內容都否定之後，黨的領導和社會主義除了一個空名以外還剩下什麼呢！所有這些都不是枝節問題，而是帶根本原則性的問題，是考驗一個人對黨的領導和社會主義道路是真擁護還是假擁護的問題，是考驗一個人對於人民事業是擁護還是背叛的問題。善意的批評和惡意的批評是有區別的，是看得出來的。人們應該學會區別尖銳的但是善意的批評和惡意的哪怕是隱晦的批評，才不致上當。

還有人認為，許多資產階級右派分子同美蔣並沒有直接的組織聯繫，似乎不好說他們是反動派。其實，反動並不一定要同美蔣有組織上的聯繫，不同美蔣聯繫，仍然可以一起搞反動活動。破壞農業合作社、向農民倒算甚至組織暴亂的地主，難道因為同美蔣沒有直接聯繫，就不是反動派了嗎？當然，這些人裡也還會有同美蔣有組織聯繫的反革命分子，但是這樣就不止是資產階級右派，而是帝國主義國民黨的特務了。

最後，或許有人問：既然右派是反動派，為什麼一般地不這麼稱呼，並且一般地不辦罪？這是因為我們國家的鞏固程度足夠允許這樣做，而且這也給右派分子一個重新做人的機會。我們堅持把反右派的鬥爭進行到底，這是為了徹底粉碎右派的進攻，同時也因為只有這樣，才有可能使一部分右派分子認識到沒有別的出路，因而不能不向人民認罪投降，改過自新。

附錄十七：《人民日報》社論《嚴肅對待黨內的右派分子》

嚴肅對待黨內的右派分子

《甘肅日報》一九五七年九月十二日頭版轉載《人民日報》一九五七年九月十一日社論

【新華社北京十一日電】隨著反右派鬥爭的深入開展，黨內的右派分子也更多地暴露出來了。我們在七月二十八日曾經發表過一篇關於反對黨內右派分子的評論，現在需要對於這個問題作進一步的討論。

根據許多地方的材料看來，黨內的右派分子，多數是在全國解放後入黨的，但也有不少是一、二十年黨齡的老黨員。他們披著共產黨員的外衣，實際上卻幹著危害黨和人民的罪惡勾當，同黨外的右派分子配合起來，從各方面向黨進行猖狂的進攻。應該看到，把這樣一批隱藏在黨內的右派分子揭露出來，這對於我們的黨來說，不但不是什麼壞事，而且是一件大好事，是反右派鬥爭的一項很大的成績，這對鞏固和純潔我們的黨有重大的意義。

我們的黨是工人階級的先進的有組織的部隊，我們黨的目標是要在我國徹底消滅剝削階級和剝削制度，建立起社會主義和共產主義社會。參加我們黨的每一個人，都必須堅定地站穩工人階級的立場，都必須效忠于人民民主制度，並且在黨的領導之下，為實現社會主義和共產主義而奮鬥到底。應當肯定，我們黨的絕大多數黨員，特別是絕大多數老黨員，都是符合於這個標準的，都願意作一個堅定的共產主義戰士。這已經為歷次革命鬥爭，也為這次反右派鬥爭所證實了。但是也應該看到，我們的黨不是與世隔絕的，即使我們怎樣嚴格的挑選黨員，也會有個別的階級異己分子和投機分子混進黨內，也會有一些意志薄弱的黨員，因為經受不起資產階級思想的侵蝕而蛻化變質。這就決定了，在歷次的革命鬥爭中，都會有一批黨員，因為個人的利益和階級的利益同革命的利益發生衝突而背叛黨。這樣的人，不但已經失掉了作一個共產黨員的條件，而且已經同黨完全處於對立的地位。對於這樣的人，我們決不應當有任何的姑息和寬容，必須同他們進行嚴肅的鬥爭。因為只有這樣，才能保衛黨的純潔，才能增強黨的戰鬥力，使黨無愧於革命和國家建設的領導者。

我們黨的許多同志是懂得這個道理的。不論是在過去或者現在，他們對待叛黨分子的態度，都是堅決的、嚴肅的。在這次反擊右派鬥爭中，隱藏在黨內的右派分子陸續地被揭發出來，就是因為許多同志採取了對黨和對革命負責的態度。但是必須指出，在反對黨內右派分子的鬥爭中，也有一些同志存在著比較嚴重的溫情主義。在黨中央肯定了右派的性質和對黨內右派分子同黨外右派分子採取一視同仁的方針以後，他們對於同黨外右派分子的政治面貌完全相同的「黨員」，往往姑息寬容，不願意把這些人劃為右派分子，特別是對於一些應該劃為右派分子的老黨員更加惋惜，心軟，下不了手。這種情況已經妨礙了某些地方某些單位反右派鬥爭的深入，對廣大群眾也產生了不良的影響。在這樣一場為保衛黨、保衛革命勝利的果實、保衛社會主義前途的嚴重鬥爭中，這些同志竟然對黨內的右派分子如此姑息寬容，這說明他們沒有站穩立場。

黨內和黨外的右派分子，在性質上沒有什麼不同，都是反黨反人民和反社會主義。黨外有了右派分子，對我們的社會主義革命和社會主義建設會起危害作用，因此我們必須同他們進行堅決的鬥爭，要把他們的反動的政治面貌徹底暴露出來，使他們在群眾中間陷於孤立。黨內有了右派分子，對我們黨和革命事業的危害就更加嚴重，我們也必須同他們進行堅決的鬥爭，也要把他們的反動的政治面貌徹底暴露出來，使他們不能在群眾中間起迷惑的作用。要知道，我們黨是國家政權的領導者，是社會主義革命和社會主義建設的指揮者，任何一項比較重大的方針政策，都要由我們黨根據人民群眾的利益和意見在民主集中的基礎上來制定，都要由我們黨的組織和黨員領導人民群眾來貫徹執行。如果在我們黨內容許右派分子存在，他們就會同黨外的右派分子串通起來，從內部來打擊我們，從內部來反對我們。堡壘最容易從內部攻破，這個道理似乎是易於理解的；但是我們的一些同志卻不懂得，他們寧願把「猛虎」放在身邊而不去觸動。這種現象難道是正常的麼？難道是一個忠於黨和人民的人應該採取的態度麼？

必須同黨內的右派分子作堅決的鬥爭，還因為他們掛著一塊「共產黨員」的招牌。也正因為他們和黨外的右派分子有這個不同，他們就有了更多的政治資本，就更容易欺騙、蒙蔽和影響群眾，他們會比黨外右派分子帶來更嚴重的危害。對於這一點，我們的同志也必須有足夠的認識。

在對黨內的右派、特別是有較長黨齡的黨內右派作鬥爭中，有些同志所以採取姑息寬容的態度，還因為他們過於看重了這些人的「黨齡」。他們總以為，這些人是經過革命鬥爭的考驗的，是對黨和人民有功勞的；同時又是自己的老同事、老部下，是在一起共過患難的。因此，他們對劃這種人為右派分子，不僅有一種惋惜情緒，而且也覺得拉不下面子。他們不懂得或者忘記了，一個人有較長的黨齡，為黨和人民的事業作過較多的工作，這固然是好事，任何人都不應該加以抹殺；但是正因為這樣，他們就更不應該犯錯誤，他們成為右派就更不能夠寬恕。這樣的黨員背叛了黨，這就說明他並不愛惜自己的歷史，並不看重黨的教育和黨的紀律。對於這樣的人，有什麼值得我們惋惜的呢？要知道，我們黨是一個革命的戰鬥的組織，不是溫情主義的小集團；溫情主義是資產階級小資產階級的東西，對於我們黨只能起腐蝕和瓦解的作用。

特別要指出的是，在那些墮落成為黨內右派分子的人中間，有許多都是混入黨內的階級異己分子、投機分子和個人主義野心家，他們是抱著各種各樣的動機加入我們黨的。有人是想從黨內來破壞我們，也確實作過不少壞事，只是由於他們的活動比較隱蔽，沒有及時地被揭發出來。有人把我們黨當作追逐個人名譽地位的工具，當個人的欲望一再沒有得到滿足的時候，他們就由不滿黨而發展到仇恨黨，最後更走了上反對黨的道路。很明顯，這些人雖然加入了我們黨，但是和我們走著不同的道路。他們的黨齡愈長，職位愈高，對黨的危害就愈大。在這次反右派鬥爭中，這些人的本來面目露出來了，因而大大減少了我們的隱患，這難道還不是很大的好事嗎？

對待黨內的右派分子必須嚴肅，決不應該有任何的姑息寬容，這當然不是說，在劃黨內右派分子時可以草率從事。對於一個黨員應否劃為右派分子，應該同黨外人士應否劃為右派分子一樣，採取非常慎重的態度。在收集、整理和分析有關他們的材料的時候，必須本著實事求是的精神，既不縮小，也不誇大。在切實弄清事實的基礎上，對於應該劃為右派分子的人，不劃為右派分子，這是錯誤的；對於不應該劃分為右派分子的人，劃成了右派分子，這也是錯誤的。各級黨委在大力糾正溫情主義的時候，也要注意防止錯劃右派的現象。

反右派鬥爭是一場極為嚴肅的階級鬥爭。只有在黨內和黨外的反右派鬥爭中都取得勝利，才能更加鞏固我們的黨和我們的國家，才能更好地推進社會主義革命和社會主義建設。因此，不論對黨內和黨外的右派分子，每個共產黨員都要同他們進行堅決的鬥爭，在鬥爭中鍛煉和提高自己。這是黨和人民要求于每個共產黨員的，也是每個共產黨員應有的態度。

附錄十八：關於勞動教養問題的決定（一九五七年八月三日）

把遊手好閒、違反法紀、不務正業的人，改造成為新人
人大常委會批准，國務院明令公佈
關於勞動教養問題的決定，人大常委會舉行七十八次會議
批准國務院關於勞動教養問題的決定等

【新華社北京一日電】全國人民代表大會常務委員會第七十八次會議在今天上午舉行。會議在聽了公安部長羅瑞卿的說明後，討論和通過了一項決議：批准「國務院關於勞動教養問題的決定」，由國務院公佈施行。

批准國務院關於勞動教養問題的決定的決議

【新華社北京三日電】一九五七年八月一日全國人民代表大會常務委員會第七十八次會議決議：批准國務院關於勞動教養問題的決定，由國務院公佈施行。

國務院關於勞動教養問題的決定

（一九五七年八月一日全國人民代表大會常務委員會七十八次會議批准）

根據中華人民共和國憲法第一百條的規定，為了把遊手好閒、違反法紀、不務正業的有勞動力的人，改造成為自食其力的新人，為了進一步維護公共秩序，有利於社會主義建設，對於勞動教養問題，作如下決定：

一、對於下列幾種人應當加以收容實行勞動教養：

（一）不務正業，有流氓行為或者有盜竊、詐騙等行為，不追究刑事責任的違反治安管理、屢教不改的；

（二）罪行輕微，不追究刑事責任的反革命分子、反社會主義的反動分子，受到機關、團體、企業、學校等單位的開除處分，無生活出路的；

（三）機關、團體、企業、學校等單位內，有勞動力，但長期拒絕勞動或者破壞紀律、妨害公共秩序，受到開除處分，無生活出路的；

（四）不服從工作的分配和就業轉業的安置，或者不接受從事勞動生產的勸導，不斷地無理取鬧、妨害公務、屢教不改的。

二、勞動教養，是對於被勞動教養的人實行強制性教育改造的一種措施，也是對他們安置就業的一種辦法。對於被勞動教養的人，應當按照其勞動成果發給適當的工資；並且可以酌量扣出其一部分工資，作為其家屬贍養費或者本人安家立業的儲備金。

被勞動教養的人，在勞動教養期間，必須遵守勞動教養機關規定的紀律，違反紀律的，應當受到行政處分，違法犯罪的，應當依法處理。

在教育管理方面，應當採用勞動生產和政治教育相結合的方針，並且規定他們必須遵守的紀律和制度，幫助他們建立愛國守法和勞動光榮的觀念，學習勞動生產的技術，養成愛好勞動的習慣，使他們成為參加社會主義建設的自食其力的勞動者。

三、需要實行勞動教養的人，由民政、公安部門，所在機關、團體、企業、學校等單位，或者家長、監護人提出申請，經省、直轄市、自治區人民委員會或者它們委託的機關批准。

四、被勞動教養的人，在勞動教養期間，表現良好而有就業條件的，經勞動教養機關批准，可以另行就業；原送請勞動教養的單位、家長、監護人請求領回自行負責管教的，勞動教養機關也可以酌情批准。

五、勞動教養機關，在省、自治區、直轄市一級建立，或者經省、自治區、市人民委員會批准建立。勞動教養機關的工作，由民政、公安部門共同負責指導和管理。

國務院命令

【新華社北京三日電】國務院關於勞動教養問題的決定，業經全國人民代表大會常務委員會於一九五七年八月一日第七十八次會議批准，現在予以公佈。

國務院總理　周恩來
一九五七年八月三日

附錄十九：為什麼要實行勞動教養？

為什麼要實行勞動教養？

《甘肅日報》一九五七年八月六日第二版刊載

【新華社北京四日電】國務院「關於勞動教養問題的決定」已經全國人民代表大會常務委員會批准公佈。這個決定是安置和改造各種壞分子，維護國家法紀，進一步鞏固社會主義秩序的一項重要措施。

在我們的國家裡，社會主義事業正在蓬勃地發展，人民群眾的勞動熱情空前高漲，社會主義新的道德風尚得到了高度的發揚，社會秩序出現了歷史上從來沒有過的安定局面。這證明了社會主義制度的極大優越性。但是，我們還沒有把所有的壞人都改造好，沒有來得及把舊社會遺留下來的污毒都掃除盡淨。在國內，除了那些殘留的、數量已經比過去少得多的應該依法判刑的反革命分子和其他犯罪分子以外，還有一些壞人，他們不務正業，有流氓、盜竊、詐騙等違反治安管理的行為。並且屢教不改。他們是社會的渣滓，他們浸透了剝削階級不勞而食的惡習，為非作歹，破壞社會秩序，調戲婦女、詐騙錢財、侵犯人民利益。他們有些是有輕微罪行、可不追究刑事責任的反革命分子和反社會主義的反動分子。他們也有些是具有勞動能力，但又長期拒絕勞動或者破壞紀律、妨害公共秩序，受到開除處分的壞分子。

還有一種是不服從國家的工作分配，不服從就業轉業的安置，不接受從事勞動生產的勸導，而又不斷無理取鬧，妨害公務，屢教不改的壞分子。對於上述幾類壞分子，必須實行勞動教養，才有可能予以改造，才能維護國家的法紀，才能鞏固社會主義的秩序，這是顯而易見的道理。

但是，右派分子為了破壞社會主義的法制，卻極力反對我們的政府對於這些壞分子的取締。右派分子譚惕吾曾經在民革中央座談會上舉了石油工業部的壞分子王裕豐的事件，來攻擊我們的司法工作。實際上，王裕豐在解放前是一個偽職員，解放後留用在撫順礦務局工作，一九五一年調來北京石油總局，一九五二年評為二級技術員，一九五三年又提為一級技術員。他本來不懂技術而待遇很高，理應努力工作，但是他卻消極怠工，說政府把他大材小用了。到了一九五六年年八月，他就乾脆不上班，帶了老婆、孩子，跑遍昆明、成都、重慶、漢口等城市，到處招搖撞騙，騙吃強住，並且大罵共產黨和人民政府。

石油工業部對於這樣品質惡劣的壞分子不得不宣佈開除。王裕豐到處碰壁以後，又回到北京，同石油工業部無理取鬧，糾纏了好幾個月。今年二月十五日晚上九點多鐘，他竟闖進石油工業部部長李聚奎宿舍院內，指名罵人，砸東西，並企圖打人，一直鬧到半夜一點多鍾，百般勸說無效，最後北京市東單公安分局不得不把他扣留起來。問問譚惕吾：難道社會主義法制要保護像王裕豐這樣的壞人，人民政府對這樣的壞人就不應該加以約束和懲處，而應該讓他任意搗亂任意破壞下去麼？

我們決不要以為前面所說的那些流氓、阿飛、盜竊、詐騙分子、反革命分子、反社會主義的反動分子及其他各種壞分子，僅僅在社會上有，其實在我們的機關、團體和企業、學校內部也有；他們不僅在城市裡有，在農村中同樣也有。這是舊社會遺留下來的消極因素，我們還不可能在短期內把這些人改造好。這些人雖然是極少數，但是他們給國家和人民帶來的破壞作用，卻是值得嚴重注意的。

對於這些不勞動，不工作，到處起破壞作用的人，人民政府如果放任不管，不加以適當的處理，這種惡劣傾向就會繼續蔓延發展，這種壞分子還可能增多起來，社會秩序就會無法維持，社會主義的道德風尚就會被他們敗壞，我們的社會主義建設事業就會受到嚴重的影響。而且他們又往往會變成反革命分子利用的對象。

事實證明，對於這些壞分子，一般地用說服教育的辦法是無效的；採取簡單的懲罰辦法也不行；在機關、團體、企業內部也決不能繼續留用；讓他們另行就業又沒有人願意收留他們。因此，對於這些人，就需要有一個既能改造他們，又能保障其生活出路的妥善辦法。根據人民政府長期的研究和考慮，把他們收容起來，實行勞動教養，就是最適當的也是最好的辦法。

這個辦法用通俗的語言來說，就是國家把那些壞分子收容起來，加以安排，給他們適當的勞動條件，例如由國家投資舉辦一些農場和工廠，組織他們生產，甚至強制他們生產，用這樣一種辦法來使他們有飯吃。這樣說來，勞動教養既是通過他們自己的勞動來養活他們自己；同時也是通過勞動來改造他們自己。這正表現我們社會主義國家對於這些人的生活、勞動、前途的關懷和負責精神。國家對他們的處理和安排，也正是為了保障絕大多數勞動人民的自由幸福生活和社會主義秩序不受破壞。

勞動教養的辦法體現了不勞動不得食的社會主義原則。在社會主義國家裡，勞動是一切有勞動能力的公民的光榮的事情。同時，遵守勞動紀律，遵守公共秩序，尊重社會公德，這是每個公民的義務，這都已寫入我國的憲法。像這樣一些有勞動能力而不勞動的人，破壞紀律秩序，敗壞社會公德的人，他們是既破壞了社會主義原則，又違反了我國的憲法。這是人民所不允許的。

但是，應當指出：勞動教養同勞動改造罪犯是有區別的，它同救濟鰥寡孤獨的教養院也不相同。勞動教養的管理機關必須制定一套帶有強制性的行政制度和紀律，不能允許被勞動教養的人破壞這些制度和紀律。例如不准他們隨便離開農場和工廠而自由行動，不准破壞公共秩序，不准破壞生產。否則就要受到處分，情節嚴重的還要受到法律制裁，但是，在勞動生產中，對他們同樣實行按勞動成果給工資報酬的原則，具體地說就是多勞多得，少勞少得，不勞不得。他們的工資，除了有的需要酌量扣出一部分作為其家屬贍養費和本人安家立業的儲備金以外，其餘部分他有自由處理的權利，國家提供了這樣一些條件，執行了這種辦法，就使我們能夠把壞人改造成好人，能夠把消極因素轉化為積極因素。

需要勞動教養的人，只限於決定中所列的那些人。決定中規定了應該受到勞動教養的具體條件和審查批准的許可權，這樣就保證了該辦法的正確執行，避免在工作中可能發生的。同時，在勞動教養期間，凡是表現良好的，另行就業的，或者原送請勞動教養的單位家長、監護人請求領回自行負責管教的，勞動機關都可以酌情批准。這些規定，既表現了處置壞人、維護國家紀律、維護正常的社會秩序的決心，又充分體現了社會主義國家改造壞人，寬大政策和仁至義盡的精神。

勞動教養的規定，經過全國人民代表大會常務委員會批准，就具有立法性質。這是我國社會主義改造和法制建設中的又一創舉，是貫徹憲法第一百條的一個具體措施。右派分子攻擊我實行勞動教養違反憲法，這是最露骨的一種惡毒攻擊。勞動教養辦法具有改造社會的重要意義深遠的目的，它不僅適用於目前，而且適用於整個過渡時期。就是在社會主義社會建設成功以後，如果還有這種壞人存在，勞動教養的辦法仍然有它的實際意義。因為壞人只有通過勞動才能徹底加以改造。不管帝國主義和臺灣蔣介石集團對此進行什麼造謠和污蔑，都是不值得我們去理睬的，因為他們攻擊污蔑我們的事情，往往正是我們辦得很對、辦得很好的事情。希望各級黨委和政府認真地貫徹國務院「關於勞動教養問題的決定」，在實踐中不斷地創造經驗，改進工作，使這一項工作獲得預期的成效。

血歷史59　PC0381

新銳文創
INDEPENDENT & UNIQUE

反右運動夾邊溝慘案倖存者證言

作　　者　趙　旭
責任編輯　黃大奎
圖文排版　詹凱倫
封面設計　秦禎翊

出版策劃　新銳文創
發 行 人　宋政坤
法律顧問　毛國樑　律師
製作發行　秀威資訊科技股份有限公司
114 台北市內湖區瑞光路76巷65號1樓
電話：+886-2-2796-3638　傳真：+886-2-2796-1377
服務信箱：service@showwe.com.tw
http://www.showwe.com.tw
郵政劃撥　19563868　戶名：秀威資訊科技股份有限公司
展售門市　國家書店【松江門市】
104 台北市中山區松江路209號1樓
電話：+886-2-2518-0207　傳真：+886-2-2518-0778
網路訂購　秀威網路書店：http://www.bodbooks.com.tw
國家網路書店：http://www.govbooks.com.tw

出版日期　2014年5月　BOD一版
定　　價　680元

國家圖書館出版品預行編目

反右運動夾邊溝慘案倖存者證言 / 趙旭作. -- 一版. -- 臺北市：新銳文創, 2014.05

面； 公分. -- (血歷史；PC0381)

BOD版

ISBN 978-986-5716-06-6 (平裝)

1. 中國史 2. 政治迫害 3. 知識分子

628.7 103004644

讀者回函卡

感謝您購買本書，為提升服務品質，請填妥以下資料，將讀者回函卡直接寄回或傳真本公司，收到您的寶貴意見後，我們會收藏記錄及檢討，謝謝！

如您需要了解本公司最新出版書目、購書優惠或企劃活動，歡迎您上網查詢或下載相關資料：http:// www.showwe.com.tw

您購買的書名：________________________________

出生日期：________年________月________日

學歷：□高中（含）以下　□大專　□研究所（含）以上

職業：□製造業　□金融業　□資訊業　□軍警　□傳播業　□自由業

　　　□服務業　□公務員　□教職　□學生　□家管　□其它_____

購書地點：□網路書店　□實體書店　□書展　□郵購　□贈閱　□其他

您從何得知本書的消息？

□網路書店　□實體書店　□網路搜尋　□電子報　□書訊　□雜誌

□傳播媒體　□親友推薦　□網站推薦　□部落格　□其他__________

您對本書的評價：（請填代號　1.非常滿意　2.滿意　3.尚可　4.再改進）

封面設計____　版面編排____　內容____　文／譯筆____　價格____

讀完書後您覺得：

□很有收穫　□有收穫　□收穫不多　□沒收穫

對我們的建議：________________________________

____

____

____

請貼
郵票

11466
台北市內湖區瑞光路 76 巷 65 號 1 樓

秀威資訊科技股份有限公司 收

BOD 數位出版事業部

....

（請沿線對折寄回，謝謝！）

姓　　名：＿＿＿＿＿＿＿＿　年齡：＿＿＿＿　性別：□女　□男

郵遞區號：□□□□□

地　　址：＿＿＿＿＿＿＿＿＿＿＿＿＿＿＿＿＿＿＿＿＿

聯絡電話：(日)＿＿＿＿＿＿＿＿ (夜)＿＿＿＿＿＿＿＿

E-mail：＿＿＿＿＿＿＿＿＿＿＿＿＿＿＿＿＿＿＿＿＿